FEITAS PARA O CLIENTE

Roberto Meir e
Daniel Domeneghetti
com organização de Jacques Meir

FEITAS PARA O CLIENTE

As verdadeiras lições de mais de 50 empresas
feitas para *vencer* e *durar* no Brasil

ALTA BOOKS
EDITORA
Rio de Janeiro, 2016

Feitas para o Cliente — As verdadeiras lições de mais de 50 empresas feitas para vencer e durar no Brasil
Copyright © 2016 da Starlin Alta Editora e Consultoria Eireli. ISBN: 978-85-508-0033-2

Todos os direitos estão reservados e protegidos por Lei. Nenhuma parte deste livro, sem autorização prévia por escrito da editora, poderá ser reproduzida ou transmitida. A violação dos Direitos Autorais é crime estabelecido na Lei nº 9.610/98 e com punição de acordo com o artigo 184 do Código Penal.

A editora não se responsabiliza pelo conteúdo da obra, formulada exclusivamente pelo(s) autor(es).

Marcas Registradas: Todos os termos mencionados e reconhecidos como Marca Registrada e/ou Comercial são de responsabilidade de seus proprietários. A editora informa não estar associada a nenhum produto e/ou fornecedor apresentado no livro.

Impresso no Brasil — 1ª Edição, 2016 - Edição revisada conforme o Acordo Ortográfico da Língua Portuguesa de 2009.

Obra disponível para venda corporativa e/ou personalizada. Para mais informações, fale com projetos@altabooks.com.br

Produção Editorial Editora Alta Books	**Gerência Editorial** Anderson Vieira	**Marketing Editorial** Silas Amaro marketing@altabooks.com.br	**Gerência de Captação e Contratação de Obras** J. A. Rugeri autoria@altabooks.com.br	**Vendas Atacado e Varejo** Daniele Fonseca Viviane Paiva comercial@altabooks.com.br
Produtor Editorial Claudia Braga Thiê Alves	**Supervisão de Qualidade Editorial** Sergio de Souza			**Ouvidoria** ouvidoria@altabooks.com.br
Produtor Editorial (Design) Aurélio Corrêa	**Assistente Editorial** Christian Danniel			
Equipe Editorial	Bianca Teodoro	Juliana de Oliveira	Renan Castro	
Revisão Gramatical Gloria Melgarejo Alessandro Thomé	**Layout e Diagramação** Daniel Vargas	**Capa** Bianca Teodoro		

Erratas e arquivos de apoio: No site da editora relatamos, com a devida correção, qualquer erro encontrado em nossos livros, bem como disponibilizamos arquivos de apoio se aplicáveis à obra em questão.

Acesse o site www.altabooks.com.br e procure pelo título do livro desejado para ter acesso às erratas, aos arquivos de apoio e/ou a outros conteúdos aplicáveis à obra.

Suporte Técnico: A obra é comercializada na forma em que está, sem direito a suporte técnico ou orientação pessoal/exclusiva ao leitor.

Dados Internacionais de Catalogação na Publicação (CIP)
Vagner Rodolfo CRB-8/9410

M499f   Meir, Roberto
            Feitas para o cliente: as verdadeiras lições de mais de 50 empresas feitas para vencer e durar no Brasil / Roberto Meir, Daniel Domeneghetti ; organizado por Jacques Meir. - Rio de Janeiro : Alta Books, 2016.
            304 p. ; 17cm x 24cm.

            Inclui índice.
            ISBN: 978-85-508-0033-2

            1. Marketing. 2. Clientes. I. Domeneghetti, Daniel. II. Meir, Jacques. III. Título.

                                                    CDD 658.812
                                                    CDU 658.8

Rua Viúva Cláudio, 291 — Bairro Industrial do Jacaré
CEP: 20970-031 — Rio de Janeiro - RJ
Tels.: (21) 3278-8069 / 3278-8419
www.altabooks.com.br — altabooks@altabooks.com.br
www.facebook.com/altabooks

SOBRE OS AUTORES

ROBERTO MEIR

É especialista internacional em relações de consumo, publisher da revista *Consumidor Moderno*, presidente do Grupo Padrão e presidente do Conselho Executivo da ABRAREC — Associação Brasileira das Relações Empresa-Cliente. É autor dos livros *O Brasil que encanta o cliente, A Era do Diálogo* e *Ativos intangíveis: o real valor das empresa*s, este último em colaboração com Daniel Domeneghetti.

DANIEL DOMENEGHETTI

Especialista em estratégia corporativa, top management consulting, gestão de ativos intangíveis e valor sustentável, é sócio do Grupo ECC e CEO da DOM Strategy Partners. Também é sócio-fundador da E-Consulting Corp., atual presidente do Instituto Titãs do Conhecimento e comanager da empresa de investimentos InVentures Participações. Coautor do livro *Ativos intangíveis: o real valor das empresas*, palestrante e articulista internacional.

SUMÁRIO

Capítulo 1 • Sobre Fábulas e Sonhos 1

Os fatos nos impelem a investigar 2

Sorry, Jim Collins: seu erro foi o ponto inicial de nossa investigação 3

A contradição retumbante e a dura realidade da guruzada 4

Entendendo melhor qual foi o "erro" de Collins 5

Erros de análise a partir de dados "confiáveis" 14

O falso dilema foco nos acionistas X foco nos clientes 17

O verdadeiro papel das empresas vencedoras 19

Capítulo 2 • A Gênese do Cliente Moderno 23

1933, a ópera de sabão da Procter & Gamble e o boom do marketing 23

O pós-guerra oficializa o mantra "consumir é bom e é seu direito" 24

Anos 1960, a TV massifica o sabão na aldeia de McLuhan 26

Final dos anos 1970: Porter, Ries e Trout viram um mundo diferente 26

Os anos 1980 e as variedades de Sloan eclodem com
infinitas extensões de marca e de linha 27

A confusão se torna a regra; Rapp e Collins fazem do
marketing direto a alternativa 28

A qualidade se fortalece como "O atributo" 29

A globalização acelera de vez a corrida pelas mentes e bolsos 30

O Brasil entra de vez no jogo 31

O panorama mundial sofre mudanças impactantes 32

Os 4Ps definitivamente se tornam obsoletos 32

A língua do P se torna a língua do marketing 33

viii FEITAS PARA O CLIENTE

A tecnologia assume a ribalta viabilizando a
sociedade interconectada 24/7 34

O Brasil lança o Código de Defesa do Consumidor 35

Surge o consumidor "real" 36

Bem-vindos à era do relacionamento 37

A ditadura da inovação ganha apelo 40

A classe C vira sinônimo de consumo 41

A mulher decide 42

O consumidor se torna digital e colaborativo 43

O e-consumidor se blinda e viraliza 48

Enquanto isso a cauda espicha 49

Chegando aos dias de hoje 50

Capítulo 3 • Rupturas Definitivas: O Cliente Agora é 2.0 53

Consumo circunstancial, consumo de experiências 53

A mobilidade abrirá novas possibilidades para o consumo 56

A convergência amplificará o leque de possibilidades para o consumidor 57

A multicanalidade se torna a regra, porque o
consumidor já é multicanal (mesmo sem saber) 60

A evolução do call center: customer care networks 63

O relacionamento ameaçado pelo exagero 65

O consumidor quer sustentabilidade. Mas ele quer ser sustentável? 66

Os desafios propostos pelo consumidor da chamada geração Y
ou millennials 70

A eclosão do consumidor 2.0 73

Compreendendo a natureza do efeito viral 76

O consumidor em tempo real 79

A necessidade de se tratar o cliente como ativo de valor 81

Como ativo, o cliente precisa ser governado nas empresas 83

Back to the dilemma: clientes X acionistas 84

Capítulo 4 • No Divã com o Cliente ... 89

O cliente é bem resolvido. E a sua empresa? ... 89

Comportamento: o que motiva a compra? ... 90

Atitude: comprar e gostar de comprar ... 94

Relacionamento: "tamo junto" ... 99

Qual é a minha natureza? ... 105

Capacidade de consumo ... 108

Intrínseco a nós ... 110

A relação com o dinheiro ... 115

A relação com a empresa ... 117

Quem tem o poder de negociação ... 120

O canal que é o canal ... 124

Adesão tecnológica ... 126

Afinidade: ser fã, curtir e seguir ... 130

Alerta final ... 133

Capítulo 5 • A Evolução das Espécies ... 135

Como estabelecer a combinação estratégica ideal ... 135

Promoção/propaganda ... 135

Relacionamento ... 137

Multicanalidade ... 138

Foco no cliente ... 144

Encantamento ... 148

Colaboração ... 153

Oportunidades ... 154

Capítulo 6 • A Maior Loucura ... 157

Descobrindo a pólvora ... 157

Capítulo 7 • Futebol e Clientes ... 163

Mas o cliente é assunto de quem? ... 163

Quem está fazendo como ... 165

Quais informações interessam? 170

Focar clientes é obrigação 174

Importante 1: Focar clientes é obrigação.
Focar stakeholders é ainda mais!.. 177

Importante 2: Sobre reputação corporativa 178

Importante 3: Sobre valor de marcas e valor corporativo 179

Importante 4: Antes de tudo, lembre-se: o cliente é um ser humano........... 181

Capítulo 8 • Como se Não Houvesse Amanhã 185

Onde mora o perigo para o CEO e para o cliente 185

O trade-off do dólar... 187

O Marketing que destrói valor.. 188

Refletindo o posicionamento estratégico.................................... 192

O peso da sustentabilidade 195

Inovação alavancando o valor sustentável 198

A governança é a guardiã do valor.. 199

Tudo depende do setor 202

Você não vai querer deixar de ler isso! Como será o novo marketing?.......... 203

Capítulo 9 • A Decisão Mais Óbvia 209

O cliente como principal ativo de valor...................................... 209

Era do Intangível: O novo mundo da navegação corporativa 211

Navegando com conhecimento e segurança:
A "prova dos 9" dos intangíveis.. 212

Prova: Valor do cliente e valor da empresa sempre lado a lado 218

Gente alinhada conduzindo a jornada.. 222

A sustentação que permite navegar 224

O ativo cai na rede e deixa tudo mais diferente 226

Satisfação 2.0 228

SUMÁRIO

Capítulo 10 • Medindo Estrelas 233

Axioma 1: sem funcionários que gostem de gente não existirão clientes
satisfeitos 234

Axioma 2: aumente o valor interno a partir da excelência
na gestão das pessoas e o valor para os clientes aumentará 237

Axioma 3: o cliente provavelmente terá dificuldades em
dizer o que o deixa satisfeito ou quais são suas
necessidades reais. Mesmo assim, investigue e aja 239

Axioma 4: crie mecanismos eficientes de conhecimento
e gestão do cliente 240

Axioma 5: estabeleça claramente o que é valor do
cliente e como mensurá-lo 242

Axioma 6: escolha uma ferramenta de mensuração
e monitoramento do valor do cliente e a utilize regularmente,
comparando sua evolução periódica 245

Axioma 7: não despreze as métricas complementares
na gestão do valor dos clientes 247

Capítulo 11 • A Lei Natural do Cliente 253

Capítulo 12 • Sim, Foram Feitos um para o Outro 269

Pesquisa "Empresas feitas para o cliente 2014" 277

Glossário 283

Índice 289

Capítulo 1

Sobre Fábulas e Sonhos

O executivo entra na sala munido apenas de um pen drive. Confiante, sorriso no rosto, insere o pen drive na abertura USB e aguarda o momento em que deve começar sua apresentação. O executivo dispara slides bem montados enquanto procura contar uma história em que o final esperado é superar as expectativas das pessoas presentes. O plano de negócios impecável retrata curvas de valor, projeções de incremento percentual na produtividade e um retorno sobre investimentos acima dos dois dígitos.

Tudo foi pensado minuciosamente para este momento. Produto, praça, preço, promoção, gestão da marca, dificuldades logísticas, negociações extensas com os gerentes de produtos, além de diversas e exaustivas simulações de investimento necessárias para que o lançamento do produto seja um sucesso incrível.

A história dos livros de negócios no Brasil poderia ser resumida em um PPT. Foi com a consagrada ferramenta de apresentações da Microsoft que muitos e muitos empreendedores procuraram "vender" seus negócios para o mercado. Negócios baseados em uma ideia, com um propósito, mas sem o essencial: clientes que teriam algo a ver com a ideia proposta.

O PPT ilustra a nossa tendência a simplificar e a privilegiar uma boa história, uma metáfora edificante à prática da gestão. Sim, porque gestão não tem nada de charmoso. As grandes histórias do mundo dos negócios, incluindo o Brasil, são relatadas como sagas dos tempos modernos, onde lideranças com visão e destemor indiscutíveis superam obstáculos e adversidades para conquistar o Olimpo corporativo e um lugar na história.

Por isso, todos os livros de negócios, os best-sellers em *business*, são quase sempre um pouco manuais de autoajuda. Há quem leia livros de negócios em busca de um manual. Há aqueles que os usam como quem ouve uma fábula milenar, com uma boa moral ao final e uma fonte de inspiração para tomar decisões todos os dias. Independentemente de como você enxergue um livro de gestão, é fundamental que ele lhe forneça os elementos corretos para que você possa decidir como absorvê-lo melhor, quer você pretenda seguir o conteúdo ou apenas nele se inspirar.

Eis o porquê de escrevermos este livro: queremos empoderá-lo, leitor e gestor, para que escolha com fundamentos sólidos sua melhor opção estratégica de crescimento, diferenciação ou eficiência. Mas queremos, sobretudo, compartilhar a nossa fé em uma forma de praticar gestão mais qualificada e mais sintonizada com o mundo que está à nossa frente, ao nosso lado, em nossas redes sociais, nas ruas e nas nuvens. Sabemos que só conseguiremos atingir nosso objetivo se formos capazes de lhe fornecer as análises corretas, completar lacunas, repaginar verdades, assassinar mitos e propor uma visão alternativa e poderosa sobre as empresas e seus imperativos competitivos.

Portanto, vamos evitar o mais do mesmo. Vamos, também, evitar exageros presentes em conceitos de gestão, como em *A era do capitalismo do cliente*, de Roger Martin, ou *O amor é a melhor estratégia*, de Tim Sanders, ex-executivo do Yahoo!, ou ainda reproposições como em *A estratégia do oceano azul*, de W. Chan Kim e Renée Mauborgne. Na verdade, nesses casos, há muita fumaça para pouco fogo.

Os fatos nos impelem a investigar

O executivo que chega à reunião com seu pen drive não afirmará, nem sob tortura, que os clientes não são importantes na equação de valor da empresa. Mas qual é essa importância? E antes dela, o que significa o cliente na estrutura da empresa, na elaboração de seu modelo de negócio? Você, leitor, viu, reviu, vê e verá diversas e diferentes apresentações com muitos slides inspiradores e ficará ainda mais intrigado com *cases* de empresas que conseguem conquistar, seduzir, encantar, engajar os clientes a ponto de se tornarem ícones, emblemas e exemplos de gestão bem-sucedida. O que faz uma empresa ser vista com reverência pelos seus clientes? A verdade é que nossa principal motivação está na crença de que a literatura de negócios, principalmente a norte-americana, ainda não dá a atenção adequada e na medida certa ao que consideramos o ponto central da questão da sobrevivência e da evolução empresarial: este ser indefinível, mutante, inconstante, imprevisível e esquisitão chamado cliente.

Sempre é possível encontrar afirmações indeléveis acerca de como grandes empresas enxergam seu cliente. Ronaldo Iabrudi, atual CEO do Grupo Pão de Açúcar, afirma: "Para nossos clientes, trabalhamos cada vez mais para conquistar o que chamamos de 'share of heart' (ou fidelização), com equilíbrio em resultados". Claudia Sender, presidente da TAM, é ainda mais enfática: "Para nós, o cliente é muito mais que um ativo ou objetivo, ele é a nossa razão de existir". Philipp Schiemer, CEO da Mercedes-Benz do Brasil destaca que o "Primeiro item que consta do Programa de Gestão Integrada [da companhia] é ter o cliente e outras partes interessadas [stakeholders] como centro das atenções".[1]

---

[1] Entrevistas realizadas em julho de 2014.

Não é por acaso então que, sejam fábulas ou manuais, muitos dos livros de negócios abordam o assunto "cliente" sem o equilíbrio necessário entre o que entendemos ser, aparentemente, os extremos de um cabo de guerra: de um lado, atingir a máxima lucratividade, satisfazendo os acionistas; de outro, buscar a excelência em produtos, serviços, inovações e relacionamento, a fim de garantir a máxima satisfação dos clientes.

Mas seriam esses objetivos excludentes? Seria possível conciliar ambas as prioridades? Haveria uma forma de "engenheirá-las" de forma a se autorreforçarem? Uma pesquisa realizada pela DOM Strategy Partners entre os meses de janeiro e abril de 2014[2] com cerca de 300 CEOs de empresas de diversos setores joga luz sobre a realidade: para 44% dos CEOs, o acionista é o principal stakeholder. E o papel da empresa, por extensão, é gerar resultado para os acionistas? Para o cliente? Bom, o cliente é o principal stakeholder para 36% dos CEOs, e atender e satisfazer esses clientes é o papel da empresa para 39% dos CEOs.

Foi exatamente essa suposta contradição de prioridades entre acionistas e clientes — o que pensamos ser a principal inequação aparente da gestão corporativa — que resolvemos investigar a fundo, com dezenas de CEOs das 500 maiores empresas em atividade no país, sessões de análise com especialistas e consultores, professores e pesquisadores, empreendedores, investidores e, claro, com executivos ligados à gestão de clientes.

Em paralelo, varremos praticamente todas as pesquisas e estudos nacionais e internacionais sobre clientes, consumidores e sobre consumo em geral, do histórico às tendências mais improváveis, e nos debruçamos sobre calhamaços e calhamaços de material oficial e oficioso, como balanços, indicadores, estudos, *papers, cases* e livros sobre empresas, clientes, estratégia e gestão. Afinal, precisávamos provar nosso ponto de vista, validar nossa tese, chegar a uma conclusão fundamentada e comprovável que pudesse ser utilizada como insumo por você, leitor, em suas decisões, desafios e dilemas profissionais.

SORRY, JIM COLLINS: SEU ERRO FOI O PONTO INICIAL DE NOSSA INVESTIGAÇÃO

A principal afirmação que defendemos, a base de nossas premissas, e que desafiamos a ser contestada de forma geral (exceções pontuais de empresas monopólicas ou públicas não valem) é que:

Toda e qualquer empresa foi pensada, concebida, engendrada ou parida por acidente para suprir uma demanda real ou potencial de mercado. E por mercado entendam-se clientes (consumidores ou empresas).

---

[2] Resolvendo a inequação econômica de foco e prioridades entre clientes e acionistas. Pesquisa com 313 CEOs, janeiro a abril de 2014 — DOM Strategy Partners.

A afirmação imediatamente decorrente desta é:

As empresas só sobrevivem se o mercado as autorizar.[3] E por mercado entendam-se, novamente, clientes (consumidores ou empresas).

Assim, chegamos à condição de que:

Uma empresa só passa a existir **por causa** de seus clientes e só permanece existindo se for competente em atender, satisfazer, surpreender e desenvolver esses clientes.

A CONTRADIÇÃO RETUMBANTE E A DURA REALIDADE DA GURUZADA

Para nossa surpresa, durante o tempo em que escrevemos este livro percebemos que ele contrastava significativamente com a abordagem vigente sobre o tema "cliente", especialmente com relação às dezenas de livros clássicos dos chamados gurus, que costumam ora banalizar o tema "cliente" com análises superficiais, ora passar ao largo e ignorá-lo.

Não só os gurus em geral, mas também autores sérios, respeitados e interessantes, vêm pagando o preço desse descuido. Entre os inúmeros autores que ocupam o panteão da influência sobre o mercado corporativo, elegemos um emblemático, que sistematicamente arranha a sua credibilidade por ignorar a variável "cliente" em suas pesquisas e constatações: o respeitado ex-consultor da McKinsey, o norte-americano Jim Collins. Com texto bastante atraente e teses interessantes, mas que em termos de pesquisa e fundamentação vem se mostrando, de certa forma, inconsistente.

Dentre as obras que escreveu, dois clássicos da literatura de negócios — agora na berlinda da consistência — se destacam: *Feitas para durar* e *Empresas feitas para vencer*. Neles, o autor praticamente ignorou a importância do cliente como ativo e como stakeholder corporativo, tanto como fator de longevidade (*Feitas para durar*) quanto como fator de crescimento (*Empresas feitas para vencer*), se concentrando nas questões mais intrínsecas às empresas, como missão-visão-valores, foco central de seu livro *Empresas feitas para vencer*.

Fato é que poucos anos depois, muitas companhias apontadas como "duradouras" pelo autor estão sumindo do mapa, e, principalmente, várias "vencedoras" estão

---

[3] Clemente Nóbrega, grande cientista e pensador da inovação no Brasil, afirma que uma empresa só tem o direito de existir se, ao produzir valor para o cliente, puder apreender parte desse valor para si própria, em proporção do que gasta para produzir esse mesmo valor. Obviamente, o cliente precisa perceber esse valor. Veja em: <https://www.youtube.com/watch?v=FC7QQYDXmxI&list=UUs7Pf0ZO0RgBh6WrxeTeboQ>.

perdendo o jogo de lavada, assim como sua posição de liderança, relevância e mesmo viabilidade.

Para nós, não foi surpresa descobrir após alguns anos que as empresas listadas em ambos os rankings de Collins enfrentaram graves problemas nos anos seguintes ao lançamento dos respectivos livros. E isso sem necessariamente mudar a fórmula que ele descreveu em seu livro.

Assim, quando falamos das duas obras desse consultor neste capítulo, fique à vontade para visualizar qualquer outro livro de guru que tenha se proposto a escrever sobre estratégia empresarial, inovação e gestão competitiva, propalando conceitos "matadores", sem dar a necessária atenção ao tema "cliente".

Nosso alvo não é apenas Collins ou essas duas obras — longe disso, porque respeitamos seu trabalho e suas ideias, a despeito da crítica técnica. Nosso alvo é qualquer autor ou gestor que acredite que pode construir uma empresa excelente, igualmente competitiva e duradoura, sem colocar o cliente no centro de sua estratégia de longo prazo.

E desde já, para que não haja confusões de entendimento e de conceito daqui para a frente, antecipamos: nada de modismos e sandices românticas do tipo "Cliente é rei", "O cliente pode tudo" ou "O cliente tem sempre razão". O cemitério empresarial está cheio de empresas e gestores bem-intencionados que foram degolados pelo déspota "Rei cliente". Este livro sobre "empresas feitas para o cliente" não tem nada a ver com esse chavão que cria uma espécie de monarquia infantilizada. O cliente pode muito, mas não é rei.

Portanto, se você é um fã dos livros de Collins, continue lendo suas obras. Nós continuaremos. Não afirmamos aqui que todas as suas premissas são descartáveis ou simplesmente erradas. Ao contrário, seus livros exibem muitos *insights* de valor inegável, inclusive em suas teses sobre visão-missão-valores, liderança e motores de crescimento. A questão é que esses elementos não são suficientes para determinar nem a longevidade nem a competitividade das empresas. São apenas estrelas de uma constelação muito maior, ainda que bastante reluzentes.

Se este é o seu caso, pense neste livro *Feitas para o Cliente* e nas afirmações aqui contidas como um complemento necessário e mesmo indispensável aos vários bons conselhos de Collins (e de outros escritores e consultores sérios). Pense neste livro como uma lente pela qual o livro de Collins e tantos outros devem ser relidos. Confie em nós, fará sentido.

Entendendo melhor qual foi o "erro" de Collins

O executivo que se prepara para uma apresentação decisiva em sua empresa normalmente enxerga o cliente como um ser capaz de converter propostas de valor em resultados. Entender o cliente, direcionar ofertas para ele e atendê-lo são variáveis distintas que eventualmente se conectam, mas só eventualmente. O crescimento previsto na sala de reuniões dificilmente é correspondido pela dinâmica do mercado. Nosso personagem leu Jim Collins, Michael Porter e, claro, Ram Charan. Ele está focado em entender e em buscar um desempenho impressionante ao longo do tempo, quarto após quarto.

Em nenhuma das obras que nosso executivo leu com aplicação ele levou em consideração uma aplicação para o mercado brasileiro, com sua nova classe média, com seu ambiente regulatório e com a força de sua legislação e órgãos de defesa do consumidor. Considerando o que faltou dizer sobre o cliente em suas obras tão incensadas e as prioridades por ele indicadas para uma gestão de sucesso, somos incisivos em dizer que Collins errou. E errou por considerar que suas concepções são universais para mercados sem peculiaridades e para consumidores previsíveis. Como assim?

Vamos lá: Collins começou a pesquisa de seu primeiro livro quando era um jovem professor na Universidade de Stanford, aos 30 anos. Seis anos depois, ainda bastante jovem, ele lançou a obra que o fez famoso. Não estava sozinho, tendo como coautor Jerry Porras. Mas como foi Collins quem ficou famoso pela obra e prosseguiu na carreira de escritor e palestrante, vamos nos referir de agora em diante somente a ele quando nos referirmos à autoria.

Podemos iniciar o embasamento de nossa análise crítica em algo contido nesta primeira obra, *Feitas para durar — Práticas bem-sucedidas de empresas visionárias*, publicada em 1994.

Collins informa, em certo momento, que se o leitor terminou o livro acreditando que uma declaração da visão estratégica é o mais importante, ele não entendeu nada do livro. Que este é um passo importante, mas certamente não é a essência.

Bem, o mesmo pode ser dito do livro inteiro. A "visão" de uma empresa, aquilo que a faz diferente, é, sem dúvida, algo indispensável. Mas certamente será o primeiro passo de uma jornada; no máximo, o alvo de referência. Afinal, essa visão única pode gerar um grande impacto no mercado, mas se for somente isso, o fracasso virá. O que é essencial para que essa visão continue gerando o sucesso almejado é ter o foco no cliente. Se este fator crucial deixar de existir, certamente algo negativamente disruptivo ocorrerá mais cedo ou mais tarde.

Essa necessidade de alcançar a perenidade permeia o livro *Feitas para durar*. Para Collins, uma empresa visionária é aquela que "é admirada pelas outras empresas do mesmo setor e exibe um *longo* [grifo nosso] registro de impactos significativos sobre o mundo à sua volta". Não há dúvida de que ele está certo nesse item. Mas ele mesmo reconhece que isso não basta.

A seguir, e durante toda a obra, o autor explica o que é ser uma empresa visionária e, especialmente, como um líder pode sair da empresa deixando atrás de si uma instituição sólida, em condições de seguir os passos do criador. Como base, ele usou a seguinte lista de empresas:

1. 3M
2. American Express
3. Boeing
4. Citicorp (agora Citigroup)
5. Disney
6. Ford
7. General Electric
8. Hewlett Packard
9. IBM
10. Johnson & Johnson
11. Marriott
12. Merck
13. Motorola
14. Nordstrom
15. Philip Morris
16. Procter & Gamble
17. Sony
18. Walmart

Alguns críticos não deixaram de apontar que posteriormente as empresas escolhidas sofreram incontáveis reveses. Acuado, Collins acabou respondendo que o livro jamais prometera que as empresas seriam sempre grandes, mas que têm sido grandes por um período considerável. Bem, isso não é o que se espera de um livro chamado *Feitas para durar* (que é uma tradução livre, mas aceitável, do título original *Built to Last*).

Claramente estabelecida a importância do sucesso perene, passamos agora a examinar o sucesso que as empresas selecionadas por Collins realmente atingiriam (ou não).

Em primeiro lugar, vamos presumir que seja correto o sucesso das empresas selecionadas no *Feitas para durar* (ao menos no período em que o autor escrevia o livro). Ele se esforçou em mostrar que elas atingiram um desempenho excelente, em especial comparando-se com suas principais concorrentes, que ele adotou como empresas de referência. Mas, para sermos mais eficientes, seria preciso ter-se verificado, na cultura dessas empresas, a importância real e tangível que elas dão ao cliente, um item essencial que ajuda a explicar o desempenho delas e que Collins menosprezou.

Dessa forma, antes de apontar o que deu errado, é válido argumentar que as empresas realmente produziram resultados em algum momento. E que continham em sua cultura algo que explica esse sucesso.

O caso mais óbvio e extremo é provavelmente o da rede hoteleira Marriott. Ali, o foco é o serviço cordial e o valor dado à excelência. A missão do Marriott é um primor a ser seguido, analisado e considerado por todas as empresas. Aqui está ela: "Fazer com que as pessoas que estão longe de casa sintam que estão entre amigos". Os gestores do Marriott prometem fazer o que for necessário para satisfazer cada hóspede, a cada dia, a cada estada. Para a rede hoteleira, as pessoas são o mais importante, e as outras regras, como a melhoria contínua, funcionam em virtude da regra fundamental. Ainda mais hoje em dia, em tempos de economia colaborativa e da ascensão de negócios como o Airbnb (*Air, bed and breakfast*).

Pegue os outros exemplos, com as palavras das próprias empresas e — quase que acidentalmente — reproduzidas por Collins no livro. A 3M, que considera que o negócio deles é resolver problemas (dos clientes e para os clientes, claro); a American Express, com seu *atendimento heroico* ao cliente; a Johnson & Johnson, colocando o cliente em primeiro lugar; a Nordstrom, onde a satisfação do cliente está acima de tudo; o Walmart, que existe para fornecer valor aos clientes; e a Walt Disney, que quer levar a felicidade a milhões de pessoas. Considere que muito provavelmente foram esses valores — e não somente os outros expostos no livro — os responsáveis pelo sucesso dessas empresas pelo período em que elas realmente tiveram sucesso.

O cliente é fundamental para essas empresas, mas estranhamente não está no restante do livro de Collins. Ao menos, não na proporção necessária (que nós advogamos como a prioridade máxima). Aparentemente, as características essenciais de sua jornada de sucesso estavam de alguma forma na cultura dessas empresas. O então jovem professor não as considerou importantes o suficiente para destacá-las no livro. Talvez Collins tenha buscado identificar outros aspectos da gestão por considerar que o foco no cliente era "básico" demais, quase simplório.

SOBRE FÁBULAS E SONHOS

Evidentemente, a cultura dessas empresas — e a consequente importância que dão ao cliente — lhes confere boa parte do desempenho que as levou ao topo. Quando caíram de maneira relevante, provavelmente é porque deixaram de considerar o que devia ser mais fundamental para a continuidade de seu sucesso. Vejamos o golpe levado pela General Electric ao dar demasiada importância ao segmento financeiro, somente porque trazia lucros, ainda que não fossem sustentáveis (ou como muitos podem dizer, não estavam no "foco" da empresa. Recentemente, a GE desfez-se de sua icônica divisão de eletrodomésticos, vendendo-a para a sueca Electrolux[4]).

Embora Collins, ao se defender das inúmeras críticas posteriores, tenha rejeitado a ideia de considerar somente os resultados financeiros como prova de seus erros, é difícil negar que o desempenho de boa parte do grupo foi bem abaixo do desejado (em alguns casos, até mesmo medíocre). Pense em nomes como Citigroup, AmEx, J&J, Walmart e a própria General Electric. Pense na Motorola, salva pela providencial mão do Google, depois vendida (a divisão de celular para a chinesa Lenovo), antes empresa líder de categoria no segmento de telefones celulares, criadora do fracassado Iridium, que vinha lutando contra a condição de empresa combalida perante concorrentes tradicionais como Nokia, entrantes globais como Samsung e inovadores de categoria como Blackberry e Apple. É evidente que a crise econômica iniciada em 2008 precipitou e piorou a situação, mas diversos concorrentes registraram desempenho melhor do que os nomes citados no livro, no mesmo cenário de crise e restrições ecossistêmicas.

Há também os problemas não relacionados ao desempenho puramente financeiro dessas empresas. Por exemplo, a busca incessantemente da rede Walmart para oferecer o menor preço consequentemente a tornou alvo de acusações razoáveis e coerentes com essa busca, como exterminar a atividade econômica local, esmagar fornecedores draconianamente, estabelecer uma relação pouco saudável com os funcionários (pagando salários baixos ou impondo uma espécie de culto interno, chegando a causar desconforto aos funcionários) ou, ainda, enviar os mesmos empregos para mercados asiáticos, em especial a China (fechando contratos com fornecedores por preços tão baixos que tiram dos negócios a indústria local). Tudo isso pode parecer fazer parte do velho e bom capitalismo, o *laissez-faire* que ao final traz o progresso. O problema é que a agressividade e velocidade com que a rede Walmart persegue esses ideais nos EUA e em outros lugares, como no Brasil, fez muito para colocar em dúvida os próprios valores capitalistas.

No segundo livro que consideramos, o *Empresas feitas para vencer — Por que apenas algumas empresas brilham*, Collins escreveu algo que funcionaria não como uma sequência ao anterior, mas como uma obra que o precede. Se no primeiro ele

---

[4] Electrolux compra divisão de eletrodomésticos da GE por US$ 3,3 bi. Disponível em: <http://www.valor.com.br/empresas/3686628/electrolux-compra-divisao-de-eletrodomesticos-da-ge-por-us-33-bi>.

aponta a característica visionária que fez aquelas empresas se tornarem incríveis, no segundo ele seleciona um grupo que não tinha nada de especial até o momento em que "algo" pretensamente inesperado mudou essa condição, transformando-as em estrelas brilhantes na constelação empresarial. Para Collins, o processo contínuo e readaptado constantemente da busca pela liderança — a recorrência e o aprendizado agregados por esse processo em si — é o que causou essa mudança, e o elemento mágico que as fez ir de "boas" para "excelentes", uma ideia expressa claramente no título original em inglês, *Good to Great*.

A princípio, o método de escolha para definir que empresas possuíam esse elemento mágico pareceu bastante sólido. Agora um pouco mais maduro, com 43 anos, Collins já estava em voo solo e sem Jerry Porras, assinando sozinho as obras que escrevia. Construiu uma lista de 1.435 empresas que considerou "boas" e a partir dela selecionou um time dos sonhos de 11 grandes jogadores. Depois, examinou detidamente essa seleção vitoriosa para encontrar quais eram os elementos que fariam a mágica acontecer. A partir dessa análise, ele estabeleceu as bases de uma disciplina focada na proposta, nas pessoas e na ação.

Esta foi a seleção da excelência convocada por Jim Collins:

1. Circuit City

2. Fannie Mae

3. Gillette Company

4. Kimberly-Clark

5. Laboratório Abbott

6. Kroger

7. Nucor

8. Philip Morris

9. Pitney Bowes

10. Walgreens

11. Wells Fargo

A princípio, *Empresas feitas para vencer* foi incensado por um grande número de especialistas e gestores, como o conselho de CEOs do *Wall Street Journal*. Mas o tempo passou, e os problemas apareceram.

Escrever com mais maturidade não reduziu o número de críticas ao novo livro. Ao contrário, se o ícone *Feitas para durar* foi criticado, este *Empresas feitas para vencer* levou ainda mais pedras, o que vamos desenvolver a seguir. Antes é válido enfatizar aqui que se a ideia do autor era fornecer um guia, é estarrecedor que o cliente seja mais uma vez tão pouco citado. A exceção relevante é quando Collins acertadamente diz que o ativo mais importante da empresa são as pessoas certas nos lugares certos. E completa afirmando que a melhor coisa a fazer é colocar essas pessoas na frente do cliente. Ok, ponto para Jim Collins. Ele está certo aí, mas o termo "cliente", assim como no anterior, desaparece no resto do livro.

Esclarecido este ponto, vamos novamente estabelecer como a própria obra deixa clara a importância de uma cultura de gestão que possa gerar resultados permanentes. O melhor argumento repousa na afirmação central de Collins em *Empresas feitas para vencer*. Para ele, a diferença de um líder categoria 4 para o líder categoria 5 (a máxima) é que este consegue fazer duas coisas essenciais: a primeira é fazer a empresa dar o salto da mediocridade para a excelência (mas isso o líder 4 também consegue fazer). A segunda, e primordial, é que essa empresa continue excelente após esse líder deixá-la (foi o que fez Collins dizer que não sabia se Jack Welch era de fato um líder 5, pois ele não tinha ideia do que aconteceria com a General Electric, depois da saída de Welch, na gestão de Jeffrey Immelt — por esse critério, Jeffrey Immelt ainda fica devendo. Sofrendo os efeitos da crise financeira de 2008, as ações da GE despencaram 60% entre 2001 e 2011 e só recuperaram 30% do valor em 2013[5]).

De qualquer forma, é aí que está um dos argumentos mais fortes dos críticos ao dizerem que também esse livro também está recheado de erros analíticos importantes. É claro que vamos mostrar onde Collins errou, mas primeiro permita-nos, como ponto de partida, deixar claro que houve um problema.

Fato central: diversas das empresas listadas no ranking dessa obra passaram por problemas sérios depois que o livro foi publicado. E os itens fundamentais indicados por Collins não mudaram nas empresas. Pelo menos não tão radicalmente para explicar o que ocorreu e que desenvolveremos adiante. Novamente, o primeiro item é que essas empresas certamente não apresentaram um bom desempenho no mercado de capitais (se você é daqueles que acha que isso não é argumento relevante, lembre que Collins só analisou empresas de capital aberto e que as selecionou levando em conta, em primeiro lugar, o desempenho financeiro).

Como todos sabem hoje, a financeira Fannie Mae foi tão mal que precisou ser resgatada pelo governo americano. Todo investidor fã de Collins que decidiu colocar dinheiro ali após ler o livro provavelmente perdeu quase tudo. Uma das razões é que a Fannie Mae podia se dar ao luxo de ser agressiva e não se importar muito em em-

---

[5] Quanto tempo deve durar um presidente de empresa? Disponível em: <http://exame.abril.com.br/revista-exame/edicoes/1066/noticias/menos-tempo-no-comando>.

prestar, despreocupada com o risco, porque todos acreditavam que o governo americano viria em socorro se algo desse errado. O problema é que algo deu muito errado, bem mais do que eles poderiam imaginar — inclusive para o governo americano.

Além desse exemplo mais extremo, considere que nenhuma dessas empresas apresentou um desempenho melhor do que a média do mercado. Outros exemplos desfavoráveis no grupo são Nucor e Pitney Bowes, que passaram por maus bocados nos últimos anos. Aliás, se você apostasse em um índice genérico alinhado ao índice americano S&P 500, teria perdido menos dinheiro.

Pior ainda, um grupo de pesquisadores americanos se deu ao trabalho de revisitar os dados financeiros que levaram à escolha das empresas por Collins. Foi a dupla Bruce Resnick e Timothy Smunt, professores da escola de negócios Babcock da Universidade de Wake Forest, na Carolina do Norte. Eles descobriram que se a janela de 15 anos de resultados escolhida por Collins fosse movida apenas alguns meses, o desempenho excepcional das empresas no mercado de ações simplesmente desapareceria! Afinal, talvez as empresas não estivessem mesmo apresentando um desempenho tão fantástico.

Fechando novamente os parênteses do aspecto financeiro das empresas relacionadas no *Empresas feitas para vencer*, vamos aos exemplos. E às razões. Alguém pode argumentar que essas companhias não contavam com um bom líder e tomaram decisões erradas, mas, se assim fosse, a teoria de Collins estaria errada. O problema fundamental é que elas erraram nos pontos que Collins **não** indica no livro. Valores que os líderes dessas empresas não se preocuparam em comentar quando o consultor os entrevistou, provavelmente o induzindo ao erro de que tais fatores não seriam tão relevantes quanto de fato o são, o que o fez menosprezar esses valores na obra que estava escrevendo.

Aos exemplos. Uma das empresas da lista foi é rede de varejo tecnológico Circuit City. A empresa cometeu vários erros, e o pior deles ocorreu em 1997, antes de Jim Collins começar a trabalhar no livro (embora naquele momento não fosse claro para todos que a empresa estava cometendo um grande equívoco). A Circuit City investiu mais de US$ 100 milhões em um formato de vídeo novo chamado *digital video express* com o sonho de iniciar uma revolução no mercado. Em setembro, o primeiro formato foi lançado. Na época, o formato DVD era novo, e a Circuit City pretendia proteger os discos contra cópias ilegais. Ok, o objetivo podia ser legítimo, mas o caso é que eles tentaram vender isso como uma vantagem para os clientes. Talvez porque a inovação significava pagar um preço mais alto do que se pagava nos produtos originais. Além disso, os aparelhos de DVD ainda ligavam automaticamente para a Circuit City para relatar o que o consumidor estava assistindo. Para piorar ainda mais, os discos nesse formato eram baratos, mas só podiam ser assistidos uma única vez. Se quisesse assistir novamente, era necessário pagar uma pequena quantia.

A pergunta que se faz aqui é: que tipo de gestor raciocina dessa forma? A empresa podia ter liderança, até mesmo um líder no nível 5 de Collins, podia ter disciplina, talentos excepcionais, podia dispor de cada uma das qualidades citadas em *Empresas feitas para vencer*. Mas o que a Circuit City não tinha realmente era o foco estratégico no cliente. Ninguém ali parou para se colocar no lugar dele e chegar à conclusão de que não havia vantagem naquele produto a ponto de ser aceitável cobrar mais por ele. Talvez houvesse vantagem para o fabricante, para os donos dos direitos autorais, talvez até mesmo para a Circuit City. Mas certamente não havia vantagem para o cliente.

O mercado não demorou a mostrar a realidade. As vendas do aparelho DVD foram um fracasso, bem como as das mídias vendidas para rodar no aparelho. Em meados de 1999, período já fora da análise de Collins, a Circuit City anunciou que não apoiaria mais o formato. Perderam US$ 114 milhões, um valor que poderia ter transformado o prejuízo da empresa naquele ano em lucro, caso o erro não tivesse sido cometido. Embora um dos mais óbvios, esse foi apenas um dos diversos erros de desprezo para com o cliente cometidos pela Circuit City, que em 2009 liquidou sua última loja, após decretar falência. De lá para cá, o mercado de vídeos evoluiu para o formato *on demand* com o crescimento extraordinário da Netflix, que varreu as locadoras do mapa (e que ameaça o sólido e cativo negócio das TVs por assinatura). Só no Brasil, com dados de janeiro de 2016, a Netflix, do alto de um R$ 1,1 bilhão de faturamento, já é maior que o SBT, rede de TV aberta com mais de 30 anos de mercado.

Também listada como uma empresa "feita para vencer", o caso da Gillette tem alguns pontos em comum. A empresa sempre foi saudável, tendo conseguido estabelecer uma margem de lucro acima da média do mercado para seus aparelhos de barbear.

Tradicionalmente, era uma empresa refratária a fusões e resistiu bravamente a aquisições. A Revlon tentou em 1986, e a própria Procter & Gamble tentou em 1999. A saúde financeira e a cultura da empresa pareciam sólidas, ao menos o suficiente para Collins a listar como uma empresa "excelente". Há quem diga que a crise financeira causada pelo estouro da bolha e o atentado de 11 de setembro de 2001 causaram os problemas, mas é estranho que isso tenha acontecido com a empresa mais respeitada do segmento e somente com ela, dado que os problemas citados eram sistêmicos.

O fato é que a Gillette também se deixou enfraquecer ao descuidar do cliente. Entre os casos mais comentados está o escândalo do RFID, comprovado na Inglaterra em 2003. Sensores escondidos na embalagem indicavam quando o produto era levado da gôndola e uma foto era tirada do cliente. Depois, outra foto era tirada quando ele pagava pelo produto. Órgãos de defesa do consumidor suspeitaram que o mesmo era feito nos EUA e em outros países. Os objetivos da empresa podem ter sido puros — estudar o comportamento do cliente ou evitar roubos —, mas não há dúvida de que houve um descaso grave com a privacidade. Diversos outros problemas menores com clientes foram registrados, e 16 meses depois do escândalo do

RFID, a Gillette se rendia e era comprada pela Procter & Gamble por US$ 57 bilhões. A própria P&G hoje em dia enfrenta concorrentes disruptivos, como o Dollar Shave Club, que já acumula 6% de *market share* em dois anos de operação, graças a um modelo de negócio de assinaturas (o cliente assina um pacote mensal e recebe sua opção de lâmina em casa. Reparem que a ênfase na conveniência — receber em casa — retrata o foco no cliente. O Dollar Shave Club nasceu desenhado para facilitar a vida do cliente).

Esses são apenas alguns exemplos que comprovam que o time de talentos selecionado por Collins pode ter registrado bom — e até excelente — desempenho por um tempo, mas certamente não continha na cultura algo que o destinasse ao sucesso perene. Pelos erros apontados, fica claro que faltou a boa parte dessas empresas uma virtude essencial, e o leitor já sabe qual é. Por isso, o time dos sonhos de Collins se transformou em apenas isso mesmo: um sonho. E um dia o mercado, os investidores e os gestores acordaram.

A conclusão: você pode escolher qualquer virtude de uma empresa e fazer uma lista de corporações que possuem aquela virtude. Tente você mesmo. Faça sua lista. Deixe passar alguns anos. Algumas empresas terão falhado, e é possível que a maioria tenha se dado bem. Não porque elas detêm somente a virtude que você selecionou — o que ajuda bastante —, mas provavelmente porque elas possuem algumas outras. Neste livro ficará claro que se a satisfação do cliente for a virtude escolhida e a cultura garantir que ela seja adequadamente gerenciada, a lista se manterá mais fidedigna e confiável.

ERROS DE ANÁLISE A PARTIR DE DADOS "CONFIÁVEIS"

Nossa percepção é a de que consultores como Jim Collins — e centenas de outros — dão excelentes conselhos. E muitas vezes fracassam. E as empresas que esses consultores listam cedo ou tarde também fracassam. Não cometa o mesmo erro que elas cometeram e evite o erro de ser violentamente acordado de seu sonho pelo mercado. Por isso, tampouco confie em nós, autores, de maneira cega. Analise, pondere, reflita. E lembre do papel do cliente desde sempre na história de sucesso das empresas. Ou não é — ou deveria ser — o cliente sua essencial razão de existir?

Talvez um dos problemas de Collins seja confiar no excesso de cientificismo como certeza definidora dos "sims" e "nãos", atitude bastante comum nos executivos de hoje. Dados são dados e devem ser usados com inteligência e "senso de timing". Mas dados são, também, somente dados, características inerentes aos movimentos humanos, derivadas numéricas de suas ações e decisões, mas que nem sempre refletem a realidade nua e crua do objeto que espelham ou definem.

Sobre Fábulas e Sonhos

Um exemplo bastante razoável é pensar no time de futebol do Flamengo e sua imensa torcida: mais de 32 milhões de brasileiros se dizem torcedores do Flamengo[6], o time de maior torcida no Brasil no esporte mais popular do país. Baita marca, de alto potencial comercial ao longo do tempo, que inspira e encrua paixão — em tese, não há esforço para fidelização de torcedores, porque o torcedor é, por natureza, um cliente eternamente fiel.

Gestores, analistas e especialistas em marketing, experientes e inteligentes, vêm procurando rentabilizar essa base, devidamente qualificada por poder aquisitivo, região, idade, sexo, classe social, histórico de relação com clube (sócio, não sócio), com outros atributos, a partir das potenciais receitas advindas de ações de marketing, lançamento de produtos, parcerias comerciais, dentre outras artimanhas que podem ser pensadas e lançadas para atingir esse enorme "mercado consumidor fiel".

Agora olhemos para a realidade e as diversas tentativas já feitas pelo Flamengo, a última delas com o jogador Ronaldinho Gaúcho e seu fiasco em campo e fora dele. A mega-alardeada parceria resultou em zero sucesso futebolístico e em uma ação de R$ 40 milhões, movida pelo jogador contra o Flamengo por salários e direitos de imagem não pagos. Em compensação, Ronaldinho teve uma passagem de razoável brilho pelo Atlético Mineiro entre 2012 e 2014, onde conquistou inclusive a Taça Libertadores pelo time mineiro (posteriormente fracassou no Fluminense).

Mas no caso do Flamengo, além da referida ação, pode-se computar ao passivo do clube a mácula na imagem e na credibilidade da gestão da época e, portanto, da marca, a não conquista de títulos (que é o que vale para o cliente, que, lembremos, é um torcedor) e também para o clube, que, por exemplo, ao não se classificar para a Taça Libertadores da América, perdeu verbas televisivas relevantes, além, é claro, da própria saída do jogador para o time do Atlético Mineiro, ganhando, conforme se especula, significativamente menos do que ganhava mensalmente no Flamengo.

Tendo esses exemplos como base, avaliemos se as premissas e dados numéricos são, por si só, suficientes como elementos analíticos para determinar a real propensão de um cliente-consumidor (torcedores de clube são consumidores da marca do clube e de seus atributos) comprar produtos e serviços ligados a uma marca, no caso a de um clube de futebol (exemplo não escolhido a esmo, pois em clubes de futebol presume-se, como já dito, que os clientes sejam fiéis).

Claro que não! Inúmeros outros fatores, tangíveis, como a enorme dívida que o clube administra (no caso do Flamengo, mais de R$ 759 milhões em valores de 2013, finalmente reduzidos para R$ 463 milhões no biênio 2014-2015 pela gestão do presi-

---

[6] Ranking das torcidas: Fla se mantém no topo, e Corinthians segue na cola. Disponível em: <http://globoesporte.globo.com/futebol/noticia/2014/08/pesquisa-fla-tem-maior-torcida-mas-corinthians-encurta-distancia.html>.

dente Eduardo Bandeira de Mello[7]), como também intangíveis, como a imagem atual do clube, a associação de fortes marcas de celebridades e jogadores atuais e históricos com a marca do clube (como Pelé no Santos ou Zico no próprio Flamengo), o espírito e postura competitiva dos atuais jogadores ou ainda as mensagens passadas publicamente pela gestão (por exemplo, o abandono de seu ídolo-mor, Zico, em menos de quatro meses, do cargo de diretor executivo de futebol do clube, disparando contra a atual diretoria e presidência — "Morreu no meu coração esse Flamengo de hoje que está representado por essas pessoas, algumas delas que nem sequer conheço e atuam dentro do clube como se fossem os donos") compõem a chamada propensão ao consumo desse "mercado tão fiel", que são os torcedores de um time de futebol.

Ou seja: nem para o cliente mais fiel que existe — o torcedor de um time de futebol — a posição, crescimento e rentabilização do "mercado" estão garantidos. Por isso, saber profundamente quem é o cliente, como se relacionar com ele em cada etapa de seu ciclo de vida, definir claramente seu papel na estratégia da empresa e em seus resultados, entre outros fatores, são premissas essenciais para as empresas que querem vencer e se perpetuar.

Atualmente, boa parte dos executivos, analistas e consultores de mercado tende a se apoiar em uma visão abertamente mais engenheira, o que certamente é útil, porque confere ao gestor uma habilidade para organizar e enxergar as coisas claramente, mas insuficiente, conforme defendemos anteriormente.

As realidades humanas — e de suas instituições, como as empresas e os mercados — infelizmente não ficam sujeitas às categorizações feitas pelas pessoas... ou não é verdade que a grande maioria dos planejamentos não são bem-sucedidos — em parte ou no todo — porque a realidade "não se comporta" como o planejador gostaria, precisava, imaginava que fosse acontecer?

É por isso que essas premissas tão lineares, que desconsideram os imprevistos, as conexões escondidas, as mudanças de prioridades, necessidades, expectativas e comportamentos não passam disso: premissas. E, como tal, não podem ser assumidas como verdades absolutas, sob pena de se tornarem fatais aos executivos e tomadores de decisão, porque a única premissa real é que, por mais que se tente enquadrar, o ser humano não é exato. E é esse mesmo ser humano que assume ora papel de funcionário, ora papel de cliente, ora papel de acionista, ora papel de analista de mercado, ora membro de uma rede social etc.

Collins errou ao arvorar a si o mérito de ter isolado princípios atemporais na gestão tão sólidos quando a Física. Em uma entrevista para a revista *Wired*, ele exaltava

---

[7] Flamengo anuncia redução de 16% da sua dívida. Disponível em: <http://globoesporte.globo.com/futebol/times/flamengo/noticia/2015/12/flamengo-anuncia-reducao-de-16-de-sua-divida-no-ultimo-trimestre.html>.

o rigor de sua pesquisa, algo similar ao de físicos estudando as partículas fundamentais do universo. Collins esquece que a Física moderna lida com teorias por ora impossíveis de serem provadas. Ele cai nessa armadilha ao perguntar de forma retórica: As leis da Física mudam? Bem, Collins, uma resposta cínica poderia ser "talvez".

O fato é que comparar a Física básica — como foi a intenção de Collins — a administrar um negócio idealizado por, baseado em, gerenciado por e focado em seres humanos, em tempos dinâmicos e multiconectados como os de hoje, de forma tão cartesiana, é obviamente uma empreitada condenada ao fracasso, por ser exageradamente reducionista da realidade e de seus impactos diretos e indiretos.

O FALSO DILEMA FOCO NOS ACIONISTAS X FOCO NOS CLIENTES

Se for necessário definir um problema central para a derrocada do sucesso da base de empresas do *Empresas feitas para vencer* de Collins, propomos o falso dilema foco nos acionistas x foco nos clientes, especialmente presente nos momentos de tomada de decisão estratégica que se traduzem em prioridades, orçamentos, esforços, investimentos etc.

Olhando para a base de Collins em *Empresas feitas para vencer*, percebemos que a decisão comum por trás do "tudo pela liderança" — premissa essencial da análise do autor norte-americano ao compor sua amostra — traz consigo a nefasta decorrência de praticamente obrigá-las, sob aplausos de quem deveria alertá-las (analistas, market makers, investidores, acionistas, entre outros), a concentrar e reforçar sua cultura decisória (seu *mindset*) em maximizar a geração de valor de curto prazo para si e seus acionistas (responsáveis por decidir e colocar mais dinheiro em sua incansável busca pela liderança), deixando para segundo plano a relevância imperativa de gerar e compartilhar valor com e para os clientes, que, no final do dia, são seu principal ativo e stakeholder responsável pela geração de caixa.

E por que gestores experientes e competentes tomariam esse tipo de decisão? Porque boa parte desses gestores, apoiados pelo mercado, acabaram confundindo liderança com crescimento, quase que condicionando uma coisa à outra. E liderança não é só fruto de crescimento e nem tampouco exclusividade de tamanho e faturamento.

Como efeito imediato, e para atender às pressões da conquista almejada de liderança, muitas dessas empresas provavelmente caíram na tentação de transformar seu principal ativo — os clientes — em custo, com o objetivo de liberar recursos para investimento no que supostamente as levaria ao crescimento e liderança almejadas.

Ato contínuo, essas empresas migraram seus clientes, antes objetos de gestão das áreas de marketing e comercial, para bases sistêmicas, mormente concentradas nas áreas de operações. Ora, se o cliente, antes *prospect* altamente bajulado, se torna objeto de gestão de custos, certamente a receita a ser aplicada em sua relação é busca incessante pela redução (travestida por palavras como excelência, eficiência e produtividade). Em outras palavras, reduzir os custos de gestão, atendimento, relacionamento e interação com os atuais clientes — agora simples "logs" em bases tecnológicas (BIs, CRMs etc.) — transformou essa base de clientes em clientes insatisfeitos, altamente suscetíveis a outras marcas, apelos e diferenciais, tão criativos e comuns nos atuais mercados de super-oferta.

Portanto, podemos dizer que o grande erro das empresas listadas por Collins foi focar sua estratégia em produzir resultados financeiros superiores, sem se preocupar com a real satisfação do cliente ao longo do tempo, dando, assim, o clássico tiro no pé, que se exemplifica pela arte de gerar os desejados resultados (financeiros) de curto prazo às custas dos necessários resultados (econômicos) de longo prazo, ou seja, um convite à destruição de valor no tempo, inicialmente escondida e negligenciada pelos louros que os excelentes resultados no curto prazo garantem. É um falso dilema priorizar um lado ou outro na equação de valor, como bem destaca Marcio Utsch, CEO da Alpargatas: "Agora, quando você fala acionista, cliente ou empregado, eu sinceramente penso que é a escolha entre o rim, o fígado e o coração. Qualquer um dos três que falte, o corpo morre".

Ah! O longo prazo... Se você soubesse como seus encantos são tão menos charmosos que os de seu competidor curto prazo, que quase sempre ganha a disputa por orçamentos e prioridades corporativas! Não percebes tu que é ele quem paga os prazeres do sucesso do hoje para todos os envolvidos... Ah! Homem-executivo racional (?), que ao tomar decisões lógicas e fundamentadas para maximizar os resultados no curto prazo e entregar as metas do próximo trimestre, agradando assim a investidores, analistas, mídia e aos próprios gestores, com seus polpudos bônus neles ancorados, transforma-se no algoz invisível de sua organização, destruindo valor de forma subterrânea e, com ele, sua capacidade competitiva e de reação da empresa ao longo do tempo! Triste realidade e efêmero dilema do mundo corporativo moderno!

Não há muito risco em dizer — em função dos históricos analisados —, de maneira quase que instintiva, que se colocarmos esses dois caminhos em um quadro para os gestores, boa parte deles decidirá buscar o que essas empresas "feitas para durar" e "feitas para vencer" buscaram: lucro rápido. Evidente que é o lucro o principal efeito que todo empreendedor e investidor deseja, mas também parece claro que se a estratégia for baseada apenas nele, essa árvore só dará frutos no curto prazo.

Ninguém quer convencer o leitor de que o contrário é recomendável. Deixar que o suposto foco no cliente funcione como única régua para que se defina o caminho de maximização do valor da empresa, a partir da geração de resultados excelentes, certamente trará riscos de igual periculosidade.

O VERDADEIRO PAPEL DAS EMPRESAS VENCEDORAS

Nossa conclusão com este estudo é que **maximizar** não é o melhor termo a ser utilizado quando se trata de valor nas empresas.

> Porque o verdadeiro papel da empresa, como agente econômico racional, não está em maximizar o valor para o acionista ou maximizar o valor para o cliente.
>
> Seu papel, como árbitra de valor (e esse é o papel da gestão e seus instrumentos de governança), é, com suas decisões e capacidades de compreensão de cenários de presente e futuro, **otimizar** a relação de valor gerado entre acionistas e clientes, ora privilegiando um, ora outro, em função das possibilidades, demandas, interesses e pressões competitivas, tanto em riscos como em oportunidades.

Portanto, nem maximizar, nem minimizar; mas buscar o ponto ótimo que vai garantir clientes e acionistas satisfeitos — pelo prazo mais longo possível.

Talvez você seja um cético e entenda que esse tipo de pote de ouro ao final do arco-íris seja algo muito complexo para ser explicado em um livro. Se você é um descrente da literatura de negócios que promete muito, está em boa companhia. Por exemplo, Phil Rosenzweig, professor do Instituto Internacional de Desenvolvimento em Gestão da Suíça e autor de *Derrubando mitos — Como evitar os 9 equívocos básicos no mundo dos negócios*, lançado em 2007. Nele, Rosenzweig afirma que os dados de pesquisas como essas feitas por Jim Collins são vistos "através das lentes do sucesso da empresa. Eles não explicam o sucesso da empresa". Em outras palavras, pesquisadores e leitores enxergam o que querem enxergar. Daniel Kahneman, Prêmio Nobel de Economia, em seu portentoso livro *Rápido e devagar: duas formas de pensar*, também critica Jim Collins e diz que o estudo do passado não tem nenhuma validade para prognosticar o futuro das empresas. O passado não passa de fábula para quem precisa dormir melhor à noite. A eles juntam-se também três de nossos favoritos: Clayton Christensen, Nassim Taleb e Clemente Nóbrega.

Como foi informado no início, não há nada de errado em usar um livro de gestão como uma fábula, uma forma de se inspirar. Para fazer isso, ao menos encontre a inspiração correta. O escritor inglês Aldous Huxley disse certa vez: "Sonhe de maneira pragmática".

Ao leitor, uma mensagem conclusiva: não é objetivo principal deste livro atirar pedras em outros livros, assumir o triste papel do crítico de obras feitas, aquele que olha em retrospecto e se regozija na tarefa de criticar. Este livro foi feito para estabelecer o que, em nossa opinião, é, de fato, o elemento mais fundamental para o sucesso das estratégias e, portanto, da gestão das empresas — os clientes.

E fazendo as pazes com Collins: sim, as empresas precisam dar lucro e ser perenes, e estes são os itens que devem efetivamente ser perseguidos. Entretanto, acreditamos seriamente que só se consegue atingir esses objetivos e outros igualmente nobres se tais empresas forem verdadeiramente *feitas para o cliente*.

Enquanto isso, o nosso executivo, empenhado que estava em fazer uma apresentação notável para a diretoria da empresa, relê o briefing e o conteúdo pedido na convocação geral. Um frio percorre sua espinha. Ele deveria trazer uma contextualização sobre a evolução do cliente. Nada de arrojados esforços de gestão, nada de ambiciosos planos estratégicos. O *board* da empresa esperava dele apenas uma exposição sobre como reorientar a empresa para que assuma a perspectiva do cliente em seus produtos e serviços. Nosso herói recorre ao Google em busca de respostas. Não havia literatura disponível que funcionasse como guia de autoajuda para entender como fazer uma empresa "para o cliente". Um pouco contrariado, nosso executivo descobre que clientes e consumidores não existem apenas para escolher um produto ou outro. Mas existem sobretudo para obrigar as empresas a gerarem mais valor aos seus consumidores. "E o valor vem da relação de confiança estabelecida com os clientes, em todos os níveis, desde o início", conforme defende Arthur Grymbaum, presidente de O Boticário. Esse executivo citado no início do parágrafo é ficcional, mas real. Ele está à procura de referências para entender como performar melhor atualmente, em um mundo onde mudança é regra, onde a gestão parece virar de cabeça para baixo.

Por isso mesmo, este é o livro que quer virar de cabeça para baixo a maneira pela qual a sua empresa se organiza, trabalha e produz. Se ela tem clientes, continue a leitura. Caso contrário, faça um PPT. Durante algum tempo, é possível fazer empresas prosperarem apenas construindo fábulas em slides. Na vida real, contudo, há um cliente disposto a questionar rigorosamente tudo o que você sabe sobre o seu negócio.

"Se o acionista achar que ele é mais importante que o meu cliente, é porque tem alguma coisa errada com ele; se eu aceitar isso, tem alguma coisa errada comigo."

Marcio Utsch
presidente da Alpargatas, em entrevista realizada pelos autores em 2012

Capítulo 2

A Gênese do Cliente Moderno

As empresas precisam dar lucro e ser perenes. E a perenidade das empresas está relacionada à capacidade delas de produzir valor continuamente para o mercado. E quando falamos mercado, claro, pensamos em clientes e consumidores. Mas esse tal de cliente: quem é ele? "Uma mosca, um mistério, uma moda que passou?"1

A formação do cliente como o conhecemos hoje passa por um conturbado trajeto de modismos e embustes, ingenuidade e engenhosidade. Antes de analisarmos qual a estratégia ideal que uma empresa deve adotar para se relacionar melhor com seus clientes e consumidores, vale a pena sabermos como chegamos até aqui. Você verá que a evolução no rumo do entendimento do cliente pelas empresas foi sempre uma corrida de obstáculos em que o cliente parece estar sempre à frente. E ultimamente vem imprimindo um ritmo mais acelerado. Nas próximas páginas você verá como diversos autores, pouco a pouco, dedicaram-se a tentar entender como tornar empresas e clientes mais próximos. Em meio a tanta literatura, causa espécie a omissão, falha ou não abordagem da variável cliente na obra de Jim Collins.

1933, a ópera de sabão da Procter & Gamble e o boom do marketing

A primeira real inovação na relação empresa-cliente teve como objetivo vender nada mais nada menos que um prosaico sabão. Em 1933, a americana Procter & Gamble (P&G) patrocinou uma radionovela de 15 minutos em que o produto era citado não cinco ou dez vezes, mas 25. Sim! O ouvinte era massacrado com nome do produto por nada menos do que 25 vezes em apenas 15 minutos. Não demorou nada para que essa nascente modalidade de comunicação ganhasse o nome de *soap opera* (ópera do sabão), que depois acabou se transformando no nome dado a telenovelas como categoria de programação. Mas deu certo, e a partir dali os empresários perceberam que entretenimento e vendas casavam muito bem.

É bem verdade que a empresa americana já havia feito pesquisas de satisfação na década anterior. No esforço de compreender melhor seus consumidores e suas necessidades e motivações, a P&G procurou se aproximar mais deles. Fato curioso, sem negar o pioneirismo da gigante americana, algo parecido foi feito no Brasil nove anos

---

1 Trecho da letra da canção "Esse tal de Roque Enrow", de Rita Lee e Paulo Coelho.

antes. Partindo da estratégia de "pegar carona" no entretenimento, nosso brasileiríssimo escritor Monteiro Lobato usava o personagem Jeca Tatu para propagandear remédios e o famoso fortificante Biotônico Fontoura; afinal, se funcionava para o caipira da roça, também funcionaria para o consumidor padrão.

Ao longo do tempo, o uso da mídia se tornou mais e mais eficaz e poderoso. Da ópera de sabão da Procter & Gamble até a década de 1960, o processo amadureceu, alcançando um nível de eficiência comercial impressionante. Para as empresas com marcas estabelecidas, um reclame bastava para vender um novo produto. Em apenas três décadas, o marketing de massa atingia seu apogeu.

O PÓS-GUERRA OFICIALIZA O MANTRA "CONSUMIR É BOM E É SEU DIREITO"

O mundo vivia a reconstrução da Europa, especialmente da Alemanha Ocidental, e do Japão, o impressionante crescimento da economia norte-americana, com a sobreposição cultural do "American Way of Life", a normatização global da língua inglesa e do dólar e a consequente exportação e internacionalização de suas empresas, marcas e dos valores e padrões de consumo baseados em volume, desconto, excesso de oferta e variedades. A liberdade era intensamente trabalhada como objeto de desejo para o mundo todo, assim como os benefícios de consumir livremente, empreender e viver em democracia.

Era o auge da Guerra Fria, a dualidade político-econômica entre o capitalismo e o comunismo com seus controles e restrições. Era a migração da geração dos baby boomers, nascidos no pós-guerra, para a emergente geração X, comparadas a seguir.

BABY BOOMERS — QUESTIONAMENTO DO ESTABLISHMENT E BUSCA PELO SUCESSO	
QUEM SÃO?	• São aqueles nascidos entre 1945 (fim da Segunda Guerra Mundial) e 1965 e que experimentaram grandes avanços econômicos e sociais durante sua juventude (em oposição à geração anterior). • Para essa geração, sucesso tem a ver com autorrealização, com acúmulo, com estabilidade. É a geração do rádio e da TV. • Essa geração rejeitou muito dos valores tradicionais, e a gestão, tanto de negócios como de pessoas, foi revista à medida que os baby boomers chegavam ao poder.

EVENTOS	• Chegada à Lua; crise dos mísseis em Cuba; feminismo; liberdade sexual; Beatles; hippies; Jimi Hendrix; bossa nova; discoteca; drogas; ditaduras militares na América Latina; Woodstock; direitos humanos; comunismo; Guerra Fria; Kennedy; máfia; Panteras Negras; apartheid; Playboy.
INFLUÊNCIAS E TEORIAS	• Psicologia; Ciências do Comportamento; Teoria das Relações Humanas; materialismo; workaholics.
GERAÇÃO X — IMPORTÂNCIA NO EQUILÍBRIO ENTRE VIDA E TRABALHO	
QUEM SÃO?	• São aqueles nascidos entre 1965 e 1983 e que cresceram em um mundo muito diferente da geração anterior, em todos os sentidos. • Filhos da geração dos divorciados e de mães trabalhadoras, desenvolveram traços de independência, capacidade de adaptação, resiliência e empreendedorismo, elementos que alteraram novamente os modelos de gestão de empresas e de pessoas. • Sucesso tem mais a ver com a busca pela compensação e pela indulgência, com vencer do seu jeito, com ter vida pessoal e ainda assim ser reconhecido, com ganhar dinheiro e, ao mesmo tempo, ser liberal (doar, participar, ser voluntário, devolver à sociedade etc.). É a geração da TV como potência de comunicação de massa e do PC. • Essa geração questiona a autoridade e busca significado na vida e no trabalho. Além disso, vive no presente, ao contrário da geração anterior, que idolatrava a aposentadoria.
EVENTOS	• Queda do Muro de Berlim; Praça da Paz Celestial na China; crise do petróleo de 1979 ; recessão da década de 1980; ascensão da Informática; videogames; punk rock; hip-hop; Madonna; Michael Jackson; MTV; rock nacional; desindustrialização dos países emergentes; imperialismo cultural americano; proliferação das marcas globais; yuppie; Wall Street; Star Wars; música urbana industrial; cartéis colombianos; EUA; modelo just in time Toyota; ascensão do Japão; Rambo e Rocky.
INFLUÊNCIAS E TEORIAS	• Niilismo; cultura pop; neoliberalismo; ambientalismo; reengenharia; qualidade.

TABELA 2.1: Comparação dos perfis baby boomers e geração X. Fonte: DOM Strategy Partners.

Anos 1960, a TV massifica o sabão na aldeia de McLuhan

Com a TV ganhando em escala, o marketing feito para o sabão da P&G poderia se aplicar a qualquer produto de consumo, N vezes ao dia, em vários canais, nos horários mais adequados à natureza de cada produto, virtualmente em todas as casas.

Nascia nessa época o chamado marketing de massa, hegemônico, uniformizador, monocórdico e unilateral, sob a lógica do broadcast da empresa para a horda de consumidores, todos praticamente iguais, uma verdadeira massa.

Com o crescimento comercial da TV, que rapidamente se transformaria no principal canal, mídia, veículo e item no orçamento de propaganda e marketing das empresas, fazendo a festa das agências de publicidade que experimentaram um salto astronômico nessa época em termos de tamanho e importância, nasceram também outras diversas alternativas de comunicação e marketing, como o merchandising e o sampling, além dos primeiros ensaios de abordagem multicanal, envolvendo TV, rádio e pontos de venda físicos, como lojas, shopping centers e quiosques, entre outros.

Foi nessa época que a mídia percebeu que transformar o mundo capitalista ocidental em uma única aldeia globalizada era uma ideia que fazia sentido. Se as marcas podiam ser transnacionais, por que não os produtos de entretenimento de massa? O cinema se propagava em ondas com seus astros e estrelas. O mesmo conceito poderia ser aplicado a séries, telefilmes, musicais. O conceito de aldeia global criado pelo futurólogo Marshall McLuhan passou a ser tão propagado aos quatro cantos que o americano Jerome McCarthy resumiu o que era necessário para se vender bem para a massa: os notáveis 4Ps de marketing (*Product, Price, Place, Promotion*), conceito depois transformado em verdade absoluta, até por tempo excessivo, por Philip Kotler e seus seguidores.

Por esse conceito, o máximo da eficiência mercadológica para um **P**roduto se atinge quando ele se apresenta num *timing* que esteja, na curva de consumo, rumo ao pico da demanda mercado, com **P**reços razoáveis, máxima capacidade de produção, distribuição e alcance geográfico (**P**raça), eficazmente suportado pelo elemento mais crítico para seu sucesso comercial: a **P**romoção. Essa regra quase que matemática valeu por muitos anos, praticamente até o ano 2000... quando foi superada por novos modelos impostos pelas tecnologias e pela mudança comportamental dos consumidores, conforme veremos adiante.

FINAL DOS ANOS 1970: PORTER, RIES E TROUT VIRAM UM MUNDO DIFERENTE

Durante quase duas décadas, esses pilares estratégicos se mantiveram. Vender era um processo preciso e supostamente controlável com os instrumentos gerenciais tradicionais da produção fabril. Bastava colocar dinheiro de um lado e receber do outro. Em geral, problemas eram resolvidos com mais dinheiro. Um pouco em pesquisa, muito em propaganda, quase tudo na TV com reforço de outras mídias, dependendo da natureza do produto ou serviço.

Essa situação permaneceu hegemônica durante a década 1970, embora já em seu final, visionários como Michael Porter apontassem um mundo diferente, cheio de ecossistemas mutantes e alternativas competitivas, como defendeu em seu histórico artigo *Como as forças competitivas moldam a estratégia* (1979).

Ou ainda a dupla Al Ries e Jack Trout, em seus primeiros artigos, propondo conceitos como posicionamento e diferenciação. É precisamente em 1980 que Ries e Trout consolidam essa abordagem no livro *Posicionamento: A batalha pela sua mente*. Na introdução, adiantam ser aquela a primeira tentativa de lidar com o problema de se comunicar em uma sociedade que se comunica em excesso. Para os autores, em uma sociedade como essa, muito pouca comunicação eficaz ocorre na realidade. "É preciso criar uma posição na mente do alvo. O jeito mais fácil é chegar antes. Se não for possível, então se deve encontrar uma forma de se posicionar contra quem chegou antes", afirmavam.

Não tinham ideia, naquele momento, do quanto essa dinâmica ainda era passível de piorar. A abordagem "militarista" de Ries e Trout era perfeita para o mundo em questão, ainda mais considerando o que estava por vir. Mas ainda é cedo para falar disso — nesse ponto do livro e naquela época. O mercado não estava pronto. Na verdade, o mercado nem precisava ou estava ciente do que estava se desenhando como tendência e mudança mais à frente.

OS ANOS 1980 E AS VARIEDADES DE SLOAN ECLODEM COM INFINITAS EXTENSÕES DE MARCA E DE LINHA

No começo da década de 1980, a tentativa de compreender o cliente multiplicou a demanda por pesquisas de campo das mais diversas naturezas, objetivos e metodologias. Em geral, elas procuravam monitorar desde os desejos não materializados dos clientes e potenciais clientes até sua satisfação sobre produtos consumidos. Sim, produtos, porque serviços, como objeto de transação comercial empresa-cliente, só seriam tratados, gerenciados e valorizados como prática empresarial a partir da década de 1990.

Ao mesmo tempo, algumas tendências começavam a modificar a face do mercado. Uma delas foi a multiplicação de produtos, oferecendo opções diferentes para diferentes tipos de cliente, algo proposto por Alfred Sloan, da GM, desde o final dos anos 1920 e a guerra de mercado com a Ford e sua linha espartana de produção de carros iguais: Modelo T preto ("O carro é disponível em qualquer cor, contanto que seja preto." — Henry Ford). Na verdade, foi Sloan quem primeiro deu vida ao conceito de extensão de linha, o que veio a se provar paraíso para alguns (inclusive para a GM) e inferno para outros.

A dinâmica de fazer mais produtos com menos marcas funcionava mais ou menos assim: por exemplo, na década de 1960, um cliente entrava numa loja e comprava o hipotético xampu Lipol (a propaganda havia martelado na cabeça dele a marca e ele não tinha como esquecer). Na década de 1980, aquela marca continuava forte, e as empresas então multiplicavam o mesmo produto por cinco, a partir da sua extensão de linha e aplicação contextualizada da marca (os tais atributos da marca que eram "passíveis" de ser "transferidos" de um produto vencedor e estabelecido para outro, entrante e geralmente adjacente ao primeiro — "garantindo" assim sua "vendabilidade" nos altos volumes desejados). Agora, o mesmo cliente entrava na mesma loja — com a cabeça mais martelada ainda — e encontrava nosso fictício Lipol também nas opções loção Lipol, gel Lipol, espuma Lipol e até mousse Lipol, além do mais novo produto endossado pela marca Lipol: o exclusivo emagrecedor Lipolfitness ("Emagrecedor? Mas não era uma marca de cosméticos?").

A CONFUSÃO SE TORNA A REGRA; RAPP E COLLINS FAZEM DO MARKETING DIRETO A ALTERNATIVA

Com a possibilidade de expansão das marcas e a mudança no perfil de expectativas e consumo dos indivíduos, o marketing de massa, ainda dominante, precisava de um parceiro capaz de ajudá-lo a furar a barreira das mentes abertas e disponíveis para experimentações — os chamados consumidores infiéis. Os escritores que mais bem compreenderam essa mudança e a insuficiência do marketing de massa para esses novos tempos foram Stan Rapp e Thomas Collins.

Em sua proposição conceitual, integraram duas vertentes importantes dos negócios em uma disciplina totalmente diferente: o marketing direto. De um lado, o novo poder tecnológico da base de dados, emergente com o crescimento e democratização da tecnologia da informação (TI); do outro, as técnicas tradicionais do marketing. A princípio, era a resposta que as empresas procuravam quando se defrontavam com um mercado de múltiplos produtos e canais de distribuição e um cliente cada vez menos leal às marcas (haviam martelado marcas demais na cabeça dele).

Para a dupla de americanos, era preciso se relacionar com o cliente de diferentes formas, buscando maximizar nas vendas, para cada consumidor e também para grupos, nichos e segmentos, a pequena equação RFV (recência, frequência e valor). A matemática havia chegado ao marketing, assim como o imperativo por um modelo de gestão mais profissional, maiores controles e mais clareza nas responsabilidades (*accountability*).

Apesar de ser visto como o primo pobre da comunicação em massa — da propaganda televisiva, especificamente —, o marketing direto, também qualificado como "*below the line*" (posteriormente irmanado a outras técnicas do marketing, tais quais eventos, patrocínios, promoções, sampling em pontos de venda [degustação oferecida nas lojas gratuitamente para que consumidores possam conhecer, tocar, provar, sentir um produto], merchandising [uma metodologia de expor com mais eficiência as mercadorias nas lojas para que possam gerar atratividade, atenção e interesse dos clientes], e-marketing e outras menos charmosas), incomodava porque permitia monitorar seus resultados. Isso iniciaria uma enorme pressão sobre os marqueteiros irresponsáveis e as agências acostumadas a torrar a verba em propagandas de TV. Agora o executivo, o gestor, o CEO e o acionista poderiam saber qual "a metade da verba destinada à propaganda que ia para o lixo" (fazendo alusão ao antigo jargão do marketing). Aliás, podia saber mais: por que, como, onde e quem era o responsável por isso.

Com o marketing direto, a comunicação deveria ser dirigida, personalizada, contextualizada. O intuito era se comunicar com cada cliente buscando sua lealdade, sua fidelidade. Era um conceito poderoso, mas de difícil implantação em termos práticos — inicialmente com baixa adesão e eficácia por conta disso, além de custos muito altos pela deseconomia de escala.

Além disso, era visto como altamente invasivo (os clientes se incomodavam com a enxurrada de abordagens que recebiam por cartas, telefone, catálogos, contatos pessoais, vendas diretas, e-mails etc.), e havia alto grau de preconceito e desinteresse por parte das agências (tanto é que as empresas de marketing direto andaram separadas dos grandes grupos de comunicação até meados dos anos 1990, quando começaram a ser incorporadas por estes, na tentativa de se vender o conceito de *full communication* ou comunicação 360°).

A QUALIDADE SE FORTALECE COMO "O ATRIBUTO"

No final dos anos 1980, com o excesso de ofertas, marcas, produtos e pseudoinovações, os consumidores foram aprendendo a selecionar o joio do trigo. O Paraguai passou a não ser a opção mais interessante para o Brasil, assim como a China passou a significar produtos falsificados ou de baixa qualidade. A qualidade, por sua vez, passou a ser o atributo mais desejado para muitos segmentos, em detrimento do preço. No Brasil, por exemplo, os importados assumiram — principalmente para as classes A e B, que podiam consumi-los — a chancela de referência para produtos melhores e passaram a ser a régua para a categorização da qualidade dos produtos. A marca realmente começou a fazer diferença e foi se tornando um ativo corporativo altamente relevante. O cliente, enfim, se relacionava com a marca da empresa e com seus atributos de valor percebido, dentre os quais, o mais retumbante, a qualidade.

Por outro lado, o aumento do interesse das empresas em buscar uma qualidade melhor para produtos e serviços não começou na virada dos anos 1980/1990, mas foi nesse período que se transformou em febre, diferencial, objetivo corporativo.

O conceito não era nada inédito, mas não vinha sendo adotado em larga escala. Ecoa desde a administração científica do engenheiro americano Frederick Taylor, no século XIX, passando pelo controle estatístico de processos na primeira metade do século passado, com ligações indiretas percebidas na administração por objetivos de Peter Drucker. Mas é o estatístico, físico e engenheiro eletricista William Edwards Deming (juntamente com Joseph Moses Juran) o homem responsável pela revolução na produção. Em vida, em épocas de altíssima demanda, poucos atentavam para o que Deming dizia nos Estados Unidos, tanto que ele teve de ir para o outro lado do mundo, no Japão, para ver suas propostas ganharem vida, com a ideia central do conhecimento profundo, a aplicação de análises estatísticas em processos produtivos e os chamados círculos de controle de qualidade.

Nos países ocidentais, os programas de qualidade causaram algumas mudanças já na década de 1970. Mas é a partir da década de 1980 que a gestão global sentiria os efeitos de diversas iniciativas; primeiro com nomes como *Just In Time* (JIT) e Gerenciamento da Qualidade Total (GQT), e depois como 5S, melhoria contínua, métodos de análise e solução de problemas e as derivações dos sistemas de qualidade ingleses que evoluiriam para a família ISO 9000 (no Brasil, a febre da ISO e assemelhados se estabelece na década de 1990).

A busca por qualidade ocorria simultaneamente em um ambiente crescentemente competitivo. E o grande visionário conceitual dessas transformações seria o professor Michael Eugene Porter, de Harvard. O famoso livro *Estratégia competitiva: Técnicas para analisar indústrias e competidores* seria reeditado 53 vezes e traduzido para 17 línguas. Publicado em 1980, o livro inspirado na economia industrial demonstrava o conceito das chamadas 5 Forças Competitivas (*Porter's 5 Forces*) e ditou o comportamento e a gestão das empresas para aquela conturbada década que iniciava. Porter continuaria destrinchando o embate empresarial, em especial com um segundo livro em 1985, o *Vantagem competitiva*, ao trazer ao mercado a ideia de competitividade a partir das cadeias de valores integrados.

A GLOBALIZAÇÃO ACELERA DE VEZ A CORRIDA PELAS MENTES E BOLSOS

Todo esse processo de qualidade, posicionamento na mente do cliente e vantagens competitivas foi, na verdade, acelerado — até atropelado, é possível dizer — por uma transformação drástica na ordem mundial: o final da Guerra Fria e a consequente ampliação da globalização. Estranho que a queda de um muro em Berlim e as aberturas política e econômica da União Soviética tenham ao fim transformado de forma tão radical as relações entre empresas e seus consumidores no mundo inteiro.

De fato, transformaram. Com o enfraquecimento e até desaparecimento de fronteiras ideológicas, os mercados se abriram ainda mais, e a concorrência se intensificou a níveis altamente críticos em diversos setores. Empresas passaram a ambicionar consumidores em dezenas de novos mercados e ao mesmo tempo passaram a temer o ataque de outros competidores, fosse por reação ou simples busca de oportunidades. Em números, a mudança significou 3 bilhões de novos consumidores em lugares como Rússia, Leste Europeu e Ásia. Cada empresa americana, europeia, japonesa e coreana passou a sonhar em vender para aquele polaco ou ucraniano, antes atrás da cortina, agora livre para o capitalismo.

As vendas vieram, as empresas ficaram fortalecidas e a briga se tornou mais difícil também no mercado interno. A disputa por clientes foi se tornando mais feroz, e o jogo, mais duro. Marcas tradicionais eram atropeladas por estreantes com propostas tentadoras, novas estratégias surgiam a todo momento, o panorama estabelecido se transformava incessantemente. A guerra se deslocou dos mísseis e tanques para as mentes dos consumidores — e, por decorrência, para seus bolsos, exatamente como Al Ries e Jack Trout haviam previsto.

Com o decorrer dos anos, o consumidor começou a se escolar na dinâmica do assédio e se foi se tornando mais exigente, mais informado, mais capacitado a se defender das técnicas comerciais e mercadológicas das empresas. "A todo lugar que eu vou" — imaginava o cliente — "há promoções, cartazes, uma infinidade de produtos, cada vez mais baratos, cada vez com uma diversidade maior". Era como se ele fosse a mulher mais bonita do baile. "Ora, isso tudo é porque eu devo ser importante, não?"

O BRASIL ENTRA DE VEZ NO JOGO

Após a nova abertura dos portos, no início do Governo Collor, os preços caíram no Brasil, merecendo atenção especial o aumento de oferta a partir do violento aumento das importações (automóveis como principais exemplos), assim como o fenômeno das marcas talibãs, em setores específicos, e o início das ondas de consumo, o consumerismo, um fenômeno pouco percebido com clareza no Brasil ao qual voltaremos mais adiante. No final dos anos Collor, o Brasil adotou um instrumento de regulação do mercado consumidor tão avançado para a época que estava adiante até mesmo do desenvolvimento de uma cultura de consumo madura no país. O instrumento era o Código de Defesa do Consumidor, promulgado em 1991, como veremos mais adiante.

O PANORAMA MUNDIAL SOFRE MUDANÇAS IMPACTANTES

As preferências dos clientes se alteraram nos anos seguintes. O efeito mais visível foi a perda de mercado de empresas consolidadas e tradicionais e a expansão de novas corporações, muitas já nascidas como transnacionais. Em destaque no primeiro momento, as empresas japonesas. Do ponto de vista da gestão, montadoras como a Toyota saíram na frente. E ficou famosa a queda da Xerox, que até 1975 detinha 93% do mercado americano de fotocopiadoras, conseguindo transformar sua marca em sinônimo de categoria, inclusive no Brasil.

A queda da Xerox[2] explicita como a mudança no mercado beneficiou tanto empresas como consumidores. A empresa americana era burocrática, com uma estrutura complexa e um processo de decisão lento. Não ouvia seus clientes, era hegemônica... não precisava ter esse cuidado, portanto. O lucro decorrente de um mercado sem ameaças encobria os defeitos perniciosos da gestão desleixada. A chegada das japonesas Sharp, Minolta e Canon (especialmente esta última) forçaria a líder a rever seu modelo de negócio e seu portfólio de produtos. No caso da Canon — e suas impressoras menores e mais econômicas —, a estratégia adotada foi licenciar tecnologias de outras empresas e se associar a distribuidores locais. A combinação dessas duas opções estratégicas deu à Canon custos mais baixos e, primeiramente, bom volume de vendas para empresas que não podiam arcar com os preços da Xerox (o que Clayton Christensen chamaria de "inovação de baixo mercado").

Nesse primeiro momento, os preços foram um aspecto fundamental na mudança do mercado. Mas ele escondia uma transformação mais radical que estava por vir: a total inversão do poder de escolha e negociação, do fabricante para o consumidor.

OS 4PS DEFINITIVAMENTE SE TORNAM OBSOLETOS

Na verdade, a principal consequência naquele momento para as estratégias de mercado é que os 4Ps se tornavam ultrapassados. Estranhamente, a maior parte do mercado ignorava — e continua ignorando — o fato, ao continuar idolatrando seu maior defensor, Philip Kotler.

---

[2] Hoje a Xerox se define e sobrevive como uma empresa de gestão de documentos. Serviços de gestão de impressão, derivados do antigo know-how de especialista em copiadoras ainda fazem parte do portfólio da empresa. Vale lembrar que muitos dos recursos hoje comuns na computação pessoal foram desenvolvidos no PARC — Palo Alto Research Center, mítico laboratório de desenvolvimento da Xerox.

Dentre outras inúmeras críticas ao modelo, podemos emprestar do estudo *Porque Kotler se tornou um dinossauro*, de 2011, da consultoria DOM Strategy Partners, as principais razões para a tão falada insuficiência do modelo 4Ps em relação às novas demandas impostas pela lógica moderna do marketing, dentre as quais:

- Forte priorização por um caráter mais comercial (calcado na promoção), em detrimento do relacional e de longo prazo, agregado pelo marketing de relacionamento;
- Ignorância do cliente na equação dos 4Ps. Talvez porque as palavras *client*, *customer* ou *consumer* não comecem com a letra P... Isso inclui negligenciar: segmentação de mercados e clientes; compreensão do ciclo de vida dos clientes (*customer life cycle*); valor do cliente (*customer value*); informação/inteligência do marketing e dos clientes (*marketing intelligence/customer intelligence*);
- Baixa importância dada aos níveis de serviço ao consumidor;
- Distanciamento com a disciplina do branding (aumento visceral do peso das marcas na equação do consumo);
- Incapacidade de tratar os múltiplos canais de forma competitiva;
- Baixo peso dado à inovação e diferenciação.

O curioso é que o mesmíssimo Kotler definiu de forma conclusiva que "Marketing é a atividade humana dirigida para a satisfação das necessidades e desejos, através dos processos de troca".[3]

Isso à parte, a consultoria ainda cita neste estudo, como fator-chave, o aparecimento de toda tecnologia que passou a ser incorporada ao marketing e que foi elevada, anos depois, ao caráter de estrela com o fenômeno da internet comercial. Um efeito claro disso nos 4Ps de Kotler é a queda da importância do P de *Place*, ou Praça, uma vez que, com a globalização e o mundo digital, o local, ainda que importante, perde bastante relevância relativa na equação do marketing.

A língua do P se torna a língua do marketing

Em uma tentativa de corrigir a teoria simplista proposta por McCarthy e reproposta por Kotler, diversos autores acrescentaram Ps ou criaram outros conjuntos de conceitos a partir de letras diferentes.

Ao analisar o marketing para serviços, Kotler mesmo propôs acrescentar mais três Ps em sua equação original: Pessoas (*People*), Processos (*Process*) e Evidência Física (*Physical Evidence*, indicando o ambiente no qual o produto ou serviço é entregue).

---

[3] KOTLER, Philip. *Marketing:* Edição compacta. 3. ed. Editora Atlas, 1985.

34 FEITAS PARA O CLIENTE

Mais tarde nascem os 9Ps de marketing de Brian K. Law, do Fox College of Business, incluindo Embalagens (*Packaging*) e Pagamento (*Payment*). Esses 9Ps competiriam com outros 9Ps, de Kim Kachadoorian, agregando aos 7Ps outros dois — Propósito (*Purpose*) e Filosofia (*Philosophy*) — e, não contente, qualificando o P-Promoção com outros 3Ps adicionais: Permissão (*Permission*), Parcerias (*Partnerships*) e Personalização (*Personalization*).

Paralelamente, a turma do digital resolveu entrar no jogo, propondo quatro novos Ps adicionais aos 7Ps de Kotler, chegando a 11Ps: Privacidade (*Privacy*), Interesses Pessoais (*Personal Interests*), Redes Pessoais (*Personal/Social Networks*) e Comentários Públicos (*Public Commentaries — Product/Service Ratings* etc.). Mas esses 11Ps não seriam os únicos 11Ps! Um grupo paralelo sugeriu somar aos 7Ps de Kotler os seguintes Ps: Personalização (*Personalization*), Participação (*Participation*), Modelos Preditivos (*Predictive Modeling*) e Ponto a Ponto (*Peer to Peer*). Outro grupo propôs 8Ps para marketing online, agrupando Pesquisa, Planejamento, Produção, Publicação, Promoção, Propagação, Personalização e Precisão.

Virtualmente, qualquer palavra começando com a letra P poderia compor alguma proposta de definição do marketing como disciplina. Talvez uma mais criativa fosse composta pelos 3Ps do marketing mediano: Perdulário, Pasteurizado, Petulante.

Uma autêntica Babel estava se reconstruindo a partir da cabeça de Kotler. A infinidade de "Ps", ao invés de organizar e dar sentido ao processo mercadológico, simplesmente criou complexidades sem a necessária contrapartida da execução. Ao fim e ao cabo, quem leva em conta uma enorme quantidade de "Ps" na hora de planejar? A agravante é que o devaneio pode não ter fim.

Para piorar, as letras também mudaram. Outra corrente, iniciada por Robert Lauterborn em 1990, procurou ser mais criativa e construiu seu castelo a partir de outra letra: o C. Para Lauterbom, o marketing moderno deveria estar ancorado nos chamados 4Cs, que definiu por Conveniência, Comunicação, Custo e, finalmente, o Cliente. Muitas outras derivações vão surgir, como 5Cs (*Customer, Company, Competition, Collaborators* e *Context*) ou 4As de Raimar Richers (Análise, Adaptação, Ativação e Avaliação). O mesmo Robert Lauterborn vai se unir ao brasileiro Augusto Nascimento e declarar a doutrina dos 4Es do marketing e branding (Entusiasmar Funcionários, Encantar Clientes, Enlouquecer Concorrentes, Enriquecer a Todos). Mais adiante, no Capítulo 4, veremos como o modelo dos "Ps" não responde mais às necessidades das empresas diante das mudanças sociais, culturais e econômicas provocadas pela onda de digitalização.

Conclusão: independentemente da escolha das letras, todas são uma tentativa, quase sempre incompleta e temporalmente limitada, de abraçar e apontar caminhos para que os executivos possam lidar com as transformações correntes.

A tecnologia assume a ribalta viabilizando a sociedade interconectada 24/7

Na década de 1980 também se inicia outra revolução tão importante quanto a político-econômica (na verdade sendo uma consequência inevitável do impacto desta na globalização). É a explosão tecnológica e, em especial, o desenvolvimento comercial do computador pessoal (PC), com o crescimento da Microsoft e da Apple e o estímulo ao desenvolvimento das comunicações, cada vez mais instantâneas, interconectadas, multidevices e globais.

Alguns visionários percebem a enorme importância dessas transformações que estão para chegar. Em 1980, Alvin Toffler publica *A terceira onda*, demarcando a passagem da sociedade industrial para a sociedade da informação. A tendência tem implicações positivas e, com a globalização, mudará definitivamente a maneira como as pessoas se informam, relacionam e consomem produtos. O papa da administração, Peter Drucker, também se posiciona sobre sua visão de tempos de mudanças irreversíveis, com diversas obras, como *Administração em tempos turbulentos* (1980), *A nova era da administração* (1992), *Sociedade Pós-Capitalista* (1993) e *Administrando em tempos de grande mudança* (1995).

Como nem tudo é bom e perfeito, essas novidades tecnológicas também se apresentaram como as responsáveis por uma enorme e indecente quantidade de equívocos estratégicos e um vergonhoso volume de investimentos desperdiçados, como se verá a seguir.

Na mesma época, no Brasil, é digno de nota o surgimento das primeiras operações de "telemarketing", como um apoio para a área de vendas.

O Brasil lança o Código de Defesa do Consumidor

As mudanças se alastraram pelo globo. Nesse momento, o Brasil, talvez pela primeira vez na história, assumiu a dianteira. Em março de 1991, entrou em vigor o Código de Defesa do Consumidor (CDC), um dos mais completos e avançados tratados jurídicos erigidos no país, que se tornaria unanimidade nacional e referência internacional.

A conquista de uma legislação como o CDC representou a garantia da observância dos direitos elementares do consumidor e proporcionou, ainda, uma segurança adicional nas práticas de consumo, ao estabelecer, por exemplo, a obrigatoriedade de registro da data de validade de alimentos, bebidas, protetores solares, cosméticos e fármacos. Efetivamente, foi um marco na história do relacionamento com o cliente.

À época, qualquer pessoa sensata duvidaria que esse pioneirismo fosse dar certo. Uma legislação tão abrangente e ousada vigendo logo no Brasil, onde lei boa ninguém respeita, "não pega"? Ainda se fosse algo comum nos países desenvolvidos... mas não. Em qualquer supermercado dos Estados Unidos até hoje o cliente encontra produtos sem data de fabricação ou validade. Por isso, por mais elementar que pareça ainda hoje, aquela legislação foi pioneira, com um mérito ainda maior por nascer em um país onde por norma se desrespeitam leis. Nesse caso, a lei não virou letra morta, e o CDC entrou para a história. O espantoso é que o CDC nasceu como uma forma de garantir o respeito a um consumidor fustigado pela superinflação, que ultrapassava os 1.000% ao ano e destroçava a noção de valor de produtos e serviços. O mercado consumidor no Brasil era quase ficção científica. Em 1994, o mercado brasileiro consumia 75 milhões de escovas de dente, por exemplo (para uma população de 160 milhões de habitantes). Hoje, com pouco mais de 200 milhões de habitantes, o consumo de escovas de dente supera os 300 milhões de unidades.[4]

Surge o consumidor "real"

Em 1994, outro fato marcante ocorre no Brasil, com enorme impacto nas relações com consumidores e clientes. É o êxito do Plano Real e o fim de uma era de taxas de inflação descontroladas. A estabilização da moeda corrente marcou o surgimento do verdadeiro consumidor contemporâneo brasileiro: mais consciente, mais exigente, mais seletivo, mais informado, com muito mais poder.

Embora esse quadro possa se aplicar evolutivamente aos dias de hoje, esse fenômeno começou em 1994, e de lá para cá essas características do consumidor apenas ficaram mais acentuadas. Infelizmente, essa sutileza escapa à compreensão de várias empresas e seus executivos, que continuam trilhando a sua atuação com práticas e modelos de gestão em total falta de sintonia com o novo mundo do poder nas mãos do consumidor.

O consumidor moderno readquiriu a noção de preços relativos na economia, um direito básico de cidadania, começou a comparar preços, qualidade, serviços e, principalmente, começou a exigir os seus direitos nas relações de consumo.

Simultaneamente a essas transformações, a imprensa brasileira passou a reservar espaço para a defesa do consumidor. Jornais diários passaram a acolher reclamações e questionar o comportamento das empresas. Merece destaque aqui o surgimento da revista *Consumidor Moderno*. Criada para acompanhar e liderar essa revolução nas relações de consumo, a publicação se tornou referência e indiscutivelmente o que existe de mais avançado no setor, questionando tendências e assumindo um papel no desenvolvimento das relações entre empresas e clientes que não é hoje igualado por nenhuma outra publicação no mundo em seus respectivos mercados.

---

[4] Sobre as estatísticas referentes ao consumo de escovas de dente, ver: <http://www.dentalpress.com.br/v5/noticias.php?id=5681 e file:///C:/Users/jmeir/Downloads/104-379-1-PB.pdf>.

A Gênese do Cliente Moderno

Outro elemento também ajudou a consolidar a evolução do cliente no mercado brasileiro. Em 1998, o governo de Fernando Henrique Cardoso privatizou o sistema Telebras, em meio a outras importantes desalienações de empresas públicas conduzidas à época. De 30 milhões de linhas telefônicas, o número saltaria para mais de 300 milhões de linhas móveis e fixas em apenas dezessete anos.[5] O consumidor passou a se comunicar em escala, falar ao telefone e a exercer seus direitos com mais facilidade; tornou-se mais questionador.

Ainda no Brasil, o mercado observa o crescimento das marcas chamadas de talibás. Um estudo dos institutos AC Nielsen e CBPA no final daquela década mostrava as marcas líderes perdendo participação por volume em 63% de 157 categorias. Depois de anos de investimento, elas perdiam mercado para marcas recém-criadas, que nada significavam para o consumidor. A Lipol — nossa marca fictícia que se desmembrou em vários produtos algumas páginas atrás — agora era deixada de lado quando consumidor entrava na loja.

As perdas foram mais intensas nas prateleiras de bebidas não alcoólicas, alimentos doces e limpeza caseira. O consumidor de baixa renda começou a comprar e, ao menos no primeiro momento, dando preferência a preços competitivos. Surge também no Brasil a primeira onda de consumo, entre 1994 e 1996, com a explosão de vendas de TVs e microondas. É o primeiro sinal de consumerismo intermitente. Não seria o último.

Bem-vindos à era do relacionamento

De volta à cena global, a tecnologia oferecia novas possibilidades. Stan Rapp já havia defendido no livro *Maximarketing* o uso de novos canais de relacionamento. Agora um novo universo de possibilidades se descortinava. A concorrência feroz e a percepção de um consumidor cada vez mais exigente levou o mercado para a individualização da oferta, a busca pelo relacionamento um a um.

Se a nova regra é realmente cortejar o cliente, pensa o executivo, então é preciso cortejá-lo de maneira individual. Cortejar em massa já não seduzia mais ninguém, simplesmente porque não funcionava mais como antes.

As agências de publicidade, no final dos anos 1990, começaram a ser questionadas mais pesadamente quanto ao despejo de fortunas na mídia televisiva, que entregava resultados cada vez mais contestáveis. O chamado *"below the line"* cresceu de forma relevante em atenção, orçamento e resultados. O frenesi da mensuração começou sua jornada, ainda sem perspectiva de resolução, enquanto escrevíamos este livro.

---

[5] Para as estatísticas referentes ao número de linhas telefônicas no Brasil, ver: <http://www.anatel.gov.br/institucional/index.php/noticias/noticia-dados-01>. Houve uma redução de mais de 22 milhões de linhas de celular em 2015. Um dos principais motivos é a mudança no perfil de uso dos consumidores, que passaram a usar redes de dados e apps de mensagens, em vez de vários chips de operadoras diferentes.

38   Feitas para o Cliente

Como que em uma cruzada, mais e mais especialistas passaram a defender o relacionamento *"one-to-one"* com o cliente. Entre eles, Drew Bartkiewicz, Bill Zujewski e Don Peppers. Este último, ex-engenheiro, responsável, em parceria com Martha Rogers, pelo livro *1to1,* dois anos após assumir uma agência de publicidade. A obra mostra dois autores convictos de que haviam inventado a melhor coisa desde que a Procter & Gamble colocou em prática o marketing de massa: o CRM (*Customer Relationship Management* ou Gestão de Relacionamento com o Cliente, em português).

A expressão em inglês unia duas grandezas antes distintas: gerenciamento e relações com o cliente, tudo suportado por informações qualificadas. Uma nova indústria surgiu, totalmente focada em guardar, analisar, recuperar e usar informação sobre as características intrínsecas, comportamento, preferências, atitudes, opiniões e relações do cliente, a fim de aumentar a representatividade da participação que a empresa tinha em seus gastos totais (da expressão *share of wallet*). Parecia o paraíso para os profissionais de marketing. Um software capaz de gerenciar — e facilitar — a gestão de clientes. Mas, pelo menos naquela época, o foco não era exatamente gerenciar o relacionamento. Na verdade, o foco era explorar de maneira mais eficiente o cliente em si, seu potencial de consumo, seu "valor de contribuição". Absolutamente legítimo, mas o problema é que a proposta embutida na expressão original se perdia. Muita vontade de faturar e pouca preocupação real com o cliente.

Inicialmente, a ideia não foi bem aceita, e o livro do casal Peppers & Rogers chegou a encalhar. Logo em seguida, empresas passaram a testar a tese com o apoio de ferramentas de tecnologia e conseguiram alguns resultados pontuais. A proposta parecia ser viável, e a ideia passou a ser mais bem aceita nos círculos corporativos e acadêmicos. Com o tempo, tomou conta das empresas uma febre enorme baseada na promessa de que a tecnologia iria permitir sua ligação umbilical e controlável com o bolso do cliente. A panaceia do CRM tecnológico convenceu os executivos no Brasil e no mundo, e centenas de enormes projetos puramente focados no software pipocaram aqui e ali.

O relacionamento individual com um cliente enfim fiel iria realmente acontecer — como que por mágica — graças ao departamento de TI. A ilusão estava criada. O CRM mudaria o mundo. E traria muitos lucros, implementando o sonhado conceito de "*mass customization*", ou segmentação em larga escala. As empresas poderiam classificar os clientes por diferentes afinidades e então direcionar a eles ofertas especialmente desenhadas. Uma nova realidade de fluidez, de redução de atritos e de eficiência máxima estava a caminho.

E realmente o CRM trouxe muito dinheiro, mas não exatamente para quem o usava. As empresas fornecedoras da plataforma tecnológica e as consultorias especializadas é que realmente ganharam muito dinheiro durante toda a década de 1990 e um pouco mais. Entre aquelas com maior reconhecimento, é possível destacar

A GÊNESE DO CLIENTE MODERNO 39

a Siebel (pertencente à Oracle desde 2005), fundada em 1993, na Califórnia, por Thomas Siebel, mas também Vantive, comprada pela Peoplesoft, que, por sua vez, foi comprada também pela Oracle, em 2005. No início da onda, as expectativas para o segmento nos próximos dez anos, conforme o Instituto Gartner, especializado em TI, era a de que o mercado de CRM atraísse mais de US$ 100 bilhões em negócios. De fato, o que conseguiu foram relativos tostões.

Muitas empresas caíram na ingenuidade de achar que a "TI seria capaz de resolver sua vida" e desperdiçaram uma fortuna. Os mais previdentes seguraram os investimentos isolados em software e investiram antes no real conceito do relacionamento com o cliente. Evitaram assim comprar gato por lebre.

No Brasil, projetos gigantescos desperdiçaram uma enorme quantidade de dinheiro das empresas e energia dos executivos.[6] O vendedor de TI batia na porta e mostrava de forma convincente um PowerPoint e uma versão demo do sistema que comprovavam que no mundo inteiro todos compravam o relacionamento com o cliente instalando bits & bytes. Se o executivo não comprasse, era estúpido e ficaria para trás. Se assinasse o cheque, depois só precisava colher os louros com os acionistas. Fácil, fácil. Quem recusaria?

Intencional ou não, o artifício funcionou extremamente bem. Sistemas caríssimos foram adquiridos para nunca serem completamente utilizados, após meses (até anos) de implementações ainda mais caras que o preço do software (corria no mercado a proporção de sete dólares de implementação para cada dólar pago pelo software). Em geral, esbarraram na inadequação dos sistemas à realidade de cada mercado e aos chamados legados tecnológicos de cada empresa, e também na resistência interna de nichos e feudos no interior das organizações. Com o tempo, se percebeu, a duras penas, que o fundamental a ser feito era uma mudança cultural para garantir o foco no cliente, que devia ser precedida da conscientização da alta liderança da empresa, pois, sem isso, de nada adiantava gastar dinheiro com tecnologia e customizações.

Sem dúvida, Peppers & Rogers podem ser, sim, taxados como os responsáveis diretos por muitos investimentos equivocados, surfando na onda CRM tecnológico; mas não os únicos. De lá para cá não faltaram outros devaneios e outras ondas a serem surfadas.

Phil Rosenzweig explica bem a psicologia dependente dos executivos no livro *Derrubando mitos*.[7] Administradores, ele diz, são pessoas ocupadas. Sofrem enorme pressão para produzir receitas elevadas, grandes lucros e retornos para os acionistas. Envolvidos nessa rotina, eles buscam respostas prontas para a estratégia de médio e longo prazo.

---

[6] Fuja dos quatro riscos do CRM. Disponível em: <http://exame.abril.com.br/revista-exame/edicoes/764/noticias/fuja-dos-quatro-riscos-do-crm-m0050465>.

[7] ROZENSWEIG, Phil. *Derrubando mitos:* Como evitar os nove equívocos básicos no mundo dos negócios. Editora Globo, 2008.

Se puderem ser respaldados por especialistas, consultores e autores de livros, melhor ainda. Se for algo que só precisa comprar e instalar, como uma tecnologia nova, é o melhor dos mundos. Basta assinar o cheque. Consultores e fornecedores ficam felizes em atender a essa demanda, e o círculo, por vezes vicioso, está criado.

Muitos bons e maus especialistas e pesquisadores surfariam nessa onda na primeira década deste novo século, principalmente com a turbinada proporcionada pelo crescimento da web e o nascimento de outros modelos de CRM, como o e-CRM, recheado por outras práticas e possibilidades digitais de relacionamento com clientes, como newsletters, fóruns e webchats, entre outros.

Em tempo: em nossa definição, de maneira mais ampla, o CRM é uma estratégia integrada e integral de negócios que possibilita às empresas gerenciar com eficiência os relacionamentos com seus clientes. Como benefício adicional, o CRM pode oferecer uma visão 360° qualificada dos clientes da empresa para os colaboradores e executivos em diferentes níveis de acesso, particularizando canais, motivações, históricos, segmentos e *clusters*, por exemplo.

Ainda: o CRM não é um produto ou serviço, ou uma tecnologia simplesmente. É uma metodologia que direciona uma empresa no caminho da filosofia orientada ao cliente, ou *customer-oriented* (evolução da empresa *mass marketing-oriented* para *one-to-one marketing-oriented*). Como ferramenta, capacita a empresa a desenvolver, atrelada às práticas de *business intelligence*, o chamado *customer intelligence* (inteligência do cliente/consumidor).

A DITADURA DA INOVAÇÃO GANHA APELO

Talvez a principal tendência a seduzir executivos e consultores fosse aquela referente à necessidade de inovar. Hoje, a premissa é óbvia, mas no final dos anos 1990 foi mais ou menos assim: o mercado estava saturado e satisfeito, e a lógica da dobradinha mídia-indústria tradicional havia sido quebrada. Para um produto ser visto e vendido, ele precisava ser diferente.

Diversos autores refletiam o novo cenário do mercado, muitas vezes com uma ênfase até exagerada na inovação. Apesar dos erros, trabalhos relevantes surgem, como o *Funky business*, dos suecos Kjell Anders Nordström e Jonas Ridderstråle, que propõem o diferencial como principal vantagem competitiva. Mais tarde, uma linha de pensamento similar aparece em *A estratégia do oceano azul*, de W. Chan Kim e Renée Mauborgne, e também no *Vaca roxa*, de Seth Godin. O conceito de marketing de massa é revisto e invertido.

Entre bons e maus livros, a característica comum dos teóricos da inovação é a de que a maioria deles produz textos criativos e fáceis de serem lidos (receita perfeita para uma moda com muitos leitores e pouco resultado prático). Todos eles giram em torno de pequenos contos, boas histórias, que servem como metáforas para sustentar as teses dos autores. Ninguém resiste a uma boa história, principalmente se ela vier a fazer sentido.

De qualquer modo, há uma nova forma de fazer negócios em vista, que Clemente Nóbrega, com *Antropomarketing* e *Innovatrix*, e Clayton Christensen, com *O dilema da inovação*, apresentam com maestria.

A classe C vira sinônimo de consumo

No Brasil, a literatura de marketing e inovação começou a ser amplamente lida, mas outras forças agiam com intensidade. Após o Plano Real, os grupos de baixa renda iniciaram uma quase ininterrupta expansão em seu potencial de consumo, depois reforçada pelo programa Bolsa Família no mandato Lula. Cerca de 41 milhões de brasileiros[8] passaram a comprar produtos que antes eram privilégio de uma restrita classe média. Essa ascensão da classe C — e também D e E — tornou esse público consumidor cada vez mais relevante, acirrando a disputa das empresas em capturá-lo.

Como citado anteriormente, as marcas talibãs se tornaram, por alguns anos, a opção preferencial para esse público (jamais desapareceriam). Entretanto, a partir de 2003, o mercado finalmente percebeu o ataque e reagiu. De 2005 em diante, as marcas líderes cresceram mais do que as de segunda linha. Marcas que são usadas a partir de extensão de outras consagradas ganharam mercado com facilidade, como Quaker, Liza e Primor.

Em um efeito colateral, o mercado assistiu às tentativas frustradas de estabelecimento do Walmart no Brasil e premiou o crescimento e a consolidação do Pão de Açúcar, com uma estratégia em que o preço do produto ficou em segundo plano. Tal reversão de tendências torna claro que o brasileiro não queria saber só de preço.

A agressividade da afirmação é proposital. O crescimento limitado das marcas talibãs e do Walmart (pelo menos nos primeiros anos depois de sua entrada no mercado nacional) e a consolidação da marca Pão de Açúcar e de outras marcas premium são comportamentos que parecem fora de lugar em um país pobre. O brasileiro quer comprar produto de qualidade, quer ser bem atendido e demonstrar status. O brasileiro, como consumidor, quer se sentir bem consigo mesmo.

Isso não significa que o consumidor médio brasileiro ignorasse uma boa oferta. Principalmente se fosse de uma boa marca, e o produto, um símbolo de ascensão social. Essa é parte da explicação para um fenômeno que volta a ocorrer com força na primeira década do século: o consumerismo intermitente.

Cada vez mais, o consumidor nacional comprava por compulsão e por ondas. Ele iniciou a década com celulares pré-pagos e PCs, atingindo picos de consumo

---

[8] Pesquisa "Faces da Classe Média" — Data Popular e Serasa Experian. Disponível em: <http://g1.globo.com/economia/noticia/2014/02/classe-media-brasileira-e-o-18-maior-pais-do-mundo-em-consumo.html>.

entre 2006 e 2008. Mais recentemente assistimos à onda de consumo de tablets e smartphones.[9] Um por estímulo do governo, ao conceder isenção de impostos para computadores, derrubar o mercado cinza e, por efeito colateral, induzir a entrada das redes de varejo. O outro, por subsídio de empresas de telecomunicações, interessadas em um mercado então potencial de dezenas de milhões de usuários, bem como isenção de impostos para a produção local de produtos de valor até R$ 1.500.

Também carros e eletrodomésticos viram vendas acelerar, mais uma vez por combinação de isenções fiscais, financiamentos que chegaram a 80 parcelas com crédito facilitado e a agressividade das redes de varejo (no caso dos eletrodomésticos). No final da década, mesmo em meio à crise econômica global (subprime), observamos o aumento da demanda por imóveis, com grande impulso derivado do programa Minha Casa, Minha Vida, promovido pelo governo federal.

Em todos os casos, o brasileiro vislumbrava a possibilidade de ascensão social, seja pela exibição de um celular, um carro ou um imóvel, seja pela possibilidade de o filho acessar a internet.

Uma pesquisa do Instituto Análise, feita em 2010, comprovou que os brasileiros finalmente compreenderam — e compraram — a tese de que impostos menores equivaliam a menores preços. Ou pelo menos 67% das pessoas com renda familiar de até R$ 465 compreenderam. Elas prefeririam um presidente que reduzisse os impostos dos alimentos para que se comprasse comida mais barata.

A MULHER DECIDE

Além do mercado de baixa renda que emergiu desde então, outro público cliente ganhou destaque na percepção das empresas. Mas ele sempre esteve lá: as mulheres, responsáveis por consumir muito mais que os homens e ainda influenciar na decisão de compra deles. No Brasil, dão a palavra final em "86% das compras feitas no supermercado, 79% escolhem o destino de férias das famílias, 58% definem o modelo e a marca do carro e 53% estabelecem que computador será comprado para a casa". O instituto de pesquisa Data Popular afirma que as mulheres decidem o destino de R$ 1,1 trilhão no consumo brasileiro.[10]

---

[9] "Segundo estatísticas da empresa de consultoria IDC, o mercado brasileiro esse ano alcançará 8,4 milhões de notebooks vendidos contra 10,7 milhões de tablets [...] A IDC prevê que 47 milhões smartphones serão vendidos esse ano, contra 35 milhões vendidos ano passado." Disponível em: <http://www.hardware.com.br/noticias/2014-08/vendas-de-ultrafinos-smartphones-aumentam-desktop-notebooks-caem.html>.

[10] Pesquisa "Tempo de Mulher" — Data Popular. Disponível em: <http://www.correiobraziliense.com.br/app/noticia/economia/2013/03/08/internas_economia,353609/consumo-das-mulheres-cresce-83-quase-duas-vezes-mais-que-o-dos-homens.shtml>.

A Gênese do Cliente Moderno

Em resposta, uma crescente variedade de empresas criou estratégias específicas para seduzir as consumidoras. Como a parceria da Renault com O Boticário no lançamento de um Clio Sedan cheio de pequenos detalhes femininos no acabamento. Além dessas, a HP do Brasil, instituições financeiras como Bradesco Seguros, Porto Seguro e Itaú Unibanco, e uma infinidade de indústrias do porte de Montblanc, Whirlpool, Tigre e Nike descobriram os caminhos e benefícios da customização e personalização de serviços e produtos para as mulheres.

Elas se armaram para um público mais complexo que o masculino e que faz do ato da compra um momento de prazer, a ser feito com paciência e cuidado.

O CONSUMIDOR SE TORNA DIGITAL E COLABORATIVO

Chegamos ao momento presente. As marcas, todas, clamam por atenção. Nunca houve tantas ferramentas de marketing e técnicas de aproximação. E nunca o consumidor se fechou tanto para essas investidas.

No Brasil, atualmente, são mais de 117 milhões de internautas, segundo a E-Consulting Corp., com quase 49,5 milhões de e-consumidores, para 304 milhões de linhas telefônicas em dezembro de 2015.

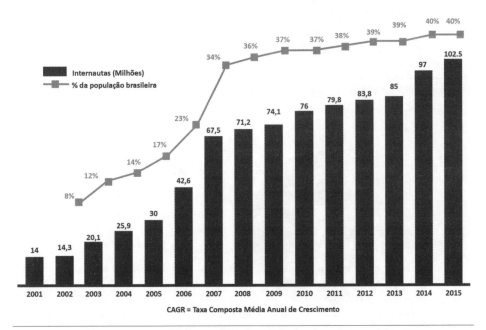

FIGURA 2.1: Crescimento de usuários de internet no Brasil. Fonte: E-Consulting Corp.

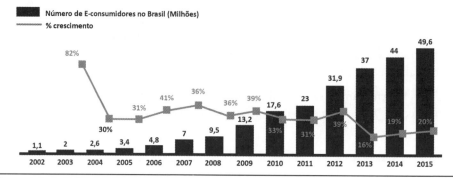

Figura 2.2: Crescimento de e-consumidores no Brasil. Fonte: E-Consulting Corp.

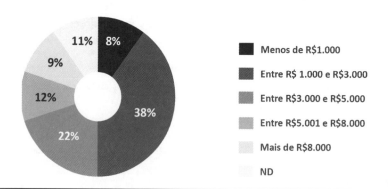

Figura 2.3: Perfil médio de renda do e-consumidor. Fonte: E-Consulting Corp.

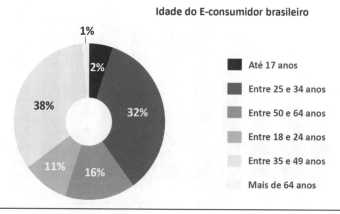

Figura 2.4: Idade do e-consumidor. Fonte: E-Consulting Corp.

A Gênese do Cliente Moderno

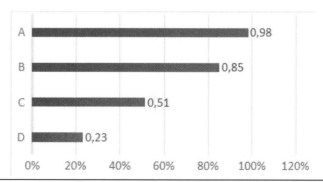

FIGURA 2.5: Distribuição de internautas por classe social. Fonte: E-Consulting Corp.

O Brasil também está entre os líderes em utilização relativa das redes sociais, conforme dados a seguir, o que se reflete na alta taxa de adesão ao chamado *social commerce*.

FACEBOOK	83 milhões
TWITTER	41,2 milhões
WHATSAPP	38 milhões
INSTAGRAM	16 milhões
LINKEDIN	20 milhões
TUMBLR	7,9 milhões
PINTEREST	5 milhões
GOOGLE+	3 milhões
SNAPCHAT	Não disponível

TABELA 2.2: Usuários por redes sociais no Brasil. Fonte: E-Consulting Corp, ComScore, Iska Digital Facebook e Wishpond, out. 2015.

Usuários de redes sociais (Milhões)

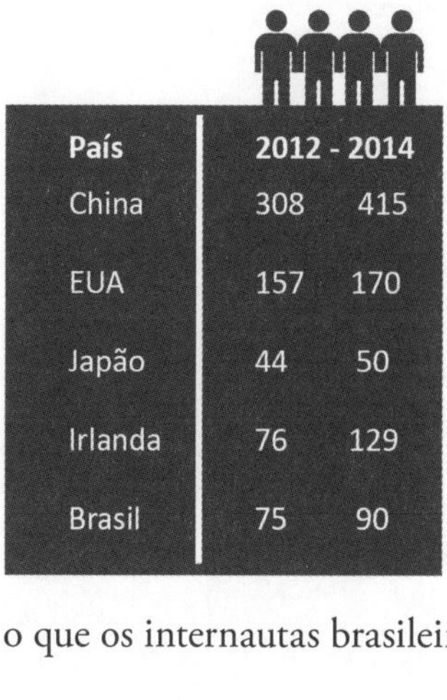

País	2012	2014
China	308	415
EUA	157	170
Japão	44	50
Irlanda	76	129
Brasil	75	90

FIGURA 2.6: Participação relativa de usuários em redes sociais no Brasil. Fonte: E-Consulting Corp.

E o que os internautas brasileiros fazem nas redes sociais?

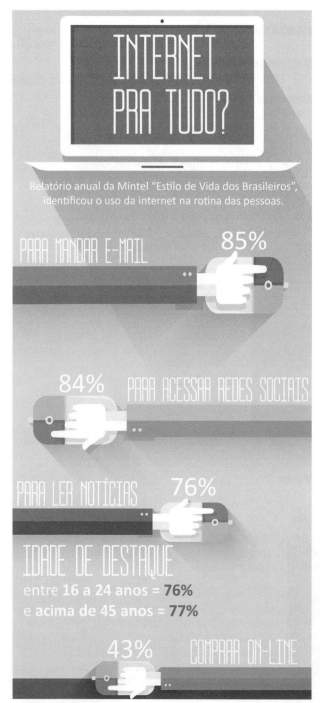

FIGURA 2.7: Hábitos de uso online no Brasil. Fonte: Mintel — 2015.

Além disso, o país apresenta pujante crescimento no e-Commerce ano a ano, segundo o indicador VOL — Varejo Online, produzido trimestralmente pela E-Consulting Corp.

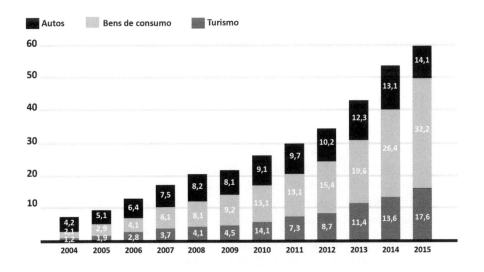

FIGURA 2.8: Evolução do e-Commerce no Brasil. Fonte: E-Consulting Corp.

A conclusão lógica é que efetivamente o consumidor brasileiro está digitalizado, interconectado, disponível via mobilidade e integrado em redes, com outros consumidores.

Acima de tudo, a verdade é que o consumidor está mais suscetível a outros consumidores e especialistas técnicos sobre determinados produtos e serviços do que aos encantos e artimanhas das próprias empresas que os produzem e/ou comercializam. O papel da propaganda nunca foi tão questionável.

A inversão de poder, iniciada de forma individual com o marketing de relacionamento, passa a ser grupal, em rede, por comunidades. As empresas sofrem com a monitoria contínua; não sabem como agir ou reagir. Ou se devem agir e reagir. Aprender a dialogar se torna imperativo. E isso só é possível se for em modelo multicanal. O que traz uma nova complexidade aos negócios e à gestão: como criar uma estratégia multicanal? Quando vale a pena ser multicanal? É possível reproduzir uma experiência notável para o cliente em diferentes canais, mantendo a integridade de valores, da marca e das percepções? Toda empresa "feita para o cliente" é multicanal?

O E-CONSUMIDOR SE BLINDA E VIRALIZA

A verdade é que, em números relativos, poucas pessoas abrem mala direta, leem pop-ups, prestam atenção a outdoors ou aceitam conversas mais demoradas com o televendas. As pessoas não têm tempo, não querem ser abordadas pelas empresas, são seletivas e querem se afastar de vendedores que não conhecem. O consumidor vestiu uma armadura blindada, e as empresas não conseguem penetrá-la. As empresas hoje disputam a atenção do cliente tanto quanto seus recursos. Porque o tempo das pessoas é cada vez mais escasso, dividido entre inúmeros estímulos sensoriais despertados pela escolha excessiva e as novas plataformas de comunicação. Thales Teixeira, único professor de nacionalidade brasileira da Harvard Business School, cunhou a expressão "Economia da atenção". Com inúmeras pesquisas que demonstram o quanto é difícil (e caro) ganhar a atenção dos consumidores, Thales recomenda que as empresas busquem alternativas capazes de "dialogar" melhor com o consumidor do que as formas tradicionais de propaganda. Ela tende a ficar mais cara, porque disputa mais atenção. E quanto menos atenção a propaganda consegue, mais cara (pela escassez de tempo) ela será.[11]

Ao mesmo tempo, paradoxalmente, os consumidores estão mais próximos das empresas do que jamais estiveram. A diferença é que agora eles sentem que de certa forma são "donos" da marca, então são mais ativos.

Se o produto agrada ou não ao consumidor, este último passará isso a outros, pelo boca a boca real ou em comunidades na internet. Ele encontrará uma forma de ser ouvido. Vivemos a transição do espaço do marketing, no qual as empresas vendiam para os consumidores, para o espaço do consumo, no qual elas se relacionam e dialogam com os consumidores.

Há uma dissolução das fronteiras tradicionais existentes entre as marcas e as pessoas. Isso pode ser visto claramente quando se observa a tendência corrente do chamado *consumer-generated content* (conteúdo gerado pelo consumidor), pelo qual as pessoas fazem seus próprios comerciais, agem como "embaixadores da marca", falando bem ou mal de produtos e serviços para seus amigos e conhecidos nas diversas redes de relacionamento e comunidades online, ou não. E as marcas, por sua vez, estão à procura de novas formas de geração de conteúdo. A propaganda tradicional hoje precisa ser combinada e ser vista como conteúdo. As empresas propõem um tema e esperam o diálogo.

Hoje, os próprios consumidores são os mensageiros das campanhas publicitárias, copiando contatos por e-mail, fazendo upload de vídeos, emitindo opiniões em fóruns, twittando, entre outros. Sua armadura pode ser perfurada apenas por aquilo que seu dono permitir.

---

[11] TEIXEIRA, Thales. Atenção a serviço do varejo. Disponível em: <http://portalnovarejo.com.br/index.php/brweek/item/8824-atencao-a-servico-do-varejo>.

A Gênese do Cliente Moderno

E nessa corrida fervorosa por fazer sua marca "grudar" no consumidor, muitas empresas partiram para ideias como o marketing invisível, uma forma de driblar a blindagem contra a propaganda e avançar por todas as barreiras que evitam a assimilação da mensagem. Senão vejamos.

Um simpático casal de turistas, em uma esquina de Nova York, pede a um rapaz, que passa por ali, que tire uma foto. Ao pegar a máquina, o rapaz percebe, na realidade, que se trata de um celular, e antes do clique dá uma olhada geral na novidade e fica bem impressionado com o novo dispositivo. Foi assim que a Sony Ericsson introduziu, no mercado, há alguns anos, seu primeiro modelo com câmera. Os turistas eram atores profissionais contratados pela empresa para gerar a comunicação viral.[12]

Assim, muitas marcas, principalmente pela internet, têm entrado em contato com seu público-alvo sem alvoroço e alarde, passando ao largo, mas deixando suas pegadas.

As marcas precisam fazer as pessoas acreditarem nelas. A vigilância será cada vez maior na veracidade dessas crenças. O Boticário, no Brasil, agora mesmo vê campanhas suas chamarem atenção e serem debatidas por verdadeiras "patrulhas" em defesa das minorias.[13]

Enquanto isso a cauda espicha

À medida em que as grandes empresas descobriam novos mercados de massa no Brasil, surgia nos Estados Unidos, no final da década passada, pelas afirmações de Chris Anderson[14], uma nova promessa — mais uma vez possibilitada pela tecnologia — de que um público seleto e em busca de produtos específicos poderia se tornar a nova fronteira. As empresas são então apresentadas à ideia de uma nova e teoricamente rica possibilidade: a cauda longa.

A ideia básica era atingir aquela parte do gráfico de Gauss normalmente ignorada; traduzindo do economês, são produtos que interessam a um público pequeno demais para sustentar uma produção de grande escala. Mas se você juntar todo mundo no país que se interessa por aquele produto, então talvez você tenha escala suficiente para produzir. Desde que você possa vender com custos unitários baixos de comercialização, a partir de uma loja só. Uma loja virtual! E também, mais recentemente, de redes sociais e pequenos negócios baseados nas novas impressoras 3D, que permitem a produção de artefatos e produtos em pequena escala.

---

[12] Undercover marketing undercovered. Disponível em: <http://www.cbsnews.com/news/undercover-marketing-uncovered-23-10-2003/>.

[13] Boticário volta a criar polêmica ao mostrar casais no dia do divórcio. *G1*. Disponível em: <http://g1.globo.com/economia/midia-e-marketing/noticia/2016/01/boticario-volta-criar-polemica-ao-mostrar-casais-no-dia-do-divorcio.html>.

[14] Chris Anderson, ex-editor da célebre revista *Wired*, é palestrante, empreendedor, ensaísta e autor de best sellers de negócios, entre os quais *A Cauda Longa*.

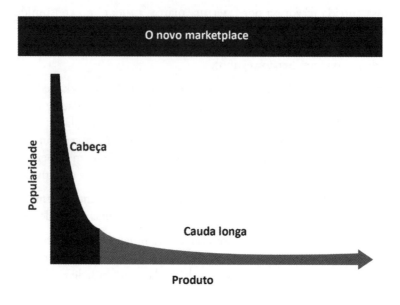

Figura 2.9: Cauda Longa por Gaussian

Na prática, a cauda longa recuperava parcialmente o conceito de micromarketing, usado na década anterior por pequenos empresários americanos e algumas poucas redes de varejo (criando políticas de preço diferentes para cada mercado).

Ao final, a teoria se mostrou exagerada, como boa parte das promessas feitas nesta década pelos entusiastas dos bits & bytes. A cauda longa pode funcionar de fato no que pode ser digitalizado, de forma ao produto ser replicado sem perda. Mais do que isso, pode funcionar na negociação entre consumidores (e para as empresas que faturam com esse tipo de transação). Mas até agora se mostrou apenas mais uma promessa de baixo retorno na maioria dos casos. Porque na "Economia da atenção" é mais fácil o consumidor escolher o que conhece do que se aventurar à procura de pepitas escondidas no caldo digital.

Chegando aos dias de hoje

Foi com esse rico processo evolutivo que o consumidor moderno — nós mesmos — apareceu no cenário das empresas, para que também nós, no papel de gestores, possamos tratar de maneira eficaz, inteligente e rentável o relacionamento entre as partes.

Somos nós, gestores, lidando conosco, clientes e consumidores. É estranho, mas é isso. Um processo intenso, evolutivo e incansável.

A Gênese do Cliente Moderno

O consumidor não para de evoluir, e as possibilidades que se apresentam a ele — a nós — também crescem, só que exponencialmente. Essa evolução aponta para a busca por empresas capazes de engajar esses consumidores, de entenderem seu novo papel em uma realidade mutável e imprevisível. Uma realidade que não explica quais as verdadeiras empresas "feitas para vencer e para durar" apenas com base em atributos inerentes aos processos internos, lideranças, produtos de qualidade e gestão de marcas. A variável "cliente" está obrigatoriamente associada ao sucesso e a perenidade de empresas dos mais diversos setores. Principalmente agora, quando modelos de negócios disruptivos são criados por empresas em um processo definido pelo Copenhagen Institute for Future Studies (CIFS), uma das mais respeitadas consultorias de megatrends do mundo, como anarcoeconomia.[15] Essa definição um tanto estranha veio abalar os alicerces das empresas conforme Jim Collins as entende. Basicamente, a "anarcoeconomia", também conhecida como economia compartilhada, pressupõe que produtos e serviços podem ser compartilhados por consumidores conectados via apps. O pilar do sistema, que disponibiliza o app, ganha uma comissão por gerenciar esse ambiente de troca, transação, compartilhamento e avaliação. O próprio sistema regula os indivíduos que desempenham bem e seguem as regras dispostas. Exemplos da "anarcoeconomia" são o AirBnb (compartilhamento de espaços para hospedagem), o Uber (caronas e transporte de passageiros), Task Rabbit (serviços gerais, como encanadores, diaristas) e o EZ Park (vagas para estacionamento).

Há um novo padrão de tendências que nasce da costela de um novo consumidor: o consumidor 2.0.

---

[15] KRONSTROM, Peter; MERRIGAN, Sean. Há muitos futuros possíveis. Disponível em: <http://conarec.com.br/index.php?option=com_content&view=article&id=5981:ha-muitos-futuros-possiveis&catid=73:news&Itemid=1>.

"Para nós, o cliente é o protagonista de nossa história. Cada pedido é um compromisso que assumimos com nossos clientes, assim como é nosso compromisso com nossos colaboradores, fornecedores e acionistas."

Marcio Kumruian
presidente da Netshoes, em entrevista realizada pelos autores em 2012

Capítulo 3

Rupturas Definitivas: O Cliente Agora é 2.0

O chamado cliente 2.0 é qualquer consumidor. Não precisa estar conectado à web ou nas redes sociais. Alguém de sua rede pessoal está, e isso é suficiente. A evolução do consumo — e dos consumidores — passará obrigatoriamente pelas novas tecnologias e pelas mudanças derivadas de sua massificação.

Consumo circunstancial, consumo de experiências

"A atração é a marca, o brand, é o produto, é o produto 'aspiracional' que você coloca no mercado [...] Nós conseguimos interpretar os anseios dos consumidores e desenvolver produtos que eles queriam [...] uma preocupação constante em oferecer ao consumidor a inovação de produtos e isso é que tem caracterizado o posicionamento nosso."

As afirmações do presidente da Fiat, Cledorvino Bellini, retratam uma preocupação evidente com o novo comportamento do consumidor. Praticamente todas as empresas líderes de mercado, manifestam estratégias, ações e processos voltados para a compreensão do consumidor 2.0. Senão, vejamos:

"[...] O celular é a máquina de captura de transações. Então, você é o lojista, tem um celular, é um vendedor porta a porta, é um dentista, é um profissional liberal. Não precisa ter sua máquina. [...]" (Rômulo Dias, presidente da Cielo e das redes sociais no negócio de adquirência)

"O varejo cometeu um erro que nós quase começamos, mas acordamos para isso em boa hora: achar que o self-service era o moderno. Então as lojas ficaram mais voltadas para o mais moderno para ver se se ajustava ao self-service e se abandonou o elemento humano na venda." (Flávio Rocha, presidente da Riachuelo, em autocrítica sobre a percepção de que o autosserviço no varejo significava abrir mão da interação entre vendedores e clientes)

"Cada vez mais, as redes sociais, plataformas digitais e colaborativas auxiliarão as empresas a prestarem um atendimento ágil aos seus clientes, além de serem meios para disponibilizar serviços que facilitem a sua vida. Esses canais são importantes ainda para que empresas e clientes interajam no sentido de compartilhar críticas, sugestões e desenvolver produtos/serviços de forma colaborativa." (Fabio Luchetti, CEO da Porto Seguro, comentando sobre a visão da empresa sobre relacionamento baseado nas redes sociais)

A internet, primeiro, e as redes sociais, em seguida, criaram novas formas de interação entre empresas e consumidores. A cultura digital, aliada ao crescimento da base de consumidores, criou rupturas em inúmeros segmentos de mercado, bem como motivou a criação de novos negócios e empresas. Essas mudanças sísmicas trouxeram angústia generalizada para as organizações e para seus clientes. É sabido que o consumo é um dos melhores escapes que o ser humano encontrou ao longo de sua evolução para equilibrar as sensações de perda, derrota, fracasso, medo, insegurança e tristeza, tão pertencentes à nossa natureza. Em um mercado emergente como o brasileiro, a satisfação de carências por meio do consumo manifestou-se pelo aumento extraordinário de bens de consumo voltados para higiene e beleza, viagens de avião, automóveis, smartphones, tablets e refeições fora de casa. Indulgências, compensações e conquistas por merecimento motivaram o consumidor brasileiro na corrida da satisfação pessoal pela via do consumo.

A fotografia do mercado brasileiro dos últimos 20 anos, com especial ênfase na última década, atesta um conceito clássico do marketing e do neuromarketing: consumo é impulso. No fundo, é uma atividade motivada por algo; portanto, impulsionada.

A essência, o *reason why* desse impulso, dessas motivações, pode ter inúmeras origens e inúmeros propósitos. Freud definiu as motivações humanas em dois grupos: fugir da dor (compra por necessidade, por restrição, por desespero, por imposição etc.) ou buscar o prazer (compra por desejo, por sonho, por competição, por satisfação etc.). E é assim que funciona mesmo. Ou consumimos para fugir da dor (remédios e passagens aéreas) ou consumimos para buscar o prazer (remédios e passagens aéreas). Opa!

Explicando: se comprarmos um remédio para nos medicarmos contra uma infecção intestinal, estaremos comprando um produto para fugir da dor. Denominamos isso de consumo defensivo. Ao contrário, se comprarmos um remédio para ajudar a definir esteticamente nosso abdômen, estaremos consumindo algo em busca do prazer. Denominamos isso de consumo positivo. Na mesma toada, se comprarmos uma passagem aérea para mudarmos de cidade porque não aguentamos mais a violência, estaremos praticando consumo defensivo, ao passo que, se comprarmos uma passagem aérea para viajarmos por 15 dias de férias na Polinésia, estaremos praticando consumo positivo. Ou seja, o tipo de consumo e nossas motivações **dependem**. Do quê? Das circunstâncias em que nos encontramos.

Essa talvez seja a principal lição da ciência da gestão proposta por Clemente Nóbrega em suas obras. Cheio de insights valiosos, o trabalho desse consultor, físico e estudioso da gestão propõe que marketing é circunstância. A essência do marketing é o ser humano; portanto, marketing é, antes de tudo, antropomarketing.

Assim sendo, é fundamental aos estrategistas e planejadores de marketing que, ao definirem seu próximo mercado, planejarem seu próximo lançamento e construírem sua estratégia de posicionamento de marca e estrutura de alianças e distribuição somente o façam se tiverem mapeado, em qualidade, as circunstâncias em que esse novo produto ou serviço, essa nova marca, estaria interagindo com o consumidor potencial, se concentrando menos em atributos (tanto do consumidor quanto do produto/serviço em si) e mais no processo de interação (razões, momentos, valores). Mais do que isso, se os pontos de contato, intersecção e interação entre consumidores e as empresas forem devidamente mapeados, será possível entender e se adaptar com maior eficiência ao consumidor em evolução.

Isso porque pessoas querem desincumbirem-se de tarefas que demandam qualquer tipo de esforço, e os produtos e serviços, reforçados pela marca e por tudo mais que os envolve (distribuição, promoções, vantagens, embalagens, propaganda etc.) são os meios capazes de fazer com que as tarefas sejam realizadas (ou seja, que as necessidades sejam supridas nas circunstâncias em que é necessário que sejam — e isto depende!).

Neste caso, a pergunta certa a se fazer não é "Quem compraria esse novo produto que queremos lançar?" ou "Quanto um cliente pagaria por este serviço extra?", mas sim "Em que circunstância (momento, situação etc.) esse meu produto (qual, como) resolveria (de que forma) algum problema (qual problema) de algum tipo de pessoa (os clientes potenciais)?" ou "Quanto vale (valor de percepção traduzido em moeda) resolver (como, quando) este problema (qual) para aquela pessoa (qual) com esse serviço extra (qual, como)?".[1]

Isso é planejar marketing para circunstâncias. Responder isso é entender de consumo, pois é entender das motivações e aspirações dos consumidores. Quer testar?

Quanto você pagaria por um hot dog em uma van ou food truck, em São Paulo, na esquina da Avenida Paulista com a Brigadeiro Luiz Antônio (1)? Um, dois, até três reais... não mais que isso, certo? E quanto você pagaria por um hot dog em uma lanchonete top, em São Paulo, como Lanchonete da Cidade, New Dog ou Fifties (2)? Doze, quinze, vinte reais, certo? Opa! A marca e a experiência, que trazem embutida a percepção superior de qualidade, pesaram e você aceitou pagar mais por, basicamente, o mesmo produto, não é? Agora perguntamos: quanto você pagaria por um hot dog se estivesse na Somália em uma tribo passando fome (3)? Ah! Não tem preço!

Obrigado por comprovar a tese de que o preço não é atributo do produto, mas fruto da percepção do cliente, derivada de sua situação circunstancial de consumo. Ou seja, nos três exemplos passamos de comer, se alimentar (1), para sair, se divertir (2), para sobreviver (3).

---

[1] Esses conceitos podem ser vistos de modo mais detalhado nos livros *Ciência da gestão* e *Antropomarketing* (Editora Senac), de Clemente Nóbrega.

O mesmo produto, para a mesma pessoa, em circunstâncias diferentes, têm valores (portanto, preços) diferentes.

Marketing circunstancial é isso. Menos atributos e mais circunstâncias. Sacar isso (e conseguir mapear e planejar em cima) é entender praticamente tudo!

A MOBILIDADE ABRIRÁ NOVAS POSSIBILIDADES PARA O CONSUMO

O telefone celular, apesar de ainda ser subaproveitado e utilizado por parte de seus usuários, é, sem dúvida, o dispositivo com o maior potencial de convergência multimídia (vídeos, fotos, música, TV), de canais (voz, dados e/ou internet) e aplicações (corporativas e pessoais), assim como palco da conectividade e da comunicação total (bluetooth, infravermelho, Wi-Fi etc.).

As possibilidades associadas ao telefone celular, em sua versão mais atual, o smartphone, aliadas à sua alta portabilidade e massificação de uso, criaram quase que infinitas oportunidades de comunicação e exploração de sua capacidade de convergência.

De olho nas oportunidades, ainda mais potenciais em termos de retorno do que efetivamente comprovadas, ganha força uma nova disciplina no marketing — o mobile marketing — que busca explorar os múltiplos formatos disponíveis nos dispositivos móveis a partir de campanhas, ações e informações dirigidas a seus usuários.

Ações personalizadas, segmentadas, localizadas, com recursos interativos, em tempo real, passíveis de serem mensuradas e analisadas com precisão, são algumas das características do mobile marketing. Mais do que isso, o mobile marketing permite estar disponível para a conversação o tempo todo. O consumidor, com seu smartphone, pode exercitar o seu potencial de consumo 24 horas por dia, em qualquer lugar. Inclusive na sua loja, fazendo negócios com outra.

De acordo com pesquisa do CGI (Comitê Gestor de Internet do Brasil), já são 47% dos usuários de celular que acessam a internet pelo telefone[2], sem considerar e-mails (em 2012 eram apenas 2,6%). Isso quer dizer que já temos mais de 81 milhões de consumidores que estão conectados o tempo todo, exercendo o seu poder de interagir, cobrar, reclamar, sugerir e comprar. Com o crescimento e massificação da tecnologia 4G, esses índices devem aumentar em um ritmo mais acelerado, possibilitando maior comodidade aos usuários, maiores oportunidades para anunciantes e geração de receitas para empresas com ações comerciais no canal mobile.

---

[2] Pesquisa revela que 81,5 milhões de brasileiros acessam a internet pelo celular. Disponível em: <http://agenciabrasil.ebc.com.br/pesquisa-e-inovacao/noticia/2015-09/815-milhoes-de-brasileiros-acessam-internet-pelo-celular-aponta>.

O comportamento mobile traz ainda uma grande resistência à publicidade invasiva. Banners em sites e apps não são bem-vindos.[3] Os formatos e melhores práticas ainda estão germinando e provendo experiência e conhecimento aos desbravadores dessa nova modalidade de marketing, comunicação e relacionamento.

A evolução do processo de convergência já traz a possibilidade de acessar pelo aparelho celular a meca da publicidade — a TV. Algumas redes como a ESPN já disponibilizam conteúdo do portal ESPN360 para os usuários do iPhone, com programações e opções que dão acesso aos vídeos do dia, assim como programas em tempo real, históricos dos canais ESPN e ESPN Brasil, notícias, gols e trechos de jogos dos campeonatos alemão, italiano, inglês e espanhol, entre outras competições.

A Fiat utilizou uma estratégia denominada "Fiat Life Store", uma concessionária online em que o consumidor conversa ao vivo com 12 experts, que, por meio de um gadget, apresentam de maneira real todos os detalhes a respeito do carro que o cliente busca. O resultado? Mais de 460 mil usuários únicos no hot site.

Regulamentações acerca de privacidade, permissões e modelos de comunicação devem ser observadas para que não firam os direitos dos usuários impactados pelas campanhas e ações e consequentemente não deponham contra a empresa/marca que busca construir relações de valor e confiança com esses usuários.

Em uma sociedade em que as pessoas exigem cada vez mais liberdade e mobilidade, querem consumir quando e onde tiverem vontade, os dispositivos móveis tendem a ser um dos principais palcos para o show das marcas corporativas — se os seus estrategistas souberem compreender os contextos de uso e consumo de seus clientes e usuários.

A CONVERGÊNCIA AMPLIFICARÁ O LEQUE DE POSSIBILIDADES PARA O CONSUMIDOR

O fenômeno da convergência vem modificando padrões tecnológicos e de competitividade em vários setores. Agora, em sua 3ª onda, ela vem modificar profundamente as expectativas sobre atendimento e relacionamento que clientes têm sobre as empresas, inclusive a sua, caro leitor.

Apreender essas expectativas e incorporá-las aos modelos de atendimento será premissa de competitividade e sobrevivência. As duas primeiras ondas da convergência são as piromaníacas de nossos tempos. Elas estão para as empresas como o grande incêndio de Londres está para o Reino Unido.

---

[3] E-life group/Pagtel — pesquisa, setembro de 2014. Disponível em: <http://www.b2bmagazine.com.br/index.php/2013-03-25-20-12-20/item/3917-o-m-commerce-para-os-brasileiros>.

De início, esse fenômeno se caracterizou pela unificação da infraestrutura de tecnologia para prover serviços que eram disponibilizados em equipamentos independentes. Em bom português: há 15 anos tínhamos... um rádio, três televisões, uma assinatura de jornal, uma linha de telefonia fixa e talvez outra de celular. Hoje temos o iPhone e, provavelmente, um iPad ou tablet. Ou seja, um aparelho faz o mesmo que todos os outros. Isso é ótimo para o consumidor (e para a Apple), mas não tão bom assim para os demais players.

Em seguida, o fogo se espalhou. Nesse momento, setores maduros, distintos e independentes da economia, de uma hora para a outra, passaram a competir pelos mesmos clientes e consumidores. Empresas como a Mercedes-Benz já somam 15 canais distintos em redes sociais. Empresas como a Serasa Experian vão ainda mais longe, transformando o Big Data das informações, interações e pegadas digitais dos clientes em pulmão do seu negócio. José Luiz Rossi, seu presidente, afirma que a empresa consegue "elaborar ofertas focadas para cada indivíduo em cada momento particular. A riqueza de dados sem precedentes à qual temos acesso permite que as empresas que surfam essa onda sejam 'maciçamente customizadas'. É o melhor dos mundos: a abordagem personalizada dos velhos tempos com a eficiência de escala de hoje em dia".[4]

Há dez anos, a Rede Globo de Televisão disputava audiência e anúncios com o SBT ou com a TV Bandeirantes. Hoje ela disputa audiência e anunciantes com o YouTube, com o Facebook, com emissoras de todo o mundo que transmitem via web com operadoras de celular que desenvolveram ofertas de TV por assinatura e com a disruptiva Netflix.

Logo entraremos na convergência 3.0 (consumidores), algo como o meteoro que extinguiu os dinossauros da face da Terra. Mas atenção: esta não é uma convergência simplória na linha "rádio-relógio" (soma de devices). É uma convergência de plataformas web que vivem com independência e se complementam como mashup ao gosto do cliente. Mashups, a grosso modo, são arranjos de elementos distintos que, combinados, dão origem a uma experiência/serviço mais completo, mais interativo e fluido. Pense no seriado *Lost*, de J.J. Abrahms, que foi ao ar entre os anos de 2004 e 2010. Foi um seriado de TV com muitos "spoilers" ("pedaços de conteúdo", "pistas" e "ideias") distribuídos na internet. A soma de todos esses conteúdos poderia conduzir a interpretações diferentes e a uma experiência mais completa do enredo central, sem que o eixo principal, o seriado, perdesse sentido. Essa é a convergência atual: conteúdos, histórias, interações que se "esparramam" pelas plataformas e redes sociais, numa "sopa" digital que é rica de significados.

---

[4] Entrevista realizada pelos autores com o presidente da empresa Serasa Experian em 2014.

Hoje a Marvel (adquirida pela Disney) faz esse tipo de mashup intensamente com seus personagens. O *cross content* abrange as HQs, games, spoilers na internet, apps, desenhos, resenhas, games, até o lançamento do esperado longa-metragem. Por exemplo, o processo que levou ao lançamento do filme *Capitão América: Guerra Civil* iniciou-se em 2006, com a publicação da HQ de mesmo nome.[5]

Logo, a convergência não é apenas um fenômeno mercadológico-tecnológico que permite a oferta de serviços inovadores aos clientes. Atualmente, a convergência em sua 3ª onda foca a experiência de uso, compra, conteúdos, ofertas de serviços e conversação dos chamados consumidores 2.0 (qualificados adiante neste capítulo).

Além disso, e ainda mais importante, pela primeira vez a convergência extrapola as fronteiras de setores como entretenimento, internet, telecom, mídia e eletroeletrônicos e alcança todos os demais segmentos empresariais. Isso tem se dado especialmente nos segmentos com alto nível de interação e relacionamento entre empresas e seus clientes, tais como varejo, telefonia e serviços financeiros e, claro, todo o ecossistema colaborativo derivado da economia dos apps.

A convergência torna-se cada vez mais onipresente à medida que consumidores se tornam mais dependentes da oferta de serviços, conteúdo e equipamentos digitais em seu dia a dia. Essa onipresença tem se manifestado por meio de novas expectativas que os consumidores forjam sobre os produtos e serviços que adquirem. No cardápio das principais expectativas estão:

1. **Demanda por bens e serviços segundo a ótica do *pull* ao invés do *push*:** a era na qual as empresas impunham aos consumidores seu *pipeline* de produtos segundo seus próprios interesses caminha para uma encruzilhada. Seu fim não pode ser descartado. A falência do modelo (e da empresa) blockbuster e a emergência do modelo de oferta de serviços on demand da Netflix ilustra isso. Claro, porque o uso é mais valorizado que a posse hoje em dia.[6]

2. **Distribuição *on time* para expectativas *real time*:** consumidores querem satisfazer suas expectativas agora, e não "daqui a pouco". Na medida do possível, empresas devem disponibilizar seus produtos e serviços e/ou prover atendimento segundo a ótica YouTube (infinidade de produtos disponíveis e entrega em poucos segundos), em vez do modelo TV Globo (oferta de produtos limitada e com entrega em horário definidos).

3. **Escolha do formato de entrega:** como exemplo, podemos apontar os smartphones que entregam dados em formato de áudio, vídeo ou texto, em oposição aos jornais, com seus conteúdos estáticos e que desconsideram a usabilidade.

---

[5] O filme *Capitão América: Guerra Civil* estreou no Brasil em abril de 2016.

[6] PINHEIRO, Tenny. *The Service Startup*: Design gets lean. Amazon, Alta Books, 2015, p.92.

4. **Experiência de consumo amparada em interações sociais:** produtos cada vez mais complexos demandam atendimento e suporte mais qualificados. Oferecer um atendimento/serviço com viés colaborativo, inclusive suportado por outros usuários, será cada vez mais premente.

5. **Personalização das ofertas:** empresas precisarão rever seu modelo de oferta de produtos. A abordagem de *"one size fits all"* será substituída por ofertas customizadas e direcionadas a *clusters* de consumo com necessidades semelhantes. Morrem o marketing *one-to-one* e a segmentação. Nasce a clusterização.

6. **Experiência de uso uniforme:** as empresas devem garantir que o nível de serviço ao consumidor é o mesmo em todos os pontos de contato. Clientes preferenciais devem continuar a ser tratados com mimos nas lojas físicas, mas também na loja virtual, no atendimento por Twitter, no WhatsApp e no call center.

Acreditamos que haverá uma 3ª onda da convergência capaz de influenciar significativamente os hábitos de uso e compra dos chamados consumidores 2.0. Não sugerimos probabilidades, mas pensamos que ela poderá atingir todos os setores, em especial aqueles com alto nível de interação e relacionamento entre empresas e seus clientes, tais como varejo e serviços financeiros (logo, similar ao meteoro que atingiu a todos). Assim, para evitar a extinção e manter a competitividade, as empresas devem incorporar aos seus modelos de atendimento e relacionamento, as novas expectativas dos consumidores, sob o risco de os perderem para a concorrência.

A MULTICANALIDADE SE TORNA A REGRA, PORQUE O CONSUMIDOR JÁ É MULTICANAL (MESMO SEM SABER)

Lojas físicas, quiosques, *vending machines*, consultores de campo, corretores, distribuidores, lojas virtuais, telefones celulares, TVs digitais, redes sociais, revistas, outdoors, rádios, apps... A abrangência dos canais possíveis é muito grande. Mas qual a equação correta para cada empresa, para cada tipo de negócio, produto ou serviço, para cada tipo de cliente-consumidor? Essa vem se tornando a pergunta de 1 bilhão de dólares para a grande maioria das organizações.

A realidade é que, historicamente, as empresas se acostumaram a definir e gerenciar seus canais em função do que funcionava para seu cliente, de forma proativa e unilateral, tendo como base de decisão o conceito de custo X benefício. Mas isso vem mudando forçosamente à medida que os canais digitais, móveis, convergentes e colaborativos se integram à malha de canais físicos e tradicionais, aumentando as possibilidades cross-canal.

Gerenciar tudo isso, com os consumidores interagindo multilateralmente com a empresa, tornou-se um imperativo para o sucesso comercial e mercadológico das companhias, mas de execução muito difícil. Afinal, a decisão por se investir e/ou integrar determinado canal à atual malha oferecida por uma empresa deve conter uma finalidade clara que a justifique qualitativamente e quantitativamente.

Segundo a metodologia BVR da DOM Strategy Partners[7], essas três letrinhas mágicas e suas combinações definem se determinado canal deve ou não ser apropriado à malha existente de uma empresa, pois são as finalidades definitivas que um canal pode assumir. O significado de cada letra é o seguinte: B de *branding* (posicionamento, construção de marca, comunicação), V de vendas (ou potencialização de vendas e transações) e R de relacionamento (ou colaboração e interação).

A visão multicanal muda o ângulo de visão e gestão dos canais passando a integrar e horizontalizar esforços (processuais e financeiros) para a melhoria da experiência de consumo e interação, permitindo às empresas encontrar novas dimensões para a potencialização de seus resultados.

Mas como se traduz essa estratégia para o consumidor? Se comunicação é repetição, o resultado mais imediato é o do posicionamento de marcas, ofertas e canais de maneira mais coerente, consistente e coesa. O cliente tem contato homogêneo com os valores corporativos em qualquer ponto de interação e de seu ciclo de vida, acelerando a assimilação dos atributos de marca e gerando maior adesão aos produtos e modelo de empresa (já que há menor desvio do eixo central de prestação de serviços, venda de produtos ou característica de atendimento).

Nos momentos de conversão, o consumidor encontrará um interlocutor mais preparado para atender a suas necessidades, um conjunto de ofertas mais adequadas aos seus desejos e um apelo promocional personalizado/relevante. Todas essas ferramentas estarão disponíveis nos diferentes canais, ambientes e pontos de interação com o cliente, garantindo sua maior satisfação e potencial fidelização por suprir de maneira mais direta e objetiva aos seus desejos e expectativas de consumo, relacionamento e experiência.

Assim, as informações e processos únicos de atendimento ao cliente, com abrangência e autonomia de retorno atrairão, sustentarão e/ou reverterão com maior sucesso qualquer questão relativa ao relacionamento com empresa-cliente.

Mas onde se dá esse resultado de performance? Do ponto de vista de negócio, a abordagem multicanal traz melhorias sob diferentes ângulos:

- Reforço da marca: com padronização de mensagens e ações coordenadas em todos os canais para os mesmos objetivos e atributos;

---

[7] BVR — metodologia criada pela consultoria DOM Strategy Partners que permite às empresas construir estratégias de relacionando equilibrando os pilares de marca (branding), formatos de venda e de relacionamento com clientes.

- Padronização de processos: a implantação de processos ideais para todos os canais e forçando o compartilhamento dessas melhores práticas;
- Particularização de ações por canal: tirando proveito das características de cada canal e assim potencializando sua eficácia;
- Indução do planejamento das três dimensões: olhando sistematicamente para as variáveis BVR em qualquer ação, canal ou momento da verdade, acaba explorando todo o potencial de cada canal;
- Repositório único do cliente: constituindo o núcleo de inteligência do cliente, capturando informações e retroalimentando todos os canais de interação com o consumidor; ou seja, servindo para replanejamento e otimização de todo seu ciclo de vida;
- Visão 360° do cliente: reduzindo o custo de relacionamento e transação com o cliente pela otimização das principais variáveis (tais como *churn*, *stickness*, TMA[8], produtividade, entre tantas outras);
- Racionalização e distribuição de assuntos por canais: considerando que cada interação tem custos diferentes em função do canal, é possível direcionar as determinadas ações para seu canal de maior eficiência e, portanto, melhor relação custo-benefício e qualidade;
- Implantação tecnológica orientada a serviços: que cria um formato universal para a padronização de processos, integra operacionalmente o CRM às dinâmicas corporativas (dia a dia), viabiliza o compartilhamento nativo para todos os canais e reduz custo de evolução/manutenção, já que consolida essas implantações.

Por tudo isso, uma estratégia multicanal eficaz trata de tirar o máximo dos canais, processos e infraestruturas existentes. Seu foco está na coesão e consistência de apresentação de marca, de ação de vendas ou relacionamento com o cliente. Mais do que qualquer outra abordagem, ela reforça o posicionamento da empresa em oferecer uma solução sólida, completa, consistente e lucrativa de interação com os clientes e consumidores. E isso não é mais opcional, porque mesmo que a empresa ainda não seja multicanal, seus clientes já são.

Claro, a multicanalidade representa uma ruptura irreversível na lógica de atendimento ou, na verdade, um resgate da função primeira do relacionamento com o cliente: colocar o transacional como consequência do relacional. Porque a multicanalidade impõe que o cliente, sua visão e sua necessidade orientem o desenvolvimento dos produtos e dos serviços, e não o contrário. "Este consumidor tem necessidades e tempos distintos, e garantir a presença da marca em todos os canais nos dá segurança de continuarmos sendo a opção de compra deste consumidor. Para cada um destes canais temos estratégias

---

[8] *Churn*, *stickness* e TMA são termos utilizados largamente nas centrais de relacionamento ou *contact centers*. Servem como indicadores de efetividade e qualidade. Para mais detalhes, veja o glossário ao final do livro.

e políticas definidas e não conflitantes"[9], afirma Fabio Hering, presidente da marca de moda que reorientou completamente seu negócio, saindo do modelo indústria pura para o modelo varejo com produção terceirizada. No varejo, a Hering percebeu que as lojas deveriam trazer conteúdo para informar e interagir com os consumidores. Saia da moda e entre em uma livraria e veja que a multicanalidade cria novas complexidades: "A geração que está agora com cinco, seis anos de idade até, ou quem está nascendo, então estará com 15 anos daqui a dez anos, vai estar querendo consumir livros, vai ler em plataforma digital com muita facilidade", afirmou o então presidente da livraria Saraiva em 2012. Não por acaso, a Saraiva lançou o seu leitor digital, Lev, em 2014.[10]

A evolução do call center: *customer care networks*

Apesar de indiscutivelmente importantes, para muitas empresas os processos de interação e relacionamento com consumidores ainda são tidos como caros e complexos. Isso é mais bem observado naquelas companhias com um volume muito grande de transações para uma base pujante de clientes, como bancos, seguradoras, administradoras de cartão de crédito, varejistas, fabricantes de bens de consumo, empresas de telecom, operadoras de TV a cabo e provedores de internet, por exemplo.

Imaginemos as dificuldades existentes nos centros de relacionamento de grandes empresas desses setores, que devem ser capazes de atender demandas, prover informações e solucionar dúvidas de alguns milhões de clientes. Essa observação é igualmente válida para as operações terceirizadas de call center.

À medida que tais dificuldades aumentam, as empresas tendem a criar barreiras a esse relacionamento com o intuito de reduzir custos ou níveis de complexidade. Em contextos como esses é que se observa, de acordo com o termo cunhado pela E-Consulting, a oportunidade de criação dos chamados CCNs, ou *customer care networks*.

As CCNs ou redes sociais de consumidores de determinada marca, produto e/ou empresa tenderão a se transformar nos novos centros dinâmicos de suporte e atendimento aos consumidores, em substituição a boa parte das atuais operações conduzidas pelos call centers ou contact centers. Em certa medida, apps colaborativos como o WhatSAC e o Posso Ajudar? já cumprem essa função ou predispõem-se a atuar desse modo.[11]

---

[9] Entrevista realizada pelos autores em 2012.

[10] Saraiva lança leitor digital [...]. Disponível em: <http://info.abril.com.br/noticias/blogs/gadgets/e-readers/saraiva-lanca-leitor-digital-de-livros-por-299-reais/>. O presidente da livraria Saraiva em 2012 era Marcílio Pousada (hoje presidente da Raia-Drogasil). A editora e a livraria hoje estão sob o comando unificado de Jorge Saraiva Neto.

[11] O WhatSAC é um app que oferece aos consumidores interação direta com os SACs das empresas a qualquer hora e em qualquer lugar por meio de mensagens de texto. A interação ocorre no próprio app. O Posso Ajudar? funciona como uma comunidade em um app. Os consumidores ajudam-se uns aos outros para responder às dúvidas sem a necessidade de acessarem os SACs das empresas. Ambos os apps foram desenvolvidos no Brasil.

Assim, de acordo com os estudos da E-Consulting, os CCNs serão os novos canais e plataformas de relacionamento entre empresas e consumidores, tendo seu modelo operacional e de aprendizado pautado no atendimento e resolução dos problemas, dúvidas e interesses de consumidores pelos próprios consumidores da empresa, sem custos adicionais às empresas.

Embora existam muitas discussões ao redor do impacto das redes sociais sobre as empresas, em especial sobre programas de marketing e relacionamento, pouco se discutiu sobre as possibilidades de essas se tornarem os novos canais ativos de relacionamento empresa-cliente/consumidor.

De uma maneira similar ao relacionamento com amigos e parentes, o relacionamento entre empresas e consumidores também tem se dado, e se dará cada vez mais, em um "Mundo 2.0" e, portanto, passível de ser interativo, multimídia e multidirecional.

As grandes rupturas que emergem desse contexto são:

1. Se os clientes querem promover "conversações" com suas empresas e marcas prediletas, como facilitar isso?

2. Clientes, colaboradores e empresas já se tornaram "2.0" (isto é, transações e relacionamentos multidirecionais, em vez de unidirecionais)?

3. Se clientes terão maior influência sobre o teor do relacionamento com as empresas, em detrimento do poder das empresas, como garantir que isso não prejudique a rentabilidade destas?

4. Se o suporte, atendimento e relacionamento com clientes se darão no mundo digital, como organizar uma arquitetura que prevê múltiplas tecnologias, formatos, indicadores e requisitos? E como isso será integrado aos tradicionais modelos offline?

5. Como os consumidores serão gerenciados, integrados e suportados pela empresa para prestarem serviços em nome destas para outros consumidores? Com que liberdade agirão? Que responsabilidades assumirão? E como (e se) serão remunerados?

O advento das tecnologias 2.0 promoveu aos consumidores, de maneira definitiva e barata, um conjunto de ferramentas e poderes que não podem ser desconsiderados pelas empresas em suas estratégias e práticas de relacionamento.

Consumidores engajados são uma rica fonte de informações e experiências sobre marcas e produtos, e isso deve ser capturado pelas empresas. Mais do que isso, consumidores engajados podem ser agentes transformadores, prestadores de serviços, embaixadores e elos fundamentais na cadeia de valor das empresas perante os demais consumidores.

O RELACIONAMENTO AMEAÇADO PELO EXAGERO

O mundo digital e as novas tecnologias — e sua integração com outros canais mais tradicionais, como o telefone — também trouxeram novos problemas no relacionamento com o cliente, em especial o cuidado de respeitar o espaço de cada um e o risco de prejudicar a marca. Seth Godin, em especial, defende o potencial de respeito na web e acusa a mídia tradicional de fazer "marketing de interrupção". Ele repete à exaustão a máxima de que "a frequência constrói a confiança e a permissão favorece a frequência".

A preocupação de Godin começa a se multiplicar pelo mundo. No Brasil, curiosamente, a cultura nacional paternalista e exigente — que exige mimo, atendimento e bom serviço — amplia a proteção ao cliente. A tendência antes já demonstrada no pioneiro e internacionalmente inédito Código de Defesa do Consumidor se repete com o Decreto da Lei do Serviço de Atendimento ao Consumidor (SAC) em 31 de julho de 2008. O consumidor brasileiro mais uma vez recebia uma legislação inédita.

No exterior, a disseminação das telecomunicações e a necessidade de relacionar diretamente deram vida a um sistema de atendimento telefônico complexo e muitas vezes péssimo para o consumidor. Práticas verdadeiramente anticidadãs vêm sendo criadas com o objetivo de segurar o cliente em uma fila de atendimento ou até mesmo derrubar a ligação em caso de um desejo de cancelar o serviço.

Também no Brasil, a chamada Lei do SAC, que incide sobre diversos setores, como bancos e telefonia celular, nasceu para mudar esse cenário e regular os níveis de serviço e disponibilidade das empresas para o atendimento de seus consumidores via canais telefônicos.

Por ela, as empresas precisam garantir ao consumidor, no primeiro menu eletrônico e em todas as suas subdivisões, o contato direto com o atendente. O tempo limite de espera fica limitado a 60 segundos. O SAC deve estar disponível em regime 24/7. A ligação não pode cair. E assim por diante. A lei protege o cliente (a exceção é quando o cidadão utiliza um serviço público — a melhor legislação do mundo é normalmente desconsiderada pelos administradores públicos quando a questão envolve a deficiência do atendimento aos cidadãos. Lamentável!).

A legislação extrema, quase tirânica para as empresas, e o extremo cuidado de Godin com o cliente são exemplos de um novo cenário. É mister respeitar espaços e desejos, uma imposição que marca o poder alcançado pelo cidadão consumidor no século XXI.

Afinal, ele é agora o polo forte da relação. As empresas se curvam ao seu menor capricho. Em meio ao vendaval de experimentações, o mercado compreende claramente a necessidade de se colocar o cliente em primeiro lugar. Mas mesmo com essa conscientização, hoje largamente disseminada, a prática ainda está distante, pelo menos para a maioria das empresas.

Ao final da década, o mercado já compreendeu bem a mensagem da importância do cliente, mas poucos conseguem traduzir o conceito em prática.

Um dos prováveis culpados é a ineficiência dos departamentos de marketing. Abrem-se aqui parênteses para uma previsão otimista: o marketing, como o conhecemos, deve ser completamente remodelado. O velho marketing, que controlava o discurso por meio da publicidade convencional, está em seus últimos dias. As razões são inúmeras: é antieconômico, não gosta de indicadores, tem alergia a controles, gasta demais e gasta mal. Mas, acima de tudo, tem entregado de menos. Mais adiante voltaremos ao assunto para detalhar o que deve acontecer com o marketing nos próximos anos.

O consumidor quer sustentabilidade. Mas ele quer ser sustentável?

Inúmeras pesquisas mostram que sim. Inúmeras atitudes de consumo, como a questão das sacolas plásticas nos supermercados, a aquisição de produtos piratas ou o download proibido de documentos, músicas, filmes e aplicativos na web mostram que não — só para ficar nos mais óbvios exemplos.

Aparentemente, a conclusão geral é a de que o consumidor pensa sustentabilidade (como desejo), exige sustentabilidade (dos outros), valoriza sustentabilidade (teoricamente), mas não paga por ela. É claro que já existe um número crescente de consumidores dispostos (de fato, e não de discurso) a pagar mais por produtos sustentáveis ou evitar comprar produtos não sustentáveis.

Uma reportagem da revista *Consumidor Moderno* de junho/2014, apresentou a pesquisa "Empresas mais Conscientes do Brasil", realizada pela Shopper Experience, e trouxe o retrato sem meios-tons: "o consumidor brasileiro ainda não tem essa percepção aflorada e continua relacionando consumo consciente muito mais a ações voltadas ao meio ambiente do que aos âmbitos social e econômico"[12]. Stella Kochen Susskind, presidente da Shopper Experience, revelou que no estudo fica claro que o consumidor brasileiro associa consumo consciente a algumas empresas e segmentos, mas não todos. Do total de 43 segmentos, apenas 16 tiveram esse reconhecimento. Muitas das empresas que não participaram da pesquisa investem, e muito, mas o consumidor não enxerga.

[12] *Consumidor Moderno*, ed. 192, jun. 2014.

Afinal, como encarar a sustentabilidade na relação com o consumidor. É uma demanda formal desse público? É uma expectativa a ser suprida? É obrigação? É diferencial? Ainda não há resposta clara para isso, uma vez que esta depende de mercado, produto e perfil de consumidor, assim como depende da proximidade e legitimidade da marca em se apropriar desse conceito para si como atributo.

O desenvolvimento sustentável constitui-se num conjunto de princípios relacionados ao suprimento das necessidades da geração atual, sem o comprometimento das necessidades das gerações futuras, considerando os impactos nas dimensões econômica, social e ambiental (o chamado *triple bottom line* ou 3Ps) e, mais recentemente, também a dimensão cultural.

Na prática, isso significa a revisão do modelo atual de produção, distribuição, consumo e descarte. Algumas pessoas ainda vão além e defendem categoricamente a redução dos níveis de consumo ou a substituição das matrizes básicas de produção-consumo. Mas será que o consumidor da classe C que está entrando agora no mercado realmente se comportará de forma sustentável? É justo exigir isso dele? Mais perguntas sem respostas imediatas...

O marketing, por sua vez, é composto por um conjunto de competências que objetivam fazer com que as empresas vendam mais coisas para mais pessoas para obter uma fatia maior do mercado. Sendo assim, é possível falar de marketing sustentável?

Na prática, não somente é possível como se faz cada vez mais necessário. Obviamente, não há como defender ações do tipo *"greenwashing"* ou tampouco aquelas que pregam um consumismo desenfreado de produtos, serviços e ações de maneira insustentável. Também não há que se defender o ecoterrorismo que, de maneira míope, defende que desenvolvimento econômico e desenvolvimento sustentável não podem coexistir.

A chave do enigma parece estar em incorporar o marketing à sustentabilidade, e não o contrário. Essa proposição é fruto de três anos de pesquisa do *research* da DOM Strategy Partners acerca do futuro do marketing (tanto da disciplina como da função/área).

Em outras palavras, caberá ao marketing incorporar as exigências do desenvolvimento sustentável e traduzi-las em produtos e serviços que sejam ao mesmo tempo sustentáveis e lucrativos — essas palavras podem estar na mesma sentença. O marketing de causas certamente pode compor essa equação, mas precisa ser legitimado diariamente pela empresa.

Para aqueles que acreditam que isso é coisa de marketeiro ou de profeta, vale a análise do atual portfólio de soluções X o demonstrativo de resultados de empresas como Siemens e GE. Vejamos alguns exemplos:

IDENTIFICAR OPORTUNIDADES DE PRODUTOS	A Cargill desenvolveu toda uma série de embalagens e plásticos a partir do milho, contribuindo assim para a redução do consumo de petróleo.
EXPLORAR PARCERIAS E PROMOVER AS ECONOMIAS LOCAIS	A Daimler está usando fibra de coco nos assentos de seus veículos para reduzir o impacto ambiental de sua produção, ao mesmo tempo em que promove oportunidades econômicas e o reflorestamento de micro e pequenas propriedades do norte do Brasil.
PROMOVER A SAÚDE E SEGURANÇA DOS CONSUMIDORES	A CCR desenvolveu um programa chamado Estrada para a Saúde que promove o acompanhamento da saúde do caminhoneiro, objetivando a redução de riscos de acidentes decorrentes de problemas como sono e automedicação.
REDUZIR AO MÁXIMO A PRODUÇÃO DE RESÍDUOS, REAPROVEITANDO TODOS OS INSUMOS DE PRODUÇÃO CONTINUAMENTE	A Renault, em parceria com a Ellen MacArthur Foundation, consegue reaproveitar até 85% de um automóvel, reduzindo a produção de resíduos descartáveis a apenas 15%.

Assim, com o objetivo de auxiliar gestores de marketing a refletir sobre a incorporação do marketing à sustentabilidade, apresentamos a seguir uma compilação que permite relacionar os 3Ps da sustentabilidade aos 4Ps do marketing. A tabela foi adaptada do estudo World Business Council for Sustainable Development.

PRODUTO	PREÇO
• Garantir que o desenvolvimento de novos produtos esteja alinhado aos objetivos de sustentabilidade da empresa ou mesmo desenvolver produtos e serviços puramente ancorados em sustentabilidade.	• Explorar oportunidades de associar uma porção do preço a causas sociais e/ou ambientais relevantes.
• Compreender a natureza do interesse dos consumidores e o mercado potencial por produtos e serviços sustentáveis.	• Identificar oportunidades de incrementar a competitividade ou margem comercial através da eficiência ambiental.
• Compreender os impactos sociais e ambientais do produto ao longo de todo o seu ciclo de vida e consumo.	• Identificar um preço prêmio que possa ser capturado devido aos atributos de sustentabilidade do produto e serviços.

• Identificar oportunidades de desenvolvimento de produtos em parceria com ONGs e empresas da Cadeia de Valor.	• Alavancar os custos ambientais e sociais do produto ao preço, quando os clientes e consumidores perceberem valor material e relevante.
PROMOÇÃO	PRAÇA
• Destacar os atributos sustentáveis do produto.	• Distribuir e/ou desenvolver canais de distribuição que minimizem os impactos sociais e ambientais.
• Garantir que o material e as ações de marketing estejam alinhados à estratégia de sustentabilidade da empresa.	
• Desenvolver procedimentos para identificar e comunicar aos usuários sobre possíveis riscos oriundos da utilização do produto.	• Identificar mercados nos quais os produtos e serviços possam promover a inclusão social ou regeneração econômica.
• Compreender as percepções e expectativas que os diversos stakeholders têm acerca do produto e da empresa.	

TABELA **3.1**: Tabela adaptada livremente do estudo "World Business Council for Sustainable Development"[13]

Em resumo, o sucesso dessa cruzada consiste em encontrar o correto equilíbrio entre a compreensão das demandas por um desenvolvimento sustentável, as necessidades dos diversos stakeholders — principalmente clientes e consumidores, os interesses dos acionistas e a capacidade gerencial, financeira e material das organizações.

Dessa maneira, as empresas precisam considerar em sua estratégia de marketing sustentável os interesses dos principais stakeholders (acionistas, funcionários, parceiros, comunidades e consumidores) e incorporar isso à gestão do marketing. Ou seja, traduzir esses interesses em mensagens, conteúdo, atributos, canais, produtos, serviços e modelos de relacionamento, comunicação e colaboração.

---

[13] Para mais informações, acesse: <http://www.wbcsd.org/home.aspx>.

Os desafios propostos pelo consumidor da chamada geração Y ou millennials

Quem são os consumidores Y? Vejamos algumas de suas principais características desses novos consumidores, também conhecidos como millennials, segundo estudo de 2012 da consultoria DOM Strategy Partners, e dados de 2015 da revista *Consumidor Moderno*:

- Já são considerados como o maior segmento em importantes setores da economia mundial (volume de compras e quantidade de consumidores);
- Representam cerca de 20% da população brasileira (40 milhões) e mais de 1,5 bilhão no restante do mundo em desenvolvimento (20% do total da população global, em média);[14]
- É considerada como a geração com o maior nível de escolaridade e formação e com maior flexibilidade de conceitos da história, e, portanto, menor nível relativo de preconceitos;[15]
- Cresceram com disponibilidade tecnológica e acesso instantâneo a informações e foram os primeiros a adotar tecnologias como redes sociais, redefinindo a forma de as pessoas se relacionarem entre si e com a tecnologia. São, portanto, o maior grupo de internautas da web;
- Apresentam expectativas sobre as questões de responsabilidade social corporativa, ambiental e trabalhista mais próximas ao comportamento de membros de uma ONG do que de qualquer outro grupo;
- O outro lado da moeda: geralmente são vistos como descompromissados, superficiais, egoístas, sem ideologias ou causas genuínas. Na vida corporativa, respondem muito menos aos comandos e controles tradicionais de gerenciamento e não gostam de se sujeitar à "atividades subalternas" no início da carreira. Essa característica também estende-se à geração Z (nascidos no final do século e início do século XXI);[16]

---

[14] AFONSO, C.; BORGES, L. *Social Target*. Barreiro: Top Books, 2013.

[15] Geração Y: o que os jovens mais precisam nesse momento é de mentores. Disponível em: <http://epocanegocios.globo.com/Carreira/noticia/2015/05/geracao-y-o-que-os-jovens-mais-precisam-nesse-momento-e-de-mentores.html>.

[16] Como agem as gerações Y e Z no ambiente corporativo. Disponível em: <http://www.consumidormoderno.com.br/index.php/comportamento/relacionamento/item/31887-como-agem-as-geracoes-y-e-z-no-ambiente-corporativo>.

GERAÇÃO Y — A GERAÇÃO DO MILÊNIO	
QUEM SÃO?	• São aqueles nascidos entre 1983 e 1994 e que, nesse momento, estão entrando no mercado de trabalho. Assim como as gerações anteriores, trazem consigo desafios e questionamentos. • Por serem todos novos no mercado de trabalho, têm grandes necessidades de desenvolvimento e *mentoring*. • Para estes, sucesso é sinônimo de existir, ser reconhecido, ser seguido, ser uma marca, fazer as coisas de seu jeito e influenciar os outros. Celebridades individualizadas e, ao mesmo tempo, compartilhadas e "compartilhadoras". • Apresentam grande familiaridade com tecnologias, conectividade, trabalhos em grupo e são multitarefas. Estão na lógica das redes, na geração da internet e do celular. • Geração na história com maior nível de escolaridade e formação e com maior flexibilidade de conceitos... portanto, com menor nível relativo de preconceitos. • Apresentam fortes valores sociais, cívicos e ambientais e trazem consigo algumas das características da Geração X (como independência e busca de significado na vida e trabalho).
EVENTOS	• Internet; redes sociais; 11 de Setembro; terrorismo; ascensão econômica chinesa e de países emergentes; Second Life e avatares; diversidade; multissexualismo; Harry Potter; Spotify Google; YouTube; Facebook; comércio eletrônico; Linux; intangíveis; POP; sustentabilidade; ONGs; conhecimento; globalização; dinheiro virtual; Big Brother; 24 Horas; Barack Obama; Primavera Árabe; manifestações; desigualdade; terrorismo.
INFLUÊNCIAS E TEORIAS	• Valores cívicos; casamento; redescoberta da religião; redes sociais; desigualdade; mudanças climáticas; new power.

TABELA **3.2:** Resumo de características que identificam a geração y/millennials

Quanto ao modelo de consumo, a disponibilidade e forma de lidar com a tecnologia é a principal causa das diferenças entre os hábitos de consumo da geração Y frente as gerações anteriores.

A convivência com smartphones, tablets, apps, internet, videogames e afins contribui sensivelmente para o desenvolvimento de características como imediatismo, pragmatismo, capacidade de ser multitarefa e a chamada experimentação segura, provida pelas possibilidades de avatarização de perfis (criação de "identidades" diversas nas redes sociais e games), pelos mercados de trocas e compartilhamento e pela liberdade de simulação de consumo e preferências, como ocorre atualmente em larga escala, principalmente nas redes sociais. Esta é geração que dá mais importância ao uso do que à posse. Por isso o sucesso de negócios como o Uber, Airbnb, 99 Táxis e Task Rabbit.

Adicionalmente, esse grupo tem mostrado especial interesse na customização de serviços e produtos. Psicólogos defendem a tese de que essa necessidade é uma forma de diferenciar-se dos demais grupos e expressar sua individualidade.

A formação dos hábitos de consumo de baby boomers e gerações anteriores foi significativamente influenciada pela TV e rádio — meios passivos e unidirecionais que não permitem contestação ou comparação de informações.

Os millennials, por sua vez, cresceram em meio a uma multiplicidade de meios, em especial a internet, os celulares e smartphones e, mais recentemente, as redes sociais e os tablets. Esses meios são ativos, multidirecionais e interativos. Tendo em vista que esses meios foram parte integrante de sua infância e adolescência, os millennials mostram-se mais familiarizados com eles do que as demais gerações.

A maneira pela qual esses consumidores adquirem e compartilham opiniões e mensagens sobre marcas e produtos vêm sendo redefinida por sites de comparação de produtos (tipo Buscapé), sites de reclamação (tipo Reclame Aqui) e sites/blogs de opiniões, comunidades de clientes e ex-clientes das respectivas marcas, sites de ranqueamento, funcionalidades de avaliação de produtos em sites de e-commerce e pelas próprias interações que acontecem nas redes sociais.

A multiplicidade de meios também tem contribuído para a redefinição do papel do marketing, em especial das dimensões de relacionamento e comunicação. A emergência de novos canais de relacionamento e comunicação digital para as marcas, tais como YouTube, Twitter, Facebook, blogs, sites e modelos colaborativos, contribui para a fragmentação da audiência e também para a necessidade de adequação permanente e frequente da mensagem. Adicionalmente, alguns estudos apontam que o formato tradicional de mensagens publicitárias tem eficácia reduzida junto a essa geração.

Nesse contexto, anunciantes têm tentado desenvolver novos formatos para tentar capturar a atenção da geração Y. Dentre eles, destacam-se:

- Marketing de guerrilha;
- Marketing experiencial;
- Campanhas e avatares em redes sociais;
- Marketing de causas;
- Marketing colaborativo, social commerce, *crowdsourcing* e *crowfunding* e ambientes de compartilhamento ou P2P.

Dessa forma, é seguro afirmar que os impactos da geração Y sobre o consumo serão bastante significativos. Isso se dará basicamente por duas razões. De um lado, comparativamente às gerações anteriores, os aspectos comportamentais e as expectativas da geração Y são bastante diferentes. De outro lado, a variedade de novas mídias é um componente essencial que redefine o papel do marketing.

Essa geração tem mostrado aversão e resistência aos formatos tradicionais de comunicação e relacionamento unidirecionais e impostos pelas empresas, e, dessa forma, profissionais de marketing e vendas devem ser capazes de experimentar formatos não tradicionais de marketing, principalmente os interativos e colaborativos, para alcançar esses jovens.[17]

A eclosão do consumidor 2.0

O consenso de que o mundo hoje já não é mais o mesmo do que, digamos, há dois anos não é novidade para ninguém. Ideias descabidas, irreais, irrealizáveis, malucas e coisa de ficção científica se tornam realidade. Novos aparelhos, mais conectados, funcionais e inteligentes, surgem a cada ano e estão ao alcance de cada vez mais consumidores.

O mundo mudou, os consumidores mudaram. Porém a lógica de Taylor, Ford, Fayol, Weber e demais teóricos e escolas de administração e negócios ainda impera nas empresas, arraigada pela força de hábitos históricos. Hábitos estes que são como a sombra de uma árvore que não dá mais os mesmos frutos de antes e impede e dificulta o crescimento de novos modelos e teorias de negócios que considerem paradigmas como sustentabilidade, visão única do cliente (*customer centricity*), ativos intangíveis, entre outros.

O casamento entre empresas e consumidores, aparentemente feliz há muitos anos, agora está em crise. Sobre o panorama das empresas há uma noção um pouco mais acurada; porém o que se passa com os clientes e consumidores? Quem são e que querem?

Esse novo consumidor possui hábitos muito distintos dos hábitos tradicionais construídos desde a Primeira Revolução Industrial até a popularização e disseminação dos meios de comunicação. Não há como ignorar os impactos que as ferramentas de comunicação, colaboração e interação da web 2.0 tiveram no perfil do cliente e na sua forma de se relacionar com as empresas, marcas e produtos.

O que é interessante frisar e destacar é que, nessa nova dinâmica, as empresas não têm mais espaço para "enrolar o cliente" ou iludi-lo com artifícios de marketing e comunicação: usar de subterfúgios que adiem decisões, dar soluções e respostas evasivas, resolver suas solicitações por processos burocráticos, redundantes e moro-

---

[17] Millennials as brand advocates. Disponível em: <http://www.socialchorus.com/resources/millennials-as-brand-advocates/>.

sos, entre outras atitudes que o contexto "analógico" do relacionamento "permitia". O senso de urgência impera e amplia o desconforto e a ansiedade do cliente para qualquer situação potencialmente negativa.

Dessa forma, a necessidade de as empresas transacionarem transparência, respeito, humildade (por que não?) e proatividade em seu relacionamento, para assim compreenderem as reais necessidades e desejos dos clientes (e não apenas entregar a solução mais próxima que está à disposição no momento), é algo premente e exigido como início de relacionamento.

Por esse fato, a utilização de conceitos estruturados de CRM, considerando a visão única do cliente como elemento central, se justifica em termos práticos e é crucial para que a mensagem, discursos, promessas e entregas de relacionamento sejam uníssonas.

"A gente tem o CRM dos nossos clientes. É a ferramenta que a gente usa. Nós fazemos pesquisas, telemarketing, cliente oculto. Mas não temos feudos. O cliente é o cliente. O nosso principal alvo é o cliente, então nós não fazemos... No CRM nós temos a vida do nosso cliente" afirmou Marcelo Silva, ex-CEO do Magazine Luiza. Já Ubirajara Pasquotto, carismático presidente da rede varejista Cybelar, ensina que "as marcas têm que atingir um nível de envolvimento com o público que pode transcender o universo digital [virtual]. O que podemos dizer é que os consumidores e usuários estão no controle". Na CPFL, segundo seu presidente Wilson Ferreira Júnior, "o foco do atendimento da CPFL está no atendimento via telefone celular. Dada a tendência da... internet [n]esse aparelho, nossos esforços são na disponibilização de serviços em canais de maior interatividade com o cliente". Percebem? A multicanalidade, protagonizada pelo consumidor 2.0, faz as empresas diversificarem canais de relacionamento, pensarem na "jornada do cliente" nesses canais, transcenderem práticas comuns até há poucos anos consideradas válidas. A dificuldade está em saber se o CRM como foi concebido e entendido responde às demandas e expectativas dos clientes.

Assim como a empresa deve enxergar o cliente individualmente, o mesmo deve acontecer no caminho contrário, ou seja, o cliente deve enxergar apenas uma empresa, uma identidade única através de qualquer canal com o qual ele entre em contato.

Em outras palavras, o novo paradigma estratégico do relacionamento empresa- -cliente passa por integrar, obter sinergia, retroalimentação e atuação combinada e sincronizada entre todos os canais da empresa, sejam eles canais tradicionais de comunicação (TV, revista, mala direta etc.) e relacionamento (representantes, vendedores, SAC, ouvidoria etc.), ou novos canais digitais 2.0 de comunicação e relacionamento (redes sociais, blogs, fóruns, wikis etc.).

Dar esse passo rumo ao relacionamento *one-to-one* (retirando-se a conotação marketeira do termo) requer mais do que investimento em equipe e infraestrutura, mas uma profunda mudança nos valores e práticas de relacionamento e tratamento com clientes e consumidores.

A seguir temos o resultado de pesquisa anual de 2012 da E-Consulting Corp. sobre as características do consumidor 2.0, conduzida com mais de 4 mil consumidores.

- Tenho múltiplos chapéus: consumidor, cidadão, acionista, colaborador etc. (sou uma miríade de tons de cinza).
- Estou em mutação, mas prefiro que digam que é evolução.
- Sou aberto à experimentação, muitas vezes sou infiel, entro na onda do efeito viral, mas volto para você, meu porto seguro (viva com isso!).
- Engajo-me em redes e comunidades para trocar informações sobre marcas e produtos e também sobre pessoas, tendências, fofocas... Quais são seus podres?
- Sou simpático ao conceito de gratuidade; cuidado que me acostumo mal com a cauda longa... Vai perder dinheiro comigo!
- Aproveito todas as possibilidades da realidade multimídia e multidevice que estão dentro de minhas possibilidades. Ajude-me com isso!
- Não sou fixo à minha classe social... e muito menos meus avatares. Não é exatamente vergonha... É que aprendi um pouco de engenharia social.
- "Conheço" meus "direitos" e "defendo" meus "pontos de vista".
- Me acho inteligente (mas, em geral, não sou! Só não dá mais para ser burro, porque agora comparo os elementos racionais de consumo através das ferramentas disponíveis).
- Gero mídia e conteúdo, ampliando meu poder de atuação e influência. Às vezes, chame-me celebridade (afinal, quero meus 5Mb de fama!).
- Não ligo para propaganda (sua Advershitting), mas valorizo a boa comunicação. Não tenho problema em elogiar, recomendar, criticar, processar... Tudo depende!
- Quero saber quais são seus valores e políticas, o que sua marca significa (para ver se serei de sua "comunidade, tribo, rede...". Quero saber porque quero saber. Na maioria das vezes, isso ainda não me impede de transacionar com você.
- Aliás, quem são seus embaixadores, intermediários, endossantes, hein!? A que time você pertence?
- Digo que sou sustentável e que exigirei sustentabilidade de você, mas na verdade preciso de um empurrãozinho.
- Mesmo sem necessariamente saber, me posiciono como seu principal acionista. Advogo pró-socialismo do cliente.
- Exijo qualidade e uma relação valor-preço que me pareça justa... para início de conversa.
- Interajo e exijo feedback qualificado e rápido (Atenda-me!) em todos os canais que eu quiser e você deixar.

TABELA **3.3**: O consumidor 2.0. Fonte: E-Consulting Corp.

COMPREENDENDO A NATUREZA DO EFEITO VIRAL

O efeito viral em mensagens diversas, propagadas a partir de canais diversos, é o tipo de fenômeno sobre o qual muitos "especialistas", "consultores" e "publicitários" enumeram características e práticas, gerando muito calor e nenhuma luz.

O estudo do XPLab (Experience Lab) da E-Consulting Corp. de 2011, denominado *O Poder do Efeito Viral*, define basicamente os impactos virais ligados ao processo contínuo realizado por usuários-consumidores em sua atividade de gerar mídia, emitir opiniões, juízos de valor, proferir críticas, reclamações, lançar elogios e postular dúvidas.

A cada post negativo ou positivo (desde que relacionado a temas relevantes e materiais, em certo grau, para os usuários em questão — e preferencialmente colocados por atores conhecidos, portanto, em redes e comunidades) publicado/postado por um usuário sobre algum produto, marca ou fato, em média 10% do total de sua rede direta/pessoal de relacionamentos tenderá a absorver a mensagem desse post e se mobilizar para a ação, seja esta qual for (cancelar uma assinatura, trocar de empresa, comprar um novo produto etc.). Os outros 90% impactados tenderão a ler, escutar a mensagem, mas não necessariamente acreditar ou se mobilizar para a ação. Mais interessante ainda é saber que a cada usuário direto da rede impactado, cinco outros indiretos têm contato com essa mensagem, por participarem das redes e comunidades desses usuários diretos pertencentes à rede daquele que colocou o post inicial.

Cada post colocado por um usuário, desde que tenha materialidade e relevância razoável aos membros das redes que o recebem, gera o seguinte efeito viral: simulando, se o usuário inicial possui em suas redes e comunidades em torno de 1.000 membros, então 100 destes (os impactados diretos e mobilizados) devem seguir seus conselhos, enquanto os outros 900 absorverão em alguma proporção sua opinião ou mensagem (os impactados diretos e alertados). Além disso, outros 5.000 usuários (os impactados indiretos) terão acesso a esse conteúdo. Impressionante esse efeito viral!

A MATEMÁTICA DAS REDES SOCIAIS PARA O "USUÁRIO COMUM"

TOTAL DE MEMBROS DAS REDES DO USUÁRIO RESPONSÁVEL PELO POST INICIAL	1.000
USUÁRIOS DESSAS REDES IMPACTADOS DIRETOS E MOBILIZADOS	100 (10%)
USUÁRIOS DESSAS REDES IMPACTADOS DIRETOS E ALERTADOS	900 (90%)
USUÁRIOS DAS REDES DE CADA MEMBRO DAS REDES DO USUÁRIO ORIGINAL IMPACTADOS INDIRETOS	5.000 (5X total de usuários)

TABELA **3.4**: O efeito viral. Fonte: E-Consulting Corp.

Rupturas Definitivas: O Cliente Agora é 2.0

- Valores médios que desconsideram posts/e-mails/whats/sms/messengers/etc. de grau elevado ou insuficiente de materialidade X relevância.
- Valores médios que desconsideram posts/e-mails/whats/sms/messengers/etc. colocados por "âncoras de credibilidade".

Quanto ao racional da dinâmica de viralização de posts/e-mails/whats/sms/messengers/etc. opinativos de usuários na web, o estudo apresentou os seguintes resultados:

1. Pode-se dizer que há duas categorias centrais de mensagens: positivas e negativas.

2. Esses posts/e-mails/whats/sms/messengers/etc. podem ser genuínos ou não. Os negativos não genuínos, por exemplo, podem ser ligados a reclamações junto à assistência técnica de uma empresa que simplesmente não fazem sentido sob o ponto de vista contratual, mas o consumidor age dessa forma por ignorar as condições desse contrato, por ingenuidade ou mesmo má-fé.

3. Em geral, a atratividade dos temas dos posts está ligada às seguintes naturezas motivacionais de quem os lê: aumento de prazer e/ou fuga da dor.

4. Esses posts possuem maior ou menor grau de atratividade de leitura em função da relevância e materialidade do tema para quem o recebe ou lê. Quanto mais prometer gerar prazer (sexo, piadas, dicas que se sabe do interesse do usuário, tendências, rankings, listas, twitter de famosos etc.) ou mais evitar dor (encontrar empregos, novos remédios, dicas de como evitar pedágios e impostos, processos ligados à comodidade de serviços e atendimento eficaz a reclamações e trocas etc.), mais serão abertos, lidos e repassados.

5. Se esse post original for colocado — ou avaliado — por um chamado "âncora de credibilidade" — alguém sabidamente respeitado ou envolvido com o tema (por exemplo, um grande oncologista para um post sobre novas drogas para câncer, ou a opinião de um grande jogador de futebol sobre o futuro de um time na competição) —, mais chances tem de viralizar com maior rapidez. Se esse "âncora de credibilidade" for um nó de rede — ou seja, alguém com alta capacidade de mobilização em certa temática (por exemplo, o técnico Tite para o tema Corinthians no Twitter ou o jornalista Ricardo Noblat para o tema Política no seu Blog) —, maior ainda sua capacidade de alcance e penetração.

6. Poder, credibilidade e o efeito real desses posts variam, igualmente, em função dos ambientes em que ocorreram.

Mas ainda assim é praticamente impossível determinar exatamente qual a mensagem que conseguirá se propagar de forma viral, como "meme". "[...] Por exemplo, psicólogos demonstraram que as escolhas e o comportamento de um indivíduo podem ser influenciadas pelo "condicionamento" a certas palavras, sons ou outros estímulos... Consumidores em lojas de vinhos tendem a comprar vinhos alemães quando a música ambiente é alemã e vinhos franceses quando toca música francesa."[18] Ou seja, nos deixamos influenciar e seguimos estímulos que facilitam e ancoram nossas decisões. Então, quando participamos de uma campanha viral, assistimos meio surpresos e incrédulos o que fez aquela peça se tornar viral. Os "especialistas" enumeram características. E o que ninguém fala é o que acontece quando outra campanha viral reproduz as mesmas características e... nada acontece. Nenhuma propagação, nenhuma repercussão. E "Gangnam Style"[19] atropela a campanha com um orçamento miserável e é adorada e curtida e repercutida e repassada por milhões de pessoas.

Ainda assim, mesmo com essa imprevisibilidade, para as empresas, social media é, antes de tudo, gestão de riscos (liabilities). A despeito da grande conversa existente sobre oportunidades de explorar as redes sociais e comunidades online para ações de posicionamento, branding, vendas, promoção etc., a grande questão é que as empresas — e suas marcas, imagem e reputação — se tornaram reféns dessa troca intermitente de opiniões e experiências entre usuários e não usuários, clientes e não clientes das próprias empresas (muitos deles funcionários e ex-funcionários dessas empresas). A regra é contar histórias e exercitar a conversação.

Estar na web 2.0 não é uma opção para as empresas e suas marcas. Elas já estão nesses ambientes à revelia da gestão e do marketing das empresas. A ideia de controle é natimorta, pois é impossível. O ponto central então é como se posicionar, atuar e evoluir considerando esse cenário como fato e realidade. Isso quer dizer, dentre outros aprendizados, conseguir, em modelo multicanal, multimídia e multiformato, gerenciar uma conta-corrente diária de reputação corporativa nesses ambientes integrados de redes e comunidades. Melhor: é possível deixar bem claro sobre o que se conversar. As redes sociais são uma arena onde é perfeitamente compreensível estar à disposição para comentar e debater sobre o que se domina, até para exercitar a própria credibilidade.

Não por acaso, esses ambientes digitais são provavelmente os canais número 1 de publicação do inconformismo do consumidor perante a qualidade dos serviços prestados e produtos adquiridos, públicos e privados. O consumidor 2.0 é também cidadão 2.0, logo, gerador de mídia, com potencial proporcional à sua audiência, ou seja, amplitude, variedade e população das redes em que participa, frente à sua credibilidade, poder de influência e convocatória (ser ou não âncora de rede). Assim, os canais colaborativos, apesar de charmosos e tentadores, acabam por ser os canais

---

[18] WATTS, Duncan J. *Tudo é óbvio*: desde que você saiba a resposta. Paz & Terra, p. 48.

[19] Hit do artista coreano Psy, enorme sucesso viral em 2012 com 2 bilhões de views, superado apenas em 2015 por um vídeo da cantora Adele. Recorde o hit: <http://www.youtube.com/watch?v=9bZkp7q19f0>.

mais perigosos para as empresas na sua relação com seus consumidores e clientes, caso sua compreensão seja arrogante, descuidada, rasa ou ingênua.

É um ambiente de não controle. Na web 2.0 os usuários são livres para manifestar o que pensam, inclusive inverdades e ofensas. Nessas comunidades, o consumidor comum tem púlpito e público, sem qualquer tipo de resistência ou concorrência estruturada. Lá, é opinião contra opinião; contexto contra contexto.

É por essa razão, e pelo fato de o consumidor estar cada vez mais inserido nesse cenário socializante, que as empresas precisam passar a interagir nessas mídias e aprender a dialogar com seus consumidores, a fim de se posicionarem com relação a eventuais inverdades, gaps de informação, reclamações, críticas e dúvidas. Relacionamento é o nome do jogo no mundo viral. Mais do que isso, relacionamentos empresa-cliente são sobre transparência, respeito, abertura e variedade de pontos de contato.

O CONSUMIDOR EM TEMPO REAL

O diálogo em tempo real com clientes e consumidores está se tornando a nova obrigação das empresas. Não há como escapar. Se a empresa quer estar no jogo do mercado organizado em redes, precisa aprender a operar em rede.

Com a necessidade de incorporar as expectativas do consumidor 2.0 ao seu modelo comercial e mercadológico, a empresa tende a exigir maior integração entre as áreas de vendas, marketing, relacionamento com clientes — teoricamente, a área no seio corporativo mais capacitada a interagir e dialogar com os consumidores em tempo real — e todas as demais.

Apesar do desafio, as vantagens são diversas pelo fornecimento de uma mensagem mais eficiente, pela otimização do lançamento de novos produtos — o SAC pode exercer um papel de termômetro para avaliar as primeiras impressões —, na otimização dos mecanismos de busca para informações de compras, nas decisões sobre as informações que impactam positivamente o consumidor na web para a melhoria do serviço aos clientes e performance do produto e iniciativas comerciais.

A área de serviços ao cliente tem ficado muito vulnerável na web quando colocada em contato direto com o consumidor 2.0, que não se furta a adjetivar a experiência, demandar ações corretivas e propagar a sua insatisfação de forma viral.

Por mais que estejam conscientes dessa necessidade, muitas empresas não sabem por onde começar, não se sentem preparadas para interagir com esse consumidor, temem os riscos que essa mudança de atitude pode representar. Ainda parece faltar disposição das empresas para assumir tal postura.

Pesquisa recente da Accenture reforça esse fato. Após consulta a 70 CEOs mundiais de empresas ligadas à mídia, a pesquisa concluiu que apenas 13% deles responderam estar preparados para lidar com esse novo cenário.

Algumas empresas vêm se destacando neste processo de se relacionar em tempo real com seus clientes e consumidores. A rede de cafeterias americana lançou o My Starbucks Ideas (http://mystarbucksidea.force.com), onde pede a colaboração dos internautas para definir o futuro da empresa. No site, qualquer um pode sugerir ideias, votar nas melhores propostas e trocar comentários. As ideias são organizadas em categorias, listadas por votação popular e acumulam pontos — aquelas implementadas pela empresa recebem crédito no site. Para analisar as ideias, uma equipe de funcionários, incluindo o vice-presidente de marketing, decide, comenta e responde aos proponentes. Nada de "sua ligação é muito importante para nós". Aqui, a colaboração em dose cavalar dá ao consumidor, fã da marca, o poder de participar do futuro da empresa.

Outro *case* já consolidado é o Blog Tecnisa, do setor de construção civil. Desde 2006, esse espaço traz opiniões dos executivos, área para podcasts e para acadêmicos. Na ocasião, a empresa iniciou a divulgação de vídeos institucionais pelo YouTube e entrou para valer no Flickr (site de fotos), no WhatsApp, no Twitter e no Facebook. Mais recentemente a empresa anunciou o uso de drones (para fotografar, filmar e transmitir o andamento de obras) e a adoção de Bitcoins como meio de pagamento.[20] E falamos aqui de imóveis. "Quando o Google faz a varredura na internet, direciona para o blog, porque, no entender dele, o blog é um site relevante", conta Romeo Busarello, diretor da Tecnisa. Segundo Busarello, os visitantes são clientes, investidores, vizinhos dos empreendimentos, blogueiros e universitários. Por meio do blog, a empresa se relaciona com a vizinhança e toma providências necessárias nas obras; com os clientes tira dúvidas, e como é de capital aberto, também recebe indagações de investidores. As respostas aos comentários gerados são feitas em até 48 horas da publicação.

Fica claro, portanto, que o marketing habitual perderá espaço e relevância se não incorporar o senso de urgência da drástica mudança das regras do jogo. A comunicação de marketing perde credibilidade. Setenta por cento dos consumidores americanos se sentem propensos a bloquear as mensagens intrusivas de marketing. As decisões de compra são efetivadas cada vez mais com base na recomendação de outros consumidores na web, ou pelos mecanismos de ranqueamento de empresas e produtos e serviços.

---

[20] Bitcoin é uma moeda digital que vem se disseminando mundo afora. Não se sabe ao certo quem a criou, mas seu sistema de criptografia é um paradigma para transações financeiros em moedas físicas. Sobre o uso do Bitcoin pela Tecnisa, ver: <http://exame.abril.com.br/tecnologia/noticias/tecnisa-aceita-bitcoins-para-pagamento-de-imoveis>.

O consumidor 2.0, com o poder de produzir, gerar, e distribuir a sua própria mídia, desafia o marketing e o convida a participar e dialogar em sua praia aberta e transparente. O marketing 2.0 deve ser capaz de conversar, interagir e engajar o consumidor em sua causa e seu negócio. Esse assunto terá de fazer parte da estratégia de negócios mais cedo do que se imagina. Quem ainda não está se estruturando para isso pode perder muitos clientes sem mesmo perceber.

A NECESSIDADE DE SE TRATAR O CLIENTE COMO ATIVO DE VALOR

Por tudo que vimos até agora, é certo que o cliente desempenha um papel fundamental na vida das empresas. Isso não é novidade, nem mesmo um tesouro escondido, mas certamente precisa ser corretamente compreendido pelos executivos (CEOs, diretores de marketing, relacionamento, comunicação etc.), que serão responsáveis por gerir e conquistar sucesso para as corporações que competem e competirão em mercados cada vez mais agressivos.

Agente mais nobre de injeção direta de recursos nas operações corporativas, o cliente responde pela convocatória de ser o foco primordial das estratégias, ações, inovações, investimentos e comunicações das empresas, atualmente duelando com os acionistas.

A década de 1990, marcada pelos movimentos de qualidade e serviços, tornou-se a década da Era do Cliente, do cliente-rei. Trouxe consigo uma série de mudanças organizacionais — em estrutura e atitude — e também uma série de pseudometodologias, máximas, bordões e gurus repetindo mantras como "o cliente tem sempre razão" ou "o cliente sempre em primeiro lugar". Certo em essência, mas muitas vezes descontrolado e desmedido, esse policiamento intensivo do foco no cliente também causou uma série de erros, exageros e perdas para as empresas e para os acionistas, inflando, no processo, a criação de clientes mal-acostumados, eternamente insatisfeitos e nada fiéis. Mas mesmo com tudo isso, focar no cliente passou a ser imperativo, de maneira irreversível, para quase qualquer empresa, em qualquer mercado.

O gestor mais esclarecido não cedeu a essa blitz sem antes dar os passos necessários, pois sabia da idiossincrasia e dos riscos que isso significava. Ao adotar o cliente como foco primordial de seus resultados, a empresa, por pura questão de priorizações, acaba por deixar em segundo plano aquele stakeholder geralmente prioritário — o acionista, que lhe cobra lucros e resultados de curto prazo — bem como outro stakeholder fundamental — o colaborador, agente responsável por garantir a entrega da promessa da satisfação total, da superação das expectativas de cada cliente... responsável pelo fazer mais, por ser diferente. Com a evolução das estruturas e lógicas econômicas dos diversos mercados, essa aparente dicotomia — essa tensão — tornou-se objeto de intensiva necessidade de resolução.

Saber aliar o foco no cliente ao resultado para o acionista, transformando as chamadas despesas e custos de processo de relacionamento (captação, atendimento, fidelização etc.) com o prospect/cliente em valor tangibilizado e reconhecido passou a ser o passo fundamental para a capacidade de realização e sucesso das empresas modernas, que necessitam provar valor nas diversas estratégias, ações e investimentos voltados ao cliente, tais como marketing, comunicação, branding, relacionamento, canais, fidelização, promoção, pesquisas, P&D, inovação etc.

Ao se concentrarem primordialmente em seus clientes, as empresas buscaram adotar modelos organizacionais construídos sobre chassis (suas estruturas de processos/fluxos e áreas/departamentos) capazes de a tornarem empresas focadas em clientes. Isso porque, para se focar no cliente, no stakeholder, que é o elo final da cadeia de valor, as empresas precisaram (e precisam) reescrever seus processos/fluxos e departamentos/áreas em função do reposicionamento de sua missão, objetivos e metas. Ou seja, começaram a reconstruir seus processos de tomada de decisão e priorização (*balanced scorecard-like*) alinhando estratégia e operações, de maneira capaz de garantir o atingimento dessas estratégias e metas focadas no cliente. Assim, nasceram as empresas *customer-oriented* e suas variâncias *market-oriented*, *brand-oriented*, entre outras.

Redefinir seu mapa de stakeholders, reavaliar sua escala de valores rediscutindo sua cadeia de suprimentos, definindo trocas (estratégia-proposição de valor), relações (processos-tecnologias) e relacionamentos são imperativos para se entender com clareza o que é a empresa, qual seu papel no mercado, quem são seus clientes (perfis, comportamentos e atitudes dos targets, prospects, suspects etc.), segmentos e nichos de interesse, entre outros. Esse passo é fundamental para que a empresa se reconstrua como agente econômico competitivo na atual Era do Conhecimento, do intangível. Não fazer isso é criar uma espécie de monstro esquizofrênico, com diversas prioridades que disputam espaço entre si, sem uma direção unificadora. Uma empresa que define metas e resultados incapazes de serem alcançados porque seus chassis de processos não são capazes de entregá-los.

Portanto, se, por um lado, é imperativo conhecer, se aproximar, entender, se relacionar, atender, surpreender e fidelizar cada cliente, por outro é imperativo mostrar que isso não é custo ou despesa somente, mas construção de valor de médio-longo prazo. Fica então a pergunta óbvia: sendo o cliente o principal ativo gerador de valor tangível e intangível para a empresa, faz sentido não mensurá-lo?

COMO ATIVO, O CLIENTE PRECISA SER GOVERNADO NAS EMPRESAS

O cliente, como ator principal e atrator de todos os esforços de geração de caixa (pelo consumo de produtos e serviços), assume cada vez mais um papel de destaque no que se refere às políticas de gestão e estratégias de relacionamento das companhias, uma vez que fidelizá-lo significa ter uma perspectiva positiva em relação à perpetuidade e competitividade da empresa.

Governança é um conceito fundamentado na capacidade humana de se organizar sob regras de conduta que visam o atingimento de um objetivo comum, mediante mecanismos que promovam a mobilização e comprometimento das partes envolvidas no cumprimento de diretrizes previamente acordadas e consensadas entre essas mesmas partes envolvidas.

A governança, como conceito, tem como escopo de aplicação toda e qualquer organização — em parte ou na sua integralidade, envolvendo desde os aspectos relacionados à gestão e suas metas, até questões ligadas à missão, visão, valores e políticas corporativas, bem como ao relacionamento desta com seus diversos stakeholders.

Dessa forma, a governança do cliente agrega novas dimensões de atuação, atividades e processos que envolvem diversas áreas dentro de uma empresa. A relação comercial, primordialmente responsável pela execução das estratégias de captação, conversão e rentabilização do cliente, é suportada e direcionada por outras ações e áreas que contribuem para que todos os envolvidos estejam alinhados e comprometidos com a satisfação máxima do cliente.

Os processos, etapas, atividades e trocas que mais bem expressam os momentos da verdade e as principais interações do cliente com as empresas compõem as etapas do chamado ciclo de vida do cliente na empresa, reflexo da dinâmica de relação entre clientes e empresas, nos diversos canais, por diferentes finalidades, ao longo do tempo... e que, portanto, incorpora critérios tangíveis e intangíveis orientados a gerar percepções condizentes com as expectativas e necessidades delineadas por cada grupo/segmento/perfil de cliente.

Áreas e ações ligadas ao marketing, relacionamento, comunicação, promoção, bem como a multiplicidade de canais disponíveis, devem ser orquestrados para que a experiência gerada no contato empresa-cliente promova resultados positivos para ambas as partes.

Entendemos que a satisfação do cliente passa, necessariamente, pelas três dimensões de gestão e execução empresarial: estratégica, tática e operacional, envolvendo visões e ações multidisciplinares, cada qual com suas particularidades e expertises, porém de forma sinérgica, alinhada, convergente.

As formas e arranjos para que a gestão do cliente aconteça de forma diferenciada passam obrigatoriamente por um modelo de governança participativo na sua concepção e gestão, com papéis e responsabilidades claras, objetivos e individuais e direcionados por um modelo de disseminação competente em inserir a visão, necessidades e expectativas do cliente no *mindset* corporativo.

O foco no atingimento dos objetivos da empresa, incluindo a minimização de potenciais conflitos com outras partes, deve incorporar em seu arcabouço valores e princípios como transparência, estado de direito, responsabilidades claras, decisões orientadas ao consenso e respeito às demandas das partes envolvidas como elementos componentes dos objetivos a serem atingidos, tanto quanto a eficácia e eficiência dos processos e estratégias corporativas priorizadas.

"Governar" uma empresa de forma ética e alinhada significa direcionar pessoas, processos, áreas e relacionamentos para a consecução da satisfação plena do cliente. Essa orientação tem como fundamento prover uma única visão do cliente para a companhia e da companhia para o cliente, respeitando as diferentes óticas, ações complementares e um objetivo comum.

BACK TO THE DILEMMA: CLIENTES X ACIONISTAS

De volta ao dilema do cliente — aquele que todos sabem que é importante, mas para o qual poucos até hoje conseguiram dar o devido valor —, não faltam profetas tentando criar uma doutrina para resolver o problema.

Uma das mais interessantes foi criada pelo reitor da Rotman School of Management da Universidade de Toronto, no Canadá, o professor Roger Martin. Ele chama a atenção ao criar a ideia do *capitalismo do cliente*. O contraste seria com outros dois tipos existentes até agora: o capitalismo baseado na gestão e aquele baseado no valor para o acionista.

O primeiro defendia que, após a empresa passar de determinado tamanho, o dono deveria passar o comando para gestores profissionais. E estes resolveriam tudo. No segundo, a estratégia deveria ter por base o resultado financeiro para o acionista. Martin argumenta que a segunda abordagem trouxe resultados ainda piores que a primeira.

A resposta para ele estaria no foco no cliente. Empresas como Johnson & Johnson e Procter & Gamble entregaram mais resultados para o acionista ao focar no cliente. Martin rejeita a ideia de focar nos dois, dinheiro para o acionista e satisfação para o cliente. Um deles deve ser escolhido: o cliente.

Um dos exemplos mais felizes de Martin é o desempenho da General Electric durante a crise. Durante anos, a empresa comandada por Jack Welch foi mostrada como um exemplo de sucesso do foco no acionista. Na realidade, não era. Grande parte do lucro produzido pelo conglomerado veio da GE Capital, que durante a crise fez o valor evaporar. Muitos acionistas perderam dinheiro, e não foi uma perda pequena. O foco estava errado. Se a preocupação fosse prioritariamente a satisfação do cliente da GE, é improvável que tanta energia tivesse sido gasta com a GE Capital.

O risco da leitura apressada de Martin é esquecer o real e inegável objetivo do acionista ao criar um empreendimento. A busca é pelo retorno, sempre. Focar unicamente no cliente a ponto de deixá-lo no comando é uma simplificação perigosa. O cliente não pode ser cegamente atendido, não se pode deixá-lo controlar totalmente a estratégia da empresa. Da mesma forma, o acionista momentâneo pode ir embora amanhã. Entre um e outro, o foco deve ser a perenidade, o interesse do acionista de longo prazo. E este se preocupa com o cliente.

Raros gestores reconhecem ou mesmo enxergam esta questão como um dilema. O primeiro grupo porque ainda persegue o retorno para o acionista e não pode admitir isso publicamente. O segundo porque já racionalizou e ponderou a questão e encontrou o ponto ótimo e a forma de tratar o problema. Um exemplo desse grupo de visão é Sergio Rosa, ex-presidente da Brasilprev, que diz algo que diversos líderes inteligentes repetiram para os autores desta obra: "Cliente e acionista nunca estão em campos opostos, uma empresa não vive sem um e não vive sem outro". Mas esse *mindset* é mais robusto e presente do que imaginamos: "[...] existe um círculo que envolve três pontos de sobrevivência para uma companhia: Funcionários (tripulantes), Clientes e Acionistas. Um depende do outro para que o processo continue", ressaltou o então CEO da Azul Linhas Aéreas em 2012, Pedro Janot. Na visão de Alberto Saraiva, fundador do Habib's, essa relação é ainda mais pragmática: "As decisões e ferramentas utilizadas pela empresa [...] são importantes radares para a tomada de decisões que envolvem a definição de prioridades entre clientes e acionistas, além da preocupação em entender a necessidade de cada um". O pragmatismo no fast food também está presente no setor de contact center, como afirma Nelson Armbrust, CEO da Atento: "O compromisso que temos com todos os nossos stakeholders (clientes, funcionários, acionistas, sociedade) ao garantimos a confiança, transparência e respeito no relacionamento com todos eles. Ao focarmos no êxito dos negócios de nossos clientes, garantimos o contínuo crescimento sustentável da Atento e, consequentemente, o retorno para os acionistas". A visão protocolar também pode ser encontrada na Multiplus, empresa de serviços e fortemente relacional, a partir de seu modelo de negócio baseado na contagem, acumulação e troca de pontos: "Os principais públicos são selecionados pelo envolvimento com a companhia durante a realização de suas atividades", respondeu seu CEO Roberto Medeiros. Por outro lado, Caito Maia, da Chilli Beans, provoca: "Em minha opinião, o acionista que pensa em retorno imediato versus um cara que pensa em lucratividade com essência

86 FEITAS PARA O CLIENTE

[...] o retorno imediato é se você tem essência. Essa visão de acionista, aqui dentro inclusive, não tem futuro, não vai adiantar tanto, porque simplesmente ter uma meta e uma cota está diretamente relacionado à vida do produto, à história".

Achou óbvio ou simplesmente discurso de marketing? Ora, no caso da Brasilprev ou da Chilli Beans, não é só isso, mas concordamos que muitas empresas de fato repetem clichês semelhantes sem realmente se aprofundar no que significa ir fundo nessa dicotomia corporativa. Mas veja o complemento de Rosa: "Certas equações são tão complexas que uma não vive sem a outra, então você não pode nunca colocá-las em oposição".

É complexo porque não há regra simples, há momentos em que você exigirá mais esforço do acionista, que retardará a retirada de dividendos, porque você tem que aplicar mais no próprio negócio. E isso exige visão de retorno de longo prazo, como discutiremos mais adiante.

Citando F. Scott Fitzgerald: "O teste para uma inteligência fora do comum é a capacidade de ter duas ideias opostas em mente, ao mesmo tempo, e ainda assim ser capaz de funcionar". Sejamos todos bem-vindos ao mundo dos paradoxos.

A história do cliente produziu diversos dilemas como este, que se tornaram ainda mais complexos na última década. Nos próximos capítulos o leitor compreenderá os principais riscos, as vantagens e como executar cada estratégia. E como assumir um lugar nessa história. Ao lado do cliente.

"Nós temos quatro grandes clientes: os assinantes, os empregados, os nossos fornecedores e os nossos acionistas."

Luiz Eduardo Baptista
presidente da Sky

Capítulo 4

No Divã com o Cliente

O cliente é bem resolvido. E a sua empresa?

Você já viu dezenas pesquisas e reportagens, PPTs e palestras que revelam "perfis de consumidores". Perfis demográficos, perfis sociais, perfis de consumo, perfis comportamentais, cruzamentos de perfis. Entretanto, é fundamental compreender que cada um desses perfis não se manifesta necessariamente de maneira isolada no cliente. O comportamento real que interessa às empresas é o resultado da coexistência de três, quatro ou mais desses perfis. Cada cliente é o resultado do cruzamento de muitas variáveis, elas também influenciadas por momentos diferentes — em geral com a predominância de algumas. Agora imagine o nosso executivo no momento em que prepara a sua apresentação: ele certamente abordará os perfis de seus clientes. Mas qual a consistência desses dados? O que eles trazem de efetivamente relevante para o negócio e para o estabelecimento de um modelo de negócio no qual este(s) cliente(s) ocupe o centro da estratégia?

Por outro lado, é imperativo conhecer o cliente, entender as suas motivações, acompanhar a sua evolução. A classificação por perfis ajuda a orientar ofertas e definir as propostas de valor das marcas do portfólio. O processo, contudo, é mais complexo, porque incorpora um processo acelerado de mudanças comportamentais, causadas pela adoção de novas tecnologias de comunicação, apps e compartilhamento de informação. Ou seja, os perfis definidos hoje podem simplesmente se alterar em questão de meses. A única certeza é a de que a natureza humana e sua busca por conforto e satisfação emocional e material não mudam, mas se transfiguram em dimensões incontáveis e imprevisíveis. O cliente sente-se bastante confortável em ser como é. Mas as empresas não podem mais ficar na zona de conforto por conta da imprevisibilidade do cliente.

Vamos agora ensaiar uma visão do que consideramos importante na definição de perfis de consumidores e clientes que você pode encontrar em sua jornada. Essa classificação é baseada em uma fotografia desse instante em que vivemos. Mas cabe a cada empresa construir o filme que melhor retrata a sua própria realidade.

Comportamento: o que motiva a compra?

Comprar uma calça incrível X comprar uma calça porque precisava

Uma das formas de se compreender o cliente é a partir da maneira como ele se comporta. Um dos pensadores do marketing que melhor abordou o assunto foi Philip Kotler, ao aconselhar a criação de um ambiente que produza efeitos emocionais com o objetivo de aumentar a probabilidade de compra (do livro *Atmosfera como uma ferramenta de marketing*). Por exemplo, considere o cliente durante a compra de uma calça em cada uma das duas situações que seguem.

Imagine que a calça é de uma marca com forte apelo para o consumidor, como um produto da Levi's, Diesel ou Calvin Klein, com as quais ele de antemão já possui uma ligação emocional. Assim, o consumidor impulsivo na maioria das vezes tem pressa e até pode interromper o vendedor. Pode ter várias dúvidas sobre o produto, como se já foi pré-lavada, se vai encolher ou se o produto é de uma coleção nova ou antiga. Para ele, tais informações muitas vezes nem afetam a decisão de compra. O que ele precisa é de algo que dispare o mecanismo de decisão, sejam pequenos descontos ou a informação de que o produto está em promoção ou que são os últimos do estoque. Quando esse fator ocorre, a compra é realizada, mas para satisfazer uma necessidade de consumir. O que é realmente relevante é o componente emocional. Como máxima, pode considerar a frase do poeta romano Ovídio: "O que agora é razão, antes foi impulso". O momento, o ambiente, o conjunto de significados que cerca a calça despejam atividade neuronal que simplesmente impulsiona a compra, e toda uma carga de compensação emocional irrompe para saciar uma necessidade quase visceral. Sobrevém a satisfação e outras implicações: sair com a calça, vê-la no corpo em meio a uma ocasião, pessoal ou profissional, comentar sobre o momento da compra e a loja.

Em contraste, o consumidor racional — sim, ele existe! — compra depois de cuidadosamente considerar a necessidade do produto. O fato de ser uma calça Calvin Klein ou Diesel ou 7 For All Mankind pesa, ao menos em decorrência da qualidade, mas outros fatores podem influenciar. Ele pode ainda considerar quantas calças jeans (de qualquer marca) possui em casa, se a cor é semelhante à outra que já tem ou se o preço daquela loja parece estar acima da média. As emoções não interferem ou interferem de modo ponderado na decisão. Este consumidor distingue bem a diferença entre necessidade e vontade. Ele analisa a possibilidade de não encontrar o produto em outro lugar, mas o risco não tem um peso demasiado na decisão. A compra não lhe provoca grande sentimento de orgulho ou satisfação. No geral, não está em busca de prazer, mas da solução para um problema. Para este consumidor, dois fatores prevalecem: a necessidade do produto — com implicações sobre o que o uso desse produto pode gerar (pensamento utilitário) — e a posse da condição financeira.

No caso de produtos para a casa ou de alimentos para o mês, um cliente racional faz uma pesquisa prévia extensa; uma dona de casa, por exemplo, antes de ir ao supermercado, consulta encartes de jornal, anota as ofertas nos comerciais de televisão. Já quando se trata de um produto específico, seja um carro ou um eletrônico, a internet é bastante utilizada, se não para fazer a compra, ao menos como ferramenta de consulta e comparação de preços e condições. Neste caso, a máxima é de outro escritor romano antigo, Sêneca: "Os impulsos são tão maus como servidores quanto como chefes".

> **Visão dos autores: Tons de cinza**
>
> Entre os extremos racional e emocional há diversas nuances. Há produtos e serviços que impõem decisões mais inclinadas para um ou outro extremo. Ou seja, as diferentes decisões de compra são substrato de perfis de consumidores que certamente estão em algum ponto entre os dois polos apresentados em cada item analisado. E é importante observar que dificilmente um consumidor toma suas decisões sendo racional ou emocional 100% das vezes.
>
> Então deve-se entender cada uma das pontas de análise em cada categoria como extremos do tipo preto e branco, e a alocação real do perfil de cada consumidor — pelo menos da grande maioria de nós — em algum dos tons de cinza entre esses dois extremos.

SOBRE COMPRAS POR IMPULSO

O comportamento do consumidor no momento da compra é tema que faz parte da agenda corporativa da maior parte das empresas, particularmente aquelas atuantes no varejo. Inúmeros são os estudos realizados com o objetivo de levantar o maior número de informações possíveis sobre os hábitos e costumes de compra.

Os estudos mais focados procuram definir os hiper/supermercados como sendo o principal local para levantamentos dessa natureza, pois ali estarão presentes os mais diversos tipos de consumidores, com diferentes faixas etárias e rendas familiares. Além das características dos consumidores, é nesse cenário que está contida uma gama muito grande de marcas e produtos, divididos em inúmeras seções, com apelos visuais diversos.

Segundo os estudiosos em psicologia do consumidor, em média, apenas 20% das compras ou contratação de serviços são realmente imprescindíveis. Os outros 80% são realizados por motivos ou situações diversos — impulsos incontroláveis, ingenuidade, influência da propaganda e até problemas de comportamento, como a compra por compulsão, que fazem com que o consumidor acabe gastando mais do que o necessário. Pesquisas regulares do SPC (Serviço de Proteção ao Crédito) mostram que regularmente mais de 50% dos consumidores fazem compras por impulso.[1]

---

[1] Disponível em: <http://economia.uol.com.br/noticias/redacao/2014/05/13/mais-de-metade-dos-brasileiros-compra-por-impulso-diz-spc.htm>.

É interessante avaliar o que nos leva a comprar não apenas o indispensável para sobreviver, mas determinados produtos cuja finalidade ou utilidade são bastante duvidosas. E o prejuízo nem sempre é sentido apenas no bolso.

Tudo o que compramos satisfaz, de alguma forma, as nossas necessidades, seja para matar a fome, saciar a sede, curar uma doença, seja para proporcionar conforto, lazer e satisfação pessoal. Mas será que precisamos mesmo de tudo o que compramos? E até que ponto consumir o que nos dá prazer, conforto emocional, satisfação intelectual ou sentimento de autoexpressão é necessariamente negativo? Jean Baudrillard, em uma de suas primeiras (e mais indispensáveis) obras, *O sistema dos objetos*[2], enfocou o caráter simbólico dos objetos e como esse simbolismo, dimensões que escapam ao processo de desenvolvimento, extrapola a funcionalidade. O sistema dos objetos consegue "se comunicar" com os consumidores pelo uso de uma linguagem própria, que é a propaganda. Muitas vezes a propaganda realça simbolismos e significados de produtos e serviços tornando-os signos e ícones tão poderosos que identificam e refletem a maneira pela qual os consumidores querem ser vistos. Sim, estamos falando de Harley Davidson, de Apple, de Porsche, de Havaianas.

Olhar marcas desse porte e dessa dimensão em uma perspectiva sempre nos induzem a perguntar como chegamos a esse ponto. Durante séculos as pessoas somente consumiam o que precisavam para viver. Alimentos, roupas, remédios eram comprados na medida certa para atender às prioridades de momento, até porque a oferta de variedade e quantidade de produtos era pequena. Mas a evolução da sociedade, das tecnologias, as mudanças de costumes, de comportamento e o progresso fizeram com que as necessidades do homem se descolassem das reais necessidades do homem, se transformando e ficando cada vez mais complexas, gerando verdadeiros círculos viciosos; ou seja, quanto mais novidades no mercado, maiores os sonhos de consumo. O que até ontem parecia ser desnecessário de repente se torna totalmente indispensável, como os eletrodomésticos, o microcomputador, o telefone celular e tantos outros produtos que passaram a fazer parte da nossa vida de tal maneira que não é possível imaginar a vida sem eles.

Por outro lado, o homem passou a desejar produtos que nem sempre conhece, ou dos quais sabe a sua real utilidade. Essa febre consumista fez surgir também a indústria do supérfluo. Produtos de aparente praticidade acabam se transformando em verdadeiros elefantes brancos, que ficam jogados no fundo de um armário qualquer e, o que é pior, pesando no bolso.

Como é sabido, o comprador impulsivo pode possuir base no pressuposto da racionalidade do consumidor, em que se supõe que as pessoas buscam maximizar a satisfação, delimitada pelas respectivas restrições de renda. Admite-se também que, ao decidirem a compra, os consumidores são capazes de realizar comparações, de forma a obter o melhor resultado possível de cada uma das diferentes situações apresentadas.

---

[2] BAUDRILLARD, Jean. *O sistema dos objetos*. Editora Perspectiva.

No Divã com o Cliente

Dessa forma, associa-se o comprador impulsivo ao não planejamento prévio, ou seja, os consumidores acabam sendo divididos em dois grupos, em que o primeiro é do tipo indeciso, que acaba por definir suas compras dentro do ambiente da loja, que possui inúmeras incidências influenciadoras de compra, girando em torno de marca e produtos, e o segundo grupo, que tem sua impulsividade diretamente relacionada a fatores emocionais. É uma simplificação inconcebível para um sistema de relações de consumo mais complexo, crescentemente sofisticado, na oferta nos formatos e nas possibilidades de interação entre produtos, empresas, marcas, serviços que demandam decisões mais consistentes, envoltas em camadas de racionalidade e emoção.

Em meio a essa situação, aponta-se que os consumidores, em mais de 35% dos casos, acabam comprando mais itens do que planejavam e que mais de 15% deles acabam por se arrepender de algumas das aquisições realizadas, atribuindo esse sentimento às compras realizadas pela impulsividade. Por outro lado, o Brasil registra mais de 80% de abandonos do "carinho" nas compras digitais.[3] Há momentos em que a emoção prevalece e o impulso impera. E outros nos quais a razão pede passagem e o arrependimento controla e censura. O varejo vem experimentando diversos formatos de organização do espaço e de estruturação da jornada do cliente, apoiado em tecnologia e em estudos baseados em neurociência. Lojas como a Apple Store, Warby Parker (de óculos) e Rebecca Minkoff (moda e acessórios) diluíram de tal maneira o processo tradicional que a "compra" em si, a "transação", praticamente deixa de existir. Ao mesmo tempo em que loja se transfigura em espaço de "entretenimento e lazer", no que estimula o cliente a ali ficar por horas, o processo de pagamento — o final da transação — deixa de "existir".[4] Vendedores equipados com tablets, artifícios tecnológicos como apps ou "beacons"[5] ligam-se aos smartphones e permitem o pagamento a um simples toque, ou "tap and pay".[6] A ideia é tornar a compra totalmente sem atrito — ou *frictionless*.

---

[3] Disponível em: <http://ecommercenews.com.br/artigos/5-dicas-para-reduzir-o-abandono-de-carrinho-na-loja-virtual>.

[4] A mágica do design: o pagamento desapareceu. Disponível em: <http://consumidormoderno.uol.com.br/index.php/component/k2/item/30981-a-magica-do-design-o-pagamento-desapareceu>.

[5] Beacons — pequenos aparelhos indoor, ou seja, são apropriados para uso em espaços fechados, que podem se conectar com smartphones por meio de tecnologia Bluetooth. O smartphone recebe uma notificação dentro de uma loja, por exemplo, e então, a partir de um cadastro prévio, o pagamento pode ser feito diretamente a um toque de celular, sem necessidade se passar no caixa.

[6] Tap and pay, literalmente "Toque e pague". Sistemas de pagamento gerenciados a partir de um smartphone, no qual basta ao consumidor validar a compra por um toque na tela, em uma interface normalmente embutida em um app. O consumidor pode "autorizar" a compra e o débito em uma conta-corrente, de crédito ou até mesmo de uma carteira digital sem sequer estar na loja, fisicamente ou virtualmente. O tap and pay leva a conveniência mobile às últimas consequências.

O *"tap and pay"* veio amoldar-se diretamente a uma realidade comprovada por dados: apenas 47% dos consumidores costumam preparar uma lista de compras detalhadas antes de se lançarem às compras e, portanto, a maioria fica mais exposta às influências e indecisões no momento da compra, ou seja, mais suscetíveis à realização das compras por impulso ou por insegurança. Pior: mesmo o contingente de consumidores que vai às compras com uma lista traz apenas 12 itens anotados previamente, entre 44 que normalmente perfazem a compra total.[7] Outra questão importante é que a experiência no processo de compra é um estado muito relevante, visto que pessoas mais habituadas ao ambiente de ponto de venda tornam-se mais resistentes aos estímulos de compra.

As estratégias de ações no ponto de venda e nos mecanismos de exposição digital são importantíssimas, e isso é verificado quando se constata que mais de 50% dos consumidores dizem se lembrar de itens que precisavam ao vê-los nas prateleiras (e 49% compram na internet pela diversidade de ofertas — o que indica o quanto a tecnologia dos sites amolda-se ao gosto do cliente para gerar vendas. Mais: 51% são sensíveis às indicações, recomendações e à colaboração de outros internautas/consumidores).[8] Assim, o reforço das ações *in loco* é fundamental, pois estas são potenciais, e praticá-las de forma correta, unida a uma política de preços competitiva, poderá gerar ótimos resultados imediatos.

De modo geral, verificamos que todos os elementos são importantes e devem ser analisados de forma criteriosa, pois os consumidores estão muitas vezes a cargo dos elementos influenciadores, e os estímulos visuais podem direcionar uma decisão.

ATITUDE: COMPRAR E GOSTAR DE COMPRAR

A MARCA É TUDO X "INDIFERENÇA" COM A MARCA

Uma nuance e uma variação da dualidade entre emoção x razão, a atitude reflete a relação direta do consumidor com a marca e com produto/serviço. A marca, suas percepções, dimensões, proposta de valor e simbolismos, mais a opinião que os outros têm sobre ela podem ser fundamentais, mesmo que a compra seja planejada. Portanto, um cliente racional pode adquirir uma calça da Diesel em decorrência de sua postura irreverente, do seu caráter "fashion", do material ser de qualidade ou simplesmente pelo fato de precisar comparecer a um compromisso com a roupa adequada.

Em geral, mesmo aqueles clientes de menor poder aquisitivo levam em consideração a marca. É o caso de um consumidor da classe C ou mesmo D ao comprar um

---

[7] BLESSA, Regina. Hábitos do consumidor brasileiro/Merchandising no ponto de venda. Disponível em: <http://pt.slideshare.net/MkrHUniesp/habitos-do-consumidor-brasileiro>. Slide 15.

[8] Dados do e-commerce no Brasil — 2015. Jan. 2015.

Toddy para os filhos. Ele conhece o nome do produto e por isso vai dar preferência, principalmente se a diferença no preço for pequena. Mas, por incrível que pareça, a maior parte das empresas no Brasil ainda não aprendeu como capturar o coração da chamada nova classe média. Nada menos que 46% dos consumidores da classe C declaram não ter uma marca do "coração".[9] Falamos de cerca de 50 milhões de consumidores potenciais que simplesmente não encontram ressonância, identificação e afinidade mais intensa por nenhuma marca, de nenhum segmento.

Por isso, para boa parte dos especialistas em marketing, a marca é o quesito mais importante na construção do relacionamento entre empresas e clientes. Al Ries, estrategista norte-americano, por exemplo, construiu toda a sua teoria de marketing em cima da ideia de que o principal esforço de uma empresa deve ser o criar uma identidade clara para a sua marca na mente do consumidor. Essa é a base de sua já clássica teoria do "posicionamento".

Entretanto, embora seja minoria, há também o cliente que absolutamente não se importa com a marca do produto ou, pelo menos, não se importa com marcas de determinadas categorias. Neste caso, o mais comum é o preço assumir o caráter preponderante durante a compra. Por extensão, esse cliente indiferente é do tipo mais racional. Caso contrário, faz parte de uma minoria e — sem informação sobre as diferentes marcas — deve simplesmente comprar o produto no escuro.

Há também categorias de produtos — mais técnicas ou funcionais, geralmente — que não inspiram a relevância da marca no processo de decisório, uma vez que outras variáveis se apresentam como mais críticas na decisão de compra. Isso é especialmente verdade para alguns produtos B2B (transacionados entre empresas), mas também ocorre em produtos de consumo (remédios e os genéricos são um bom exemplo).

O leitor pode estar pensando em exemplos diversos de produtos disponíveis no supermercado e em um cliente que não se importa com a qualidade. Mas há exemplos sutis, como o Itaú, em que o cliente se importa muito com a marca quando escolhe o banco para ser correntista, mas menos quando vai fazer um financiamento. A maior parte de financiamento de veículos no Brasil é feita nas concessionárias, que oferece o Itaú ou outro banco que possuir uma parceria ali. E não se trata de algo momentâneo, porque a relação é longa, 48 meses, por exemplo. Nesse ínterim, o banco vai tentar estender o relacionamento para outros produtos — com a grande vantagem de saber se o cliente é bom pagador —, e esta é uma das formas mais inteligentes de a empresa explorar melhor um cliente capturado em um momento em que a marca não era relevante.

---

[9] O coração da classe C está vazio. *Consumidor Moderno*, ed. 173, p. 32-46, set. 2012.

Visão dos autores: O papel da marca

Em um mercado contrastante, onde convivem o global e o local, o papel das marcas vem mudando sensivelmente. Se até há poucos anos elas comportavam variáveis como o processo de decisão de consumo, a facilidade de abordagem e operacionalização do relacionamento da empresa, hoje elas podem ser entendidas como manifestações icônicas, simbólicas e valorativas de pessoas no âmbito individual e coletivo, acompanhando a evolução da sociedade em rede. Parte do sucesso está em conseguir associar a marca e seus atributos a posições de singularidade, exclusividade, desejo, respeito, admiração liderança, segurança, confiabilidade, propósito, conexão com tribos e seus valores, dentre outros fatores que determinam a preferência no processo de escolha.

Por vivermos em regime de paridade crescente de produtos de diversas naturezas e até de preços para itens de qualidade similar, a marca cada vez será determinante no processo de preferência, por ser agente de diferenciação, identificação e reputação. A marca, em última instância, é a reserva de valor que justifica o consumo. O consumidor "paga" pela franquia de marca, que lhe permite o acesso às características que ela representa e personifica. Por outro lado, o ecossistema de marcas hoje compreende também grande movimentos sociais, culturais, ecológicos. Produtos orgânicos, por exemplo, representam uma "marca" e uma plataforma para lançamento e desenvolvimento de outras marcas associadas a esse movimento. Associação a causas, propósitos, bandeiras, ainda que deslocadas do eixo do negócio, cumprem a finalidade de situar a marca no contexto valorativo das sociedades e comunidades e são fundamentais para adição de valor e diferenciação. O marketing centrado no artifício da valorização do atributo e da posse não tem lugar em um mercado orientado ao usufruto e ao compartilhamento.

Em termos absolutos, como comparar a qualidade de produtos concorrentes? Absolut é diferente da Smirnoff? A Dell é superior à HP? O Gol é melhor que o Palio? Provavelmente esses produtos tenham praticamente os mesmos fornecedores de componentes e matérias primas. Do ponto de vista técnico, todos os produtos são muito semelhantes; a diferença essencial, aquilo que ajuda a decidir a compra, está se transferindo das características físicas para aquilo o que aquele produto ou serviço significa e representa. Entramos aqui no campo da tendência de "imaterialização"[10], assim definida em 2014 pelo Copenhagen Institute for Future Studies, o mais vanguardista instituto global de previsão e identificação de tendências. Imaterialização significa justamente o contexto que envolve o produto, sua carga simbólica que transcende o produto, a marca e o status. Compreender, delimitar e imprimir isso é prerrogativa das marcas.

SOBRE MARCAS E CONSUMIDORES

As quatro dimensões atuantes no processo de escolha e consumo denominadas por Kjell Anders Nordström e Jonas Ridderstråle, autores de *Funky Business*, como RAID (razão, emoção, instinto e desejo), se manifestam de formas diferentes e em intensidades diferentes para cada indivíduo — em todos os momentos em que este

---

[10] CIFS — Customers or fans? Megatrends that are redefining the relationship between consumers and brands. Apresentação no CONAREC — Congresso Nacional das Relações Empresa-Cliente 2014.

necessita fazer escolhas para consumo (os momentos da verdade), principalmente nos seis segundos em que o consumidor tem que se decidir à frente de uma gôndola, já que 85% das decisões de compra são feitas no ponto de venda.

Fato é que, em geral, há pouca técnica no ato de consumir. Verifica-se em larga escala o chamado comportamento não verbal. O golpe é duro, pois estamos falando do inconsciente de cada um, e quanto a isso não pode haver certo ou errado. Apesar de seres racionais, nosso cérebro responde, na maior parte das vezes, de forma instintiva ao processo de escolha para consumo. Como diz o psicólogo alemão Wolfgand Prinz, estudioso do cérebro humano: "O homem não faz o que quer, ele faz o que faz".

Daí a justificativa da atual onda de "*brand personality*", termo cunhado pelo publicitário David Ogilvy, na década de 1960, que pregava os apelos emocionais da marca como âncoras mais fortes do que as funcionalidades e características dos produtos.

Por esse princípio, os consumidores se relacionariam com as empresas como se estas fossem pessoas, criando vínculos baseados nos valores que são capazes de transmitir. Conclusão: as pessoas procuram marcas que potencialmente preencham suas matrizes emocionais e psicológicas.

Muitas vezes o consumidor aceita até pagar mais para ter algo que valoriza, no tempo que precisa e no modelo e condição que deseja. Mais do que nunca, o que conta aqui é o que não se conta, o que não se pode medir de forma imediata: o consumidor gosta da marca em função de um conjunto de coisas que ela consegue entregar e que ele, via de regra, não consegue identificar claramente, ou mesmo racionalizar, dimensionar e, portanto, expressar.

Foi também na década de 1960 que Philip Kotler lançou o best seller *Administração de marketing*, que ficaria conhecido como a bíblia do marketing. Mas essa dimensão emocional em relação à marca não estava contemplada nessa obra, e ele reconhece que hoje o marketing é holístico, englobando razão, coração e alma, uma visão bem distante da tarefa puramente transacional e vendedora de antes. Boatos dizem, inclusive, que Kotler teria recentemente se negado a autografar a primeira edição do livro em questão, dizendo que boa parte daquilo que escreveu ali não funcionava mais, que não existia a internet e que os padrões de consumo eram outros; portanto, a forma de se planejar marketing também era. Outro poderoso insight do Copenhagen Institute for Futures Studies mostra que os 4 "Ps", um dos pilares da obra de Kotler — Produto, Praça, Preço e Promoção — evoluíram para Solução, Acesso, Valor e Educação.[11] Claro, justamente por isso que o marketing como foi concebido, voltado para uma geração baby boomer, adaptado para a geração X, é hoje um instrumento de ceticismo para as gerações Y e Z. Não se entra no mercado

---

[11] CIFS — Customers or fans? Megatrends that are redefining the relationship between consumers and brands. Apresentação no CONAREC — Congresso Nacional das Relações Empresa-Cliente 2014.

de consumo atrás de um produto, mas sim de uma solução, acessível em tempo real (no meu caminho físico ou virtual), que traga uma proposta de valor compensadora e com conteúdo e informação relevante, e não truques de linguagem e armadilhas visuais. Retomaremos o assunto com mais detalhes no Capítulo 6.

E quando o assunto não é escolher entre a marca A e B na prateleira, mas sim na bolsa de valores? Você entrega seu dinheiro na mão da empresa para que ela o torne mais rico baseado num misto de aspectos tangíveis, intangíveis, emocionais, intuitivos, sensoriais. Aqui, a força da marca exerce uma influência enorme, e, mais do que nunca, ter um valor atribuído a ela facilita bastante. Inclusive, não à toa, é justamente na bolsa de valores que as marcas atingem sua melhor aferição de valor — lá, ativos intangíveis unem-se aos tangíveis e resultam em um preço de operação, incluídos aí expectativas do mercado e previsões de garantias de sucesso e retorno. Evidentemente que nos referimos aqui às marcas corporativas, que englobam marcas de produtos, com suas forças e fraquezas.

Essa conexão intuitiva entre marca e consumidor foi tema de estudo do publicitá-rio norte-americano Patrick Hanlon, que já cuidou de marcas como Absolut, LEGO, Pepsi e IBM, cujo resultado foi o livro *O segredo das marcas desejadas*. De acordo com ele, alguns fatores em conjunto criam uma ligação emocional subliminar entre a marca e o consumidor, como a história de sua criação, a crença, os ícones, os rituais etc. Isso só acontece, porém, quando as pessoas se sentem membros da comunidade formada pela marca. Existe uma boa dose de respeito dentro dessa relação, é claro, porque essas marcas estão inerentemente relacionadas à confiança, empatia e a uma visão de mundo particular capaz de atrair outros que se identificam com ela.

Muitos acham que as marcas se tornam emocionais porque adicionam certa carga dramática à sua publicidade. A maneira como a marca se comunica com seu público é importante, sim, mas fazê-lo rir ou chorar é superficial. Marcas emocionais trazem junto um sistema de crenças, e para criar uma marca assim é preciso começar por possuir uma história, sejam dois rapazes numa garagem construindo computadores (HP e Apple), ou um farmacêutico que acabou inventando um refrigerante (Coca--Cola). Depois que o consumidor sabe de onde sua marca veio, é hora de revelar seu perfil, princípios, credos, no que a marca "acredita". Acredita que todas as pessoas devem ser livres, em vida após a morte, acredita que o importante é fazer diferente, ou simplesmente fazer ("Just do it", o famoso slogan da Nike). Um bom exemplo de como marcas podem colaborar para conquistar mercados é a Fiat do Brasil. A multi-nacional italiana, hoje dona da Chrysler, construiu em nosso país uma operação que superou em tamanho e resultados a própria matriz. Cledorvino Belini, presidente da Fiat do Brasil, deixa clara a importância da marca no negócio da Fiat: "O sistema funciona basicamente da seguinte forma: existe a atração dos clientes, a conquista e depois a forma de você fazer a assistência e a fidelização do cliente. A atração é a marca, o brand, é o produto, é o produto "aspiracional" que você coloca no mercado, tudo isso são os elementos que você coloca à disposição para o concessionário, e através da mídia você chama o consumidor para as concessionárias".[12]

A Fiat construiu sua marca no país apostando em design ousado, comunicação mais aberta, carros médios, simples e bonitos, que agradaram em cheio às casses médias brasileiras. Em muitos casos estabeleceu produtos icônicos, como o Uno e o Pálio, e agora o novo Uno. Ícones são inacreditavelmente importantes e concentram instantaneamente a essência da marca. Sempre pensamos no logotipo, mas o design, como o Beetle da Volkswagen, Mini Cooper, iPod, ou a garrafa da Coca-Cola são ícones valiosos. Outros sentidos também podem se tornar ícones: som, aroma, sabor e toque. O café de toda manhã foi um ritual que a Starbucks transformou em estado da arte nos Estados Unidos, mesmo que para muitos italianos e brasileiros, por exemplo, ela não esteja vendendo um café que seja exatamente café.

RELACIONAMENTO: "TAMO JUNTO"

COMPRAR SEMPRE X COMPRAR JÁ?

Quantas vezes o seu consumidor vai à procura do que a sua empresa vende? Ou seja, ter a preferência, a estima e uma atitude positiva em relação à empresa é bom, mas melhor ainda é ver esse sentimento todo traduzido em frequência de compra, se possível incondicional. É o caso do cliente que só leva para casa alimentos da Nestlé. Ou que troca de carro sempre por outros modelos da mesma marca. Ele dá valor ao rótulo, ao histórico e mantém diálogo e atenção para com a empresa. Confiança, familiaridade e experiência potencializam uma equação denominada RFV (recência, frequência e valor) desse cliente; é o caminho para a preferência. Com isso, o consumidor passa a exibir todas as características presentes em um relacionamento. O mesmo vale para a loja perto de casa ou do trabalho ou para um plano de previdência, algo definitivo e permanente.

Nesses casos, entretanto, a relação assume um caráter mais pessoal, e ao menor sinal de intempérie, o cliente pode se sentir esquecido ou traído, como bem tratado, amado e respeitado se a empresa mantiver a relação nos níveis históricos de expectativa. É um cliente muito mais difícil de lidar, porque é preciso dar atenção a ele, mas é justamente este que as empresas mais buscam. Em geral, as empresas se concentram no cliente constante, alvo de campanhas de fidelização. É considerado ser mais eficaz aumentar a rentabilidade do cliente que compra periodicamente. Comprador fiel, esse consumidor traz maior margem de lucro, porque aceita pagar mais e ainda se encarrega de fazer propaganda da empresa. Sua indicação — principalmente em

---

[12] Entrevista realizada pelos autores em julho de 2012.

épocas de redes sociais — significa novos clientes, mais lucro; mas o inverso é igualmente verdadeiro.

"Agora, é muito importante que cada indivíduo que entrar seja conquistado para que vire cliente da loja. O idoso volta toda semana; toda semana ele está na farmácia. O que você quer [...] mesmo a mulher, cliente semanal, ou vai duas vezes por mês, o teu grupo todo de clientes tem 30%, dão coisa de 80% dos remédios." O comentário de Antonio Carlos Pipponzi, presidente do Conselho da Raia-Drogasil, ilustra bem a necessidade de um negócio no qual a frequência do cliente é garantia de sobrevivência. Quanto mais vezes mais clientes visitarem mais lojas, dispendendo mais recursos, melhor.

O seu contraponto é o consumidor ocasional e sem vínculo, o que entra no varejo de pequeno porte e sem marca simplesmente porque lembrou de comprar algo. Está ali por necessidade e apenas em busca do que lhe falta no momento. Também entra nessa categoria o chamado nômade ou oportunista, aquele em procura de uma oferta. Para todos esses, pouco importa o rótulo, o ponto de compra.

Esse cliente não faz questão de recompensa e é mais identificado com as gerações baby boomers e X, mais utilitários, práticos e sem tanta propensão a buscar emoções distintas em uma simples ida à farmácia. O consumidor ocasional também nunca vai valorizar a empresa quando for perguntado sobre aquele tipo específico de produto ou disponibilidade de compra. Usa o mínimo de canais possíveis e somente aquele disponível no momento da compra. Não espera o dia seguinte. Eventualmente pode aproveitar um desconto ou uma promoção, mas pode ser a única compra da vida do cliente com aquela empresa. Provavelmente não está nos cadastros e não recebe informação sobre a empresa.

> ### Visão dos autores: Preferência é a chave
>
> Entendemos que os conceitos de lealdade e mesmo de fidelidade não são efetivamente aplicáveis como objetivo tangível das organizações em seus processos de gestão do relacionamento com clientes e consumidores. Na verdade, entendemos que o consumidor sempre procurará testar, experimentar alternativas diferentes às que está acostumado. Em outras palavras, sob a ótica da empresa, ele irá flertar com marcas concorrentes, eventualmente trair mesmo. E esse processo de experimentação faz parte mesmo da forma como compramos e repetimos a compra.
>
> Assim, defendemos que a **preferência** dos clientes e consumidores deve ser o objetivo tangível a ser buscado, qualificado e quantificado pelas empresas. E a preferência se organiza em três estágios evolutivos de comprometimento do cliente ou consumidor com a marca: conveniência, fidelidade e lealdade.

Sobre fidelidade e lealdade

A exemplo da vida pessoal, a conquista de atributos como fidelidade e lealdade no relacionamento entre empresas e consumidores é um desafio. Além de não estar inicialmente prevista, é uma iniciativa que implica esforços constantes, principalmente se o objetivo é alcançar um patamar ainda mais seguro: a preferência do cliente.

Como acontece com os casais, é possível que essas qualidades até existam, o que não garante que sejam eternas. Elas também não são, necessariamente, uma condição essencial para uma convivência feliz, e no caso das organizações, uma condição de retorno, tangível e perene, para os negócios.

Muitas vezes, é preciso saber administrar pequenas perdas para manter uma relação ou ter um público fiel e leal. Um exemplo claro está nos milhares de fãs brasileiros da banda irlandesa U2, que passou a se apresentar no Brasil com alguma frequência. Fãs, em tese, são clientes leais. Mas, sob o ponto de vista histórico da lealdade que interessa à banda, é pouco provável que esses fãs, consumidores, ainda comprem CDs oficiais, diante da facilidade de baixar as músicas de graça na internet ou até mesmo de adquirir os compactos de forma ilegal, recorrendo à pirataria. Mesmo assim, com toda essa inconsistência entre discurso e prática dos tais clientes leais, é melhor tê-los baixando músicas de graça e pagando altos valores por camisetas e ingressos para shows e outros artefatos comerciais ligados à banda. Pelo menos, Bono Vox e os colegas devem pensar assim, porque, nesse caso, o próprio negócio da música — e suas fontes principais de receitas — mudou. Em 2014, a banda disponibilizou inteiramente grátis todas as faixas de seu último álbum, *Songs of Innocence*, para todos os usuários de iPhone (a banda mantém uma parceria estreita com a Apple por conta da ONG RED, criada por Bono Vox). Se por um lado a banda não obteve as receitas pela venda das faixas para os milhões de portadores de iPhone, por outro, colocou as mesmas músicas diretamente acessíveis para esses mesmos milhões de pessoas.

Uma controvertida ação de fidelização que há anos vem provocando reações distintas e passionais é o "Programa de Relacionamento — Pão de Açúcar Mais". Lançado em fevereiro de 2000, foi o primeiro com esse perfil no varejo brasileiro e possui atualmente mais de dois milhões de clientes cadastrados. Ele oferece a esses consumidores o acúmulo de pontos que podem ser trocados por vales-compras, além de promoções exclusivas e descontos especiais divulgados com alguma frequência, selecionados de acordo com o perfil das compras de cada cliente registrado no programa. Este é o diferencial que potencializa a efetividade desse tipo de ação. Os benefícios e as vantagens oferecidas precisam ser relevantes ao cliente. A maioria das campanhas é segmentada, considerando o hábito de compra dos clientes. Assim, as ofertas são feitas a partir de itens que eles costumam adquirir, e não por qualquer tipo de mercadoria. O problema é a frequência errática na distribuição das ofertas, a relativa complexidade na apresentação da oferta no caixa com eventuais erros na concessão dos descontos e a falta de relacionamento mais efetivo da marca com os clientes. O programa centra-se demasiadamente no quadrante "Promoção" em vez de priorizar o quadrante "Educação", evolução natural daquele. Outros programas de fidelidade no Brasil apresentam diferentes níveis de complexidade que impedem a completa aceitação pelo consumidor. Simplicidade, acesso, informação são bases fundamentais para que a confiança entre empresa e cliente seja firmemente estabelecida.

Por isso, como mostra a figura a seguir, a lealdade tem o mesmo efeito da fidelidade, no entanto, é mais forte por envolver emoções, sensações, sentimentos e experiências. Mas se trata de um estágio inconstante. No caso da preferência, a organização que deseja alcançá-la precisa ter um modelo de gestão adequado, com proposta de valor clara traduzida pelos atributos da marca. Quanto mais ela estiver adequada aos desejos e às expectativas do público que se busca atingir, maior o consumo potencial de produtos e serviços. Há um aumento de eco, de identificação.

FIGURA 4.1: Estágios evolutivos da preferência do cliente. Fonte: DOM Strategy Partners.

Algumas organizações entendem essa distinção de modo muito claro. Na visão do Laboratório Fleury, por exemplo, a fidelização é um processo distinto e mensurável relacionado à repetição da utilização. A lealdade envolve componentes emocionais e subjetivos. Na Avianca, "A valorização [do cliente] se concentra na fidelização, principalmente, na frequência de viagens que realiza anualmente. Os que viajam mais têm maior valor", declarou José Efromovich, em uma entrevista realizada pelos autores em julho de 2014.

Para o Banco Santander, a lealdade é uma interdependência de fatores que começa com o cliente totalmente satisfeito, que recomenda o banco e que continua a ser correntista, mesmo que mude de emprego ou de endereço. Isso porque o banco entende que o serviço financeiro é um bem intangível e o relacionamento só começa quando a negociação é fechada. Muitas vezes, a conquista de um cliente é fruto apenas da conveniência dele. Já o Itaú-Unibanco foca em performance sustentável, ou seja, manter o consumidor com o banco ao longo da vida, oferecendo produtos que atendam às novas necessidades conforme elas vão mudando.

Ampliar o processo de identificação do consumidor com marcas e empresas envolve uma série de variáveis, entre elas adequação da mensagem, escolha do canal de comunicação correto, materialização da experiência ideal e melhor modelo de abordagem e oferta do conjunto de agregados.

É preciso, ainda, ajustá-lo ao ciclo de vida do relacionamento entre empresas e clientes, que, em geral, passa pelas etapas de atração, conversão, continuidade, fidelização e retenção, como na figura a seguir. Por isso, é necessário também trabalhar a identificação da marca ou da empresa de acordo com o perfil de cliente que se deseja atingir e também da forma que ele consome: por necessidade, expectativa ou percepção. Fazendo um cruzamento com os três estágios da preferência, como mostrados anteriormente na Figura 4.1, vemos que, em caso de necessidade, o apelo da conveniência é mais forte. A fidelidade está mais relacionada à expectativa por mesclar necessidade e percepção. Já a lealdade conecta-se à percepção.

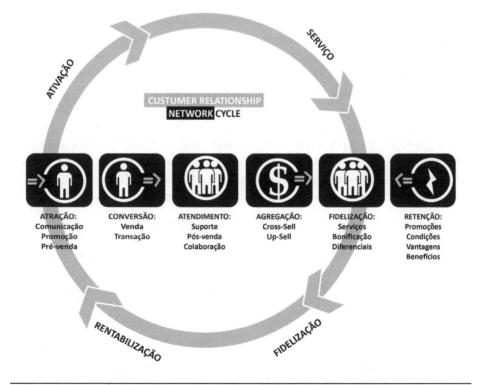

Figura 4.2: Etapas do ciclo de vida do cliente. Fonte: DOM Strategy Partners.

A Coca-Cola FEMSA, por exemplo, trabalha com dois tipos de clientes: o consumidor final e o ponto de venda. Quanto ao primeiro, a lealdade se traduz, em um primeiro momento, no que a companhia define como amor pela marca. Isso é medido de forma a dimensionar como esse sentimento se transforma em intenção de compra, como esse reconhecimento move o cliente para o consumo regular. No caso do ponto de venda, a construção do relacionamento é feita por meio do entendimento do negócio deste enquanto cliente. Essa fidelização é muito mais uma parceria porque, no fim do dia, os objetivos são, em tese, comuns: atender da melhor maneira possível o consumidor. Trata-se, portanto, de um canal estratégico, pois é por meio do varejo que a empresa chega ao consumidor.

Fazer esse cruzamento de informações é fundamental para transformar a lealdade em retorno financeiro para as empresas, uma vez que ela é uma faceta da preferência. Mesmo porque o consumidor se relaciona de forma diferente nessas três dimensões de necessidade, expectativa e percepção com uma empresa e suas marcas. É preciso valorizá-la, mas tomar cuidado ao posicioná-la de forma madura. A satisfação está diretamente relacionada à expectativa.

Cada empresa tem uma receita própria para tentar alcançar os três estágios que compõem a preferência do consumidor. É bom ter clientes potenciais leais, mas isso demanda custos, atenção e investimentos pesados em canais de atendimento. Então, não é mentira dizer que a lealdade traz retorno para os negócios, mas está longe de ser uma verdade absoluta. A conveniência e a fidelidade são pilares da preferência que estão mais vinculados a dinheiro. Se a empresa fizer um bom trabalho, provavelmente irá gerar mais recorrência imediata de consumo. Já se o caminho objetivado for a lealdade, que está mais no campo da percepção, a propensão disso a se tornar dinheiro, no curto prazo, é relativamente menor. Por outro lado, estabelece-se uma relação mais forte, duradoura, o chamado *stickness*. Esse cliente consumirá mais produtos, terá uma paciência maior com eventuais falhas, se tornará um defensor, embaixador da marca, porque é leal. Até o nível de abandono é menor.

Essa é uma percepção que boa parte das boas organizações já tem. É o chamado lucro ótimo, que agrega valor a todos os stakeholders e é sustentável no longo prazo. Quando uma companhia investe em conhecer seu público, identificar suas necessidades, desenvolver ofertas diferenciadas e benefícios para manter os clientes satisfeitos, o relacionamento duradouro produz mais do que retorno financeiro. Atrai mais valor para a reputação da companhia. Um consumidor satisfeito e feliz com a marca traz outros. Por isso, o ápice da conquista é fazer com o que o cliente não veja a marca como algo estranho, mas, sim, que pertença a ele.

Assim como na vida afetiva, a frustração abala o relacionamento. E é preciso evitar a todo custo que ele venha a ser alvo de traição ou desmorone de uma vez. O cliente fiel custa menos para a empresa do ponto de vista de administração da relação do que conquistar um novo. Por outro lado, a insatisfação em si pode ser uma oportunidade de tornar o cliente leal. Caso ele se sinta assim, é importante reconhecer o erro, resolver o problema, formalizar desculpas e oferecer uma compensação pelo desapontamento.

QUAL É A MINHA NATUREZA?

B2C, C2C, B2B2C, B2B... UFA!

Qual é o seu cliente, afinal? A sociedade industrial, que traz as características que identificam os negócios mais ou menos como os conhecemos hoje, trazia diferenças claras baseadas justamente em indústrias e hierarquias bem definidas e mercados de único sentido (*one way*).[13]

Com a era da internet, tornou-se comum diferenciar o consumo de acordo com a natureza dos envolvidos na transação de compra e venda. São relações antigas que ganharam mais velocidade e nomes novos. Há as divisões mais óbvias, como renda ou inadimplência. Hoje a regra é vermos indústrias em transformação permanente, com mercados em dois sentidos (*two ways*), com a noção de controle, antes prerrogativa das instituições, migrando progressivamente para as comunidades.[14]

A estratégia mais básica tomada pelo mercado, sob a ótica da sociedade industrial, é dividir entre pessoas jurídicas e físicas, com predominância deste último grupo. É a primeira e mais comum, o B2C (*business to consumer*), entre empresa e cliente, em que um indivíduo pessoa física adquire um produto diretamente de uma pessoa jurídica. Em geral, trata-se de uma compra não sistematizada, em que o relacionamento entre as partes pode ou não ser importante (consideramos nesse caso a compra pela internet como não inteiramente sistematizada, ao menos da parte do consumidor).

As empresas de varejo, como Magazine Luiza e Pão de Açúcar, têm poucas dúvidas: o cliente é aquele que leva o produto para casa. O conceito vale ainda para boa parte da indústria, como Pepsico, Fiat e Multiplus. Para essas empresas, não importa se há intermediários. Pegue o caso da Chilli Beans, em que o produto percorre um longo caminho entre a fabricação, passando pelos intermediários, até chegar às mãos do consumidor. Mesmo assim, o fundador, Caito Maia, diz com convicção: "o cliente é o consumidor final". E essa afirmação fica mais evidente quando se sabe que o critério de decisão se baseia sempre nas vendas finais, não no que vai para o

---

[13] Copenhagen Institute for Future Studies — Customers or fans? Megatrends that are redefining the relationship between consumers and brands — apresentação no Congresso Nacional das Relações Empresa-Cliente — CONAREC, set. 2014.

[14] Idem.

franqueado, mas no que de fato é vendido (todos os departamentos têm acesso a um sistema online que mapeia as vendas).

O mesmo vale para a Fiat. "É o consumidor quem decide, quem faz a escolha do produto", diz Cledorvino Belini, presidente da montadora. Ele pondera a importância do sistema de distribuição entre a montadora e o cliente, que são os parceiros concessionários, que também fazem a conquista direta, além do trabalho de atendimento.

Também no caso da Liquigás, em que 80% do negócio está na venda residencial, para o consumidor doméstico, que representa o consumidor final. Mas a pessoa jurídica sempre tem importância fundamental pelo volume, o que na Liquigás significa 17 mil empresas que usam o gás para processos que incluem cerâmica, secagem de grãos etc., até corporações como a Brasil Foods, que compra gás para as avícolas. Esse tipo de relacionamento é conhecido como B2B (*business to business*), entre empresas ou pessoas jurídicas. Aqui também temos as empresas que operam exclusivamente com empresas, como é o caso de Accenture e Basf. Em todos esses casos, a compra automatizada ganha cada vez mais volume e o relacionamento de longo prazo entre as partes é fundamental, sendo quase sempre a regra.

Entretanto, há a situação em que o cliente prioritário não é óbvio, mesmo nas situações de produtos adquiridos largamente pela população, o que configura a pessoa física como o consumidor final. Como com a ALE Combustíveis, em que a pessoa jurídica é, na verdade, a cliente primária. É o posto revendedor, justamente porque a ALE Combustíveis é um distribuidor atacadista. Por sua vez, o revendedor têm seus clientes, os proprietários de veículos, que são clientes secundários da ALE Combustíveis. O mesmo vale para diversos outros segmentos, como uma empresa de calçados como a Alpargatas, que define cliente como aquele que compra o produto (atacadistas, distribuidores e lojas). E consumidor como o que usa o produto, mas com o qual a Alpargatas não lida diretamente. Ou da Cielo, em que o presidente Rômulo Dias afirma: "O nosso consumidor final é o lojista. É com ele que eu trabalho, capturo autorização, credenciamento, faço antecipação de recebíveis etc.". A pessoa física, dentro do sistema de cartões, é atendida pelos bancos que distribuem cartões e fazem mídia. Esse consumidor fala com a pessoa física, fala com a Cielo e fala com os próprios bancos. Por isso, Dias explica que, mesmo sendo o lojista seu cliente, ele dá atenção para esses outros elos da cadeia.

Em todos os casos, fica clara a distinção entre cliente (aquele com quem você lida) e consumidor (aquele que efetivamente usa o produto). Assim, embora seja importante agradar e respeitar o consumidor, a empresa fixa o foco no cliente.

Esse tipo de estratégia é perfeitamente válida, até porque diversas empresas de sucesso a usam eficientemente, mas só é viável quando a empresa conta com governança efetiva para fazer valer o direito e qualidade do atendimento do cliente. Caso contrário, poderá ter de rever a estratégia, como foi feito com o McDonald's, que até 2006 considerava clientes prioritários os masterfranqueados e os corretores imobiliários. A situação só mudou com a entrada do ex-CEO Jim Skinner[15], que declarou que seu principal cliente era o consumidor. Uma consciência que os executivos do Google não compartilham. Para eles, quem usa o site definitivamente não é cliente. É apenas um usuário.

De qualquer modo, o relacionamento com a pessoa jurídica é item complexo e, apesar de antigo, está sempre sofrendo revisões e análises. O próprio Philip Kotler já abordou o assunto em uma obra relativamente nova (*Gestão de marcas em mercados B2B*, publicado em 2008 no Brasil). Ali ele reitera a ideia de que o B2B é uma forma de gerenciar relacionamentos entre fornecedores e clientes corporativos estabelecendo confiança e credibilidade. E que o B2B ganhou ainda mais força com a internet. Jaime Garfinkel, fundador e presidente do conselho da Porto Seguro, é categórico: "Nosso cliente é o corretor de seguros. Essa valorização é parte da nossa história".

Aliás, com a rede mundial, a velha transação entre pessoas físicas ganhou escala, segurança e conveniência no acrônimo chamado C2C (*consumer to consumer*). Na maioria das vezes, o produto vendido é usado e a definição do preço é mais flexível. São exemplos claros disso sites como E-Bay e Mercado Livre, que habilitam a compra e venda de produtos diretamente entre os consumidores. E, claro, na economia compartilhada, que tem no AirBnb e no Uber seus mais reluzentes expoentes, toda a dinâmica de consumo acontece no C2C. Ainda que hoje existam empresas gigantescas por trás desses negócios, é inegável que o relacionamento e a lógica do consumo derivam da confiança entre consumidores. O que é exatamente o fato que apavora os segmentos tradicionais afetados por esses negócios — táxis e hotéis. Numa visão mais provocadora, Romeo Busarello, da Tecnisa, diz que nem as garotas e garotos de programa hoje têm mercado cativo. O Tinder surgiu com farta oferta de sexo grátis.

Por fim, há variações como o B2B2C (*business to business to consumer*), quando antes de o produto chegar a um cliente ele passa por um intermediário. Aqui, a classificação depende simplesmente de quais partes estão sendo consideradas. Afinal, quase todos os produtos adquiridos pelo consumidor final passam por um grande número de intermediários desde a manufatura até o destino. São exemplos mais tradicionais dessa categoria as vendas diretas, como a Natura e suas consultoras, as concessionárias de montadoras de veículos ou mesmo as seguradoras e seus corretores.

---

[15] O atual CEO global do McDonald´s é Donald Thompson, que assumiu em 2012, justamente em substituição a Jim Skinner.

> **Visão dos autores: Quem é quem**
>
> **Cliente:** é aquele ator que consome/compra produtos e serviços com recorrência, de forma estruturada, que conhece a empresa e a empresa o conhece e que, portanto, vive relação de continuidade com a empresa.
>
> **Consumidor:** é aquele ator que compra/utiliza o produto ou serviço sem vínculo transacional efetivo, mesmo que tenha alguma recorrência de consumo em função da marca.
>
> **Usuário:** é o ator que utiliza o produto, não necessariamente tendo sido responsável por seu processo de compra, seja pela decisão, seja pelo pagamento.

CAPACIDADE DE CONSUMO

DE QUE CLASSE EU SOU? X VEJA COMO EU ME COMPORTO

Diferenciar pela capacidade de consumo é uma das formas mais antigas de organizar os clientes — data da Revolução Industrial e do início do século XIX — e, portanto, largamente conhecida do mercado, o que torna desnecessária uma descrição mais longa neste trecho.

Apesar de hoje essa classificação por renda ser considerada incompleta, ela ganhou importância na última década com a ascensão de dezenas de milhões de brasileiros, que subiram um degrau. Quem era da classe C passou para B ou mesmo A. Mais importante ainda, quem era da D ou E ascendeu para a classe C, um grupo que hoje ultrapassa os 100 milhões de brasileiros, de acordo com estudo da financeira Cetelem BGN, ou 114 milhões, conforme estudo do Data Popular.[16] Infelizmente, a crise econômica brasileira ocorrida do biênio 2015-2016 parece ter empurrado mais de 3 milhões de famílias da classe C para a base da pirâmide.[17]

Entretanto, não se pode perder de vista os limites dessa divisão. É fundamental lembrar que no mundo de hoje clientes de renda A frequentemente manifestam comportamento de outra classe e vice-versa. Entre os principais responsáveis por isso estão a existência de tribos, financiamento de longo prazo, divulgação de marcas premium em canais mais acessíveis (internet, por exemplo) e outros fatores. Tornou-se comum a citação de casos na mídia de clientes de renda C adquirindo TVs de tela plana de até 52 polegadas. Na verdade, o comportamento é bastante antigo, com jovens clientes de marcas como Nike ou Levi's, mesmo que ganhem apenas um salário-mínimo. Ou mais antigo e comum ainda, consumidores da classe B ou até C financiando carros importados (mesmo que não consigam manter o produto por muito tempo).

---

[16] Consumo na nova classe média brasileira — Data Popular — 15/09/2014. Disponível em: <http://pt.slideshare.net/cosmetic_innovation/data-popular-consumonovaclassemedia>.

[17] Crise joga 3 milhões de famílias da Classe C de volta À base da pirâmide. Disponível em: <http://economia.estadao.com.br/noticias/mercados,crise-joga-3-milhoes-de-familias-da-classec-de-volta-a-base-da-piramide,1789248>.

O exemplo contrário também ocorre. Um consumidor racional da classe A pode ir buscar verduras no mercado municipal ou fazer compras de mês em supermercados baratos (como o Dia, do grupo Pão de Açúcar).

Roberto Setúbal, CEO do Itaú, diz que 20 anos atrás o objeto de desejo da classe C era a conta corrente. Hoje é o cartão de crédito, quase como uma forma de exibir a mudança de renda. Algo usualmente feito por meio de marcas, como veremos a seguir.

Visão dos autores: Classes são dinâmicas

Nossa tese é a de que as classes sociais são uma forma histórica de organizar os consumidores em função de seu potencial de compra, mas não refletem seu processo de preferência e decisão e tampouco seu potencial total. Para que este seja identificado, deve-se somar o potencial expandido de consumo, agregado pelo crédito disponível a esse consumidor.

Com isso, temos uma estrutura real de mercado altamente diferente dos modelos herméticos definidos pelas classes sociais no padrão IBGE. Em outras palavras, as pessoas não pensam, não decidem e não consomem de acordo com que se espera delas, em função da classe social a que pertencem.

Indivíduos da classe A certamente adoram a marca Ferrari, mas a grande maioria deles não se comporta como target da escuderia italiana na hora de comprar carros de passeio. Na ponta inversa, indivíduos da classe C, no Brasil, se comportam, por perfil e por volume de uso, como consumidores da classe B ou até A, para telefonia celular e TV, por exemplo.

Por isso, mais importante do que definir o potencial total de compra desse indivíduo é conhecer a relação dele — e de quem o influencia — com o produto, serviço ou marca que representa. Seu contexto de uso. Porque as classes sociais são dinâmicas, e o planejamento de marketing deve ser inteligente o suficiente para gerar o máximo valor com esse relacionamento.

Na nova "Sociedade do Sonho", conforme tendência do Copenhagen Institute, a grande referência de consumo deixa de ser "o homem rico" e passa a ser o "contador de histórias". Em um cenário de imaterialização, cada vez mais o contexto ganha importância sobre a posse. O uso compartilhado e a capacidade de estabelecer relações, o capital social, têm tanto ou mais peso que o capital financeiro.[18]

SOBRE O CONSUMO ASPIRACIONAL E SENSO DE PERTENCIMENTO

Podemos então inferir que o consumo aspiracional ocorre quando o consumidor contradiz sua classificação social de renda e adquire produtos e serviços que em teoria estariam fora da sua capacidade de compra. Em geral, ele o faz por ambição individual, impulso desenfreado ou, principalmente, por experimentar o senso de pertencimento, objetivando explicitamente de fazer parte de um grupo que ele considera superior, mais interessante, engajado, participativo ou mais "descolado".

---

[18] Copenhagen Institute for Future Studies — Customers or fans? Megatrends that are redefining the relationship between consumers and brands — Apresentação no Congresso Nacional das Relações Empresa-Cliente — CONAREC, set. 2014.

110 FEITAS PARA O CLIENTE

A força das marcas aspiracionais pode ser entendida no estudo "Marcas mais Amadas", realizada anualmente pela Officina Sophia em parceria com a revista *Consumidor Moderno*. "O aspiracional é construído a partir de uma história contada pela marca e não necessariamente pelo produto...".[19] O aspiracional significa viver a experiência de uma marca sem necessariamente ter a posse de um produto que fez a história dessa mesma marca. Para falar de um exemplo bem conhecido, um proprietário de uma moto Harley Davidson busca um vínculo emocional, um símbolo dos valores que considera importantes na vida. Nesse caso, a sensação de liberdade, juventude e rebeldia, propostas, reconhecidas e vividas pela marca e pela comunidade que a consome.

Um dos principais defensores atuais da ideia de tribo é Seth Godin: "O que as pessoas realmente querem é se conectar com as outras, não a empresas". Se a marca significa isso para o consumidor, então ela o "ajuda a se encontrar, lhes dá uma história para contar e algo para falar". De certa forma, o significa e ressignifica perante si mesmo e perante os outros, pois exprime, pela adesão aos seus atributos, o que o indivíduo defende (*"stand for"*), pensa e privilegia. Um consumidor pode fazer isso com um creme da Natura, um iPad da Apple ou mesmo com a experiência de tomar cafés em uma Starbucks.

INTRÍNSECO A NÓS

SEXO, ORIGEM, IDADE, BIÓTIPO, FORMAÇÃO X O QUE É O SEU CONSUMIDOR?

"Ao se criar um produto ou serviço novo, por exemplo, o processo produtivo passa por entender a necessidade e o desejo dos clientes envolvidos, o que influencia todos os passos seguintes."[20] Esta reflexão de Artur Grynbaum, presidente de O Boticário, para os autores, é reveladora de uma preocupação essencial das empresas que têm o cliente como valor central do negócio: conhecer o seu cliente. Não apenas **quem é o cliente mas o que ele é**.

Formas simples de catalogar o cliente incluem características básicas como sexo, a origem ou localização geográfica (seja cidade ou região do país), idade e até detalhes como cor da pele ou tamanho de roupa que veste. Um cadastro eficiente utiliza essas informações para estratégias de mala direta ou similares ou ainda a redefinição do tipo disponível de produtos em determinada região.

De forma geral, a divisão por esse tipo de características é uma das mais antigas a ser utilizada pelas empresas (acompanhado da divisão de classes). Ambas respondem pela técnica de segmentação, amplamente adotada, cada vez mais insuficiente nesse

---

[19] *Consumidor Moderno*, ed. 190, p. 32, abr. 2014.

[20] Entrevista realizada pelos autores em 2012.

mundo de clusters, de contextos e de engajamento em torno de causas e valores. Os consumidores buscam marcas, produtos e serviços que tragam outras preocupações além da própria história ou qualidade: defender causas e bandeiras, tomar atitudes honestas e voltadas para o bem comum é fundamental.

Pela mesma razão, as características básicas devem ser consideradas com cuidado. Um consumidor de 70 anos do interior de Minas Gerais pode ser um fã dos chinelos Havaianas, e outro cliente adolescente de classe alta do Rio de Janeiro pode ter aversão ao produto. O marketing se desenvolveu a ponto de considerar as idiossincrasias de cada consumidor e evitar alienar segmentos potencialmente lucrativos.

A proposta de lidar com o cliente individualmente — o *one-to-one* de Don Peppers e Martha Rogers — é o extremo oposto da ideia da divisão por características básicas exposta nesse verbete. Por isso, autores como eles se esforçaram para convencer o mercado de que é impossível lidar com um consumidor por meio de grupos e que o relacionamento deve ser individual (certamente a resposta é bem mais complexa do que isso, como já qualificamos anteriormente no erro da proposta da dupla Peppers & Rogers).

Entretanto, as novas tecnologias de tratamento de dados e personalização abriram novas possibilidades para o uso dessas informações. O caso é que atualmente o cadastro das empresas ainda é incompleto e mal utilizado. Na maioria das vezes, a estratégia das empresas é corrigida com base na tentativa e erro. Após uma análise do perfil de uma região, os produtos são oferecidos, e a resposta do cliente, posteriormente analisada. Isso só piora quando se percebe a questão da multicanalidade e o fato de que o mesmo cliente, em canais diferentes, é um cliente diferente para a empresa. Por isso, em parte, é que é tão difícil e caro implementar modelos multicanais vencedores. É por isso que o sr. Antonio Silva, do SAC, não é, apesar de ser, o mesmo cliente que o a_silva@gkll.com que interage com a empresa por e-mail. Os cadastros são distintos, os logs são distintos, o cliente acaba virando dois clientes... ou N, tantos quantos forem os canais e suas classificações específicas. Roland de Bonadona, CEO da Accor do Brasil, dá a dimensão do problema diante de uma base gigantesca de clientes: "A gente tem 1 milhão e 100 mil clientes no nosso sistema de fidelização, e a gente consegue se comunicar com eles e consegue criar um cluster, fazer propostas com custo muito pequeno com relação à qualidade de relacionamento que a gente consegue criar com ele. Se não tivesse isso seria impossível [...]".[21] Projete esse número para empresas com 50, 60 milhões de clientes, e temos aí o quadro perfeito para informações desencontradas e o ideal do *one-to-one* sendo pulverizado pela força da realidade.

Já uma análise prévia das características básicas poderia reduzir investimentos errados ao evidenciar, por exemplo, os limites do tipo de produto que o cliente pode comprar. Se for menor de idade, terá restrições. Em contraste, uma clientela mais

---

[21] Entrevista realizada pelos autores em 2012.

velha pode alterar a disposição da loja em termos da disposição de informações e gôndolas. Se morar no interior, pode não ter acesso a produtos que não são vendidos a distância ou que necessitam de infraestrutura indisponível na cidade onde vive (como internet com fibra óptica).

Visão dos autores: A visão única do cliente

A maioria das principais empresas em atuação no país ainda não tem a capacidade de exercer o que definimos por visão única do cliente, ou VUC. Toda empresa que enxerga o cliente individualmente nos diversos agrupamentos e categorias que se quer analisar (segmentos e clusters), independentemente do canal, mídia ou ambiente, consegue, portanto, ver o cliente como único para tudo que estiver relacionado a ele ou a seu grupo/categoria. O mesmo deve acontecer no caminho contrário, porque o cliente também deve enxergar apenas uma empresa, uma identidade única através de qualquer canal que ele entre em contato ou interaja.

As empresas ainda sofrem com a incapacidade de organizar inteligentemente e com prontidão para uso os diversos dados e informações que extraem de seus diversos bancos de dados, sistemas e canais corporativos que capturam e armazenam dados dos clientes e consumidores. Bases diferentes, cadastros diferentes, clientes insatisfeitos porque o CRM e suas técnicas simplesmente não funcionam. Uma parte dessa deficiência pode ser suplantada com o uso correto dos softwares de Big Data, que podem capturar os dados esparsos e fragmentados deixados pelos clientes em suas diversas interações digitais e permitir a construção de personas bastante fiéis desses clientes.

Os investimentos necessários para higienizar e dar consistência a essas bases, um passo necessário e anterior à implementação do Big Data, podem permitir à empresa dizer que conhece cada cliente, são vultosos, de médio-longo prazo, com alto risco tecnológico e de continuidade; afinal, migrar boa parte desses sistemas estabelecidos há anos para um repositório comum, mais inteligente, significa trocar a asa do avião com o avião voando. É muito arriscado, mas irreversível.

A VUC será a principal habilitadora (enabler) da multicanalidade, da inteligência do cliente o uso eficiente do BI (business intelligence), do CRM com segmentação e clusterização eficientes, do Big Data com a contextualização de ofertas e relacionamento e, portanto, da organização dos chassis das empresas para que se tornem orientadas aos clientes.

A estratégia é multicanal, mas a empresa deve ser fluida em seus pontos de contato com o cliente. Ou seja, incorporar características de todos os pontos de contato de tal modo que a experiência e a interação do cliente aconteçam sem ruídos, de forma uniforme. O cliente "channel agnostic" não se interessa pelo canal em si, porque se relaciona com a empresa. À sua frente, na internet, na loja, no contact center, na fatura e no contrato, na oferta e no serviço está apenas a empresa.

Sobre a visão 360° de clientes e consumidores

Nos tempos atuais de competição aguda nos mercados de massa B2C, todos querem sua parte, o seu *"share"*. Não importa qual seja este *share*, se *market share, share of mind, share of heart, attention share* ou apenas *pocket share*, as empresas se mobilizam em suas estratégias mercadológicas para conquistar a preferência dos consumidores.

"Produto é avatar de serviço", na brilhante definição de Tenny Pinheiro.[22] Cada vez mais, um novo "produto" é, na verdade, um ecossistema e serviços pensado a partir do e para o cliente. Toda a jornada do cliente é desenhada, então, para permitir uma visão mais completa, fiel, real, autêntica e experiencial do cliente no contato com a empresa. O produto é meio, mídia, veículo de sensações, valores e princípios que se amoldam às aspirações e à visão de mundo dos clientes. Por isso, novas lojas, *flagships* e canais de distribuição alternativos, parcerias com o *trade* para maior exposição e relevância, amplas campanhas de marketing online/offline, ações promocionais e megaeventos, adoção de múltiplos canais de atendimento e relacionamento, implementação de complexos sistemas e inteligências de cliente, tudo se conecta para envolver o cliente de forma fluida, natural e sensorial. O cliente tem a impressão de que a empresa pensou exatamente nele como indivíduo.

No final das contas, todo esse aparato de canais, mídias, ambientes, mensagens e ações forma uma arquitetura cujo objetivo central está em proporcionar uma experiência positiva e única aos clientes e que não apenas atenda a necessidades e desejos, mas também que preencha suas expectativas e desejos para construir uma autoidentificação, sentimento de autoexpressão e vínculo emocional por meio do alinhamento com suas percepções, aspirações e valores.

Esse alinhamento e vínculo emocional — diferencial competitivo e ativo de valor tão disputado pelas empresas de qualquer setor e/ou mercado, seja ele B2B ou B2C — são construídos a partir de diversas diretrizes comerciais, de relacionamento e de branding. Apesar de todas serem igualmente relevantes, encontramos no processo de comunicação uma função-chave que não só habilita como garante o correto desenvolvimento dos processos comerciais, de relacionamento e branding.

Afinal, comunicar-se efetivamente está na essência da construção da percepção e do valor de uma empresa. Guiar-se por símbolos externos envoltos em uma aura de credibilidade, reputação e mitologia e que despertem significados, lembranças e sentimentos (preferencialmente positivos) de experiências passadas torna muito mais fácil para o consumidor realizar seu processo de compra e é o sonho de consumo de dez em dez profissionais de marketing, ainda mais se seu mercado de atuação for o de serviços.

---

[22] PINHEIRO, Tenny. *Service Startup:* Design gets Lean. Hayakawa: Alta Books; CreateSpace, 2014.

A comercialização de serviços é complexa por natureza, seja no momento da contratação, pela característica intangível e pouco palpável do que se está adquirindo, ou após a utilização, pela redução do impacto da experiência do serviço a um mero residual mental e emocional.

Por esses motivos intrínsecos aos serviços (intangível e residual de experiência) e extrínsecos (baixa relevância aos estímulos externos, alta relevância dos estímulos internos à pessoa), estratégias precisas de comunicação são cruciais para se obter um posicionamento diferente e especial na mente e no coração do consumidor.

A mesma analogia vale para produtos — que possuem um aspecto ainda mais significativo quando tratamos de commodities que lutam palmo a palmo para se diferenciar. E tal batalha por posição só pode ser vencida com uma proposta de valor única, diferenciação relevante e percebida e argumentação comercial exclusiva, o *unique selling proposition* ou USP. Com o USP — ancorado nas diretrizes estratégicas e de comunicação —, a marca sintetiza mimeticamente sua essência e finalidade, permitindo que o consumidor a compreenda rápida e profundamente.

Plugar o USP na arquitetura de canais da empresa é o branding na prática, o ato de posicionar o conceito da marca, através de experiências inesquecíveis e emocionalmente marcantes, geradas a partir de abordagens multicanal online/offline (físico/virtual) nos diversos pontos de contato e momentos da verdade com cada (grupo/rede de) consumidor(es).

Considerando que cada empresa possui uma arquitetura diferente de canais — nem que seja apenas em termos da mensagem e proposta de valor —, as experiências geradas necessariamente serão únicas. Assim, o desafio que as empresas enfrentam hoje consiste em não apenas diferenciar — em termos de novas ações, por exemplo — a experiência que geram em seus consumidores, mas torná-la intrinsecamente consistente e positiva em todos seus elementos.

Porém, o erro que as empresas e profissionais cometem é o de acreditar que uma vez posicionadas, a tarefa está concluída. Nos dias de hoje, das redes colaborativas ininterruptas, posicionar-se no mercado representa a decisão consciente da empresa em realizar promessas e assumir responsabilidades que poderão tanto endossar e aprofundar tal percepção positiva e posicionamento de sua marca, por exemplo, quanto aniquilar sua a imagem e, por consequência, a reputação, conforme a entrega do prometido se efetivar, ou não.

Não é incomum encontrar empresas com discursos diferentes entre o que sai na mídia e o que o atendimento ao cliente entrega ou o que as áreas de marketing propagam, que só descobrem a existência de novos ambientes virtuais de relacionamento/institucionais quando estes são lançados oficialmente. Os exemplos são muitos, mas a ausência de visão e atuação multicanal é a mesma na maioria das empresas.

Em outras palavras, sem uma estratégia de comunicação 360° convergente e mul-ticanal — que considera a integração dos diversos canais e mídias da empresa em um modelo *cross-channel* e *cross-media* —, a "cola" da estratégia de branding, comu-nicação e posicionamento com a experiência do cliente simplesmente não acontece. Ou acontece de forma pontual, descoordenada ou conflitante, o que se traduz em queima de esforços, perda de recursos e resultados desastrosos perante o cliente.

É interessante verificar, contudo, como a promessa e a execução da multica-nalidade encontram barreiras culturais, tanto entre varejistas quanto nos próprios consumidores. Por seu lado, consumidores não pensam de modo estruturado em "canais". Eles buscam simplicidade, ou seja, reduzir ao máximo os pontos de atrito e as dificuldades no momento da compra. Ao mesmo tempo, procuram uma experi-ência consistente em dois campos opostos. Um consumidor gosta de saber que pode comprar velozmente (em três cliques no e-commerce, por exemplo) e, quando quiser, pode seguir uma jornada mais completa, assimilando informações, testando, pro-vando e experimentando antes de efetivar a transação. A consistência das operações está em satisfazer a expectativa dos clientes em qualquer situação.[23] A "multicana-lidade" como enxergada pelos "gurus" é invisível para os clientes. O que permite a fluidez da experiência e a uniformidade nos canais que interagem com os clientes são instrumentos de tecnologia. Eles permitem a construção de uma jornada baseada no serviço, e não necessariamente na força do atendimento presencial.

A RELAÇÃO COM O DINHEIRO

PAGADOR PONTUAL X INADIMPLENTE

Todo cliente que opta por não pagar o produto à vista pode posteriormente ser classificado de duas formas: inadimplente ou pagador fiel. Em geral, as empresas pensam somente no prejuízo causado pelo primeiro e nas formas de coibir o calote. Entretanto, é importante considerar o perfil desse cliente, não para eventualmente evitá-lo, mas também para orientá-lo e evitar o estímulo indevido.

Por exemplo, é comum que o inadimplente acate sugestões do vendedor sem avaliar com cuidado o que está comprando. Tem pressa em receber a mercadoria, porque teme que sua inadimplência possa impedir a entrega. Isso porque ele tem consciência de que não vai honrar o pagamento ou presume que a chance de isso acontecer é alta em função de seu histórico. Ele também demonstra problemas já na hora de pagar, com documentos pouco confiáveis e cheques de terceiros.

---

[23] Customer experience — How to win consumers in today's retail battleground — Retail Week Report — out. 2014.

Já o bom pagador se encontra entre os grupos mais maduros, independentemente da faixa de renda (dados do Banco Central e do IBGE mostram que o percentual de famílias com contas ou dívidas em atraso é 90% na faixa que abrange a classe C, considerada o "motor de consumo" no Brasil durante uma década, mas o valor do endividamento é maior nas classes A e B[24]). Se a incidência de bons pagadores é maior entre os mais velhos, ela é ainda maior entre os aposentados, em contraste com aqueles que estão na ativa. Quanto mais raízes e histórico o cliente tiver, melhor pagador ele será. O melhor exemplo é o de mães de família, em geral mais responsáveis do que homens solteiros e sem filhos, concentrando seus débitos em cartões de loja e compras de vendedoras (as famosas "consultoras porta a porta"), enquanto os homens assumem gastos — e dívidas — com telefones, financiamentos e empréstimos.[25] Curiosamente, após anos de discussões, o cadastro positivo chegou ao mercado brasileiro em agosto de 2013, com a promessa de que seria um instrumento a favor do consumidor e que levaria a queda dos juros nas concessões de crédito (a premissa é simples: consumidores com histórico de ser bons pagadores têm direito a juros menor, porque possuem escore melhor). Mas apenas 4 milhões de consumidores brasileiros aderiram ao serviço, número muito abaixo dos 40 milhões previstos pelo SPC à época do lançamento. E agora, os cinco maiores bancos — Banco do Brasil, Itaú-Unibanco, Bradesco, Santander e Caixa — discutem a criação de uma empresa administrada por eles para cuidar do cadastro positivo.[26]

A empresa que encontrou o melhor modelo para lidar com estes dois extremos foi durante muito tempo as Casas Bahia, hoje parte integrante do grupo francês Casino, agregada na empresa Via Varejo, junto ao Ponto Frio. O caso das Casas Bahia adquiriu reputação internacional como objeto de estudos de gurus corporativos. Como definiu Clemente Nóbrega, as Casas Bahia ofereciam o "atendimento ao cliente baseado na intimidade absoluta com sua alma".[27] Em seu livro *A ciência da gestão*, ele define o funcionamento da estratégia bem-sucedida: prioridade no contato pessoal na liberação de crédito, cobrança, entrega do produto e eventual inadimplência. Para completar, atenção aos detalhes, como um carnê que cabe no bolso, senão o cliente guarda na gaveta e se esquece de pagar.

---

[24] Desemprego é o principal motivo da inadimplência no Brasil, diz SPC. Disponível em: <http://www1.folha.uol.com.br/mercado/2015/08/1670209-desemprego-e-o-principal-motivo-da-inadimplencia-no-pais-diz-spc.shtml>.

[25] Idem.

[26] Cinco maiores bancos criam empresa para destravar o cadastro positivo. *O Estado de S. Paulo*. P. B11. 21/1/2016.

[27] NÓBREGA, Clemente. *A ciência da gestão*. Ed. Senac.

A relação com a empresa

Nossos chapéus X o chapéu que me define

O mais comum é o consumidor não ter nenhum vínculo direto com a empresa, que tem apenas uma relação de consumo. Em algumas empresas, como na Máquina de Vendas, é chamado de cliente externo. Na definição da TAM Linhas Aéreas, são todas as pessoas que voam, já voaram ou poderão voar com eles. Na Caixa Econômica Federal, todo brasileiro é cliente potencial (e isso vai além do desejo de vender; em um Brasil formalizado isso seria perfeitamente viável). Enfim, ampla ou restrita, essa categoria costuma ser a mais importante e é quase sempre prioridade.

Entretanto, é importante para estudo manter em vista como se comportam aqueles clientes que estão no centro do grupo de stakeholders da companhia. É o caso do funcionário, que sente necessidade de comprar aquele produto específico porque está contribuindo para sua própria sobrevivência direta, porque recebe descontos ou eventualmente por pressão da empresa, que não estimula o uso do produto do concorrente. Por exemplo, um funcionário da Claro deverá usar o celular da empresa, e não o da TIM ou da Vivo, por todas essas razões. O mesmo vale para o caso das contas-salário para os funcionários dos bancos em geral, que é item mandatório. Nesse caso, esse tipo específico de consumidor pode e deve fornecer informações para o aperfeiçoamento da estratégia da empresa ou a correção de erros específicos.

Há também o cliente acionista, que também é cliente porque sente que está contribuindo para o seu retorno no longo prazo. O exemplo vai do sócio não atuante de uma pequena rede de restaurantes que almoça todos os dias em uma das lojas ao acionista do Itaú, que deixa a maior parte de seus ativos no banco. Em ambos os casos, é provável que também haja um componente emocional adicional. Há ainda casos específicos, como na Accor, que opera o hotel, mas não é necessariamente dona do estabelecimento. Então o dono pode ocasionalmente também ser cliente do serviço.

Cada executivo mostrará um estilo diferente de enxergar essa questão. Selecionamos dois exemplos que abordam a questão de forma ampla, o que endossamos. Para Newton Neiva, ex-CEO da Visa Vale, atual Alelo, todos são considerados clientes: o funcionário é um cliente, o acionista é um cliente. Pensamento semelhante ao de Luiz Eduardo Baptista, CEO da operadora de TV por assinatura Sky. Ele divide em quatro grandes grupos: assinantes, empregados, fornecedores e acionistas (nesta ordem de prioridade). "Fazendo esse caminho, você acaba maximizando o resultado para o acionista final", diz. "É melhor para o acionista que ele esteja no final da fila."

Visão dos autores: Gerencie stakeholders

Todo e qualquer agente econômico em que a empresa tenha interesse ou com o qual se relacione formal ou informalmente; ou todo e qualquer agente econômico que tenha interesse, formal ou informalmente, na empresa e em suas operações, quer a empresa queira ou não, pode ser considerado stakeholder corporativo.

No geral, os mais relevantes são os clientes, acionistas, funcionários e fornecedores, mas outros — como imprensa, governo, sistema financeiro, ONGs e redes sociais — vêm se tornando relativamente relevantes. Mapear os stakeholders e definir seus papéis, razão e temas de interação e, principalmente, seu poder, interesse, influência e legitimidade são condição básica para o desenvolvimento correto de estratégias de relacionamento com cada stakeholder.

O problema é que, cada vez mais, esse stakeholders não têm mais só uma posição, não vestem somente um chapéu. Foco deste livro, o consumidor moderno tem vários chapéus, e ele os usa conforme seu interesse e conjuntura, racional ou não.

Não é a toa que a grande maioria (mais de 60%) dos atuais posts negativos verdadeiros sobre empresas em redes sociais estejam ligados a atuais funcionários, que comentam sobre essas questões compartilhando informações de dentro, para quem está fora, sem perceber que deveria existir um muro separando essas duas realidades. A verdade é que esse funcionário esquece que é funcionário e se comporta como cliente.

Esse tipo de análise só reforça nossa teoria de que o novo marketing deve ser o marketing de contexto, porque as empresas devem ser capazes de identificar cada ator e seus diferentes chapéus e momentos/motivadores de interação. É difícil, mas gerenciar stakeholders, mais especificamente aqueles que assumem papel de clientes, é fundamental para a sobrevivência das companhias neste mundo interconectado, instantâneo e multicanal.

SOBRE A EFICIENTE GESTÃO DOS STAKEHOLDERS

Valor só existe se é percebido, reconhecido e precificado pelos stakeholders que com ele interagem. Ou seja, um ativo corporativo, como a marca, modelo de atendimento ou seus produtos e serviços, só tem valor se é percebido pelo stakeholder externo por ele impactado.

Assim, o primeiro passo do trabalho é mapear e qualificar em termos de relevância estratégica para a empresa os principais stakeholders impactados pelo modelo BVR (branding, vendas e relacionamento) da empresa. Assim, conforme estudos da DOM Strategy Partners e *Consumidor Moderno*, os stakeholders corporativos podem ser classificados em:

- **Stakeholders de transação:** aqueles com que a companhia troca recursos, ativos, elementos de forma contínua e recorrente, sejam esses financeiros ou não. São exemplos os clientes, funcionários e acionistas.
- **Stakeholders de relacionamento:** aqueles stakeholders com que a companhia estabelece relacionamentos contínuos de interesses e satisfação mútua. São exemplos as ONGs, o Ministério Público e o meio acadêmico.

- **Stakeholders de informação:** aqueles com quem a companhia simplesmente troca informações de forma mais pontual e focada. São exemplos a sociedade, a opinião pública e as redes sociais.

Obviamente os stakeholders de transação são também de relacionamento e informação, e os stakeholders de relacionamento são também stakeholders de informação. Para se ranquear os stakeholders e qualificá-los, a DOM Strategy Partners construiu uma metodologia PIIL (Poder, Interesse, Influência e Legitimidade), assim entendidos:

- **Poder:** avaliação do poder real que determinado stakeholder tem sobre a empresa e seus interesses e atividades.
- **Interesse:** avaliação do interesse que determinado stakeholder tem sobre a empresa e seus interesses e atividades.
- **Influência:** avaliação da influência que determinado stakeholder tem sobre a empresa e seus interesses e atividades e/ou sobre outros stakeholders que com a empresa interagem.
- **Legitimidade:** avaliação da legitimidade que determinado stakeholder tem sobre os temas e ações que manifesta, propõe e/ou impõe à empresa.

A metodologia SMAN de mapeamento e gestão de stakeholders parte do pressuposto de que um stakeholder de qualquer natureza só terá interesse e razão para interagir com a empresa a partir do que se define por tema, cada qual com seu conjunto de *issues* (ou itens "quentes" na relação empresa-stakeholder).

Então, pela mesma metodologia, cada stakeholder tem um conjunto de temas que o motivam a interagir com a empresa. Dessa forma, os temas de motivação de interação de cada stakeholder com a empresa podem ser qualificados da seguinte forma:

- **Temas prioritários:** são aqueles que consideramos igualmente relevantes e prementes para o stakeholder e para a empresa. Estes são os temas imperativos, com direcionadores fortes, que devem ser priorizados pela empresa para que esta empreenda iniciativas, projetos, programas e comunicações específicas junto aos stakeholders por eles impactados e/ou motivados.
- **Temas críticos:** são aqueles que consideramos fortemente relevantes e prementes para o stakeholder, mas não para a empresa (pelo menos na mesma proporção), seja porque a companhia não tem materialidade, interesse de se apropriar, manifestar ou mesmo reconhecer o tema e suas demandas, seja porque não atinou ainda para sua criticidade. De qualquer forma, é igualmente prioritário e imperativo e deve ser encarado como risco, até a empresa ter condição de tratá-lo e respondê-lo adequadamente, com consistência.
- **Temas relevantes:** são aqueles que consideramos relevantes e prementes para a empresa, mas não para o stakeholder em questão, seja porque o stake-

120   Feitas para o Cliente

holder não tem interesse ou materialidade sobre o tema e seus *issues*, seja porque o tema ainda não é premente para o stakeholder. Em geral, se constituem, portanto, em uma oportunidade para a empresa se posicionar e até educar o stakeholder em questão sobre a relevância e benefícios do tema.

O cliente — em todos os seus chapéus e papéis — é o stakeholder mais relevante da empresa, seu ativo mais importante. Desenvolver uma estratégia qualificada e racional para a gestão do relacionamento e da dinâmica comercial-transacional com ele é fator-chave para o sucesso competitivo das empresas nos próximos anos.

Quem tem o poder de negociação

Comprar sozinho X comprar em grupo

A compra em grupo com o objetivo de obter um preço menor pela escala maior é uma estratégia antiga e que experimenta na internet e nos moldes da economia compartilhada diversas formas de experimentação. Há cerca de quatro anos, assistimos à expansão generalizada dos sites de compras coletivas como o Groupon, o Click On e o Peixe Urbano. A onda foi tão intensa quanto passageira. Hoje em dia, dedicam-se a oferecer serviços diversos para o varejo e até mesmo oferecem ofertas para compra direta pelos consumidores.[28]

Durante o binômio 2010/2011, esses sites se tornaram uma coqueluche da web. Hoje em dia, experiências de clubes de assinaturas, como Birchbox e Wine.com, e *sharing economy*, como Airbnb, Cabe na Mala ou Bag Borrow or Steal[29], são as novas fronteiras de uma inteligência coletiva que busca trazer mais eficiência às cadeias de valor, barateando preços e facilitando o acesso a produtos e serviços, eliminando intermediários. A febre dos sites de compras coletivas não resistiu à realidade na qual as pessoas não queriam ser obrigadas a consumir a mesma oferta ao mesmo tempo ou por tempo determinado e depois terem a decepção de que a oferta não valia a pena.

A revista *Consumidor Moderno*, em sua edição 197, de novembro de 2014, trouxe toda a dimensão de mudança e de organização da economia compartilhada, ou

---

[28] Sites de compras coletivas mudam perfil para atrair consumidor. Disponível em: ‹http://extra.globo.com/noticias/economia/sites-de-compras-coletivas-mudam-perfil-para-atrair-consumidor-14069505.html›.

[29] Birchbox — birchbox.com é um clube online de assinaturas de cosméticos que tem agora loja física. A ideia é funcionar como rede social de recomendação e troca de experiências com os cosméticos. A wine.com é um clube de assinaturas de aficionados por vinhos. Airbnb.com é o site de compartilhamento e oferta de ambientes para turistas, à margem da rede hoteleira. Sua oferta hoje supera os 800 mil leitos. Cabenamala.com é uma ideia simples: os membros da rede se habilitam a trazer encomendas para outros membros em suas viagens ao exterior por uma recompensa. Bagborroworsteal.com é um negócio de aluguel temporário de acessórios e objetos de grife.

No Divã com o Cliente

"anarcoeconomia", como define o Copenhagen Institute for Future Studies. "Iniciativas como Airbnb, Wikipédia, Uber, TaskRabbit e Waze também estão focadas nesse aspecto. Juntas, representam um novo modelo de economia que torna as relações de consumo mais rápidas e propõem novas estratégias. O Easy Taxi torna desnecessária a contratação de uma cooperativa de táxi. Responsável por conectar pessoas — uma atitude que corresponde a um mundo cada vez mais interligado —, essa nova forma de fazer negócios é conhecida como economia compartilhada."[30]

Talvez seja possível despertar o empresário de seu torpor ao fazer a pergunta mágica: qual o preço disso? Como se ganha dinheiro com isso? Claro, a eliminação do intermediário aumenta o valor agregado ao mesmo tempo em que reduz preços. Além do mais, as opiniões coletivas dos usuários dos serviços formam um juízo de valor para novos clientes e impulsionam negócios pela confiança trazida ao sistema. A empresa passa a ser uma facilitadora de acesso a produtos e serviços, e não uma indutora de transações.

Visão dos autores: O triunfo do social commerce

Um conjunto de novas tecnologias desenvolvidas nos últimos anos permitiu a emergência de uma segunda onda digital, a web 2.0. Entre essas tecnologias, podemos citar as redes sociais, meta tags e, principalmente, as ferramentas de publicação de conteúdo multiplataforma — PC, celular e tablets, TV sob demanda (Netflix) —, além da possibilidade de isso tudo estar remotamente disponível na nuvem (cloud), consumível como serviço (ITaaS ou IT as a service). Uma das principais mudanças em relação à primeira onda, calcada em sites de e-commerce e portais de conteúdo, é que a web 2.0 é mais social, interativa e colaborativa.

A emergência e o barateamento sensível dessas tecnologias permitiram que o poder e influência dos clientes, colaboradores e demais stakeholders das empresas aumentasse de forma significativa, mudando para sempre a forma como as empresas se apresentam ao mercado e, por decorrência, são avaliadas e julgadas por ele.

Nesse contexto, alguns casos se tornaram clássicos, como a demissão de funcionários que postaram conteúdos "inapropriados" em suas redes sociais ou até de campanhas de relações públicas que grandes marcas têm feito em blogs ou via Twitter e Facebook.

Mas por que as empresas deveriam se importar tanto assim? Primeiro porque, por serem sociais, mesmo os usuários que não estão conectados acabam participando das redes sociais, absorvendo seus conteúdos instantâneos; ou seja, a internet 2.0 extrapola a rede em si, alterando o mundo físico. Segundo, porque mesmo que a empresa não esteja formalmente nesses ambientes, sua marca está, seus clientes estão, seus funcionários e acionistas estão... então, à revelia, ela propriamente está. Por fim, porque cada vez mais será nas redes sociais e nos devices móveis, multimídia e convergentes, como tablets, smartphones e a TV digital, que as empresas serão capazes de gerar parcelas significativas de valor e resultados, atuando

---

[30] Anarquia Compartilhada. *Consumidor Moderno*, n. 197, nov. 2014. Disponível em: <http://consumidormoderno. uol.com.br/index.php/revistas-impressas/item/28381-consumo-consciente-anarquia-compartilhada>.

nas três dimensões essenciais de seu negócio — o modelo BVR, ou branding, vendas e relacionamento.

Em tempo: análise apontada no estudo E-Commerce 2015 — panoramas e realidades, da E-Consulting Corp., aponta para uma nova tendência, que revolucionará, com o tempo, a forma como o varejo acontece no mundo digital. É a migração dos pontos de venda (sites de e-commerce dos varejistas) para pontos de compra. Isso mesmo. Essa tendência está sendo batizada de "extended purchase point" — algo como pontos de compra expandidos — e defende a tese de que os consumidores listarão em seus ambientes sociais — por exemplo, Facebook ou similar — a relação de produtos que desejam adquirir, bem como os preços que eventualmente estejam dispostos a pagar. Caberá aos vendedores, suportados por inteligência tecnológica digital, encontrar esses clientes e vender para eles em seu ponto de compra. Imagine só, leitor, o efeito disso no varejo e em suas estruturas, caso a tendência se confirme nos próximos dez anos.

Mais do que isso: as empresas precisam estar atentas aos efeitos dos sites de compartilhamento, que eliminam intermediários e trazem formas mais eficientes de acesso a produtos e serviços. Se a tendência geral é priorizar o acesso à posse, indústrias inteiras terão de rever seus modelos de negócios, para ir de encontro a um novo consumidor, que exerce seu poder por meio das facilidades possibilitadas pelas internet 2.0.

Um olhar mais detalhado sobre o Social Commerce

Web 2.0 = Redes sociais + Tags + Publicação multiplataforma

Desde 2002, a E-Consulting® Corp. vem produzindo trimestralmente o VOL® (Índice de Varejo Online), indicador que mensura o quanto a internet e os canais digitais potencializam as vendas das empresas, nos segmentos de Bens de Consumo, Automobilístico e Turismo.

Conforme apresentado na Figura 2.7, do Capítulo 2, em 2004 o VOL® movimentou pouco mais de R$ 7 bilhões, principalmente em produtos como livros, CDs, devices tecnológicos e linha branca. Apenas dez anos depois, esse número já supera a casa dos R$ 50 bilhões, faturamento concentrado em pouco mais de 20 grandes varejistas (o faturamento somado das cinco principais redes de comércio eletrônico representa 20% do total do segmento), praticamente todos ligados a grandes grupos tradicionais de varejo.

Naturalmente, à medida que o mercado cresce e se torna mais maduro, é de se esperar que as taxas acumuladas de crescimento reduzam relativamente, e foi exatamente isto o que aconteceu entre 2007 e 2010, mesmo com os expressivos crescimentos nominais da atividade nesses anos. Além disso, vale ressaltar que o segmento de automóveis vem sendo o mais instável dos três analisados, o que também é de se esperar, uma vez que depende mais diretamente da macroeconomia e da predisposição à concessão de crédito, atividade impactada pela crise de 2008 e ainda mais gravemente pela atual (no ano da publicação deste livro).

No entanto, ao analisarmos os números de 2011, nos deparamos com a taxa de crescimento de 20,2% (clara reversão da tendência observada nos anos anteriores). Mas, afinal, o que poderia estar acontecendo? Resposta curta: *social commerce*.

O *social commerce* é um modelo de e-commerce que se baseia na utilização de redes sociais e na interação entre usuários durante a experiência de compra (em outras palavras, web 2.0). A ascensão do *social commerce* iniciou-se com a onda das compras coletivas, mas hoje desdobra-se em centenas de novos negócios que funcionam à base do compartilhamento e do acesso: Airbnb, Uber, TaskRabbit (tarefas e serviços oferecidos por autônomos), Zipcar (compartilhamento de automóveis), DogVacay (compartilhamento de pets/animais de estimação) e muitos outros, que multiplicam as possibilidades do e-commerce e criam diversos segmentos de serviços e promoções diferenciadas. Esse aspecto social evidentemente é amplificado pelas redes sociais. Estudo da PwC mostra que o peso das redes sociais nas decisões de compra tem grande peso no Brasil, superior à média mundial: 77% são influenciados pelas informações disponíveis nos perfis das redes de varejo antes de tomarem a decisão de consumo efetivo.[31]

Em 2011, o TechLab da E-Consulting Corp. conduziu uma pesquisa chamada *Social Commerce — a ascensão relâmpago de uma nova maneira de fazer negócios pela Web*, com mais de 2 mil usuários e-consumidores brasileiros. Resultados interessantes emergiram, dos quais compartilhamos alguns a seguir:

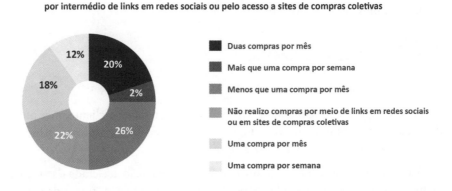

FIGURA 4.3: Frequência de compras por links em redes sociais. Fonte: E-Consulting Corp.

---

[31] Redes sociais definem decisão de compra. *O Estado de S. Paulo*, 10/02/2015. Disponível em: <http://economia.estadao.com.br/noticias/geral,redes-sociais-definem-decisao-de-compra-imp-,1632132>.

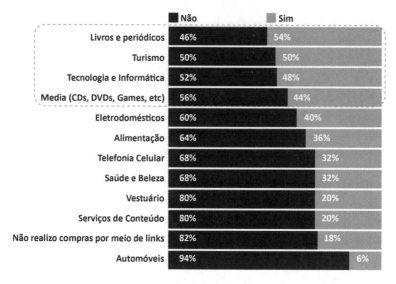

FIGURA 4.4: Categorias de produtos comprados via sites de compras coletivas. Fonte: E-Consulting Corp.

Dados ainda mais recentes revelam que 93% dos consumidores que optam pelo e-commerce estão satisfeitos com as compras. Vinte e três por cento realizaram mais de dez compras em lojas virtuais em 2014.[32]

O CANAL QUE É O CANAL

LOJA FÍSICA X TELEFONE X LOJA VIRTUAL... E BEM MAIS

Já vimos que a multicanalidade em si não é percebida pelo cliente, mas precisa ser desenhada pela empresa, justamente para melhorar de forma uniforme a experiência de consumo e também potencializar resultados.

A forma mais tradicional e praticada antes da evolução acelerada das tecnologias de interação e de serviços ao cliente era se deslocar até a loja ou ponto de varejo mais próximo. Nesse caso, o cliente tinha contato pessoal e ao vivo com representantes da empresa, e o tratamento era fundamental para o relacionamento. Hoje em dia,

---

[32] Brasileiros estão satisfeitos com o e-commerce. *Portal NOVAREJO*, 06/02/2015. Disponível em: <http://www.portalnovarejo.com.br/index.php/e-commerce/item/9972-brasileiros-estao-satisfeitos-com-e-commerce>.

nos EUA, lojas como Rebecca Minkoff, Kate Spade Saturday, Whole Foods e B&H combinam com tal excelência o serviço pessoal e aquele criado pela tecnologia que a loja torna-se um ambiente relacional, de lazer e de impressão sensorial. A compra é uma consequência natural da interação entre o ambiente e o consumidor.

Como apoio nesta discussão está a aparente diferença de culturas entre o auto-atendimento americano e o gosto brasileiro pelo atendimento pessoal, uma divisão que vem sendo colocada à prova nos últimos anos pelas máquinas de check-in nos aeroportos. São clássicas as anedotas que recordam a resistência do comandante Rolim à introdução desse recurso na TAM. Para o ícone do relacionamento com o cliente, o contato pessoal era uma oportunidade rara de transmitir a cultura da empresa, e as máquinas só entrariam na TAM se passassem por cima dele. Hoje, todas as empresas parecem irredutíveis na implementação do check-in automático e podem até derrubar a tradicional resistência do brasileiro nesse quesito.

Por último, a compra pela internet, a mais impessoal de todas, em que as qualidades procuradas são, em geral, variedade, disponibilidade, conveniência, velocidade transacional e preço.

Para que o uso de todos esses canais funcione de acordo, no momento em que cada um é solicitado/demandado pelo consumidor, é preciso ser coerente e coeso na mensagem, posicionando a marca de maneira consistente em todos os canais. Se isso for feito corretamente, o cliente terá a assimilação dos atributos de marca acelerada, gerando maior adesão aos produtos e modelo de empresa (este item é fundamental na estratégia atual das empresas e será explorado melhor no próximo capítulo).

Visão dos autores: A experiência é multicanal

O mundo é cada vez mais multicanal, multitela, integrado em diversas mídias, veículos e canais, cada qual com suas estratégias de branding, vendas e relacionamento, em uma visão ideal de customer life cycle (ciclo de vida do cliente), com adequação das ações às necessidades e expectativas dos clientes e consumidores e aos objetivos da empresa para cada momento do relacionamento.

As novas formas de atrair, relacionar e fidelizar esses clientes e consumidores estão, em grande parte, pautadas na utilização do ambiente online como principal vetor de inovação. Porém, não se restringem — e não devem se restringir — a ele. Pelo contrário, iniciativas consideradas offline, como a recriação das lojas físicas e comunicação de massa, ganham corpo e representatividade a partir de uma abordagem estratégica, adaptada às necessidades competitivas, bem como sua integração com as estratégias online.

Em outras palavras, o novo paradigma estratégico do relacionamento está em inovar nos canais habituais e obter sinergia e sincronização entre todos os canais da empresa, sejam eles canais de branding e comunicação (TV, revista, mala direta, promoção, branded content etc.), de relacionamento (representantes, vendedores, SAC, Ouvidoria etc.), ou novos canais digitais 2.0 de comunicação e relacionamento online (redes sociais, apps etc.).

> Partindo da máxima de que manter um cliente é mais barato do que conquistá-lo, a estratégia de marketing e comunicação é essencial, mas não poderá ter uma relevância estratégica maior que as ações de relacionamento, fidelização e rentabilização dos clientes atuais. Afinal, são eles os responsáveis pela geração do fluxo de caixa atual que dará fôlego para a empresa atrair novos clientes e melhorar seus resultados.
>
> Cabe repetir sempre que inovar nas estratégias de captação de clientes e relacionamento com os diversos stakeholders da empresa é preciso, porém, sem comprometer o relacionamento e a fidelização, e, nesse quesito, as estratégias de integração multicanal on e offline parecem estar se tornando as grandes plataformas de transação, informação, relacionamento e comunicação corporativa.

Adesão tecnológica

Ser digital X ser analógico

"Estamos conseguindo manter equilíbrio e crescimento entre os canais, pois há uma complementação entre todos, ou seja, o mesmo consumidor que procura a marca tende a fazê-lo tanto na rede de franquias, nas lojas próprias, em varejos multimarcas e até na web. Esse consumidor tem necessidades e tempos distintos. Para cada um desses canais, temos estratégias e políticas definidas e não conflitantes."

O raciocínio de Fabio Hering[33] ilustra bem a notável complexidade que atinge os negócios atualmente. A necessidade de se desenhar uma operação multicanal para um consumidor que quer uniformidade de experiência a qualquer hora e em qualquer hora traz um dilema: até onde evoluir no sentido da multicanalidade em um país como o Brasil, onde o analógico e o digital convivem de forma paradoxal, ainda que sem tensões evidentes?

O desenvolvimento da tecnologia nos últimos 20 anos e a explosão do uso da internet criaram um abismo no comportamento entre clientes digitais e analógicos. O primeiro tem sido exaustivamente analisado na mídia nos últimos anos. A característica mais simples é o uso do comércio eletrônico, e, mais recentemente, a adoção do *showrooming* e da economia compartilhada. Mesmo com pouca experiência digital, o cliente entra em sites que podem ser grandes nomes, como Submarino e Extra.com, ou especializados, como Netshoes e Dafiti, para realizar a sua compra. Outro uso recorrente é a ferramenta de busca para obter informações sobre os produtos e locais para compra. Ou então utilizar os e-marketplaces em busca de ofertas no ambiente

---

[33] Entrevista realizada pelos autores em junho de 2012.

transacional.[34] Por fim, as redes sociais também são cada vez mais usadas como forma de obter informações, nesse caso de fontes com quem o consumidor se relaciona em algum grau (um amigo direto ou um amigo de um amigo).

O que está sendo relegado pela mídia especializada é o comportamento do consumidor analógico, aquele que raramente ou nunca utiliza a internet ou outras tecnologias para decidir e realizar sua compra. Ele ainda lança mão de recursos tradicionais, como o boca a boca, leitura de mídias impressas e visita a diversos concorrentes antes de decidir, entre outros hábitos hoje considerados "antigos". No caso do Brasil, entretanto, esses recursos ainda são utilizados por grande parte da população.

> **Visão dos autores: Todos já estão online**
>
> Conforme as tecnologias digitais barateiam e a sociedade evolui, essa discrepância entre online e offline será cada vez mais tênue. Para nós, mesmo com uma penetração de usuários de internet ligeiramente superior a 50% de toda a população do Brasil, entendemos que, de alguma forma, "todos" já estão "online". Por quê?
>
> Primeiro, porque quem não está online está em rede com alguém que está online. Segundo, porque a inclusão digital no país em larga escala está se dando mais pelos celulares e smartphones do que por PCs. Terceiro, porque os diversos devices mecânicos e elétricos também estarão habilitados para web, como geladeiras, relógios, entre outros na chamada IoT (Internet of Things ou Internet das Coisas). Quarto, porque a TV digital será fundamental no processo de inclusão digital, quando esta for efetivamente uma TV digital interativa bilateral, e não somente uma TV digital focada em distribuição de conteúdo sequencial. Aliás, basta checar nas páginas anteriores: foram as classes C e D que mais cresceram em números de usuários de internet e também de e-consumidores.

O HOMEM É MÍDIA

Vivemos na economia das redes, na era do interligado, do interconectado, das trocas incessantes. Trocamos a todo momento informações, recursos, impressões, sensações, experiências, ideias, opiniões. Influenciamos e somos influenciados diuturnamente por nossos semelhantes. O fator relacionamento assume cada vez mais peso na economia e no equilíbrio das forças mercadológicas, uma vez que temos muito mais informação, acesso e, portanto, capacidade de formar opinião e ler realidades.

A cada momento brotam comunidades, microssociedades, grupos e tribos auto-organizadas por interesses, gostos, hábitos, regiões, comportamento, pontos de

---

[34] Dados da Channel Advisor, consultoria norte-americana, mostram que as buscas por ofertas nos ambientes virtuais concentravam-se no Google até 2011. Mas em 2012 a situação se inverteu. Hoje, mais de 50% das buscas por compras e ofertas acontece no ambiente da Amazon.com.

vista. É o homem procurando seu similar, seu igual em qualquer canto do mundo. Religiões, valores, crenças, culturas, doutrinas e preferências são aglutinadores mais que poderosos. O mundo se redefine a todo instante sociogeopoliticamente, se reorganizando em novos grupos, transnacionais, transregionais, metaétnicos.

Onde vamos parar é uma pergunta inexata — aliás, não há resposta para essa pergunta. O homem é o único animal capaz de planejar e alterar seu destino. O todo social é fruto da construção do um, somado ao um e ao um e ao um... elevado à enésima potência, com diversos vetores, a todo instante. Justamente por isso as redes (não só locais, mas virtuais), frutos dessas interações infinitas, são o novo emaranhado social, o novo tecido que dará o tom da nossa sociedade, rediscutindo valores, relendo a história, reinterpretando fatos, reavaliando propostas, recriando mercados.

A internet e as TIC (tecnologias da informação e comunicação) são o fermento de todo esse processo de natureza eminentemente humana. É do homem querer trocar, comerciar, aprender, imitar, influenciar. E é exponencial esse processo biossociológico do homem na era digital das microrredes que formam a grande rede.

Esse novo mercado está em equilíbrio dinâmico; ou seja, a cada nova interação se cria um novo patamar de equilíbrio mercadológico, diferente do anterior. A cada novo patamar, variáveis novas aparecem, novos comportamentos aparecem, velhos paradigmas ficam para trás. Esse novo mercado não é estático, não é perene, não tem dono; somente atores. O equilíbrio das forças é derivado direto do poder de cada ator e do poder dos grupos (permanentes ou temporários) formados por esses atores — que representam interesses diversos, *modus vivendi* e *modus operandi* diversos. Por isso é tão dinâmico e tão mais potencialmente democrático.

Todos sabemos que as redes de informação — que antes estavam confinadas à proximidade física — agora ficaram globais e disponíveis por conta da internet. A grande rede é, no fundo, uma mega-arquitetura mutante, pseudodesorganizada, de computadores, smartphones, tablets, celulares, TVs e demais devices com acesso à rede. O mundo do IP determinará o novo padrão das trocas entre os humanos, seja das trocas de informação e recursos, seja de transações mesmo. Aumentam-se assim as possibilidades por se aumentar a instantaneidade e a riqueza informacional. Pesquisar, checar, informar, ofertar, requisitar e comparar são tarefas mais fáceis, mais possíveis a cada um.

A informação é o recurso básico dessa nova economia que transforma tudo em informação — de produtos e conhecimento a capital financeiro, que migra a todo segundo de transferência eletrônica a transferência eletrônica em formato de informação. Tudo que pode ser transformado em bit pode ser considerado informação.

Esse fluxo infinito de informações tem valor — valores diferentes para agentes econômicos diferentes em momentos e ocasiões diferentes. A informação de valor a um agente é aquela capaz de ser processada, de ser entendida, tratada, trocada e armazenada. Esse processo é feito pelas diversas mídias disponíveis (PCs, TVs, celulares etc.), desde que estes estejam conectados à rede. A natureza e variedade desses devices somente aumentarão com o tempo. Tudo que puder estar online estará. Relógios, roupas, óculos, eletrodomésticos, eletroeletrônicos... os chamados vestíveis e a Internet das Coisas, tudo poderá trocar informação, via rede, com os outros devices servindo a outros atores.

Nossa leitura é a de que nós, humanos — aparentemente fornecedores e usuários dessas informações —, agentes de interação pontual com a rede, seremos, cada vez mais, como parte integrante online dessa rede.

A revolução digital, principalmente a wireless, está nos permeando, guiada por uma explosão de novas diretrizes e tecnologias que foram, uma vez, o mundo da ficção científica e de seus heróis. Os telefones celulares, os smartphones, os tablets, os laptops e as redes sem fios fazem a internet virtualmente acessível em qualquer lugar, a qualquer momento. Hoje isso já é possível, mas amanhã teremos a web realmente transparente, praticamente uma utilidade, perceptível somente quando em falta, como já ocorre com a energia elétrica e o gás.

Nesse momento, quando tudo estiver online, cada ser humano — consumidor — será um nó ativo no fluxo digital e instantâneo de informações. Por esse nó de rede passarão os impulsos informacionais. É mais ou menos como se cada ser humano fosse um elo na arquitetura da megarrede de informações, assim como os computadores já o são. Ou seja, como se cada humano fosse, em si, também mídia para essas informações, uma vez que a produz, transforma, trata, armazena, dissemina e troca.

Esse novo ser humano digital — o *Homus informatione* — terá acesso instantaneamente à informação, captando-a, traduzindo-a, disseminando-a, mas, principalmente, criando novas informações, gerando conhecimento, deixando suas pegadas, tornando-se ele próprio informação. Analogamente, é como se cada ser humano nessa rede de informações fosse similar a um poste de energia elétrica na rede de distribuição e gerenciamento de energia.

Sem dúvida alguma estamos migrando para essa realidade. Com ela, toda uma nova economia, novos mercados com novos valores e práticas brotarão. Muitos morrerão, muitos sobreviverão, outros nascerão. Estamos em momento real de transição, e é nesses momentos que se definem os futuros possíveis da evolução humana. Que futuro queremos? Que economia queremos? Que lógica política queremos (vide primaveras árabes e a mudança do padrão de "consumo" de ideais políticos nesses países)?

Afinidade: ser fã, curtir e seguir

Fanatismo vende X fanatismo não vende

Cada indivíduo possui uma série de características derivadas dos gostos pessoais. Podem gostar de futebol, ou mais especificamente de um time, como Corinthians, Barcelona ou Flamengo. Podem preferir viajar para o Caribe, Ilha Bela ou Praia Grande. Ou ainda adoram jogar baralho ou xadrez. Nesses casos, não faz diferença quais são as características básicas citadas.

O consumidor pode estar na adolescência ou na terceira idade, morar em São Paulo ou no sertão nordestino. Para determinadas empresas, algumas regras para lidar com esse consumidor serão as mesmas. Em determinada promoção, o público pode ser torcedor do Santos, preferir o Rio de Janeiro para viajar e jogar pôquer. Nesse caso, o vencedor receberia uma foto autografada dos jogadores do momento (Neymar ou David Luiz) ou do Pelé e ganharia uma viagem para o Rio de Janeiro com hospedagem em um hotel cinco estrelas onde haverá um campeonato de pôquer.

> **Visão dos autores: Tribos com legitimidade**
>
> As tribos determinam o novo perfil de encaixe social, autorrepresentação e, portanto, adoção de marcas como seus emblemas. Cada vez mais as pessoas se congregam por afinidade. Cada vez mais a clusterização determina a forma como os grupos se formam. Times de futebol, religião, política, opção sexual... tudo que "não se discutia" agora virou mercado-alvo, virou nicho e, portanto, sinal claro de atributos específicos que os qualificam.
>
> Vender e se relacionar com esse público não impõe que você pertença aos seus clubes e grupos. Somente impõe que se respeitem suas características, compreendam suas vontades e interesses, incorporem suas opiniões, de forma colaborativa, e, acima de tudo, operem com transparência e legitimidade.
>
> Vender para nichos e se manter vendendo são duas competências diferentes e necessárias. É sempre mais difícil obter o passaporte para esses mercados, mas a fidelidade maior tende a compensar com o tempo.

Da tribo a tribo

Que a internet, impulsionada pelos smartphones, tem alterado conceitos e padrões sociais ninguém questiona. Entretanto, a premissa mais importante que está por trás da validade econômico-comercial de todo processo digital é a existência de comunidades virtuais ativas e integradas em redes, tribos, grupos sociais... e sobre elas pouco se sabe, pouco se consegue dimensionar e pouca experiência se tem.

Comunidades virtuais — ou clusters — são grupos de pessoas que se unem espontaneamente em torno de valores, assuntos, interesses, vontades, comportamentos e atitudes comuns. Isso quer dizer que pessoas "parecidas" podem pertencer a comunidades diferentes, e pessoas aparentemente "tão diferentes" podem pertencer às mesmas comunidades. Um executivo e um adolescente podem pertencer a uma mesma comunidade de interesses musicais, por exemplo.

Com a internet, o mistério de formação de comunidades transcende a tradicional análise de perfis. Os perfis demográficos puros, que nortearam as táticas e o desenvolvimento de produtos pelos departamentos de marketing até o início deste século, tornaram-se insuficientes, quando não simplesmente anacrônicos. As premissas socioeconômicas, geográficas e comportamentais dão lugar a interpretações de variáveis como cultura, atitudes, afinidades e crenças/valores. A identificação de personas e avatares de consumidores assume relevância preponderante.[35]

As pessoas têm traços de personalidade comuns, mas isso não significa necessariamente que sejam parecidas. Ser parecido em um ponto com alguém não significa ser parecido com alguém (alfaces e marcianos são verdes e nem por isso existe qualquer relação entre eles). Pensemos em conjuntos e subconjuntos: torcedores de times de futebol fazem parte do conjunto "torcedores de times de futebol", portanto, têm, em âmbito superior, os mesmos interesses. Porém, torcedores do Corinthians e do Palmeiras, dois subconjuntos, têm interesses específicos, comportamentos e atitudes completamente diferentes entre si... são duas comunidades completamente distintas. Idem para protestantes e católicos dentro do conjunto dos cristãos... tão parecidos e tão discordantes.

É premente que se entenda a complexidade do processo de agrupamento de pessoas em torno de valores, origens e temas e específicos para se entender a força motriz que alimenta as comunidades virtuais.

Comunidades virtuais não são construídas. Se autoconstroem. A dinâmica de interação digital ocorre quando indivíduos em rede conectam-se e compartilham informações, criam espontaneamente e de modo imprevisível comunidades praticamente da noite para o dia. A menina que fotografa os problemas de sua escola e posta as imagens no Facebook vê sua indignação transformar-se em uma comunidade que cresce exponencialmente. Por algum motivo, sua ação gerou reação. E essas comunidades podem ser potencializadas, incentivadas. O interesse e vontade (aceitação) das pessoas são mais fortes que qualquer processo formal de agrupamento. No mundo virtual, leva vantagem aquele que entender que o papel do gerenciador de comunidades é criar condições para que elas se desenvolvam, dando ferramentas, feedback, alimento para seu progresso. A interferência exagerada

---

[35] BODINE, Kerry; MANNING, Harley. *Outside In:* The power of putting customers at the center of your business. Amazon Publishing, p. 96.

do mestre de cerimônias nas redes, blogs ou sites e seu arsenal de ferramentas de compartilhamento não é aconselhada. Esses ambientes dirigidos a determinados públicos devem servir de palco para a interpretação e desenrolar das relações entre os indivíduos membros das comunidades. É exatamente por isso que a economia dos apps irrompeu com tamanha força. A interferência do gerenciador ou do proponente do serviço é mínima. O app funciona como um ambiente onde o usuário tem a prerrogativa da ação. Quando muito, ele permite ser abordado por uma notificação por "*push*" (aviso). Mas é dele a decisão da interação, uso, compartilhamento. A segurança de pertencer a um mecanismo de inteligência coletiva combina-se com a manutenção da individualidade e certa renúncia à privacidade. As novas gerações assumem que o seu direito ao serviço e às funcionalidades dos apps é dada em troca do rastreamento de suas atividades no ambiente dos mesmos apps.

Outro ponto interessante é a forma como as comunidades evoluem de maneira autogerenciada. Por isso, seu comportamento e "futuro" são de certa maneira caóticos. As comunidades podem ser temporárias. A previsibilidade e controle do comportamento das comunidades devem ser tratados no nível sugestional, no nível do entendimento da experiência dos usuários. Só quando se entende a experiência, pode-se moldá-la.

Assim, poderíamos, exercitando McLuhan, definir comunidades virtuais como as aldeias, tribos da nova ordem socioeconômica. Essas tribos online são, na verdade, evoluções cruzadas e enriquecidas das tradicionais tribos sociocomportamentais, entre as quais podemos exemplificar surfistas, estudantes, mauricinhos, solteiras etc.

Nossa sociedade pré-internet ainda estava delimitada por barreiras como geografia, tempo, informação. Era, portanto, formada pelas tribos sociocomportamentais como as citadas, mas principalmente pelas tribos primárias, formadas a partir de fatores como região, geografia, cultura e história. Brasileiros, bascos, gaúchos, paulistanos, platinos, sul-americanos, moradores da Vila Carrão são exemplos de tribos. Outros motivadores capazes de agregar tribos são fatores inerentes ao ser humano, como paternidade, raças, opção sexual e religiões (vide exemplos como GLS, negros, católicos, os Kennedy etc.).

Portanto, entendendo as unidades fundamentais de nossa civilização, como as tribos indígenas e os visigodos, por exemplo, podemos afirmar que tudo o que conhecemos e definimos hoje como sociedade cabe dentro do racional evolutivo dessas tribos (e povos). Aliás, muitas delas, como as indígenas, se formaram e se mantiveram fiéis à sua cultura, história e valores ao longo dos anos.

Essas tribos primárias dividiam ritos e hábitos como forma de afirmação de suas crenças e existência. O mais interessante é que, mesmo mudando a roupagem e motes agregadores de indivíduos em tribos, as atuais tribos virtuais também se validam por ritos e rituais. Fenômenos como a fidelização a marcas, o espelhamento individual em ídolos, entre outros, nos mostram que, apesar de mudarmos de casca, não mudamos na essência.

A internet, como palco potencializador das mais variadas tribos, está resgatando e maximizando o processo de fragmentação da capacidade de inserção social. É o nirvana de nossas identidades. Frederic Martel, cientista social e jornalista francês, diz que não existe uma internet, mas várias: "Acho que todo mundo tem sua própria internet. Você cria seu mundo e, apesar de sermos amigos e próximos, somos muito diferentes".[36]

Imaginemos então como seria a experiência de levar esse ambiente digital, tão rico e interativo, a tribos desconectadas e arraigadas, como algumas indígenas, pacíficas ou africanas? Certamente seria uma forma de integrar essas tribos ao universo e, ao mesmo tempo, criar uma forma de oferecer a seus membros duas oportunidades especiais: retroafirmar seus valores utilizando-se de outras formas (como fóruns, chats etc.) e mostrá-los à sociedade (aproveitando a capacidade de universalização da informação que a Internet proporciona).

Esse movimento significa levar o futuro ao passado, ou seja, uma viagem no tempo capaz de unir valores absolutamente distintos, de tribos separadas por milhares de anos, em um mesmo ambiente. É, sociologicamente falando, uma oportunidade bastante interessante de avaliar a evolução de nossos valores, em que estágio realmente estamos, comparando nossos valores atuais como os valores tribais que um dia tivemos e, talvez, ainda tenhamos na essência.

Alerta final

A incapacidade de interpretar corretamente os diversos perfis de clientes foi uma das principais causas do fracasso dos programas de CRM na maior parte das empresas que se utilizaram da tecnologia. Além de focarem em demasia no aspecto tecnológico, os executivos focaram excessivamente na segmentação e se esqueceram de considerar o comportamento e a atitude, basais ao conceito de clusterização. O CRM tornou-se obsoleto diante da evolução vertiginosa da conectividade e da mobilidade. Qualquer app bem desenvolvido acumula mais e melhores informações, com maior precisão do que complexos sistemas de CRM. A mesma lógica dos apps chega também às tecnologias para *"inside store"*, ou seja, para mapear o comportamento dos consumidores dentro das lojas.

A partir dos próximos capítulos o leitor será apresentado a escolas, arquiteturas e metodologias para lidar corretamente com este e outros desafios.

---

[36] Cientista social vê internet como instrumento de fragmentação. Disponível em: <http://www1.folha.uol. com.br/ilustrissima/2015/12/1720684-cientista-social-ve-a-internet-como-instrumento-de-fragmentacao. shtml>.

"Meu pai tinha uma frase: faz logo, erra logo e conserta logo."

Jayme Garfinkel
presidente do conselho de administração da Porto Seguro, em entrevista
realizada pelos autores em 2012

Capítulo 5

A Evolução das Espécies

Como estabelecer a combinação estratégica ideal

Até agora, o leitor viu um pouco da história do relacionamento com o cliente, os diferentes vetores estratégicos que interagem com ele e os diversos tipos de perfis que representam o cliente e como eles se transfiguram em um processo evolutivo capaz de desnortear a própria razão de ser das empresas. Neste capítulo o desafio é ainda maior. Prepare-se para conhecer um pouco de cada estratégia até hoje utilizada pelas empresas e sugerida, defendida e aplicada pelos diferentes gurus para atrair e cativar o cliente.

Para construir esse panorama, visualize o universo das estratégias como uma vasta e variada fauna. Nela, seres antigos convivem com espécies extremamente desenvolvidas. Todas sobrevivem e ocupam seu espaço, mas algumas claramente se tornaram mais fortes e eficientes com o tempo.

Promoção/propaganda

Começando pelo mais simples, abrangente e tradicional: a promoção do produto, hoje cada vez mais serviço. Basicamente, é aquele que vende tentando convencer aquele que compra por diversos canais de comunicação. Falamos na propaganda de massa tradicional, quase compulsória, fiadora de democracias[1]: comerciais em televisão (aberta ou por assinatura), anúncios em mídia impressa (jornais e revistas), inserções em rádio, internet, cinemas, veiculação em mídia exterior e ações BTL (*below the line*) — ações localizadas mais segmentadas, que visam promocionar, reforçar conceitos divulgados na propaganda de massa, trabalhar com ênfase públicos diversos, atuar em guerrilha durante eventos culturais ou esportivos etc. Na nossa fauna de estratégias, o velho spot ou jingle no rádio ou anúncio no jornal ou mesmo

---

[1] A ideia aqui é simples: a independência dos veículos de comunicação é baseada na credibilidade de suas informações e na independência com que as apuram, analisam e publicam. Essa independência só pode ser assegurada com a venda de publicidade comercial, de tal maneira que os veículos possam não se submeter à pressão dos três poderes políticos institucionais — executivo, legislativo e judiciário, em todas as esferas de governo. Quanto mais dependente de verbas oficiais um veículo de mídia é, menos independência tem. E vice-versa.

a venda por catálogos, mala direta e telemarketing podem ser vistos como dinossauros pré-históricos, mas com sua inquestionável utilidade e longevidade.

Uma estratégia calcada em propaganda pode ir do gigantesco outdoor na rua até uma mensagem que chega à minúscula tela do celular — mobile marketing — ou via e-mail — e-mail marketing. Estes são da espécie explícita. Mas não se restringem a esta categoria. Há também aquelas mais sutis em que se leva a marca ao cliente por meio de patrocínios de eventos ou personalidades, posicionando o produto em determinado ambiente (merchandising) ou por meio do testemunho a favor da marca. Embora indireto, esse exemplar que até hoje navega nos mares do mercado também é promoção.

Há também formas mais sofisticadas, veladas e complexas de abordagem quase relacional: o *branded content* (ou *native advertising*) abrange técnicas de produção de conteúdo interessante, relevante, no qual se cria um contexto mais amplo para a marca/produto/serviço e o impacto é construído de modo orgânico, vivo e sem vozes de comando, tão comuns na propaganda convencional. O *branded content* alinha-se com o *storytelling* na tentativa de envolver o consumidor em um conteúdo mais rico, menos evidente e mais plausível, aproximando a marca da vida real.

A promoção pode ser direta e contundente, baseada até mesmo no relacionamento face a face. Quando a vendedora de O Boticário puxa o catálogo ou uma amostra (*sampling*) da bolsa e mostra para uma colega, isso sem dúvida é promoção — ou venda direta mesmo. Lembre, estamos falando de uma empresa que já cadastrou mais de 12 milhões de clientes em seu programa de fidelidade (Clube Viva O Boticário).[2] Como afirma o presidente do Grupo Boticário, Artur Grynbaum, franqueados (*trademarketing*), consultoras e os atendentes da central de relacionamento trabalham com um mesmo objetivo: "Encantar os consumidores e promover a marca".

Quando o consumidor recebe um e-mail com uma proposta imperdível de um site de compras coletivas (como o Groupon ou Peixe Urbano) ou, melhor ainda, de e-commerces poderosos como a Amazon (que iniciou sua operação no Brasil em 2013), a Saraiva, a Cultura ou a Netshoes, temos exemplos revigorados da velha e boa promoção. Algo como uma nova mutação de algo que tem os mesmos objetivos dos seres primitivos antigos, mas de uma forma inteiramente nova.

"Uma loja não está indo tão bem em algum lugar: 'Dr. ... vamos fazer um encarte especial para essa loja?' Fazemos isso, mas vem de operações, às vezes; às vezes vem de compras, às vezes vem de marketing, às vezes vem de... fora para dentro. Está todo mundo olhando fora para trazer para dentro."[3] O raciocínio emblemático de

---

[2] O número é certamente maior. O número disponível é de 2013. <https://modalidadeseconsumo.wordpress.com/tag/o-boticario/>.

[3] Entrevista realizada pelos autores em 2012.

Marcilio Pousada, quando CEO da Editora Saraiva, mostra o quanto a promoção está enraizada no cotidiano das empresas. Ela é corretiva, tem função de ativar, gera resultado mensurável a curto prazo.

Sem a promoção, a chance de haver uma venda é menor. Entretanto, é cada vez mais difícil uma empresa se manter no mercado somente com ela. Cada uma das ações táticas que iremos descrever e comentar a seguir — sejam seres mais ou menos desenvolvidos — se tornaram fundamentais para a sobrevivência da empresa, que hoje precisam ir bem além da simples promoção. Veremos o porquê.

RELACIONAMENTO

A dupla Rapp & Collins escreveu: "O brilho da propaganda da TV chegou até onde podia". Não foram os primeiros, mas certamente escandalizaram, bradando alto: a era da propaganda de massa chegou ao fim; a ordem é individualizar a relação com os clientes. Ou então buscar propor uma conversação, em que o comercial difundido nas redes sociais, YouTube à frente, coloca uma mensagem para ser comentada, valendo-se da máxima de George Lois: "A boa propaganda deve ser aparentemente chocante".[4]

Mas no momento em que Rapp & Collins resolveram provocar o edifício da propaganda, os seres da promoção, dos mais simples aos mais complexos, já haviam se espalhado com alcance e proporção tão gigantescos quanto um oceano. Foi no meio desse mercado em que a promoção parecia a única verdade eterna e universal que os autores norte-americanos decretaram a extinção do marketing de massa.

Decerto, Rapp & Collins não conheciam a Rede Globo e a sua força e penetração no mercado brasileiro.

Eles não estavam totalmente corretos, os tiranossauros que buscam a massa continuaram por aí, mas algo importante ficou claro: um consumidor não é igual ao outro. A partir dessa premissa emerge a constatação de que resultados fenomenais podem ser obtidos se você tratar o cliente de forma distinta. Uma nova ordem surgiu e, ao reconhecer o consumidor como único e individual, a estratégia das empresas como que saiu do mar e afinal alcançou a terra firme.

Claro, a influência e penetração da televisão aberta, particularmente da Rede Globo, ainda reina incontestável no mercado brasileiro. Nenhuma grande marca de bens de consumo ou com grande base de clientes prescinde do alcance excepcional da TV aberta e das novelas e noticiários da Globo. É fato que a audiência média vem

---

[4] LOIS, George; PITTS, George. *Qual é a grande ideia?* Ed. Civilização Brasileira, 1997.

138   FEITAS PARA O CLIENTE

erodindo ano a ano[5], na razão contrária à ascensão da TV paga e da segunda (ou terceira) tela.

Consideremos o caso do Itaú, que desde o início da década de 1990 segmentou o público-alvo. Eles oferecem "um banco diferente para cada tipo de cliente", como está estampado no site da instituição. Na mira estão grandes corporações, pequenas empresas, funcionários públicos, consumidores de alto poder aquisitivo e classe média (alta e baixa). Eles buscam o cliente a partir de uma multiplicidade de canais e mídias. Mesmo na propaganda de massa na TV feita pelo agora Itaú-Unibanco, diferentes perfis estão presentes, seja a dupla da terceira idade jogando Wii, sejam as crianças na piscina, a mulher grávida, e outros. Multiplicidade de mercados é a chave. Além desse desdobramento, o Itaú-Unibanco passou a externar propósitos, vinculados ao eixo do negócio (#issomudaomundo), incentivando consumo consciente, uso consciente do crédito, leitura para as crianças, uso de bikes nas cidades, incentivo e acesso à cultura. Além de ser um banco que procura entender e se relacionar com os clientes, quer ser percebido como uma instituição que trabalha para a sociedade e que busca o lucro digno.

Considerar os diversos públicos (multipúblicos) e mídias (multimídia) se tornou importante, mas o uso correto de um deles, a imprensa, se tornou fundamental para o casal de especialistas americanos Al e Laura Ries. Em seu livro *A queda da propaganda e a ascensão das relações públicas*[6], eles usam uma fábula de Esopo para reforçar esse ponto de vista. O vento e o sol medem forças para ver quem consegue retirar o casaco de um homem. Frente ao poder do vento, o homem segura ainda mais forte seu casaco, tentando se proteger. Frente ao calor do sol, ele cede e retira a roupa. Para a dupla Ries, a publicidade mimetiza o vento, que tenta impor seus objetivos; já as relações públicas são associadas ao sol, que apenas ilumina e aguarda que o homem aja da maneira esperada e desejada.

MULTICANALIDADE

De um ponto de vista prático, adotar uma estratégia multicanal é simplesmente uma necessidade, desde que devidamente construída sob modelos de design thinking e de absoluta conformidade e uniformidade entre os canais. Manter a curva de crescimento se tornou extremamente difícil apenas com os métodos tradicionais. Em resumo, diversos canais potencializam os resultados, a partir de uma experiência mais rica e diversificada para o cliente. Evidentemente, o destaque é o comércio ele-

---

[5] Em dez anos, TV paga cresce 260% no IBOPE. Disponível em: <http://cultura.estadao.com.br/noticias/geral,em-dez-anos-tv-paga-cresce-260-no-ibope-imp-,1615511>.

[6] RIES, Al; RIES, Laura. *A queda da propaganda*: da mídia paga à mídia espontânea. Editora Campus, 2003.

trônico. Isso mesmo, considerando que o canal virtual no Brasil ainda fatura menos de 5% do varejo total. Não importa, os ganhos aí serão crescentes e exponenciais. Para Ubirajara Pasquotto, presidente e fundador da Cybelar, rede de eletroeletrônicos de grande sucesso no interior de São Paulo, "Nesse contato [multicanal], como as marcas vão se comunicar com seus consumidores, [elas] têm que atingir um nível de envolvimento com o público que pode transcender o universo digital [virtual] [...] Consumidores e usuários estão no controle".[7] Marcílio D'Amico Pousada, ex-CEO da Livraria Saraiva (agora respondendo pela Raia-Drogasil), afirma que a internet cumpre hoje o papel da venda porta a porta, fundamental no segmento no passado e que ameaça voltar.

Tudo isso sem esquecer que a venda virtual é apenas uma das diversas pernas da estratégia multicanal. Por exemplo, a Riachuelo inovou com o catálogo online que oferece um provador virtual, mas manteve o catálogo tradicional, um dos poucos *cases* de mala direta em grande escala que deu certo no Brasil. O multicanal é jogo multifacetado, de atenção múltipla.

Portanto, a nossa metáfora evolui da seguinte forma: se esta é uma nova espécie, ela não só é sofisticada o suficiente para se deslocar pela terra; ela se ergue e caminha firme sobre diversos pontos para se apoiar. E vai de encontro a uma evolução notável e irreversível do cliente: ele é multitela. Pesquisa da Qualcomm e da Convergence Research de 2014 aponta: "73% dos usuários de internet no país consomem conteúdo multimídia. Desse contingente, 21% têm um smartphone e outros 3 dispositivos para se conectar à internet. E 41% usam pelo menos mais um dispositivo para se conectar à internet além do smartphone".[8] E quanto mais jovem, mais se conecta e interage por telas, tendo como hub central o celular/smartphone e sua galeria individualizada de apps. O leitor deve atentar para apenas um fato: 80% dos internautas que acessam a internet de pelo três dispositivos (um perfil "hiperconectado") têm entre 16 e 25 anos.[9]

Uma consequência dessa dispersão por diversas telas é justamente a redução da atenção. Como exigir concentração e chamar a atenção de consumidores impactados por bilhões de unidades de informação, conectados em rede, disparando mensagens e fotos em ondas imprevisíveis? Thales Teixeira, professor da Harvard Business School (único professor brasileiro a lecionar na mais prestigiada escola de negócios do mundo), conduz uma linha de pesquisas denominada "Economia da Atenção".

---

[7] Entrevista realizada pelos autores em 2012.

[8] Consumo multimídia: com quantas telas se faz uma pessoa. Disponível em: <http://consumidormoderno. uol.com.br/index.php/estudos-e-pesquisas/cip-centro-de-inteligencia-padrao/item/8413-consumo-multimidia-com-quantas-telas-se-faz-uma-pessoa>.

[9] Idem.

140   FEITAS PARA O CLIENTE

Ele demonstra em seus estudos que a atenção da audiência diminui em progressão contrária ao aumento substancial dos custos com propaganda. Nos últimos 45 anos, o custo de impactar cada mil consumidores com comerciais veiculados durante o Super Bowl evoluiu de um patamar inferior a US$ 5,00 para cerca de US$ 30,00.[10] Em resumo, a mídia de massa hoje é, mais do que nunca, um jogo para gente grande, que pode investir e elaborar formas sofisticadas de mensuração.

Vamos agora, em mais detalhes, aos ganhos. Imagine uma empresa com diversos canais, como Claro, Natura ou Cultura. Nessas empresas é fácil visualizar o retorno para a marca na possibilidade de otimizar as ações e, ainda, ensaiar os benefícios da visão única do cliente. E por isso, a maioria das grandes empresas está em busca dessa unificação. A própria Cybelar já partiu para a integração com o objetivo declarado de "alcançar cada vez mais negócios sem perder a identidade". O risco é focar em um canal e acabar criando a resistência do consumidor, que pode preferir outro. Ou então canibalizar canais que funcionam bem pelos novos canais abertos. Ou, pior ainda, expandir os problemas de um canal (exemplo: o SAC) para outro canal recentemente aberto (exemplo: as redes sociais), uma vez que os clientes podem utilizar simultaneamente mais de um canal para a mesma solicitação, crítica ou reclamação, por exemplo. Com isso aumenta-se o calor, a confusão interna, os custos de atendimento, os riscos de manutenção do cliente, com prejuízo significativo para a satisfação e a sua predisposição em continuar negociando com aquela empresa. Em outras palavras, mais canais que deveriam ajudar a aumentar o nível de serviço e a comodidade dos clientes na verdade pioram a relação e o resultado para todos. Então, muito cuidado aqui. Multicanalidade sim, multicanalismo ou simplesmente enviesar por uma rota "pluricanal" não!

Ciente dos riscos, a Cybelar decidiu expandir a integração a partir do canal de lojas físicas, que é o mais tradicional e já tem uma estrutura estratégica otimizada para ele. Esse cuidado é uma preocupação geral do varejo. Caito Maia, da Chilli Beans, decidiu ir devagar para evitar os erros da concorrência, que colocou o portfólio de canais de uma vez e acabou confundindo o cliente. Entretanto, uma empresa se destaca no setor no quesito: Magazine Luiza. A rede se define multicanal na essência justamente porque já unificou a gestão. Todos os canais utilizam não só a mesma logística, mas também um mesmo departamento de tecnologia, uma mesma diretoria de vendas. A tendência é que todas as redes façam o mesmo e unifiquem visão, mensagem, repositório de informações, gestão, programas e ações.

Pensando puramente em serviços, o Fleury, durante muitos anos um exemplo de atendimento e serviço de alto nível (e hoje enfrentando a dinâmica do crescimento e

---

[10] Varejo, negócios e a nova economia da atenção. Apresentação de Thales Teixeira no Brazilian Retail Week, BR Week, em julho de 2014. Disponível em: <https://www.youtube.com/watch?v=QBrBeYHZmBc&index=60&list=PL3Zpe5KBay_B70yb6_LcN-TPuebLn8yCt>.

da oferta para públicos diferentes por meio de marcas distintas), também incorpora uma visão multicanal, como afirmou Vivien Rosso, seu ex-CEO: "O fenômeno das redes sociais, naturalmente, trouxe uma dinâmica de relacionamento mais intensa e uma necessidade de gestão da reputação amplificada".[11] Visualize agora um banco, como o Bradesco, que segue de maneira clara uma estratégia multicanal, com grande integração e uniformidade de processos e requisitos de serviço ao cliente. No que se refere à marca, as mensagens, posicionamento de atributos e ações coordenadas são padronizadas em todos os canais, sempre com os mesmos objetivos. De forma similar, os processos também são padronizados, com os melhores entre eles sendo escolhidos para serem implementados e, se possível, replicados em outros canais.

Evidentemente, isso deve ser feito com um planejamento integrado das três dimensões BVR: branding, vendas e relacionamento. Se esses cuidados não forem tomados, boa parte do ganho de escala oferecido pela estratégia multicanal é perdida. Por exemplo, se o Bradesco utilizasse uma abordagem na agência, outra na internet e uma terceira ao telefone, o cliente ficaria confuso e haveria perda de credibilidade e receio ao utilizar alguns dos canais.

Bancos, varejo e outros segmentos também precisam se preocupar em alinhar a área de tecnologia da informação com o planejamento prévio e criar um formato universal para a padronização de todos os processos. Toda a dinâmica corporativa cotidiana deve ser integrada de fato ao CRM e ao BI (*business intelligence*) e a tecnologias de Big Data, capazes de oferecer interpretações dos clientes a partir de todos os "pedaços" e pegadas digitais deixadas pelos mesmos clientes em suas atividades digitais. Na prática, quer dizer o seguinte: desde que a informação seja fundamental para a relação cliente-empresa, tanto a loja como o site e outros canais devem obter essa mesma informação e alimentar os sistemas de dados. É o que se pode chamar de "compartilhamento nativo". Se isso for feito, evita-se o retrabalho, com a consequente redução do custo de evolução e manutenção.

Entretanto, não se pode ignorar o fato de que cada interação tem custos diferentes em função do tipo de canal. Fazer uma transação na internet traz um custo menor do que fazer a mesma transação no caixa da agência. No caso de um banco do porte do Bradesco, é preciso equilibrar os custos e o conforto do cliente. Não há dúvidas de que o serviço ao cliente na internet é infinitamente menos custoso do que na agência. Via de regra, oferecer o canal agência (e o Bradesco oferece o canal em rigorosamente todos os municípios brasileiros) representa um custo absurdamente alto. Mas, em um ambiente com forte regulação como o brasileiro e com grande demanda de informação e problemas de entendimento na oferta dos serviços fi-

---

[11] Entrevista realizada pelos autores em julho de 2014. Vivien Rosso é agora superintendente-geral do A. C. Camargo Cancer Center. O atual CEO do Fleury é Carlos Alberto Iwata Marinelli.

nanceiros, as agências são essenciais para o bom funcionamento do relacionamento entre o banco e seus clientes. Com essa prioridade assegurada, é possível e desejável direcionar as ações para seu canal de maior eficiência e, portanto, alcançar a melhor relação custo-benefício.

O Big Data, desde que corretamente entendido e avaliado — por profissionais com sensibilidade para reorientar o produto dos dados na forma de estratégias — permite que, periodicamente, a empresa utilize essa fonte de informação para replanejar/revisar e otimizar todo o ciclo de vida da marca, venda e relacionamento. É nesse ponto que a estratégia da multicanalidade passa para o chamado cross-canal (*cross channel*). As redes mais avançadas de varejo no Brasil, como o Pão de Açúcar, fazem bem a primeira fase, exploram possibilidades multicanal, mas ainda estão em transição na segunda, que é obter a completa integração entre os canais.

Para Enéas Pestana, ex-presidente do Grupo Pão de Açúcar[12] e atualmente consultor de gestão para diversas grandes redes varejistas, enfatizava, quando à frente do gigante GPA, que "os valores que permeiam todo esse ciclo estão dentro de um frame de lugar de gente feliz. A diferença é que queremos trabalhar, criar valor, fazer tudo isso dentro de um ambiente de felicidade, que faz parte do DNA desta companhia e é legítimo."

Pestana destacou, à época da entrevista, o programa "Cliente Vem Primeiro", que traz uma série de ações que visam de fato colocá-lo (o consumidor) no foco, um movimento que chama de transformação cultural, não uma simples campanha, mas um conjunto de ações que busca fazer com que o cliente seja de fato feliz na empresa. É interessante notar que para ele a felicidade do funcionário influencia até mesmo na eficiência do multicanal. "Se isso estiver desalinhado aqui, esquece. Vai desconectar tudo." Por outro lado, é interessante observar como o Pão de Açúcar irá enfrentar um concorrente revigorado pela presença de executivos que foram os artífices da criação do seu próprio DNA. Sim, pois agora Abilio Diniz está à frente da operação do Carrefour no Brasil. E ele mesmo provoca: "Lugar de gente feliz é aqui no Carrefour".[13]

Na questão do multicanal, é possível afirmar que no Brasil são os bancos, em larga escala, que compõem a linha de frente mais avançada. Até alguns anos atrás, era comum o correntista de um banco receber ligações ofertando cartões de crédito do mesmo banco. O problema era que isso acontecia mesmo que o correntista estivesse inadimplente ou com um débito maior do que sua renda podia suportar. Embora isso ainda aconteça eventualmente, o mais comum hoje é ver os principais bancos procurarem ao máximo dispor de uma visão única, sabendo quais produtos o cliente

---

[12] Entrevista realizada em 2012. Eneas Pestana deixou o comando do Pão de Açúcar em janeiro de 2014 para abrir sua própria consultora, Eneas Pestana e Associados. Em seu lugar assumiu Ronaldo Iabrudi.

[13] DINIZ, Abílio. Lugar de gente feliz agora é no Carrefour. Disponível em: <http://epocanegocios.globo.com/Informacao/Visao/noticia/2014/12/abilio-diniz-lugar-de-gente-feliz-agora-e-no-carrefour.html>.

A EVOLUÇÃO DAS ESPÉCIES   143

utiliza, qual o nível do endividamento e a possibilidade de explorar vendas cruzadas. Como Roberto Setúbal, CEO do Itaú Unibanco, afirma, "É absolutamente essencial você ter a visão única do cliente com todos os produtos, toda a relação que ele tem com o banco".

Nas palavras do CEO, ao abrir uma conta corrente, o cliente já está se propondo a uma relação multiplicada. Vai fazer poupança, investimento, pagar luz e telefone. Eventualmente vai contratar um cartão de crédito e um financiamento. Apesar dessa relação naturalmente multicanal, os bancos levaram muito tempo para chegar aonde estão. "Você tem todos os dados", admite Setúbal. "O difícil é organizar e botar no enfoque que você quer."

Ou seja, não faltam dados, não falta tecnologia, não falta nem mesmo inteligência. O banco tem tudo. Tem até demais. É tanta informação que as melhores mentes debatem há décadas as milhares de possibilidades de como utilizar esse colosso de informações. O esforço deve continuar. No horizonte, os bancos ainda terão de enfrentar a desconfiança e a indiferença do consumidor millennial. Na corrida pelo coração desse consumidor, o banco é visto como commodity.[14]

De qualquer forma, com esse tipo de estratégia razoavelmente bem implementada, a empresa obtém uma visão 360° do cliente, que permite reduzir o custo de relacionamento e transação pela otimização das principais variáveis (tais como evasão de clientes — *churn* —, fidelidade, tempo médio de atendimento, produtividade, entre tantos outros elementos fundamentais da empresa).

Mas a necessidade de estratégia e discurso unificado não impede a empresa de se adequar a cada canal. Nas mídias sociais, esse cuidado é fundamental. A Sky descobriu isso por acaso no ano de 2009.

Uma celebridade carioca saiu em público reclamando do serviço, e era urgente fazer algo. Então um funcionário respondeu espontaneamente: "Olha, desculpa, foi mal, vamos ligar para você e resolver. Tem algum telefone de contato?". Assim, informal, direto, bem na linguagem da rede. Hoje, quase todas as empresas presentes no Facebook fazem isso, mas na época foi um assombro. Sim, "na época". A velocidade da internet permite tratar três anos como fato antigo. Luiz Eduardo Baptista da Rocha enfatiza essa orientação ao diálogo franco e aberto com o cliente em qualquer ponto de contato. A informalidade da rede permeia todo ciclo de contatos: "A gente dá uma balinha de coco, dá uma coisinha aqui para o cliente, mas muito mais pela gentileza de estar fazendo um gesto e dizer muito obrigado pelo seu negócio, pela sua preferência. Mas ainda continua sendo fundamental você entregar aquilo que combinou. O que é combinado não é caro, ainda é muito relevante, e isso faz parte

---

[14] Pesquisa da Bridge Research aponta a percepção que a "Geração Y" tem dos bancos. Disponível em: <http://www.printeccomunicacao.com.br/?p=13736#sthash.rMPDf6Xq.dpbs>.

do credo da gente. E isso sendo reconhecido pelos clientes é um atestado de que estamos no bom caminho".[15]

E não é só a linguagem, pois a ação efetiva também se transforma na rede. É ali que a empresa pode mostrar que realmente se importa com o cliente, às vezes até indo além do que em tese seria obrigada a ir. Certa cliente do laboratório Fleury, portadora de condições especiais, nunca encontrava facilidades adicionais no estacionamento em uma unidade no bairro do Paraíso, em São Paulo. Comentou em seu blog pessoal o problema, sem grandes expectativas. O Fleury foi lá e fez as modificações.

Aí reside um aspecto pouco comentado das relações virtuais. Muitos falam de como as empresas precisam tomar cuidado e agir rápido para não provocar a fúria do consumidor. Mas as empresas começam a perceber que, se for estabelecido que a resposta será dada, o próprio consumidor se contém. Senão seria como meter o pé na porta em uma festa de gala. Afinal, o consumidor sabe que amigos, colegas de trabalho, seu chefe e os familiares podem ver o que ele anda dizendo e fazendo online. A comunicação interativa funciona para os dois lados; pode prejudicar a imagem da empresa, mas também pode abalar a imagem do próprio consumidor, se ele não for razoável e educado em suas exigências. Empresas como AirBnB e Uber já avaliam seus clientes e permitem que seus membros possam recusar a prestação de serviços para aqueles considerados "ruins".[16] Mas, ainda assim, se a empresa procurar ser ágil e correta, as chances são maiores de obter uma boa recíproca. Assim, informal ou não, o importante é a empresa buscar ética e agilidade em todos os canais.

FOCO NO CLIENTE

O cliente é o foco. Mas como fazer? Em seu livro *A empresa totalmente voltada para o cliente*, Richard C. Whiteley imortalizou o exemplo do industrial americano Collis Huntington quando, já no final do século XIX, ele disse: "Devemos construir bons navios aqui. Com lucro, se pudermos; com prejuízo, se preciso". Ora, Huntington amava o lucro como qualquer empresário. Nesse caso, ele apenas estava expressando a profunda convicção de que as empresas que realmente focavam no cliente além do discurso vazio se perenizavam.

De acordo com Whiteley, o segredo estava em comunicar essa visão de forma clara a todos os funcionários. E isso deveria ser feito constantemente, oferecendo metas audaciosas e desafiadoras, estimulando a todos a descobrir como isso se encaixava em cada setor da empresa e definitivamente inserindo essa preocupação no cotidiano.

---

[15] Entrevista realizada pelos autores em 2012.

[16] A vez de as empresas avaliarem os clientes. Disponível em: <http://economia.estadao.com.br/noticias/geral,a-vez-de-as-empresas-avaliarem-os-clientes-imp-,1627795>.

A Evolução das Espécies

Ora, estamos falando aqui de um ser na nossa fauna que tem a capacidade de discernir com precisão suas prioridades. Na nossa escala evolutiva, as estratégias já saíram do mar e souberam desenvolver diversos apoios para se deslocar em terra. Agora é o momento de ficar de pé e andar ereto. Diferente dos anteriores, esta espécie não sai em busca da caça diária sem se preocupar com o amanhã. Essa estratégia busca a perenidade.

Exemplo real no mercado brasileiro é o da financeira Losango. O ex-presidente da empresa, Hilgo Gonçalves, gastava boa parte do tempo caminhando pelos departamentos apenas para conversar. Muitos presidentes não conseguem fazer isso com frequência, ocupados com relatórios e reuniões com seus conselhos. Hilgo (era pelo primeiro nome que todo o mundo o chamava) entrou em 2006 na empresa e logo criou o "É comigo mesmo". Em poucas palavras, a proposta era fazer os funcionários terem atitude e buscarem sempre soluções simples e eficazes para os problemas. E estamos falando de uma empresa com dezenas de milhões de clientes e dezenas de milhares de lojistas (parceiros na oferta de crédito). Não é tarefa simples.

Fred Reichheld resume a forma de definir a lealdade de um cliente no livro *A pergunta definitiva: você nos recomendaria a um amigo?* Para ele, há bons e maus lucros (o que explica melhor o aparente impasse apontado por Huntington mais de um século atrás). Que vantagem há em conquistar um cliente por meio de marketing agressivo e vendedores habilidosos, se metade da carteira se esvai em menos de três anos? Não se trata de números em vão; isso de fato acontece com empresas de setores variados, como telefonia, viagens aéreas e bancos, não só nos EUA, onde há mais opções em cada setor, como também no Brasil. Lucro bom, diz Reichheld, é aquele obtido quando o cliente fica satisfeito e conta para os amigos. Só aí a empresa está no caminho correto, e não queimando capital para produzir bônus para os executivos.

Porém, a busca e a conquista da lealdade é tarefa mais e mais árdua. Thales Teixeira afirma (e tem dados bastante consistentes a esse respeito) que os consumidores estão progressivamente menos leais às marcas, particularmente àquelas de bens de consumo não duráveis: analgésicos, desodorantes, salgadinhos, cereais matinais e iogurtes vêm sofrendo, no mercado americano com a erosão da lealdade dos clientes.[17] Os mecanismos de coleta de informação dos clientes é tão eficiente na ponta do varejo (norte-americano), que muitas redes já comercializam seus insights com os fabricantes.

Pete Blackshaw, ex-analista da Nielsen e hoje executivo de marketing da Nestlé, além de conferencista, é ainda mais eloquente. Seu livro *O cliente é quem manda* traz o conselho singelo de que clientes satisfeitos contam para três amigos, enquanto que os insatisfeitos reclamam para três mil, o que se tornou especialmente verdadeiro em

---

[17] Varejo, negócios e a Economia da Atenção. Apresentação de Thales Teixeira no Brazilian Retail Week 2014. Disponível em: <https://www.youtube.com/watch?v=lPeqkrcaDu4>.

tempos de redes sociais. Blackshaw foi além de um título sugestivo em seu livro e deu o caminho: credibilidade.

Em nossa visão, a credibilidade, quando associada à imagem positiva, produz o efeito mais importante que uma empresa, marca ou qualquer agente econômico pode desejar possuir e inspirar: reputação (a propósito, essa é a metodologia adotada para a produção anual do Reputation Index, índice de reputação das mil maiores empresas no país[18]).

Para isso, Blackshaw argumenta que a empresa precisa transmitir real confiança, autenticidade, transparência e prestar atenção no consumidor. Este é um desafio, porque o consumidor quer cada vez mais ser tratado de forma especial. Pegue o caso da Bradesco Seguros, empresa que vem a cada ano sofisticando o seu nível de serviço e diferenciação junto aos diferentes públicos: "O foco dos produtos é inovar para gerar valor para o cliente. Por exemplo, para o público de baixa renda, a empresa busca valorizar sua inserção no mercado de seguros por meio de produtos de menor preço, de forma a desenvolver a cultura de proteção por meio do seguro. Já para o público jovem, o mais importante é um produto que tenha pagamentos periódicos, para aprimorar a sua educação financeira, o que o levará a consumir de forma sustentável em cada fase de sua vida", destacou Marco Antonio Rossi, extraordinário executivo, já falecido, quando presidente da empresa.[19]

O atual presidente do Conselho Administrativo da Chubb Seguros, Acacio Queroz, relata uma história singular. Roubaram um carro de luxo de um cliente no Rio de Janeiro, mas quando o encontraram, descobriu-se que havia um homem morto no porta-malas. O cliente foi irredutível: "Não quero mais esse carro". Como em outras operadoras, a política da Chubb é que não há indenização se o carro é encontrado. Abriu-se uma exceção, a empresa indenizou o cliente e ficou com o carro. Acácio sorri e pergunta: "Sabe quantas companhias fariam isso?". Portanto, esse é o padrão com o qual as empresas cada vez mais têm de se alinhar. Com isso em mente, é bom compreender que dois pontos finais se destacam. Um é garantir que o discurso seja igual à realidade. Ou seja, o que a empresa afirma de fato se reflete no que os consumidores estão dizendo, algo que pouco se vê ocorrendo no mercado, principalmente no brasileiro. Para que isso aconteça, há o último fator apontado por Blackshaw: a empresa precisa ser receptiva ao que o cliente pensa e diz, precisa realmente se abrir às reclamações mais ásperas.

Pegue o caso do portal de internet UOL. Foi o primeiro, e até 2011 o único, grande portal a ter um ombudsman, abrindo diálogo com os clientes por meio de um blog. "Não

---

[18] *Consumidor Moderno*, n. 196, p. 62, out. 2014.

[19] Entrevista realizada pelos autores em 2012. Marco Antonio Rossi foi vítima de um acidente aéreo no final de 2015.

A Evolução das Espécies

é só uma questão de atendimento, é relacionamento", diz Marcelo Epstejn, diretor-geral da empresa. "Se ele quiser ter acesso por qualquer meio que seja, temos de estar lá".[20]

Mas se o cliente estiver enfurecido, apontando problemas e erros sem cessar? Nesse ponto, melhor ainda do que lembrar de Blackshaw é recorrer aos ensinamentos da dupla Janelle Barlow e Claus Moller, reunidos no livro *Reclamação de cliente? Não tem melhor presente*. É a ideia básica — mas raramente implementada — de que o cliente reclamando é uma fonte valiosa de dicas de como aperfeiçoar o negócio. Melhor o cliente reclamar do que partir silenciosamente na direção da concorrência. Certamente outros irão atrás dele. O caso da operadora de telefonia Sprint nos EUA, no final de 2009, é clássico para representar o que acontece com empresas que "resolvem demitir seus clientes".[21] Cheque, amigo leitor. Achará no mínimo engraçado, se não trágico.

Janelle ainda ensina como lidar com o consumidor furioso, fazer com que se acalme a partir da escolha das palavras corretas, tornar-se um parceiro dele, e não um oponente, humanizar o relacionamento mostrando que há ali um ser humano, em vez do representante impessoal da empresa. Isso vale inclusive para prevenir determinados segmentos do varejo que ameaçam embarcar na cultura americana do autosserviço. É um modelo interessante, mas, se aplicado indiscriminadamente, entrará em conflito com a expectativa brasileira de calor humano. Quem quase cometeu esse erro, mas se salvou a tempo, foi a Riachuelo, de acordo como presidente Flávio Gurgel Rocha. "Acordamos para isso em boa hora", revela, dizendo que quem fez "abandonou o elemento humano na venda". Para além do elemento humano, um modelo baseado em autosserviço depende vorazmente de tecnologias que criem um ambiente intuitivo, em que o consumidor consiga "navegar" normalmente, sem sobressaltos ou zonas de fricção.

Mas a preocupação com o elemento humano é apenas um caminho, uma seta indicando para onde o empresário interessado em um empreendimento perene deve ou não ir. Não é um mapa. A questão de como chegar lá é que é a fundamental. E não se trata de uma resposta simples, considerando quantos erros foram cometidos nas últimas décadas. A partir desse momento, a estratégia passa a buscar uma inteligência, ela tem um cérebro. De nada vale criar camadas e camadas de sistemas, envolvê-los em CRM, BI e Big Data, sem a capacidade de transformar esses dados em uma dimensão que transcenda a lógica e seja capaz de envolver, encantar, surpreender.

---

[20] Entrevista realizada pelos autores em 2012.

[21] Em junho de 2007, cerca de mil pessoas receberam cartas da Sprint comunicando que elas estavam "demitidas". Não eram empregados, mas sim clientes. Sua falha? Ligar centenas de vezes para o contact center, gerando custos demasiados para a operadora de telefonia. Uma boa análise sobe essa "postura" pode ser lida no site da Harvard Business Review — "The right way to manage unprofitable customers". Disponível em: <https://hbr.org/2008/04/the-right-way-to-manage-unprofitable-customers>.

Encantamento

Lidar com o conceito da gestão da macroentidade chamada cliente se tornou — para usar uma expressão da época — um *must* na década de 1990. O oposto também é verdadeiro. Lá na ponta, no contato direto com o cliente, emergiu a necessidade de oferecer algo especial, um evento significativo e fundamental: a experiência do cliente.

O incensado Paco Underhill — autor do best seller *Vamos às compras!* — dedicou um outro livro inteiro ao santuário do consumo: o shopping center ou centro comercial. Underhill reagia a um fenômeno que se fortaleceu na década de 1980 nos EUA, quando shoppings brotavam à razão de um a cada três dias. Hoje são mais de 100 mil shoppings.

No Brasil, o crescimento também foi espantoso nos últimos 20 anos, e mesmo assim o número atravessou a barreira dos 500 shoppings (521, para ser exato, conforme número pela ABRASCE, Associação Brasileira de Shopping Centers, ao final de 2014). Portanto, há muito espaço para crescer, em especial fora das capitais do quadrilátero dourado (Brasília, São Paulo, Rio de Janeiro e Belo Horizonte). Por força da situação econômica repleta de incertezas, a estimativa da inauguração de mais 25 unidades em 2015 não foi atingida. O país fechou o ano com 18 novos shoppings. Ainda assim, a expectativa para 2016 contempla a inauguração de 40 novos centros comerciais.[22]

Underhill ficou famoso ao abordar como o consumidor transita nesse santuário cheio de divertimento, controlado, elitista, com vitrines clamando pelo consumo e acenando com o desejo. A questão central é como transformar esse cliente potencial e andarilho naquele que efetivamente sai da loja carregando o produto. Mais do que isso, fazer com que essa compra seja algo memorável, que o faça voltar de novo e de novo muitas outras vezes. Em um shopping, é necessário se preocupar com detalhes como o posicionamento da loja, a tendência do consumidor virar à direita, a oferta de restaurantes e banheiros, locais para sentar e outras praticidades, a combinação de lojas âncoras, a diversidade de lojas e o estilo do shopping, em função da geolocalização. Mas também há itens menos ordinários, como a luz correta para não afastar ou o cheiro que atrai ao estimular os sentidos. Considere a psicologia do consumidor, inclusive o fato de que ele pode gastar uma hora comprando, mas vai se incomodar com dez minutos esperando o pagamento ser completado. Lembre que estamos falando de fascínio e encantamento. Esta nova espécie é capaz de seduzir.

---

[22] Dados: ABRASCE, números do setor de shopping no Brasil. Disponível em: <http://www.portaldoshopping. com.br/inauguracoes/>.

A Evolução das Espécies   149

Não é necessário repetir casos alardeados, como a Apple Store, que não só por causa dos produtos alcança o maior faturamento por metro quadrado do mundo, três vezes o segundo colocado. Ou da fabulosa Warby Parker, que fez da venda de óculos um fenômeno cult que incentiva até mesmo a leitura. Não, caro leitor, há bons exemplos no Brasil que envolvem criatividade. Como a Reserva, loja de moda masculina e feminina, que nasceu no Rio de Janeiro, encanta pelo ambiente acolhedor, pela simpatia original dos vendedores, pela moda criativa e por ideias simplesmente não convencionais que "embalam" cada item vendido (como as cuecas chamadas de porta-joias).[23] A Reserva chegou a transformar em comercial o vídeo que registra o roubo de uma de suas unidades.

A Farm (que também opera a grife Animale) é outra rede de grande destaque pela atmosfera única que imprime às suas lojas. Premiada no Fashion Design Awards, da consultoria WGSN em 2010, a marca diversas vezes atingiu o posto de loja que mais vende por metro quadrado no Shopping Iguatemi em São Paulo. Isso em um local onde até o supermercado da bandeira Pão de Açúcar possui uma loja convidando o consumidor a uma experiência diferente.

Para fazer isso, a Farm vende "estilo de vida", com um modo de ser bem carioca, com ambientes descontraídos, coloridos e com muita influência da natureza. Os ambientes pretendem fazer o cliente se sentir em casa, com uma decoração que lembra uma sala de estar. Há pequenos detalhes enriquecendo a experiência de compra, como dar ao cliente a opção de escolher a trilha sonora dentro do provador — a marca possui sua própria rádio —, ou definir dias especiais em que os animais de estimação são bem-vindos, e ações também especiais, como sorvetes para quem está comprando e quem está acompanhando na loja.

Seduzir nem sempre significa dar todas as opções ao cliente. Pode parecer contraditório, mas Barry Schwartz explica isso muito bem no livro *O paradoxo da escolha*. Não ter opções é ruim; ter opções demais é péssimo. Em uma visita ao supermercado da vizinhança, que Schwartz diz nem ser muito grande, ele encontrou 85 tipos diferentes de bolachas. "Quem gasta tanto tempo e energia comprando bolachas?", ele pergunta. O resultado do excesso é a ansiedade.

A resposta nesta e em diversas outras situações é que muitas vezes o cliente não quer nem precisa de tanta liberdade; quem provê o serviço ou vende o produto pode e deve dar o suporte e ajudá-lo a escolher.

Esse conceito fica claro quando diversos autores já demonstraram que o cliente nem sempre sabe o que quer. Fazer uma pesquisa simples buscando descobrir qual o tipo de produto desejado e depois fazer o lançamento baseado nas respostas é mui-

---

[23] A gestão divertida e inovadora do fundador da grife Reserva. Disponível em: <http://exame.abril.com.br/revista-voce-sa/edicoes/199/noticias/a-lideranca-irreverente-e-inovadora-do-fundador-da-reserva>.

tas vezes o caminho mais certeiro para o fracasso. É a diferença que James Bryant Conant, professor de Harvard, costuma fazer entre a teoria esposada e a teoria em uso. A esposada é tudo que dizemos acreditar; a teoria em uso representa a maneira como realmente agimos.

É assombroso saber que mais de 80% dos produtos e serviços lançados atualmente fracassam[24], como afirma Gerald Zaltman no livro *Afinal, o que os clientes querem?* Com isso em foco, fique sempre ciente de que hoje é mais do que necessário entrar realmente na mente do consumidor, e pesquisas simples nem começam a dar conta do recado. Como Zaltman diz, é preciso "entrevistar a mente do cliente".

Para muitos empresários, toda essa discussão parece distante do cotidiano das vendas, tudo remete a papo de guru interessado em vender palestras. Esse é um engano crasso. Entender de fato o seu público-alvo e agir de acordo está intrinsecamente ligado a uma gestão real e efetiva. Para entender este ponto, considere o seguinte: poucas atividades são mais frustrantes e desafiadoras no mundo dos negócios do que o atendimento ao cliente. Não apenas do lado da vítima — o cliente —, mas também para empresas realmente preocupadas em oferecer um bom serviço. Sim, porque tudo que se aprendeu em dois séculos desde o início da Revolução Industrial falha lamentavelmente quando se trata de serviço e atendimento.

Esta é uma das mais interessantes e principais lições de Karl Albrecht no livro *Revolução nos serviços.*[25] Ali ele decreta claramente que o modelo de produção à la General Motors — consagrado por Peter Drucker — fracassou fragorosamente quando se trata de qualidade de serviço. Fabricar e atender são atividades inteiramente diferentes. Céu e terra, água e fogo. E é por considerar que processos bem azeitados importados da fábrica resolvem o problema que tantas empresas ofendem e enfurecem seus clientes.

Mas dentro dos atuais modelos de corporação, "fabricar", "atender", "criar", "inovar" são conceitos também maleáveis. A Apple oferece produtos todos eles organizados no centro de um ecossistema de serviços. Produtos que ela concebeu e os faz ostentar sua marca. Mas não é ela quem os produz. A Hering, tradicional malharia de Santa Catarina, migrou para o varejo, abriu o capital e terceirizou a produção para a China. O "atendimento" de bancos e teles migrou para os contact centers e ali encontrou formas modernas de testar, experimentar e aprimorar o serviço ao cliente. Por trás do alarido das demandas registradas nos PROCONs, o que vemos

---

[24] ZALTMAN, Gerald. How customers think — essential insights into the mind of the market — summary of the original text. Disponível em: <http://www.magnatar.nl/Magnatar/Brain_food/Artikelen/2011/8/18_Marketing_Metaphoria_-_Zaltman_files/howcustomersthink.pdf>.

[25] Uma visão resumida das ideias de Karl Albrecht pode ser vista aqui: <https://www.karlalbrecht.com/articles/pages/secondcomingofservice.htm>.

A Evolução das Espécies

151

são contact centers genuinamente interessados em prestar bons serviços aos clientes de seus clientes, expandindo tecnologias, formando pessoal e comportando-se hoje da mesma forma que as indústrias o fizeram nos primórdios do século XX, alargando fronteiras com grande impacto socioeconômico. Integrar funções e processos, tarefas e estratégias dentro do eixo do negócio de uma maneira que faça sentido para o cliente demanda novos modelos mentais. Explicando: fazer sentido para o cliente impõe uma alteração no processo de desenvolvimento de produtos e serviços. Ao invés do produto para o mercado, é necessário reorientar a direção desse processo: do consumidor para dentro da empresa, mapeando o ecossistema e as diferentes personas, construindo a jornada do cliente em todos os pontos de contato. Uma forma de se modificar o pensamento convencional de desenvolvimento de produtos e serviços é utilizar ferramentas como o design thinking ou design de serviços. Essa ferramenta propõe repensar e testar junto dos clientes cada novo produto, para compreender como eles irão usar, como querem usar esse produto ou serviço. *Design thinking*[26] inverte o *modus operandi* convencional e traz o pensamento, a atitude e o comportamento do consumidor para dentro da corporação, estimulando equipes a pensarem fora da caixa e a moldarem processos e tarefas de modo coordenado, e não necessariamente seguindo uma lógica industrial.

Essa lógica industrial foi a responsável pelo deslocamento do atendimento ao cliente de sua função primordial: atender, servir, esclarecer, dialogar. O erro cometido, segundo Karl Albrecht: primeiro os "engenheiros" do atendimento definem a estrutura, depois se preocupam com as pessoas. Antes focam em controlar; depois, quem sabe, cuidam de motivar.[27] É a necessidade inescapável dos engenheiros de medir produtividade em um ambiente em que relacionamento é que deveria ser a meta. Não há como dar certo.

Para tentar esclarecer o que parece essencialmente abstrato, é fundamental compreender como relacionamento e marca interagem. Para Marc Gobé, autor do livro *Emoção das marcas*, a resposta já vem no título: emoção. É por meio dela que se constrói um relacionamento, oferecendo experiências sensoriais inesquecíveis, um design que lhe faça sentir o produto. Somente assim se cria efetivamente valor de longo prazo. Uma gestão que não leva em consideração esse elemento emocional coloca a marca sob a ameaça do esquecimento, enquanto se disputa centavos a cada dia.

Nesta etapa fica claro para nossas espécies evolutivas da estratégia que não basta andar ereto e ter um cérebro para se perenizar na mente do cliente. Nossa espécie acaba de ganhar um coração.

---

[26] Mais sobre design thinking pode ser visto em *Design Thinking Brasil* (Elsevier, 2011), de Tennyson Pinheiro.

[27] ALBRECHT, Karl. *Revolução nos serviços*. Pioneira, 1998.

Gobé argumenta ser necessário ao gestor incorporar o esteta, o visionário e o antropologista na busca do relacionamento com o cliente. Com essa preocupação em mente, é preciso ir além do exemplo dado pela grife carioca Farm, que reconhecidamente oferece uma experiência legítima e original. Mais do que isso, é essencial envolver, com muita atenção. A Farm e a Reserva e também a Livraria Cultura têm uma experiência tão diferenciada que fazem das lojas ambientes de lazer, interação social e serviços inusitados.

A tarefa de envolver e surpreender pode ser moldada até no cliente infantil, incluindo aí a possibilidade de causar uma impressão duradoura nos pais. Em 2010, foi iniciado no Brasil um conceito inédito no atendimento infantil, o Vila da Saúde. Ele foi criado pelos Laboratórios Fleury, em parceria com a ONG americana Sesame Workshop, conhecida no Brasil como Vila Sésamo. A meta era tornar o ambiente laboratorial agradável para a criança, fazer de uma simples coleta de exame uma experiência divertida para os baixinhos.

A primeira unidade foi inaugurada em maio de 2010, no bairro Ibirapuera, em São Paulo, e hoje está presente também nos bairros Paraíso, Braz Leme, Rochaverá-Morumbi e Alphaville, este em Barueri. O foco do projeto voltou-se às crianças de zero a 12 anos. O Fleury não deixou de lado o aspecto prático, dando prioridade ao agendamento imediato, à resposta rápida nos resultados dos exames (em até quatro horas, inclusive aos finais de semana) e oferecendo uma assessoria médica integral aos pediatras solicitantes.

Mas a apresentação é que faz a real diferença — decoração, ambientação, contextualização — no melhor espírito de *storytelling*. Logo na entrada, o cliente mirim encontra uma recepção equipada com brinquedos. Todas as salas possuem TV com programação infantil, e cada uma delas leva o nome dos personagens da turma da Vila Sésamo (Bel, Elmo, Garibaldo e Beto). Quando chegam aos locais de exames, há estrelas com luz neon no teto para que as crianças não percebam que saíram daquele mundo lúdico. Quando terminam e vão para as salas de espera, ainda encontram propostas interativas e educacionais de acordo com cada faixa etária. Naquela voltada para o público de 7 a 12 anos, por exemplo, há um PlayStation para que ele se distraia enquanto aguarda o resultado do exame. Por fim, a área externa do laboratório oferece um parque infantil integrado à imagem do parque Ibirapuera ao fundo.

COLABORAÇÃO

Tudo o que foi dito até agora aponta na direção de envolver e efetivamente criar um relacionamento com o cliente. Neste momento, é válido mostrar até onde a evolução das espécies de estratégias já nos levou. Um excelente exemplo é a forma que algumas empresas encontraram de utilizar os próprios clientes como fonte de inteligência. A partir desta perspectiva, imagine o que a palavra "comunidade" significa em seu sentido mais amplo.

Em 2011, a construtora Tecnisa concluiu a primeira experiência sólida do mercado brasileiro do conceito conhecido como *crowdsourcing* (em uma tradução literal, fornecido pelas massas). Em miúdos, é a proposta de fazer com que a criatividade de milhares, talvez dezenas de milhares, trabalhe em prol da melhoria e aperfeiçoamento de serviços e produtos oferecidos.

Não se trata de teoria, até já há casos com resultados práticos no Brasil. Romeo Busarello, diretor de ambientes digitais e relacionamento com clientes da Tecnisa, iniciou um projeto de *crowdsourcing* há quatro anos e recebeu mais de mil ideias durante nove meses. Foi o Tecnisa Ideias, um site que a construtora criou baseado no conceito de *crowdsourcing*. E da multidão vieram várias ideias.

Para filtrar tantas propostas, Busarello considera essencial que o profissional tenha conhecimento da cultura da empresa e do mercado de construção, como ele, que tem onze anos de Tecnisa. A tarefa de escolher as ideias exige um conhecimento amplo. É preciso convencer gestores de diversas áreas, considerar o custo e a viabilidade técnica.

Por exemplo, uma das que eles acharam "bacana" foi criar nos prédios da Tecnisa um espaço ecumênico, onde as pessoas pudessem rezar, refletir ou meditar, independente da religião. Interessante, mas não aplicável neste momento.

Depois de meses recolhendo e analisando as propostas, Busarello e equipe ficaram com 35. Uma argumentava que os moradores pouco passam pela recepção do prédio e transitam mesmo é pela garagem, que normalmente é mal-acabada e feia. Agora vão surgir garagens decoradas, com plantas, talvez até um grande aquário. Outro prédio deve ganhar bicicletas para os moradores usarem em um sistema compartilhado, ideia em sintonia com as preocupações ecológicas da classe média-alta, público dos lançamentos da Tecnisa. Assim, as 800 pessoas que deram ideias provaram que pensam melhor do que uma. Não há dúvida de que estamos diante de uma nova espécie de estratégia no relacionamento com o cliente.

O pioneirismo da Tecnisa no cenário brasileiro ainda precisa de outros players para pavimentar um caminho seguro de inovação. Nos EUA, o caminho colaborativo é bastante disseminado. Google, Facebook, Starbucks, Trip Advisor, Pepsico,

154 FEITAS PARA O CLIENTE

Cirque du Soleil, Unilever, Coca-Cola, Heinz e muitas outras empresas criaram formatos específicos de colaboração. O My Starbucks Idea existe desde 2008 e para "incentivar os clientes a apresentar ideias de melhores produtos, melhorar a experiência do cliente e definir novas formas de envolvimento com a comunidade".[28] Por isso, criar um caminho aberto e confiável de envolvimento, participação e coconstrução com os clientes é especialmente relevante quando se considera o fato de se viver em uma sociedade em redes, organizada em comunidades e redes sociais, interconectada em regime 24/7, se metainfluenciando a todo momento, gerando, compartilhando e viralizando novos conceitos e opiniões com ou sem legitimidade.

Colaborar com os clientes nesse cenário é quase mandatório para se ter sucesso e alcançar níveis de reputação superiores. Isso vem igualmente do respeito, da transparência, do senso ético e dos preceitos da sustentabilidade aplicados ao relacionamento empresa-cliente.

OPORTUNIDADES

Nada atrai mais o interesse do empresário do que um novo mercado a ser explorado. Não é o foco deste livro abordar diretamente a questão de novas tendências, com exceção daquelas que tenham relação direta com o nosso personagem principal: o cliente. Neste aspecto, o futuro será evidentemente abordado com cuidado e atenção em nossos capítulos finais.

Como falamos de estratégias em escalas evolutivas, é interessante destacar uma nova onda capaz de provocar revoluções sísmicas em praticamente todos os segmentos do mercado: nossa aposta está no desenvolvimento das impressoras 3D. Por quê?

Estamos falando aqui de *"prosumers"* — produtores e consumidores não apenas de conteúdo, mas de toda sorte de ideias com forte grau de personalização. Com efeito, as impressoras devem estar disseminadas em milhões de lares até 2030, conforme projeções do Copenhagen Institute.[29] Lori Kolthoff, diretora mundial de criação da FRCH, alinhavou pontos de disrupção espantosos: "Os projetos arquitetônicos à base de impressoras 3D são ilimitados. E experiências radicais, com base em elementos orgânicos, estão em curso a todo vapor. Apicultores conseguiram desenvolver uma garrafa feita inteiramente de mel produzido em impressora 3D [...] As indústrias oferecerão designs digitais em paralelo com produtos físicos, justamente para permitir a customização. Imagine a sua lista de supermercado, em parte produzida na sua casa com designs fornecidos pelo supermercado [...] Qualquer objeto poderá

---

[28] Para conhecer o funcionamento do My Starbucks Ideia, acesse <https://twitter.com/mystarbucksidea>. O Tecnisa Ideias pode ser acessado em <http://tecnisaideias.com.br/web/>.

[29] *Consumidor Moderno*, n. 194, p. 84, ago 2014.

A Evolução das Espécies

155

ser produzido e reciclado indefinidamente, porque a matéria-prima já tem esta natureza. A Fórmula 1 já desenvolve seus protótipos em impressoras 3D".[30]

Até aqui, o leitor percorreu um longo trajeto neste capítulo sobre estratégias, desde os primórdios da simples promoção, do desenvolvimento da propaganda de massa, até o sofisticado organismo que oferece experiência e encantamento, muitas vezes por meio de múltiplos canais de relacionamento. Então abrimos uma exceção em um livro que oferece respostas para fazer uma pergunta: o que vem depois?

Parte da resposta foi dada pelo fundador da empresa de comércio eletrônico Zappo, Tony Hsieh. Para ele, tudo se resume a um conceito, embora complexo e difícil de definir para cada um de nós: felicidade. A questão é como reunir felicidade e lucros em um mesmo conceito. Em parte, a resposta de Hsieh está relacionada ao que citamos de Richard Whiteley lá atrás, quando abordamos o foco no cliente e a importância de inserir essa preocupação no cotidiano da empresa. Lembre, citamos até o exemplo da Losango e como seu presidente encontra tempo para andar pela empresa e conversar com seus funcionários.

Mas a proposta de Hsieh sobre felicidade vai um pouco além disso. Ele a leva ao extremo. Depois de uma semana de treinamento para os novos funcionários, ele oferece US$ 2 mil àqueles que queiram ir embora. Você não entendeu errado. O candidato a funcionário pode pegar os US$ 2 mil e sair andando. Hsieh acha que é melhor pagar para não contratar do que contratar alguém que estará lá apenas pelo dinheiro. Óbvio que ganhar dinheiro é essencial, mas Hsieh está convencido de que, se os funcionários não colocam a felicidade em primeiro lugar, não vão saber fazer o mesmo para os clientes. Ele acredita tanto nisso que está disposto a pagar — literalmente — para ver.

A fórmula de Hsieh não é infalível e é mesmo improvável que funcione para todas as empresas. Entretanto, não há dúvida de que há novas espécies de relacionamento com o cliente surgindo e que elas devem tomar o lugar de outras menos eficientes. Não se sabe quanto tempo essas espécies vão durar até que sejam extintas ou sofram mutações, se transformando em algo ainda mais surpreendente e eficiente. Só é possível ter uma certeza: a evolução do relacionamento não vai parar. Nunca.

---

[30] A mudança vem em 3D. Disponível em: <http://www.portalnovarejo.com.br/index.php/component/k2/item/9845-a-mudanca-vem-em-3d>.

"Quase cometemos o erro do self-service, mas acordamos em boa hora. É o abandono do elemento humano na venda."

Flávio Gurgel Rocha
presidente da Riachuelo, em entrevista realizada pelos autores em 2012

Capítulo 6

A Maior Loucura

Quem é responsável pelos clientes? Na maioria das empresas, simplesmente não há ninguém realmente de olho, "porque todo mundo está de olho, não é verdade?". E sabe por que isso acontece, caro leitor? Foi o que descobrimos em nossas pesquisas. Veja se não descobrimos a pólvora... ou se, pelo menos, vamos evitar que a deixem por mais tempo embaixo dos tapetes corporativos...

Descobrindo a pólvora

Acompanhe o raciocínio. Você ficará estarrecido com a singeleza da conclusão e com a doideira que acontece por trás dos muros das empresas.

O cliente é o principal ativo das empresas (por quê? — por favor, leia novamente o capítulo inicial).

Antes tão paparicado quando era denominado "nicho", "tribo", "prospect", "suspect" ou "target", alvo, portanto, de tantas promoções imperdíveis e mimos irresistíveis, vivia sob a alcunha da área de marketing e suas táticas de encantamento altamente sedutoras. Afinal, a meta do marketing é a atração, captura e conversão desses prospects em clientes.

Quando o cliente envaidecido resolve se converter de prospect em cliente e efetua sua compra, portanto seu cadastro, comete "a maior burrada de sua vida". Como assim? Isso mesmo. Em grande parte das empresas, o cliente prospect, se podemos definir assim, é gerenciado pelo marketing, mas o cliente "cliente", o cliente de verdade, e não o potencial, aquele que injeta recursos na companhia comprando e recomprando produtos e serviços, este é gerenciado por diversas outras áreas, como a área de clientes (especialmente em empresas de alto volume de transações para altas bases, como operadoras de telefonia e seguradoras) ou para a área de operações (na maioria das empresas). E o que acontece então? O cliente se torna um log, um código, um número numa massa de números.

Ora, todos sabemos que a prerrogativa central de áreas como clientes e operações é eficiência, porque vivem de operar processos e rotinas repetidas. Eficiência, em bom português, quer dizer o quê? Redução de custos.

Isso mesmo! O cliente, antes ativo e atraente, se torna passivo e indesejável, objeto com a tarja de custo colada em si, algo intrinsecamente ruim, que deve ser minimizado. Para piorar, "pensa que tem direitos que não deveria ter, mesmo que a constituição, o CDC, o manual ou o contrato garantam isso a ele". Quem disse que o cliente pode causar alvoroços e incômodos no dia a dia da empresa, mandando e-mail e esperando resposta ou ligando no call center e aumentando o custo de atendimento? Aliás, cliente pode reclamar, criticar, demandar o pós-vendas e a assistência técnica, usar as garantias e esclarecer dúvidas? Será que ele não percebe que isso tudo "dá trabalho, nos faz perder tempo, custa caro e não traz dinheiro?" (As frases entre aspas reproduzem chavões e ironias, frases que ouvimos em nossa experiência no trato e nas conversas com executivos diversos ao longo dos anos).

Caro leitor, preto no branco, não é assim? Troque seu chapéu de cliente para gestor e leia novamente este texto. Veja se não é isso que ocorre olhando de dentro. Depois, mude de referencial. Troque novamente de chapéu e releia o capítulo como cliente. Não fica enfurecido? Não explica quase tudo?

É por isso que o atendimento é normalmente tão ruim e os investimentos em relacionamento com os atuais clientes são... tão pífios! É por isso que muitos programas de fidelidade são descontinuados — porque custam caro para manter. É por isso que os canais de atendimento são tão insuficientes e mal estruturados. É por isso que as promoções para os não clientes são sempre mais atraentes do que as promoções e condições para os atuais clientes. Tudo conta para evitar o atendimento mais próximo do ideal: custo de carregamento, custo de retenção, custo de transação, lucratividade média, ticket médio etc.

Agora veja se não é a maior inversão existente do mundo corporativo. Vejam se isso não se configura como uma inequação absurda. Pare e pense: não é verdade que o SAC fica em operações em grande parte das empresas? Pense nos planos de renovação, pense nas promoções das quais você, cliente, não pode usufruir, mas sua esposa, não cliente, pode. Pense na falta de lógica no fato de você, cliente há mais tempo, pagar mensalidades mais caras do que clientes novos (ora, a fidelidade e o "tempo de casa" deveriam se traduzir em descontos, não?). Pense em quantos clientes cancelam assinaturas ou planos para aderirem a novas assinaturas e planos, mais baratos, exatamente do mesmo produto ou serviço. É muito estranho. Daí nos perguntamos se os acionistas sabem disso com essa clareza. As empresas não fazem essas contas. Não esse tipo de conta.

Quando o cliente entra na máquina da empresa, ele vira um passivo, vira custo. Claro, há sempre aqueles que olham para possibilidade de vendas cruzadas (*cross-sell*) ou fazem com que o cliente suba de categoria do produto (*up-sell*). Quem são esses? O marketing, ora! Nesse momento, o marketing volta com tudo, como se nada tivesse acontecido, tentando "aumentar" o *wallet share* do cliente. Mas, na prática, ele

A Maior Loucura

já é um passivo gerencial, a menos que ele vá reclamar na mídia ou nas redes sociais, ou se manifeste formalmente em sites de reclamação, mas essa é uma história que abordaremos mais adiante.

O fato irrefutável é que não só o atendimento, mas todo o ciclo de relacionamento depois das etapas de atração e conversão (vide a Figura 4.2) são encarados como custo, e não como ativo, portanto, não dignos de investimentos qualificados.

Claro, se a empresa for de capital aberto, é necessário conciliar a necessidade do cliente com a demanda do acionista. Nas empresas de capital fechado, o cliente é importante, mas gera um custo danado. Via de regra, há muita necessidade de ser defensivo na explicação de como a empresa insere o cliente no organograma e no fluxograma. E como o papel do CEO é o de ser um equilibrista entre a obrigação de gerar dividendos para os acionistas e satisfação para os clientes, normalmente ele precisa de mais insumos para decidir em favor dos clientes quando necessário. Tudo seria mais fácil se houvesse alguém claramente empoderado capaz de pensar nos clientes como ativo e como gerador de dividendos para o negócio. Senão, vejamos:

"É preciso estar muito bem assessorado para cuidar de investidores, alguém para cuidar dos participantes e alguém para a parte de negócios. Mais ou menos da maneira que estamos estruturados aqui. Quando se tem essa independência dos três [...], você consegue administrar melhor"[1], afirma Laercio Cosentino, CEO da Totvs, sobre o conflito entre áreas próximas e que se chocam nos assuntos envolvendo clientes: marca, vendas e clientes.

"Nós somos focados no cliente, somos preocupados com os acionistas. Lógico que você não pode desprezar nenhum deles. A empresa existe para dar lucro. É da natureza do sistema capitalista, mas tem um conceito que nós presamos muito aqui que eu acho que ele me dissipa esse aparente conflito 'vou atender o acionista, vou atender o cliente... Vou atender o acionista na sua ganância de dividendo, vou acertar o cliente querendo a sua oferta'."[2] A sinceridade de Flavio Rocha, presidente da Riachuelo, ressalta a dificuldade de equilibrar os interesses de clientes e acionistas.

"Cliente, acionista e colaborador são consequência. É cliente disparado; segundo, colaborador; e lá atrás o acionista. Tem tanta estrutura para cuidar do acionista que é consequência"[3], destaca Roger Ingold, CEO da Accenture, enfatizando que a natureza do seu negócio (consultoria) impõe que o cliente seja sempre colocado em perspectiva favorável.

---

[1] Entrevista realizada pelos autores em 2012.

[2] Entrevista realizada pelos autores em 2012.

[3] Entrevista realizada pelos autores em 2012.

"Estávamos falando que precisa ter encaminhado os interesses do cliente em primeiro lugar, junto com os acionistas e o colaborador. É você equilibrar conforme o dia. Equilibrar de uma forma tão nítida, mas colocando o cliente sempre na frente. Porque o que é bom para ele é bom para a corporação. Mas nem sempre o cliente tem razão em tudo"[4], Eduardo Gouveia, CEO da Multiplus, ressalta o papel de equilibrista de clientes e acionistas desempenhado pelo CEO (e pela empresa, de modo geral).

Carlos Zenteno, CEO da Claro, procura associar o valor do cliente ao valor gerado para o acionista. Em outras palavras, novamente a necessidade de equilibrar interesses: "Na medida em que é adotado o critério de análise do cliente, a partir do valor do cliente por seu ciclo de vida, a priorização do ponto de vista do acionista é convergente com a priorização dada ao cliente".[5]

Na Azul, companhia aérea que vem crescendo de modo acelerado no país, com sua orientação regional, o mesmo processo: "Não há prioridades, pois existe um círculo que envolve três pontos de sobrevivência para uma companhia: funcionários (tripulantes), clientes e acionistas. Um depende do outro para que o processo continue. Os tripulantes, estando satisfeitos, cuidam dos clientes, que, sendo bem atendidos, geram rendimentos para os acionistas".[6]

Poderíamos continuar indefinidamente relatando exemplos sobre como o cliente em si raramente tem algum executivo "C-Level" para chamar de seu. E mesmo quando tem, seu interesse precisa ser equilibrado com todos os demais stakeholders. Isso é certo, errado ou depende da estratégia de cada empresa, de acordo com o seu cenário competitivo?

O que não faz sentido é ver as empresas gastando horrores com os custos de retenção, porque no ciclo de vida, retenção entra quando o cliente está indo embora para a concorrência. E qual a receita da empresa para reter o cliente desgostoso e enfurecido? Descontos, brindes, cancelamento de dívidas, renovações gratuitas... ou seja, mais dinheiro perdido pela empresa, que negligenciou encantar, satisfazer e fidelizar e agora corre atrás para manter, recuperar. Mas isso é obrigação de quem? No nosso entender, o que precisa mudar é a noção do que é efetivamente "custo" e do que é "investimento" no ciclo de vida e na gestão de clientes e consumidores nas empresas. Definir quem comanda o cliente e orientar a estratégia para que a demanda do cliente possa se refletir em valor adicionado constante não é tarefa de "equilibristas", mas sim responsabilidade inadiável em um cenário de mudanças, em que o poder do cliente aumenta de forma desmesurada e novos modelos de negócio altamente disruptivos surgem a cada instante.

---

[4] Entrevista realizada pelos autores em 2012.

[5] Entrevista realizada pelos autores em 2012.

[6] Entrevista realizada pelos autores em 2012.

"A cada semana eu defino um produto, e toda reclamação para o atendimento vem com cópia para o meu BlackBerry. Assim eu tenho o pulso do que está acontecendo no mercado e com nossos clientes."

Cledorvino Belini
presidente da Fiat do Brasil, em entrevista realizada pelos autores em 2012

Capítulo 7

Futebol e Clientes

Antes de iniciar a sua apresentação, o nosso executivo repassa os diversos detalhes: ele leu muita coisa sobre clientes, leu causos e cases, histórias e lendas. Mas, ainda assim, se sente contrariado. Ok, o cliente é importante. Mas tem toda essa importância mesmo? E a qualidade? A empresa investiu tanto em qualidade de produto, criou alguns serviços. Na verdade, está o tempo todo pensando em como fazer os mesmos produtos ficarem melhores e mais rentáveis. Mas a competição é dura, a recessão assusta e afugenta os clientes. Isso é como um jogo. Melhor não abordar toda essa questão envolvendo clientes. Agora, com a bola rolando, mudar a estratégia? É pedir para perder. O nosso ataque, baseado em propaganda forte em horário nobre, dará resultado. Tem que dar! Foi tudo pensado. Aliás, essa é uma boa ideia. Começar a apresentação falando de como podemos jogar juntos e vencer essa partida!

Mas e se a empresa sofrer um revés? E se o esquema de jogo simplesmente não cair no agrado da "torcida" (ou seja, dos clientes)? Começa o drama: pressão, bronca das organizadas (as redes sociais) e a necessidade de mudar o time ou o técnico. Essa é a rotina que uma empresa vive ao cometer erros e se ver ultrapassada pela concorrência.

Mas o cliente é assunto de quem?

Vamos repetir uma pergunta que não quer calar: quem é o dono do cliente na companhia? O dono do funcionário é o RH, o dono do acionista é o RI e também o CEO (que é "dono" do conselho de administração). A área de vendas tem o seu diretor ou VP. TI também. O financeiro tem o CFO ou um VP. Mas quem é o dono do cliente? Essa questão da governança do cliente não está escrita e não está organizada na grande maioria das empresas que analisamos. Claro, existe a figura do "VP de clientes", do "diretor de clientes", do "diretor de relacionamento com clientes". Mas a quem ele responde? E qual a sua autonomia? Qual a descrição do seu fluxograma, das suas atribuições? Via de regra, a empresa "equilibra" os seus stakeholders (como vimos no capítulo anterior) e diz vigorosamente que o cliente é o mais importante. Afinal, ele é a razão de ser da empresa. Pois é: uma razão de ser que não chega a ser racionalmente vista, entendida e defendida no organograma.

Isso é brutal, mas é verdade. O principal ativo da empresa não tem dono (*accountability*), porque todos são donos dele. Acredite, leitor. Essa é a principal receita para "o deixa que eu deixo", para a bola dividida. Raramente há clareza de metas ou responsabilidades, comprometimento racional de orçamentos ou cobranças objetivas para os tais indicadores ligados ao cliente. Estão todos diluídos, cada área fazendo sua parte, mas ninguém olhando o todo e agindo sobre ele (PDCA!). Pergunta-chave: dói no "*compensation*" de quem a perda de um cliente? Quem recebe os tapas nas costas ou os chutes na bunda?

Obviamente, podemos analisar alguns casos de empresas em que isso vem procurando ser definido, mas de formas distintas. Na American Airlines, a função é da área comercial, uma escolha tradicional. Outra opção mais recente, e já bastante usada, é a de O Boticário, em que foi criada uma gerência do cliente e esta responde ao marketing. De maneira similar, diversas empresas decidiram eleger um vice-presidente para ser o responsável pelo cliente. É o caso da operadora Sky, que tem um vice-presidente com esse nome, e da Natura, que criou um comitê do cliente, que por sua vez é liderado por um vice-presidente.

Há, adicionalmente, um *trade-off* na escolha de quem cuidará do cliente dentro da empresa. Ele pode ser resumido no seguinte: quanto mais alto for o cargo, maior será a autonomia para corrigir problemas, mesmo que seja necessário obter recursos para compensar um cliente insatisfeito ou fazer alterações no produto ou no serviço. Em contraste, a velocidade para resolver o problema pode ser menor, porque um alto executivo pode cuidar de alguns poucos casos de cada vez. Um problema especialmente relevante quando se trata de uma empresa com milhões ou até dezenas de milhões de clientes. Como resposta, certas empresas — a exemplo de algumas lojas de departamentos e grandes magazines norte-americanos — vêm transferindo — dentro de graus de liberdade pré-definidos e regras claras — a autonomia para a resolução de problemas de campo (na loja, por exemplo) para o campo. O mesmo vem sendo ensaiado nos SACs, onde scripts vêm sendo montados levando em consideração a capacidade e viabilidade de resolução do problema no ato (seja no *first call resolution*, para questões mapeadas, seja para algum grau de liberdade para questões similares, porém não reguladas nos manuais de atuação e resposta). Por isso também o papel das ouvidorias vem crescendo, mas o funil para que um assunto crítico se configure assunto de ouvidoria vem sendo cada vez mais estreitado, objetivando reduzir os temas e casos que efetivamente são de prerrogativa dessa área.

QUEM ESTÁ FAZENDO COMO

Por exemplo, na Ford, menos de 0,05 % dos assuntos necessitam de aprovação externa ao time. O objetivo é que eles resolvam, e resolvam rápido. Na Porto Seguro, o gerente de sucursal tem autonomia para atender a um pedido do corretor, mesmo que mais tarde se chegue a conclusão de que ele foi além da conta. Jayme Garfinkel, presidente do conselho de administração, afirma que a decisão é cumprida e depois o gerente é cobrado. Ele entende que a empresa ainda não está com sua governança desenvolvida nesse ponto, mas deixa claro que se ganha em agilidade.

Ou seja, há várias táticas em campo, dependendo do campeonato que se joga e contra quem se joga. Setores mais competitivos, mais agressivos, que disputam milhares ou milhões de clientes simultaneamente, têm a sua disposição um arsenal de dezenas de ferramentas de marketing e um ponto focal, no contact center, onde é possível aumentar o tempo médio de contato com o cliente para entendê-lo e desvendá-lo. A questão aqui é paradoxal, mas certamente pede uma reflexão mais cuidadosa: por um lado, o cliente quer uma resposta rápida para a sua questão ou para a sua demanda; mas, por outro, não quer ter a sensação de que é um estorvo para a companhia, que ansiosamente precisa liberar a linha para o próximo cliente. A empresa tem no ponto de contato, principalmente quando o contato vem por telefone (ou nas redes sociais), a raríssima chance de dialogar com o cliente e de entender motivos de satisfação ou irritação, de incompreensão ou felicidade, raiva ou indiferença. Assim, a variável muito considerada para avaliar a eficiência de uma central de relacionamento — o TMA ou Tempo Médio de Atendimento — deve ser entendida à luz do que ela permitiu obter de dados. Um TMA alto pode significar atenção, cuidado e paciência com o cliente, vislumbrando entender mais profundamente as causas e o contexto do eventual contato. Ou podem significar simplesmente que a empresa foi pega de surpresa e não consegue dar alguma resposta plausível para a demanda. E vice-versa. O pilar essencial aqui é reduzir a distância entre a empresa e o cliente. Mas para isso é necessário reduzir as distâncias entre quem decide, quem executa e como se avalia o processo e a gestão de clientes.

A distância entre o ponto A (decisor) e o ponto B (execução) levanta diversas questões importantes. Uma delas é a velocidade do fluxo de informação entre quem atende e quem está mais acima na hierarquia. Por exemplo, com que frequência esse "técnico" responsável — seja a gerência do cliente ou a área comercial — recebe as informações sobre o que o está acontecendo no "jogo" com o cliente. E com que frequência esse mesmo profissional acessa o andar de cima, no topo da pirâmide hierárquica.

De maneira similar, um técnico precisa falar periodicamente com a diretoria ou com o presidente do clube. Você já imaginou com que periodicidade um técnico tem essas conversas? A cada final de jogo, ou somente quando o clube se vê diante de um investimento importante, como adquirir um jogador, e o técnico é convocado a discutir o caso. Ou ainda quando é chamado para ser informado sobre anúncios importantes. De acordo com as informações, eles podem mudar radicalmente o time a cada jogo ou fazer apenas ajustes, cientes de que a equipe precisa de tempo para se entrosar. Tudo antes de o campeonato ser perdido de vez.

Na empresa, a velocidade do fluxo de informações é fundamental para a eficiência e qualidade do atendimento. Por isso mesmo há soluções mistas, como o centro de resultado, criado pela mineira Algar Telecom, uma área responsável por coordenar as ações de relacionamento com os clientes. Essa área compartilha as decisões diretamente com a presidência da operadora e tem autonomia para melhorar processos que aumentem o índice de satisfação do cliente, o que é avaliado posteriormente por meio de pesquisa. Outro exemplo é o da Bradesco Seguros, em que a ouvidoria está diretamente ligada à presidência e dispõe de autonomia e alçada para resolver diretamente todas as questões decorrentes de demandas de clientes.

Esses exemplos são bem diferentes daquele em que se cria uma área de gestão de clientes com "autonomia junto à presidência". Não que esse modelo não funcione, mas fica claro que nesses casos a velocidade de resposta eventualmente fica comprometida. Por exemplo, a Brasilprev adotou um modelo divergente. Segundo Miguel Cícero Terra Lima, a empresa adota uma estrutura composta por diversos comitês entre uma comissão de clientes "que se reporta mensalmente à diretoria e que tem por finalidade avaliar e submeter aos diretores da empresa iniciativas que visem atingir níveis sustentáveis de satisfação, encantamento do cliente e melhorias no atendimento pessoa física ou jurídica".[1]

Outro exemplo de como é possível aprimorar o fluxo de informações é o processo adotado pela Mercedes-Benz. Segundo Phillip Schiemer, presidente da empresa, a Mercedez "[...] vem trabalhando globalmente com o conceito '*Customer Dedication*'. Resumidamente, seu objetivo é que cada funcionário da organização se sinta diretamente responsável pela satisfação de nossos clientes [...] Todas as informações coletadas [...] tornam-se um importante material a ser utilizado de forma integrada não só por vendas e marketing, mas também pela engenharia de produto, qualidade, gestão de fornecedores etc."[2] Ou seja, a empresa procura realmente disseminar a informação obtida do cliente e fundamentar decisões coletivas, dentro de um conceito de "ecossistema" que dá respaldo às demandas dos clientes.

Em tese, a visão 360° do cliente é fruto do comprometimento absoluto, quase religioso, da alta direção das empresas. Mas venhamos e convenhamos: fazer gestão

---

[1] Entrevista realizada pelos autores em julho de 2014.

[2] Entrevista realizada pelos autores em julho de 2014.

FUTEBOL E CLIENTES

de clientes demanda um enorme esforço. É necessário jogar sempre no limite, com "intensidade", como se diz hoje em dia, alinhando velocidade, ocupação de espaços e posse de bola. Ocupar espaços significa estar atento à questão da multicanalidade, velocidade diz respeito à dinâmica da mobilidade e da resposta em tempo real. E posse de bola significa coletar os dados, aplicar sistemas de Big Data, para interpretar e entender como o cliente quer o jogo. Por vezes, é necessário jogar na defensiva. Em outras tantas, é necessário atacar (inovar!). O importante é ser competitivo para que o cliente perceba o valor da transação e, substancialmente, do relacionamento. Diante de tanto esforço, é até compreensível (mas injustificável) que a gestão de clientes seja "repartida" por todos, seja "responsabilidade" de todos, seja "praticada" por toda a empresa. Mas é a velha história: se é de todos, não é de ninguém. Por isso, o cliente é tão importante, mas tão importante, que quem deve cuidar dele, em primeira (e em última) instância, é o CEO.

Mas seja qual for o envolvimento do topo da hierarquia, é sempre grande a necessidade de a informação chegar lá em cima com frequência e confiabilidade. Afinal, de nada adianta existir um VP do cliente se ele não recebe informação qualificada suficiente e nos prazos adequados. Também de nada adianta equipes com autonomia se elas não reportam constantemente o que fazem para os líderes. Na Ford, onde a equipe tem autonomia, os executivos do primeiro escalão são informados por um reporte diário e outro mensal, que garante o fluxo de conhecimento com menos filtros entre a diretoria/presidência e o time de gestão de clientes. Entre os indicadores revisados semanalmente pela diretoria da Ford estão a qualidade e satisfação do cliente. Ou seja, a cada semana a diretoria pode avaliar exatamente por que aquele o time está perdendo ou ganhando o campeonato.

Por outro lado, na financeira Losango, o ex-presidente Hilgo Gonçalves, durante seu período à frente da empresa, assumiu a responsabilidade de resolver os problemas dos clientes. O executivo analisava os dados do cliente diariamente, chegando a atender clientes no celular onde quer que estivesse, quando necessário, além de passar três dias na semana fora do escritório visitando clientes (falamos aqui de clientes corporativos; muito da operação da Losango é estruturada nos moldes B2B): "O envolvimento é tamanho que, em viagem, o número do telefone celular fica no quadro de telefones emergenciais para tratar de qualquer necessidade de clientes e colaboradores"[3], enfatizava Hilgo Gonçalves.

Há outros casos, que remontam desde o "Fale com o Presidente", de Rolim Amaro, na TAM. Casos mais recentes podem ser citados, como no Magazine Luiza, em

---

[3] Veremos como a empresa dará continuidade a essa cultura criada por Hilgo Gonçalves. Como pertencia à operação brasileira do HSBC, adquirida pelo Bradesco em 2015, a Losango, em princípio, continua do mesmo modo. Mas o destino da empresa, diante de uma cultura tão sólida quanto a do Bradesco (e também orientada ao bom atendimento ao cliente, porém com perfil diferente), é uma incógnita.

que a própria CEO falava com o SAC, lia e-mails e até atendia ao telefone, surpreendendo os clientes quando dizia: "Pois não, aqui é Luiza Helena do Magazine Luiza". Ao passar o bastão para o filho, Frederico Trajano, no final de 2015, Luiza sinalizou que não haverá mudanças significativas nessa postura.

Cledorvino Belini, presidente da Fiat, chega a escolher receber em seu BlackBerry comunicações de clientes. Para evitar o volume alto, ele define a cada semana um tipo de produto, e é dos clientes daquele produto que ele vai receber as reclamações. É como se o presidente do clube também atuasse como o técnico (ou um dos técnicos), ouvindo torcedores e eventualmente até interferindo diretamente no jogo.

Há também a filosofia de "ir ao vestiário". Um CEO pode perfeitamente dizer que há um executivo exclusivo para cuidar do time, enquanto ele recebe os relatórios periódicos. Outros preferem usar de tecnologia para obter um resultado mais sincero, como na Alpargatas, em que qualquer um dos 17 mil funcionários pode entrar na internet no "A palavra é sua" e opinar anonimamente dizendo o que quiser da companhia. O CEO Marcio Utsch chegou a assinar um documento e registrar em cartório garantindo que o departamento de TI tem ordem expressa de jamais identificar quem é o funcionário que mandou qualquer mensagem.

Jayme Garfinkel, presidente do conselho de administração da Porto Seguro, também tem por hábito promover uma aproximação não só com ele, mas entre os funcionários, inclusive entre os diferentes graus de hierarquia. O resultado veio certa vez na forma de uma mensagem enviada por uma moça do teleatendimento, que contou a seguinte história:

"Estava numa crise pessoal, cheguei para trabalhar no turno da noite muito chateada. Fiquei pensando, quem eu sou? Que importância eu tenho? Por que eu atendo o telefone? Eu sou alguém enquanto atendo, sou um nome para a pessoa que está sendo atendida, e quando ela desliga eu desapareço. Estava nessa crise quando levantei e comecei a andar pelo corredor. Vi a gerente, já com a bolsa na mão, indo embora. Fui até ela e perguntei se ela me conhecia: 'Você não deve me conhecer, não é?', disse eu para ela. Ela disse: 'Conheço sim, você é a fulana, da equipe da Joaninha'. Aí eu me surpreendi e falei: 'Você pode falar comigo?', 'Posso sim, tudo bem'. Batemos um papo, e eu me senti alguém."[4]

Garfinkel pondera que a gerente estava indo embora naquela noite, com todo o direito que lhe cabia naquela hora. Junto com o presidente, questionamos que tipo de treinamento pode ensinar uma gestora a agir assim? Garfinkel repercutiu o caso para dar o exemplo.

---

[4] Entrevista realizada pelos autores em 2012.

Estar perto dos funcionários também é a linha de Roland de Bonadona, CEO da Accor. Em um dessas "idas ao vestiário", Bonadona junta a linha de frente, que no caso do grupo Accor são garçons, mensageiros, camareiras, em cada praça. Cerca de 10% da empresa são reunidas, quase mil pessoas. E lá ele fica metade de um dia explicando a filosofia, como é estruturada a política de remuneração e o crescimento dentro da Accor. Há muita conversa e debate, e o funcionário pode entender o porquê de não crescer profissionalmente, se for o caso.

Outro exemplo é o de Flávio Gurgel Rocha, da Riachuelo. Para ele, sábado é dia de visitar loja. Diz que nunca voltou de uma visita sem um insight, algo novo.

Claro que esses executivos, e outros que realizam com sucesso esse contato com o funcionário, mantêm o fluxo de monitoramento constante. Mas eles acreditam, com razão, que nada substitui o contato direto. Há, por sua vez, aquelas empresas que não se contentam em informar a situação ao topo da hierarquia e envolvem outros stakeholders. Como a Natura, que nos últimos anos resolveu adotar o estilo do megainvestidor americano Warren Buffet de se comunicar com os investidores. Buffet realiza periodicamente o maior encontro de acionistas do mundo. Embora em proporções bem menores, a Natura não só convida, como chega a fretar ônibus saindo da capital paulista para o interior, levando centenas de interessados em conhecer de perto o que está sendo feito na empresa. Nesses eventos, eles ouvem sobre os números e podem fazer perguntas aos executivos. O acionista pode se manifestar também como cliente e ajudar a descobrir problemas na operação. Guardadas as devidas proporções, é como se o presidente do clube sentasse com a torcida organizada para ouvir sugestões. Não que ele tenha de colocar em prática, é claro, mas estar aberto ao diálogo é sempre enriquecedor.

Também por isso a CPFL Energia iniciou há algum tempo o programa "Diálogos com Stakeholders", que organiza encontros regulares com representantes de seus diversos públicos — clientes, fornecedores, colaboradores, sociedade civil, comunidade, academia, governo, entidades setoriais, investidores e acionistas do grupo. O objetivo é justamente melhorar continuamente o relacionamento com os stakeholders.

Mas ninguém consegue se aproximar mais do cliente do que as empresas que atendem o mercado corporativo, geralmente com produtos e serviços mais técnicos e específicos e, não raro, contratos mais longos. Por ter um público-alvo de número reduzido e bolsos fundos, é viável e importante ficar cara a cara com o cliente sempre que possível. Como o Grupo Algar, que faz o tour de clientes, levando grupos pequenos para visitar a sede da empresa em Uberlândia (MG) e encontrar os principais executivos. Isso sem contar os grandes eventos. Em 2010 e 2011, o Grupo Algar recebeu cerca de mil clientes corporativos em eventos diversos realizados nas principais capitais.

170   Feitas para o Cliente

Além dessas iniciativas mais amplas e esparsas, o comum atualmente é que um grande número de executivos receba os relatórios sobre clientes, que todos já oficialmente reconhecem ser essenciais. Como na Sky, que envia os relatórios a diversos pontos da hierarquia, desde gerentes e diretores, até todos os VPs e o CEO.

Quais informações interessam?

Então é hora de saber que tipo de informação é realmente compartilhada com os executivos. Afinal, uma vez definidos quem são os envolvidos no processo de decisão, é preciso saber no que eles se baseiam para decidir. Em um time, se a situação vai mal, tanto executivos como treinadores fazem duas perguntas cruciais: o que está errado e o que é preciso mudar. O primeiro passo é olhar os dados disponíveis para descobrir onde está o erro (ou erros).

No futebol e na maioria dos esportes, a decisão profissional pode contar com a ajuda das estatísticas para avaliar cada jogador individualmente e o que está faltando para o time fazer gols. São muitas variáveis, desde o número de passes certos, chutes a gol, velocidade, retomada de bola, posse de bola, contra-ataques permitidos e outros itens semelhantes. Indo um pouco além, eles ainda prestam atenção na audiência, nas estatísticas do jogo, na análise tradicional dos futebolistas de sempre e, recentemente, até no que estão falando do time nas redes sociais.

Na grande empresa, o cenário, infelizmente, é bem mais complicado, simplesmente porque as variáveis são bem mais numerosas. Qualquer atividade empresarial é "não linear", mais complexa, portanto, com poucas variáveis sob controle absoluto. Os executivos ficam sujeitos aos próprios vieses, o que afeta a qualidade das decisões. Mas quando trabalhamos com consumidores, com pessoas, a incerteza e a imprevisibilidade são as certezas. Uma empresa, ainda mais voltada para clientes finais, consumidores, não é um ambiente controlável.[5] Infelizmente, as empresas sofrem de *"experts intuition"*, como diz Daniel Kahneman em seu magistral *Rápido e devagar: duas formas de pensar.*[6] Ou seja, o excesso de confiança é a mãe de todos os vieses, e executivos que se arvoram a arrogância de prever o futuro e o acerto de suas decisões normalmente tomam o caminho do desastre.

Pensando nessas variáveis que impactam o atendimento ao cliente, considere: não é só o indivíduo e o entrosamento de uma equipe que contam, mas o desempenho de diversas equipes, departamentos, níveis hierárquicos e ainda outros elementos fora

---

[5] KAHNEMAN, Daniel. *Rápido e devagar*: duas formas de pensar. Ed. Objetiva, 2012. Kahneman é muito crítico do que chama de "ilusões empresariais". O problema da previsão é a ocorrência de "incógnitas desconhecidas", que afastam a previsão da base originalmente concebida.

[6] Idem, p. 293-304.

do âmbito do capital humano. É necessário avaliar desde infraestrutura até itens fora da empresa e mesmo do setor que, a princípio, nem deveriam estar em jogo (como mudanças inesperadas na legislação, no ambiente regulatório ou tecnologias que mudam completamente o cenário). O jogo corporativo está sujeito a ter suas regras quebradas. No futebol, não se muda de pontos corridos para mata-mata no meio do campeonato. No mundo corporativo, ainda mais em um ambiente de incerteza como o atual no Brasil, isso pode acontecer todos os dias.

O tipo de informação no qual as empresas se baseiam varia de acordo com o segmento. No caso de uma operadora de telefonia como a Claro, por exemplo, os dados são precisos e abundantes. Em especial, incluem informações sólidas de absolutamente toda a clientela, como a quantidade de vezes que cada cliente entrou em contato ou recebeu ligações da operadora. São dados que surgem naturalmente a partir da prestação do serviço, bastando à empresa estar preparada para coletar, armazenar e analisar essas informações. Em um segundo momento, há informações obtidas a partir de uma iniciativa da empresa como pesquisas realizadas pela URA e por atendentes, buscando monitorar a qualidade do atendimento e a satisfação dos clientes. Por ser um setor bastante regulamentado, ainda há a vantagem colateral (e necessidade, porque se tornou *compliance* obrigatória) de prestar atenção em índices externos, como as reclamações ao órgão público responsável, no caso, a Agência Nacional de Telecomunicações (Anatel). Portanto, não falta informação para as operadoras de telefonia.

Situação similar, mas não tão privilegiada, estão vivendo os setores que prestam serviços usando redes e que também podem contar com os dados da Anatel. Além da agência, eles ainda conseguem um número razoável de dados, embora não com a mesma precisão de operadoras como a Claro. É o caso da operadora de TV paga Sky, que utiliza diversas métricas, desde as mais óbvias, como vendas e reclamações, até itens que só uma prestadora de serviço pode ter, como fuga de clientes (*churn*), segunda ligação ao atendimento (rechamada) e notas de qualidade de atendimento.

Quem não tem tantas possibilidades de obter dados consistentes sobre o cliente lança mão de recursos como pesquisas, como a Ford no Brasil, que prefere as quantitativas após a aquisição e durante a manutenção do veículo. São aquelas pesquisas com questionários mais fechados, grande número de entrevistados e extenso uso de estatística.

Entretanto, como apontamos em capítulos anteriores, mesmos essas empresas mais desenvolvidas e com maior estrutura tecnológica possuem diversas bases de dados, com inconsistências retumbantes, porque a demanda pela visão única do cliente apareceu depois que diversas bases de dados — com suas regras específicas — já estavam montadas e em operação. Por isso, alinhar e integrar essas bases em ambientes compartilhados comuns e eficientes é o desafio das empresas, tanto para questões ligadas à visão única do cliente como para frentes estratégicas relevantes, como a multicanalidade e a gestão eficiente do *customer life cycle*.

Outro ponto essencial é considerar que muitas das principais empresas possuem departamentos ou dinâmicas de inteligência competitiva (IC) de boa qualidade técnica, mas poucas delas de fato incorporam a inteligência do cliente à inteligência competitiva (que trata mais de mercados e competidores), perdendo em capacidade de efetivar análises mais integradas e eficazes.

Outra situação bem diferente é a de um setor extremamente tradicional, historicamente com grande quantidade de informações: o varejo. Por exemplo, O Boticário guarda os dados mais comuns, como a frequência que o consumidor compra, que tipo de produtos cada cliente adquire, o ticket médio, tempo de relacionamento e grau de satisfação, registrados em um histórico de contatos extremamente preciso e abrangente. É o raio-x tradicional do varejo.

Já a concorrente Natura, além desses dados, também tem dado bastante ênfase em outra tendência forte dos últimos anos: a disposição do cliente em indicar a marca a outra pessoa.

A métrica foi desenvolvida por Frederick F. Reichheld, um consultor de Harvard que ficou conhecido como "o papa do culto à lealdade". Em 2003, ele lançou o NPS (*Net Promoter Score*, razoavelmente difundido entre diversas empresas nacionais no Brasil), indicador que se baseia em uma questão central colocada ao entrevistado: "Qual a probabilidade de você recomendar a empresa X a um amigo ou colega?". As respostas podem variar de 0 a 10, do "baixa, nem pensar" ao "alta, já indiquei e indicaria de novo".

Outras questões podem se seguir a essa na metodologia NPS, mas tudo sai dessa pergunta fundamental. Ao configurar a lealdade dessa forma, a metodologia coloca no centro um item ao qual as empresas citadas — a Natura e nomes como Avianca, Claro, O Boticário e Ford — dão grande importância quando examinam os dados: a satisfação do cliente (indicador já citado em capítulos anteriores e ao qual vamos voltar). É a partir do item "satisfação" que essas empresas procuram descobrir a razão de conseguirem ou não fazer aquele gol.

A revista *Consumidor Moderno*, em parceria com a Officina Sophia Retail e Bridge Research, publica periodicamente o CCI ou Consumer Commitment Index. Baseado no NPS, o CCI vai além da satisfação, da recompra, e chega mesmo a calcular a propensão à recompra, o que revela o efetivo "comprometimento do consumidor" com a empresa. Em 2014, o CCI avaliou e ofereceu os indicadores para os segmentos de varejo têxtil (loja física); varejo eletro (loja física); varejo super/hiper (loja física); varejo e-commerce; telecom — desdobrado em internet fixa, internet móvel, telefonia fixa, telefonia móvel e TV por assinatura — e financeiro — desdobrado em bancos, cartão de crédito, seguro residencial, seguro auto e serviços, com foco nas concessionárias. Em 2014, o grande destaque do CCI foi o índice verificado no varejo virtual, que atingiu 46 (o CCI médio, ponderado entre todos os setores, é de 21). A primeira experiência no online é mais satisfatória do que nas lojas e nas empresas de serviços, e é isso que leva a propensão à recompra, e, por extensão, a um CCI mais elevado.[7]

Para as empresas de setores com dificuldade em ouvir e manter um diálogo constante com o cliente, o uso dos cartões de fidelidade constitui-se em estratégia já bastante explorada, embora ainda não completamente desenvolvida. A American Airlines conta quase que exclusivamente com as informações dos cadastrados no programa AAdvantage. É a partir desse cadastro que a empresa compreende o que se passa com os passageiros (já em relação às agências de viagem, consideradas clientes indiretos, a American Airlines se orienta por meio das informações de vendas). Os programas de fidelidade expandiram-se no país de forma acelerada e chegaram mesmo a virar negócios independentes, como mostram Multiplus e Smiles, empresas que nasceram das costelas dos programas de milhagem da TAM e da GOL. O Km de Vantagens, dos Postos Ipiranga, é o maior do gênero do país, com mais de 20 milhões de associados. Quase que diariamente o Km de Vantagens promove ações de ativação dos pontos, indo além dos catálogos impressos e mantendo diversas ações online de relacionamento com os clientes, inclusive com o lançamento de uma rádio no PDV.[8]

Há também as empresas que buscam maneiras diferentes de ouvir o cliente. Como a Tecnisa, construtora já bem conhecida por seu atributo modernidade. A empresa até usa os meios mais comuns, como atendimentos telefônicos e e-mail, e métricas já populares, como o percentual de solução no primeiro atendimento (*first call resolution*) e o tempo médio para a solução da demanda do cliente. Mas os executivos da Tecnisa ainda se debruçam nos registros de interações com os clientes nas redes sociais. Se o cliente cada vez mais está falando nesses ambientes virtuais, é bom à empresa também estar lá para dialogar.

Seja qual for a forma encontrada para dialogar com o cliente, toda a informação obtida deveria ser coletada, tratada, categorizada, agregada, armazenada, gerenciada e disponibilizada em cima de um dos componentes de maior custo em uma empresa atualmente: a tecnologia da informação (TI). Além do extensamente usado sistema de gestão, como o da alemã SAP ou as soluções da brasileira TOTVS, existe uma enorme quantidade de equipamentos e software com nomes como Orbium, Cognos, SAS, Oracle e ferramentas de setores específicos, como Sabre (para turismo e entretenimento), além de ferramentas para monitorar as redes sociais, como a Scup.

---

[7] *Consumidor Moderno*, ed. 195, p. 84-100, set. 2014.

[8] Ipiranga investe em conteúdo e lança rádio Km de Vantagens. Disponível em: <http://portal.omunique-se.com.br/mkt-pp/79785-ipiranga-investe-em-conteudo-e-lanca-radio-km-de-vantagens>.

FOCAR CLIENTES É OBRIGAÇÃO

Informação na mão, o técnico precisa rememorar qual o objetivo do jogo em que ele entrou. Não se trata de algo óbvio como ganhar o jogo ou, em uma empresa, obter lucros. A questão é qual o foco que possibilita essa vitória, a forma como o time espera chegar lá.

Nesse caso, o foco significa dizer qual a prioridade. Cada empresa possui uma grande variedade de clientes possíveis ou potenciais. Dentre estes, alguns são eleitos como público-alvo. Mas mesmo entre estes é possível definir qual tem maior prioridade.

Entenda como as empresas fazem isso. Primeiro, é preciso dividir os tipos existentes. A maioria das grandes empresas de serviços já realiza uma detalhada divisão dos clientes. Por exemplo, a CPFL Energia segmentou em sete categorias: grandes clientes, corporativos, poder público, residencial, residencial tarifa social, industrial e comercial. Para cada uma há uma estrutura de atendimento específica, como de praxe no mercado.

Frente a essa divisão, é curioso constatar que a questão do cliente prioritário é raramente explorada pelos teóricos do marketing. Para muitos, pode parecer uma escolha de Sofia, uma justificada pelo conceito — verdadeiro — de que todo cliente é importante e deve ser tratado como tal. Por isso, muitas empresas, como a Totvs, afirmam oficialmente que não existe cliente prioritário, que todos os clientes têm a mesma relevância. É verdade que essa é uma postura que chega a ser inevitável para algumas empresas, como no caso da própria CPFL, que prioriza apenas os casos de emergência para o restabelecimento do fornecimento de energia, como hospitais, penitenciárias e serviços de utilidade pública.

O segmento de distribuição da CPFL é um exemplo de mercado cativo (é atendido somente por ela), e por isso a regulação define as tarifas e as regras básicas de relacionamento com o cliente. Portanto, há pouco espaço para gestão/maximização do *lifetime value* de um cliente. Nesses casos, o conceito de valor do cliente não é um conceito abertamente discutido e cobrado pelos acionistas ou dentro da empresa.

No geral, entretanto, as empresas não possuem uma limitação real e podem priorizar. Apesar disso, o discurso oficial transmite somente a mensagem de que o que existe é um círculo virtuoso: atenda bem todos os clientes e eles passarão a mensagem adiante, reforçando a imagem da empresa. Esse discurso denota a ideia de que priorizar um grupo em detrimento de outro pode causar um efeito colateral negativo que acaba atingindo mesmo o grupo privilegiado.

Não haver prioridade entre os clientes só poderia ser verdade se existisse um orçamento sem limites. Ou se os segmentos de clientes tiverem realmente pesos similares e proporcionarem resultados nominais e relativos (representatividade) similares, como pode ocorrer no caso de uma companhia aérea como a American Airlines, que segmenta os clientes em agências de viagens corporativas e agências de viagens de passeio. Nesse caso, uma determinada agência corporativa pode trazer tantos clientes como outra do mesmo porte, só que de passeio. Há também o caso da Losango, em que a natureza do negócio, baseada na oferta de financiamento, torna mais complicado distinguir clientes (no mais das vezes, o cliente do seu cliente. A Losango oferece soluções de crédito para redes varejistas e, em muitos casos, opera a concessão de crédito do varejo). A financeira ainda segmenta os clientes quantitativamente, medindo a margem líquida que uma operação gera, mas não faz grandes distinções entre eles.

Exceções à parte, no mundo real é preciso fazer escolhas e alocar recursos, e as empresas acabam definindo quais clientes devem receber mais atenção, o que é obviamente a saída racional. Por exemplo, o time quer faturar com a bilheteria do estádio ou com quem fica em casa fechando acordos com as TVs (aberta ou *pay per view*)? No caso de uma montadora como a Ford, é razoável supor que os grupos de frotistas recebam maior cuidado no atendimento. Afinal, como a própria montadora afirma, ela leva em consideração o valor econômico derivado do tamanho atual e a expectativa de potencial futuro de negócio daqueles clientes. No cliente individual, pesa se ele compra Ford repetidamente ao longo dos anos. Nesse contexto, é difícil negar a importância de um cliente comprador de frotas.

Também é bastante comum uma empresa ampliar o leque de consumidores ao longo do tempo. A Tecnisa passou as três primeiras décadas construindo imóveis para a classe de renda média e alta. Em 2008, resolveu vender também imóveis entre R$ 100 mil e R$ 350 mil. Para isso, criou uma categoria nova dentro da empresa, a Tecnisa Flex. Embora não seja o caso da Tecnisa, é razoável supor que uma empresa possa eventualmente mudar o foco do consumidor se determinado grupo passar a trazer melhor retorno.

O cliente prioritário pode não ser aquele que compra mais da empresa. Aliás, não precisa ser nem aquele que compra. Para a Natura, quando se trata de definir o cliente, o leque é generosamente amplo. O cliente é todo aquele que valoriza o mundo da beleza e se identifica com o propósito e visão de mundo divulgado pela Natura, que é construir um mundo melhor. É um público que vai longe, não?

Mas se a empresa é abrangente para definir quem é o cliente, é também pragmática para estabelecer prioridades. Na Natura, o cliente prioritário é a consultora. É ela o principal elo da empresa no modelo de negócios sem lojas. Inclusive, os executivos afirmam que os índices de qualidade atuais — que estão estáveis — não bastam; ainda é necessário evoluir o nível de serviço para a consultora, sendo ela o centro da operação comercial e de distribuição da empresa. O curioso é que, nesses tempos de transformação, o próprio modelo que fez o sucesso da Natura está em xeque. Afinal de contas, como conciliar a propensão à compra digital, à conveniência do "*tap and pay*" a um modelo baseado em visitas e entregas de consultoras para clientes cada vez mais sem tempo?[9]

A arquitetura das informações e da hierarquia fornece condições às empresas para reagir aos problemas e corrigir o curso (e justamente a avaliação das informações parece ser o problema da Natura, por exemplo. Essencialmente, a qualidade das informações sobre o modelo de negócio — consultoras ou lojas? — leva à falta de objetividade nas decisões da empresa). Aqui termina a metáfora do futebol em decorrência de uma diferença básica. Para um time, ganhar aquele campeonato é sempre o objetivo mais importante. Sim, há outros objetivos, como caixa para comprar novos jogadores e fazer muitos gols na partida para agradar à torcida. Entretanto, nenhum outro objetivo supera o valor de ganhar o campeonato do ano. A não ser nas modernas estruturas do futebol europeu, que valorizam a conquista sistemática de campeonatos ano após ano, sem descanso. O moderno futebol mundial, que nos deu uma lição amarga na Copa do Mundo de 2014 (o inesquecível 7x1 aplicado pela seleção da Alemanha), é hoje orientado para conquistas (resultados!) ano após ano. E, de preferência, mais de um troféu por ano.

Já no caso de uma empresa, chegar ao fim do ano com lucro é simplesmente insuficiente e o resultado financeiro de um ano pode até ser sacrificado se o futuro estiver em jogo — ou mesmo ser fruto de sacrifícios antecipados da competitividade futura. Há que se defender a perenidade da marca, estar atento a pontos de inflexão estratégicos e inovações disruptivas, além das estratégias e capacidade de execução dos concorrentes. São diversos "campeonatos" disputados ao longo do ano, e o que se chama de *long term sustainable value* (algo como valor sustentável de longo prazo) é o paralelo do torneio de "pontos corridos". É preciso ter consistência para que se continue ganhando de maneira consistente pelo maior tempo possível. O que mais assusta é que atualmente há processos dentro da empresa que concorrem para destruir seu valor corporativo e o valor da marca e ameaçam essa perenidade. E quem está assumindo a dianteira no processo de destruir esse valor tem nome e orçamento: o departamento de marketing, como veremos mais adiante.

---

[9] Um resumo dos problemas da Natura pode ser visto em: A Natura tem a difícil missão de reverter resultados decepcionantes. Disponível em: <http://epocanegocios.globo.com/Informacao/Dilemas/noticia/2015/03/natura-tem-dificil-missao-de-reverter-resultados-decepcionantes.html>.

IMPORTANTE 1: FOCAR CLIENTES É OBRIGAÇÃO. FOCAR STAKEHOLDERS É AINDA MAIS!

O dilema do foco é semelhante a quando se questiona os CEOs sobre qual grupo se deve priorizar: cliente, acionista ou funcionário? Para muitas empresas de varejo, como a Máquina de Vendas, a questão costuma ser mais evidente. Nelas, o cliente está em primeiro lugar. Mas, no geral, quase todos os CEOs dão a mesma resposta — que não se deve priorizar um ou outro (o famoso equilíbrio, que destacamos no capítulo anterior), que não se pode privilegiar um sem afetar negativamente o outro, que todos integram uma mesma equação, um tripé indissolúvel (incluindo-se aí os funcionários), e outras frases semelhantes. Esses CEOs podem não estar totalmente errados, mas não estão totalmente certos. Novamente, leitor, releia o capítulo inicial e nossa tese sobre o verdadeiro papel da empresa (otimizar valor e não maximizar valor entre acionistas e clientes, tendo os funcionários como meio para essa jornada). Então dizer simplesmente isso é simplificar em demasiado a questão. Há que se ter um norte mais preciso e claro do que este.

A resposta começa na opinião de Márcio Utsch, da Alpargatas, que concorda com os outros CEOs quando diz que é a escolha entre o rim, o fígado e o coração. "Qualquer um dos três que falte, o corpo morre." Mas embora Utsch dê prioridade para o acionista, ele ressalva que se este, por sua vez, não priorizar o cliente, então há algo errado com sua visão da empresa e seu futuro.

Portanto, a diferença aqui é o comportamento do acionista. Antonio Carlos Pipponzi, presidente do conselho da Droga Raia, aponta que o problema está no acionista imediatista, um perfil que ele indica ser menos comum no varejo do que no mercado financeiro. Uma exceção a essa regra pode ser a Porto Seguro, se a definição de mercado financeiro do leitor for elástica o suficiente para incluir uma companhia de seguros que hoje faz parte de uma casa bancária. Nesse caso, a família Garfinkel operou a seguradora sem retirar dividendos durante 15 anos, da aquisição, em 1972, a 1987. O dinheiro era sempre reinvestido, e um dos focos da gestão dos Garfinkel sempre foi a qualidade do atendimento. Hoje a empresa é reconhecida como dona de uma das melhores performances no país nesse quesito. Curiosamente, a Porto Seguro faz parte do Grupo Itaú, no qual Roberto Setúbal, como ele mesmo diz, "é" acionista e "está" CEO. É ele mesmo quem garante que o resultado do trimestre é importante, mas que o resultado de longo prazo é mais.

O que se vê nas empresas profissionalizadas de hoje é, em geral, um comportamento oposto a esse. Internamente, buscam o resultado do trimestre; externamente, o discurso de marketing é que no tripé cliente/acionista/funcionário ninguém recebe mais atenção. Todos são importantes. É uma postura semelhante àquela das empresas que dizem dar a todos os stakeholders a mesma relevância: comunidade, clientes, acionistas, imprensa, associados (funcionários), investidores etc. Em alguns casos, isso não é discurso e é realmente executado dessa forma, o que não é positivo e somente aumenta a possibilidade de não existir uma política clara dentro da empresa. E, portanto, certa confusão sobre quais são as reais prioridades. Afinal, raramente é possível agradar jogadores, torcida, imprensa, comentaristas, diretoria e os donos do clube com a mesma decisão.

Muitas vezes a empresa está simplesmente tentando esconder a política interna, que não é transparente, embora exista, seja discutida entre os executivos e oriente investimentos. Ou seja, acionista ou outro stakeholder é priorizado, mas o mercado não precisa saber.

Já a empresa que consegue enxergar a questão com clareza certamente sai na frente na eficácia da sua estratégia. Não que seja uma escolha simples. Sérgio Cavalieri, presidente da ALE Combustíveis, lembra que "uma gestão sustentável hoje em dia precisa atender a todos os stakeholders, sem se dar ao luxo de ignorar ou querer se sobrepor a algum deles". Mas admite nuances, reconhecendo que coloca os clientes em primeiro e o acionista em terceiro lugar. Os colaboradores vêm no meio. Correios e Liquigás fazem o mesmo. Em contraponto, Newton Neiva, ex-CEO da Visa Vale, atual Alelo, Acácio Queiroz, ex-CEO e atual presidente do conselho de administração da Chubb, e Enéas Pestana, ex-CEO do Grupo Pão de Açúcar, acreditam que a maneira de privilegiar o cliente é colocar o funcionário em primeiro lugar. Afinal, como o primeiro diz, "quem faz acontecer são as pessoas"; ou como o segundo, "se o funcionário não estiver bem preparado, não adianta nada, não adianta ter um colaborador que maltrate o meu cliente".

Importante 2: Sobre reputação corporativa

A reputação está no centro de todas as interações humanas. É o fator principal no processo das escolhas que fazemos conscientemente. É por causa dela que maridos escolhem esposas, empregadores selecionam funcionários, fiéis aderem a religiões, eleitores votam em políticos, clientes privilegiam marcas e investidores valorizam companhias.

Reputação é praticamente tudo que uma empresa pode desejar, quando se trata de ativos racionais de valor de longo prazo. Dizemos racionais porque, considerando os exemplos citados, as escolhas irracionais, emotivas ou por impulso (por exemplo, produtos/marcas desejadas a preços extremamente mais baixos, plataformas políticas populistas de curto prazo ou religiões que oferecem o céu sem esforço) não podem ser consideradas escolhas equilibradas, por desconsiderarem atitudes fundamentais do processo de "consumo", tais como investigação, comparação e experimentação.

Reputação tem a ver com imagem e com confiança/credibilidade. Imagem é o efeito exógeno da reputação — ou seja, só há reputação se esta for percebida (e precificada) pelo stakeholder externo. Quando se trata de reputação, advogar em causa própria causa poucos efeitos práticos.

Já confiança e credibilidade são ativos etéreos e altamente voláteis que marcas, pessoas, conceitos e ideias inspiram; são o ingrediente "real" da reputação.

Um impacto claro se dá na necessidade de revisão dos processos e filosofias de gestão e governança corporativa. Os mecanismos existentes para garantir e mostrar reputação parecem não funcionar adequadamente.

Outro impacto claro se dá no marketing, suas atribuições e expectativas.

Aparentemente, hoje as empresas estão forçadas a administrar sua "conta corrente diária de reputação" (institucional e de suas marcas), que se torna negativa ou positiva em função da resultante da somatória de opiniões, análises, percepções e expectativas que os diversos stakeholders da empresa, geradores de mídia, constroem e reverberam de forma global e instantânea na chamada Web 2.0 e sua blogosfera, sites de buscas, redes sociais, apps, comunidades, além, é claro, de seu efeito de replicação imediato nas mídias tradicionais, como TV e rádio.

Cabe a cada CEO e cada executivo de marketing (VP, diretor, CMO) analisar seus respectivos cenários e tomar suas decisões. Porque a verdade é que, no mundo da comunicação e dos negócios, quando a reputação é o ativo em questão, a imagem é a variável estética e a confiança a ética. E ambas são absolutamente necessárias, uma vez que não existe fato sem boato, como não existe boato sem fato que seja, com o tempo, assumido como verdade. Afinal, "espalhar" reputação positiva é bom, e comprová-la é ainda melhor.

IMPORTANTE 3: SOBRE VALOR DE MARCAS E VALOR CORPORATIVO

Apesar de publicitários, marqueteiros, analistas e desavisados insistirem no fato de que a marca das empresas corresponde ao seu ativo intangível, fica claro, pelo menos aos mais responsáveis, que isso é uma inverdade fundamental. Senão, vejamos:

Do ponto de vista mercadológico, diversas empresas conseguiram ter sucesso e liderança de mercado mesmo sem ter suas marcas amplamente divulgadas, conhecidas ou idolatradas.

A eficácia da tal penetração de marca tem a ver com as características e conjunturas do setor de atuação da empresa, com a natureza de seus produtos e serviços e com o perfil de seus clientes. E acreditem, em muitos casos isso é muito mais importante do que o ato de marquetear a marca *per se*.

180 FEITAS PARA O CLIENTE

Construir marcas, como deveria ser, não tem a ver só com publicidade, divulgação, promoção e espuma. O nível de *recall* da marca nem sempre é seu melhor termômetro de saudabilidade. *Branding* não é apenas uma marca bem desenhada. Aliás, passa muito longe de "como aparenta" e aproxima-se mais de "como funciona" (na definição clássica de Steve Jobs). *Branding* alinha-se com arquiteturas de marcas, propostas de valor, alinhamento à visão corporativa, dimensões, evolução dos benefícios funcionais, emocionais e de autoexpressão e gestão dos atributos (lembrança, visibilidade, afinidade, juízo de valor, custo X benefício, atributos de design, entre outros) e total correspondência ao eixo do negócio. A marca, ao contrário do que se pensa, não transcende a empresa (sua imagem "projeta" a empresa, mas está contida nela), mas representa o conjunto de informações simbólicas, reais, racionais e emocionais que justificam uma escolha.

Branding é, de maneira geral, fundamental para qualquer empresa, mas é mais fundamental para alguns setores (por exemplo, varejo, bancário, bens de consumo, particularmente na moda etc.) do que para outros (por exemplo, molas e vidros), onde atributos tangíveis — qualidade resistência, cor, garantia, assistência técnica — são considerados. O que de fato é relevante, para qualquer empresa, em qualquer setor, é um outro intangível muitas vezes confundido com marca, mas que é bem diferente: reputação. E reputação é, logicamente, o reflexo final de qualquer estratégia de gestão de marcas. O ponto de partida, o posicionamento, ganha envergadura para que ao fim e ao cabo a marca seja dona de reputação incontestável e incontrastável.

Ainda assim, *branding* não funciona por si só. Se alinhado ao eixo do negócio, ele pode ser refém de outras dinâmicas e outros direcionadores responsáveis pela geração e proteção de valor. Ele é uma peça da engrenagem, mas definitivamente não é "a" engrenagem.

Se olharmos pelo espectro gerencial, nem de longe a marca da empresa é dos intangíveis soberanos; pelo menos não isoladamente. Qualidade de gestão, lideranças, modelo de negócio, patentes, tecnologias, inovação, talentos, governança... são tantos os intangíveis mais relevantes que a marca, em determinadas empresas, que, em muitos casos, verificamos o efeito nefasto do descaso com a marca.

Gerenciar empresas com sucesso é sobre construir reputação e competitividade perene, e a marca, para esse binômio, tem um peso relativo, ainda que significativo, como vimos.

Por fim, se olharmos pelo espectro financeiro, do chamado valor da marca, é aí que a conta não fecha mesmo e os marqueteiros de plantão caem do cavalo. Ao assumirem que o chamado capital intangível é igual ao valor da marca, esse pessoal não só mostra que não sabe fazer conta, como também que não sabe gerenciar ativos estratégicos para as empresas. Assumir que o capital intangível da empresa, cujo valor, em tese, é dado pelo valor de mercado menos seu patrimônio líquido, é seu valor de marca, segundo o ranking do Instituto XPTO, é uma discrepância técnica ou uma tolice embalada para ganhar espaço na mídia pouco crítica.

Marcas são relevantes para o negócio, e como tal têm seu valor. Sua principal contribuição para o negócio reside, variando de setor para setor, de *business* para *business*, em contribuir com os dois fatores centrais do sucesso das empresas — reputação e competitividade.

Marcas bem construídas contribuem para a boa reputação das empresas ao agregarem força comercial aos seus produtos, serviços e à própria empresa (em função de serem mais facilmente aceitas, por serem mais facilmente reconhecidas, por representarem maior valor em relação à concorrência).

Em suma, recomendamos aos gestores das companhias analisarem com profundidade a real necessidade, profundidade, amplitude e criticidade no investimento feito em suas estratégias de marca (e, por decorrência, de marketing, propaganda, promoção, internet etc.). Branding sim, mas estratégico, afinado, eficaz, quantificável. Abaixo ao discurso padrão de que 50% do investimento em marca, propaganda, marketing e até sustentabilidade vai para o lixo. Vamos fazer contas, definir métricas e formas de se quantificar o valor desse intangível e dos outros.

Afinal, intangíveis só têm valor quando são percebidos pelo outro; mas, paradoxalmente, só valem alguma coisa de fato (em balanços, demonstrativos, *valuations* etc.) quando mostram quanto valem.

IMPORTANTE 4: ANTES DE TUDO, LEMBRE-SE: O CLIENTE É UM SER HUMANO

Se marketing é sobre mercados e mercados são pessoas, então, para se fazer marketing eficiente precisa-se entender de pessoas. Não de consumidores puramente, mas de pessoas, em todas as suas dimensões. Clemente Nóbrega fala disso e chama isso de antropomarketing. Concordamos.

Inversamente, quanto mais evoluímos em tecnologia, quanto mais as temos à disposição, mais temos de nos voltar às nossas origens, mais temos de nos entender, de estudar Biologia, Antropologia, Sociologia e Psicologia para podermos fazer marketing bem feito, ou seja, posicionar, cativar, vender, perpetuar.

Marketing eficiente é marketing que entende de passado! De volta ao passado, às origens do DNA.

CRM é marketing. Marketing de relacionamento, 1 a 1. Marketing para seres humanos. Não pode haver discussão sobre isso. Roberto Rios, ex-CEO da Pepsico Alimentos para Latam SUL, definiu a abrangência do CRM na multinacional: "A dimensão e o vasto número de clientes impedem um contato mais frequente entre clientes e lideranças. Porém, estabelecemos padrões de execução criteriosos com nossa equipe de vendas, além de excelência e melhoria contínua com um composto de serviços que engloba CRM, mídias sociais e pesquisas de satisfação".[10] O executivo, hoje CMO de Food Service na PepsiCo EUA, quis mostrar o quanto a empresa compreende a necessidade de entender o cliente e de utilizar sistemas como instrumento para executar esse processo a contento.

O CRM, hoje substituído na evolução das espécies de sistema de gestão de clientes pelo Big Data, é sobre mercados de um só, de alguns, de pares. O Big Data identifica perfis, tribos e comunidades. Rastreia na sopa de dados disponíveis nos ambientes virtuais as personas que identificam os mais variados tipos de clientes, verdadeiros avatares de nós mesmos, que talvez não tenham a nossa face, mas são espantosamente retratos de nosso modo de ser, pensar e consumir.

O CRM e o Big Data não são produtos ou serviços. Junto com a metodologia de design thinking, são pilares de uma filosofia de marketing que transforma uma empresa em *customer oriented* (ou seja, a evolução da empresa *marketing oriented* para *one-to-one marketing oriented*). Como ferramentas, capacitam a empresa a desenvolver seu conhecimento sobre clientes (atuais, potenciais etc.), principalmente quando atrelados a práticas como *knowledge management* (KM) e *business intelligence* (BI).

CRM e Big Data são modos de fazer os clientes (seres humanos) interagirem com marcas, empresas, pessoas. Portanto, CRM e Big Data são momentos da verdade, são todos os pontos de identificação e interação do cliente com a empresa. E também sobre como gerenciar cada um desses momentos para surpreender positivamente cada cliente, entregando valor.

Acima de tudo, essas letras "C", "R", "M", "B", "I", "G", "D", "A", "T", "A" são vetores que proporcionam experiências e diferenciação aos clientes. Têm que ser, porque diferenciação — ato de assumir uma posição singular na mente/coração/vida do outro — é tudo que se pode querer para continuar evoluindo, sobrevivendo — a essência e o objetivo maior do marketing. Evolução corporativa, como na evolução das espécies.

Uma empresa, para sobreviver, precisa de clientes. É assim que manifesta sua perpetuação. Quando o mercado a compra, compra seus valores, seu propósito, alimenta sua missão... dá-lhe o direito de existir, de poder perpetuar seu DNA (sua cultura organizacional), de continuar. CRM e Big Data são, em suma, fermento

---

[10] Entrevista realizada pelos autores em 2012.

FUTEBOL E CLIENTES

para a sobrevivência corporativa. O problema, claro, é a dificuldade de se adquirir e implementar soluções de CRM e Big Data de forma efetiva. Pesquisa da KPMG demonstrou que 96% das empresas globais reconhecem a importância do Big Data, mas não conseguem gerenciar seus dados de forma eficaz.[11]

Quanto às marcas, sustentáculos essenciais do marketing, devem representar o espírito de singularidade das empresas, a aglutinação de tudo que elas significam (cultura, valores, foco etc.) em um símbolo. Aqui o jogo é representar percepção, desejo, aspiração.

Com a revolução da informação, tudo será cada vez mais explícito, ou seja, **reputação** será o nome do jogo na sobrevivência empresarial. Do CRM ao Big Data, ser capaz de gerar reputação, a partir da interação das marcas com os clientes, com as comunidades, com a sociedade, será uma forma de reafirmar o compromisso com uma visão de valor compartilhado. Significa fazer das empresas os verdadeiros agentes de mudança no século XXI.

---

[11] Empresas não gerenciam dados eficientemente. Disponível em: <http://www.b2bmagazine.com.br/index.php/negocios/item/3504-96-das-empresas-nao-gerenciam-seus-dados-de-forma-eficaz>.

"Temos 42 pontos de contato com o cliente, do dia que ele compra até o dia que entrega."

Meyer Nigri
presidente da Tecnisa, em entrevista realizada pelos autores em 2012

Capítulo 8

Como se Não Houvesse Amanhã

Onde mora o perigo para o CEO e para o cliente

Atualmente, o marketing praticado em boa parte das principais empresas destrói valor. Só se evita mensurar isso. A afirmação é polêmica, atrevida e provocativa. Mas asseguramos a você, leitor, que poucos profissionais e poucas áreas dentro das corporações estão mais sujeitos a falhas do que a área de marketing. E falhas que redundam inevitavelmente em destruição de valor.

Antes de destrinchar o mecanismo que leva a essa dilapidação de valor, considere a seguinte afirmação, um lugar-comum, mas profundamente verdadeira: o consumidor desconfia das empresas. É evidente que há exceções, mas há uma arraigada crença de que as empresas, principalmente no Brasil, querem sempre entregar menos por mais. Uma parte dessa desconfiança deriva do ambiente de negócios hostil e pouco afeito às regras da competitividade típico de nosso mercado.

Mas boa parte da responsabilidade pela geração desse ambiente desconfiado vem do marketing. Um marketing que pressiona e se deixa pressionar tendo no horizonte a execução de uma tática compreensível, ainda que condenável: a ênfase no curto prazo. A opção pelo artifício e pelo alarido, pela produção de espuma sem consistência.

Ações de curto prazo geram vendas. Entretanto, o problema não está nas vendas do mês corrente. Está nas vendas futuras. No resultado e na geração de valor em um prazo que vá além dos oito próximos trimestres. O trabalho do marketing feito nos dias de hoje se concentra mais na geração de caixa do que na geração de valor; ou seja, mais nas promoções para desovar o estoque e turbinar o próximo balanço trimestral, com diversas consequências, sendo a principal a aprovação de curto prazo do trabalho dos executivos e a eventual concessão de altos bônus pelos resultados maravilhosos no período (ingrediente fundamental da receita norte-americana para a quebradeira global em 2008). Simultaneamente, essa estratégia geralmente prejudica os resultados futuros, um efeito que vamos delinear e detalhar neste capítulo.

É como se a empresa desejasse — a cada trimestre — viver uma paixão avassaladora com o cliente. É um erro. Empresa, acionistas, executivos e funcionários deveriam cultivar o amor verdadeiro com o cliente, e não a paixão de ocasião. Cliente bom é aquele que convive com você por anos a fio, e não aquele que vai embora depois de uma noitada sem dar tchau.

Claro que esse não é um problema exclusivo do marketing. A visão de curto prazo é uma prerrogativa de muitas organizações, seja para reagir a um cenário recessivo seja para reforçar uma posição junto a concorrentes agressivos. E essa visão acaba sendo encampada por diversas áreas da empresa. Mas é a partir do marketing que o curto prazo ganha um longo caminho para avançar e, aos poucos, dominar a mentalidade corporativa.

Como é possível enxergar essa força atuando na empresa? Vejamos: até alguns anos atrás, a área de vendas tinha força acima do desejável na Porto Seguro. De acordo com Jayme Garfinkel, presidente do conselho de administração, isso distorcia a avaliação do risco. Vender era o que importava. Então Garfinkel deu a chave do cofre para a área técnica e fez o corretor depender dessa visão técnica para poder vender. Nesse mesmo espírito, Garfinkel passou a censurar anúncios que faziam muita "autopromoção". Melhor anunciar menos e fazer mais, assim surpreendendo o cliente.

Portanto, um dos problemas é o acionista que não tem essa visão, que age apenas interessado no retorno de curto prazo, como citamos no capítulo anterior. Em geral, esse stakeholder acionista (pior quando é o dono) é, no geral, o reflexo da dicotomia humana, porque ao mesmo tempo que exige perenidade, segurança e longevidade da companhia, exige resultados crescentes *quarter* a *quarter*, confundindo assim o processo decisórios e as prioridades lógicas de competitividade, inovação e desenvolvimento sustentável.

No Laboratório Fleury, o ex-CEO Omar Magid Hauache[1] acreditava que a estratégia acarreta o que ele chamou de "seleção natural de acionistas". Aquele que busca o resultado de curtíssimo prazo chega e sai logo. Nesse sentido, o acionista interessado no longo prazo é o melhor para o cliente fiel: os dois procuram uma relação estável, confiável e rica em valores compartilhados. É por isso que famílias comandadas por empresas hoje argumentam levar certa vantagem em relação àquelas que precisam agradar investidores; é por isso também que empresas fechadas vêm performando melhor que muitas empresas abertas.

Vejamos o caso de Roberto Setúbal, simultaneamente CEO e acionista do Itaú Unibanco.

Para ele, tudo depende do horizonte do CEO. "Se o executivo tem cinco anos pela frente, tudo é diferente." Vai pensar no longo prazo. "Senão, o CEO fica refém dos resultados do trimestre. O CEO vive de resultados evidentemente."

---

[1] Entrevista realizada pelos autores em 2012.

> **Visão dos autores: "Tudo conspira!"**
>
> Essa questão é altamente perniciosa. Estudo da DOM Strategy Partners de março de 2012 denominado "Enganados pelos aplausos" definiu esse cenário com a seguinte afirmação: "Vivemos em uma época em que pessoas brilhantes, em cargos de decisão (CEOs, CFOs, COOs e CMOs), tomam decisões razoáveis, que qualquer um de nós tomaria, agradando a clientes, funcionários, acionistas, analistas, market-makers e imprensa, sem perceber que estão contribuindo efetivamente para a produção de resultados catastróficos no médio-longo prazo, mesmo melhorando e muito os resultados no curto-prazo".
>
> Em outras palavras, o que essa afirmação mostra é que, ao se optar por maximizar o resultado de curto prazo às custas do valor no médio-longo prazo, as empresas aceleram rumo ao precipício. E pior, sob a aprovação e análise positiva de boa parte de seus stakeholders mais influentes. Ou não são muitos os casos de empresas que tiveram anos excelentes, distribuíram bônus polpudos, remuneraram muito bem os acionistas, tiveram altos ratings dos analistas e, como que por acaso, entraram em ciclo profundo de destruição de valor. Jim Collins não previu isso! Mas quem assistir ao documentário *Inside Job* (Trabalho Interno), de 2010, de Charles Ferguson (vencedor do Oscar), perceberá que todos esses elos macro e microeconômicos estão entrelaçados e o imperativo da governança e das melhores práticas é mais relevante do que nunca. Lá também perceberá como as empresas citadas, gigantes globais que quebraram — ou quase —, esqueceram de seus clientes e do valor de longo prazo e privilegiaram somente o acionista, os bônus e o resultado de curto prazo.
>
> Parte do problema está no fato de se esquecer de que é na gestão do valor que se permite à companhia continuar gerando resultados excelentes, quarter a quarter, nos anos vindouros. Isso é especialmente grande e difícil quando tudo premia a decisão oposta. E é por isso que colocamos este item como o mais importante dilema e onde mora o perigo para o CEO moderno.

O *TRADE-OFF* DO DÓLAR

A questão do trimestre já deu até origem a uma nova categoria de capitalismo, aquela que Dominic Barton, diretor-geral da consultoria McKinsey, chama de "capitalismo trimestral" (*quarterly capitalism*[2]). Barton faz o contraste com o que ele mesmo chama de "capitalismo de longo prazo". E, em sintonia com Setúbal, faz referência a estudos da McKinsey que definem o tempo exigido para erguer uma nova empresa e fazê-la dar lucro: entre cinco a sete anos. No mínimo.

Mas, independentemente do tempo de vida da empresa, a busca pela visão de longo prazo é inevitável. O modelo a seguir deve ser semelhante ao definido pela Máquina de Vendas. Lá, a definição do valor do cliente, ou *customer value* (tema que será abordado no próximo capítulo), difere do tradicional em que se baseia unicamente no lucro gerado no relacionamento com a empresa, com fatores como o ticket

---

[2] BARTON, Dominic. Capitalismo para o longo prazo. Disponível em: <https://hbr.org/2011/03/capitalism-for-the-long-term/ar/1>.

médio e a frequência de compras. Lá, o fundamental é a possibilidade de negócio futuro e o potencial do relacionamento se estender no longo prazo.

Ok, mas na vida real dos departamentos em busca de suas metas, tudo fica um pouco mais complicado. Em especial para o departamento de marketing, que deveria estar — e, em tese, está:

1. Encarregado de suportar a área comercial no curto prazo, maximizando vendas e resultados, com promoções, propaganda, marketing digital, marketing direto, táticas *below the line*, entre outras;

2. Responsável por pilotar o processo de geração de valor de longo prazo, como inovações, inteligência útil, posicionamentos diferenciados, construção de marcas, gestão eficiente de stakeholders e, principalmente, relacionamentos de confiança e colaboração com clientes e consumidores.

Não é difícil compreender o dilema, o chamado *trade-off* do dólar. O departamento pilota uma verba gigantesca, precisa gerar resultado e construir valor ao mesmo tempo. A pressão por resultados é forte. Mas a definição de resultados, a relativização dos resultados, a estrutura de incentivos, processos, cobranças e avaliação dos resultados, tudo isso conspira contra uma visão de longo prazo. O longo prazo não se realiza de imediato, delinear o *forecast* parece futurologia inútil. Ser literalmente mais prático é acompanhar os resultados a cada trimestre (ou a cada mês se possível). Lembre-se, todos ganham para valer com isso. Quem ganha a guerra da alocação eficiente de recursos? O curto prazo e as regalias do resultado ou longo prazo e as incertezas de apostar em vetores intangíveis, em variáveis incontroláveis — regulação, inovações, consolidação, problemas econômicos, variação cambial —, todas elas, por definição, pouco percebidas por aqueles que julgam e premiam ou punem a gestão? A própria dinâmica faz com que a resposta se dê sozinha. O gestor tem que gerar resultados de curto prazo e pronto. A geração de valor fica "eternamente" em segundo plano. Aloca-se 90% da verba para já e os outros 10% se dividem para marca, inovação, conhecimento, sustentabilidade, governança corporativa, gestão de talentos, tecnologia... ou seja, tudo que diferencia e gera valor perene.

O MARKETING QUE DESTRÓI VALOR

Em primeiro lugar, considere determinados números do mercado que confirmam o cenário. É fato conhecido que as empresas gastam cada vez mais com propaganda e ações de marketing e comunicação em geral. Como vimos, o custo da propaganda sobe na medida em que a atenção do consumidor divide-se em múltiplas telas e múltiplos estímulos e pontos disseminadores de informação. E os custos aumentarão cada vez, na implacável lei da oferta e da procura: quando a atenção é escassa, quem a consegue vale mais. E cobra mais. Não por acaso, o preço de uma inserção no intervalo comercial do SuperBowl atingiu estonteantes US$ 4,5 milhões (ou cerca de R$ 18 milhões ao câmbio de janeiro/2016, quando US$ 1,00 = R$ 4,00)!

Inúmeros autores repisaram dados que comprovam esse crescimento, incluindo o trio responsável pela obra *Os segredos das empresas mais queridas*. São os especialistas em marketing David Wolfe, Rajendra Sisodia e Jagdish Sheth. No livro, eles recordam que atualmente o marketing consome mais de 50% dos recursos corporativos. Só que na década de 1950 era menos de 25%. O jogo da imagem e percepção se tornou fundamentalmente importante para as empresas.

E para onde vai todo esse dinheiro? Promoção, ações de ponto de venda, novos canais, extensão de linhas, oferta de novos produtos etc. Ou seja, tudo que é crucialmente urgente. Na linguagem do relacionamento a dois, estamos falando da sedução rápida. Flores, luz de velas, ação! Em muitos casos, e em muitas empresas, cabe ao marketing assimilar tarefas e ações que dizem respeito a outros departamentos: endomarketing (RH), gestão de redes sociais (atendimento ao cliente), sistemas de e-commerce e newsletters (TI). Quanto mais o seu budget engorda, mais obeso é o marketing, com as consequências lógicas: hipertensão corporativa, lentidão, arritmia e colesterol entupindo as artérias que levam a informação para as diferentes áreas.

Frente a teoria, alguém sempre pode argumentar que o Walmart mantém o crescimento seguindo exatamente essa estratégia. Nesse caso, a arma central de sedução é o preço baixo. E funciona. Durante décadas foi assim. Não mais. Hoje o Walmart associa o "preço baixo" à possibilidade de alocar recursos para uma "vida melhor". Ou seja, a gigante varejista americana já faz da propaganda um veículo de diálogo, focado no bem-estar e na realização de sonhos por meio da poupança. Infelizmente, a estratégia da gigante varejista não tem logrado êxito no mercado brasileiro, onde a renúncia às ofertas e promoções especiais atrai mais o consumidor "que não pode errar", em tempos de crise, do que uma eventual certeza de preços baixos constantes.[3]

Não por acaso temos algumas restrições à visão de mercado e à atuação da maior varejista do mundo em solo brasileiro. Podemos acrescentar às críticas o tratamento que a rede de Sam Walton dá a quem trabalha nela ou para ela ("espremermos nossos fornecedores ao máximo para privilegiar nossos clientes" não parece boa prática, não?). De acordo com informações divulgadas anonimamente pelos próprios funcionários, um caixa comum recebe US$ 11,83 por hora no Walmart (em 2012, o número era de apenas US$ 8,5 por hora!). E quase o dobro disso na concorrente Costco. Claro que isso reflete na imagem dos executivos, uma outra forma de visualizar o impacto dessa estratégia. Em outubro de 2011, o CEO do Walmart registrava 46% de aprovação no site americano Glassdoor. Enquanto isso, o fundador do Costco, Jim Sinegal, recebia 93%, uma quase unanimidade entre seus funcionários. Isso é que é gostar do patrão.

---

[3] Walmart aproveita virada para fechar 30 lojas. Disponível em: <http://economia.estadao.com.br/noticias/negocios,walmart-aproveita-virada-para-iniciar-fechamento-de-30-lojas,10000005923>.

190   FEITAS PARA O CLIENTE

Então a questão é: como o Walmart faz tudo errado e ainda assim consegue aumentar o faturamento (com a exceção já citada do mercado americano — claro, o principal)? O fato é que a escala do Walmart o torna um exemplo difícil, senão impossível, de ser copiado. Para demonstrar como o Walmart pode vencer e outros perderem ao seguir essa estratégia, é possível utilizar a famosa teoria do jogo de soma zero. Nesse esquema só pode haver um vencedor — "the winner takes it all". O oponente necessariamente perde. Isso porque quando o Walmart vai a campo negociar com os fornecedores, o único resultado aceitável é um preço menor do que é oferecido ao concorrente. Como possui mais escala do que todos os outros, a maior parte dos fornecedores acaba se rendendo em uma ou outra situação. Os concorrentes do Walmart com modelos semelhantes demonstram isso com clareza. Por exemplo, o Kmart, também no mercado americano, apresenta queda constante no faturamento na maior parte da última década.

Mas esse só é um jogo de soma zero para quem joga com as mesmas regras do Walmart. Evidentemente, é possível optar por um conceito diferente. Vamos ao outro extremo, onde se apresenta a rede varejista Costco, que performa bem mesmo no difícil mercado americano. No segundo semestre de 2011, a empresa comemorava um aumento de 15% nas vendas em relação ao ano anterior.

Nesse caso, a receita é bem diferente. Uma das premissas seguidas pela Costco é um investimento ínfimo em publicidade quando comparado aos concorrentes que seguem a receita convencional. Ela evidentemente não está sozinha. Apesar do que faz a imensa maioria no mercado, um enorme contingente de autores tem repisado o fato de que as empresas mais admiradas e queridas gastam pouco com publicidade. Em geral, repetem os exemplos já consagrados de Google, Starbucks, Harley-Davidson.

Mas ser consagrado não torna o conceito menos verdadeiro. E confirmado pelos fatos. Afinal, a Costco foi a primeira empresa a ir do zero aos US$ 3 bilhões de faturamento em seis anos.

E, bem, tanto a Costco quanto o Walmart agora sofrem com a entrada irrefreável da Amazon sobre seus negócios. Todas as áreas quentes dos supermercados e hipermercados (e das lojas de varejo eletro) foram mapeadas pela Amazon, que então passa a construir mapas de ofertas com considerável redução de margens, "roubando" clientes justamente dos produtos mais rentáveis vendidos pelas lojas convencionais. "Sua margem é a minha oportunidade" é um dos mantras de Jeff Bezos, fundador e CEO da varejista online. E a Amazon então cria oportunidades o tempo todo, reduzindo sensivelmente a força competitiva de setores inteiros do varejo.

Claro que não basta adotar um comportamento oposto ao convencional e tratar bem o cliente para se distinguir da massa. Não simplifiquemos. Independentemente da estratégia adotada, os investimentos de curto prazo são vitais e precisam ser mantidos (a não ser que você esteja falando de um comportamento absolutamente anticonvencional, o que pode surtir efeito, mas não é o objetivo deste capítulo).

O problema fundamental aqui é que o marketing coloca a maior parte das suas energias nisso e deixa de lado o longo prazo. Até o momento em que o curto prazo tromba de frente com um inimigo formidável como a Amazon. Tão poderoso que ela se dá ao luxo de ignorá-lo por algum tempo. A Amazon pensa sempre no longo prazo. Tão a longo prazo que há anos faz seus investidores colherem prejuízos a cada trimestre.

Por isso, esqueça o discurso, esqueça os livros, esqueça o que os gestores dizem. Olhe os números. O dinheiro está no curto prazo, e muito pouco vai para onde deveria. O balanceamento praticamente não existe, ou é irracional pela forte tendência de imediatismo.

No capítulo anterior lembramos que o SAC em grande parte das grandes empresas está em operações, e não no marketing. Por isso, quando o marketing vai definir o investimento, está pensando em conquistar alguém no curto prazo, olhando para fora. E não em reforçar a fidelidade, a confiança, a troca contínua e marca com os atuais clientes, olhando também para dentro.

Em geral, as empresas mais eficientes fazem com que o marketing se integre e até responda aos diversos departamentos, procurando aumentar a eficiência do investimento. No Itaú Unibanco, o departamento responde, por exemplo, ao vice-presidente das agências, o principal dono do cliente dentro do banco. Setúbal confirma: "As áreas têm influência direta no 'approach to marketing'".

Correto. Mas se o objetivo da área for apenas aumentar a carteira, o investimento recai novamente no curto prazo. Não é exatamente o caso do banco de Setúbal, que busca o crescimento, mas manifesta maior interesse em trabalhar, rentabilizar e preservar a carteira já existente. Não por acaso, o banco é a empresa mais bem colocada nos rankings MVP — Mais Valor Produzido, da DOM Strategy Partners[4], e *Consumidor Moderno*, e também foi a de melhor índice no ranking de Empresas Notáveis, estudo produzido durante dois anos pelo Centro de Inteligência Padrão — CIP e divulgado em fevereiro de 2015[5].

---

[4] *Consumidor Moderno*, ed. 207, out. 2015, p.7XX. O Itaú-Unibanco foi considerado como o banco líder no top 10 do ranking do estudo "Mais Valor Produzido –MVP " em 2015, líder no segmento de "Bancos", 2º lugar no Performance Index e 1º lugar no Reputation Index.

[5] *Consumidor Moderno*, ed. 210, fev. 2016, p. 28. O Itaú-Unibanco liderou o ranking geral de Empresas Notáveis nos anos de 2014 e 2015. Em 2016 foi superado por O Boticário.

No caso de outras empresas, talvez o melhor seja seguir o exemplo de Thomaz Menezes, CEO da Sul América Saúde. A primeira atitude do executivo quando assumiu a empresa em 2010 foi tirar o marketing da área de vendas e trazer para junto de si. Nesse caso, o CEO tem a chance de retirar o foco exclusivo no curto prazo e ter uma visão mais abrangente.

Mas o que seria tal visão? Vale examinar detidamente o que significa esse longo prazo tão desprezado, ou seja, o que de fato o gestor deveria estar fazendo X o que deveria estar pensando e planejando fazer. Não a sedução, não a paixão que leva o cliente à compra momentânea, o frustra no longo prazo e deixa um sabor amargo de final de relacionamento. O cliente negligenciado é o pior inimigo da empresa. Aliás, parafraseando Shakespeare, os céus não conhecem fúria maior de que a de um cliente rejeitado. E a traição não se limita ao bolso, mas também ao intrincado conjunto de estímulos emocionais, de compensações, culpas e satisfações representado pelo envolvimento com o consumo e com as marcas.

A verdadeira relação de longo prazo — ou o amor verdadeiro — precisa de compreensão, atenção e cuidados constantes. Essa abordagem que investe no longo prazo tanto gera como preserva valor não olhando somente para a eficácia comercial, mas também para o posicionamento consistente e reconhecido. É investir mais em inovação e tecnologia do que a média do mercado e — atenção — executar essa estratégia de maneira eficiente. É enxergar a sustentabilidade não apenas como discurso de marketing, mas como algo que faça sentido para o cliente (e demais stakeholders) e parte do modelo de negócio da empresa. É também investir em governança corporativa e atrair, treinar e desenvolver os melhores talentos (materializando assim os conceitos de *employer branding* e *employee value proposition* ou EVP). Por fim, é promover a interação da marca com os diversos públicos e oferecer a eles uma experiência significativa (abordamos bem esses dois últimos itens no Capítulo 4, "A evolução da espécie"). Ou, como defende Antonio Carlos Pipponzi, presidente do Conselho de Administração da Raia Drogasil, "Pessoas ou empresas com a cultura do longo prazo têm dificuldade com o imediatismo, com a construção milagrosa, numa tacada. Isso é do mercado financeiro".[6]

REFLETINDO O POSICIONAMENTO ESTRATÉGICO

Com esse contraste de curto e longo prazo, vamos retomar aqui a questão do posicionamento estratégico. Muitos livros foram escritos sobre o tema, e nós já procuramos abordar a questão em capítulos anteriores. Ainda assim, vale uma pequena digressão sobre o vínculo entre posicionamento, planejamento e execução estratégica. Culturalmente, o Brasil não tem exatamente uma tradição de pensar a longo

---

[6] Entrevista realizada pelos autores em 2012.

prazo. Gostamos de nos esbaldar com o presente fácil, com o momento generoso, e somos renitentes em olhar mais à frente e realmente definir uma visão inspiradora, capaz de orientar a corporação em um rumo consistente. O planejamento estratégico é, normalmente, uma peça de ficção, que decora gavetas e que é lembrado quando a realidade se impõe e as dificuldades sobressaem. Bom, a má notícia aqui é que o posicionamento estratégico depende do posicionamento. E esse posicionamento só se consolida mediante execução impecável, o que significa tempo, esforço, cuidado, processo, cobrança, avaliação e revisão constantes.

A premissa básica do posicionamento e, consequentemente, do planejamento é que você saiba para onde quer ir. Parece óbvio, mas o fato é que as empresas parecem estar esquecendo esse "detalhe".

Pense no que sua empresa significa para o mercado. Vamos utilizar aqui dois exemplos positivos já citados anteriormente na mesma obra *Os segredos das empresas mais queridas*. Se amanhã o Google deixasse de existir, como você se sentiria? Um real sentimento de perda, sem dúvida. Você precisaria seriamente planejar como viveria dali em diante sem o Google. Sim, há outros buscadores, mas a percepção geral é de que eles são menos eficientes. E os clientes do Google se sentem em casa ao usar o buscador e outros produtos da empresa. Uma relação que era realmente importante acabou, e o cliente sentirá um vazio. Na verdade, se você consultar qualquer pessoa das gerações Y e Z, elas sempre perguntarão como "(nós, de gerações anteriores) fazíamos para viver sem o Google".

Raras empresas conseguem o mesmo efeito com seu cliente. Raras chegam tão perto de ser tornar insubstituíveis. Imagine se o seu cliente sentisse o mesmo em relação ao seu produto, serviço ou loja.

Falando em loja, em varejo, chegamos ao segundo exemplo. Cinco anos após a rede americana Whole Foods abrir a primeira loja no Texas, uma inundação ocorreu e 11 pessoas morreram. Além dessa tragédia, todo o estoque foi perdido. No banco não havia nenhuma reserva financeira para lançar mão nesse momento de necessidade. A Whole Foods também não tinha seguro.

Foi então que o impensável para qualquer empresa aconteceu. O cliente veio em socorro. Mais exatamente 78 deles, que limparam a loja e ajudaram a Whole Foods a se levantar (levantaram também a moral dos funcionários e donos).

Portanto, antes de se debruçar em cima de números e pesquisas, pense no tipo de imagem e sentimento que você quer que os clientes tenham da sua empresa e de sua marca. É tudo relacional, humano, de verdade. Números, apesar de vitais, são insuficientes; números podem mentir e enganar. Lembre-se: o papel aceita tudo, a planilha aceita tudo, mas o coração do cliente não, e nem seu julgamento crítico.

Whole Foods fez isso e criou um modelo que vale a pena analisar. Lá, todos os funcionários precisam estar engajados na causa que se tornou a empresa. O modelo não surgiu de cara, ele foi consolidado cinco anos após a criação da empresa, quando foi redigida a Declaração de Interdependência. Não por acaso, a Whole Foods engaja-se com as comunidades locais que cercam os perímetros de influência de cada loja. Produtores, pequenas indústrias, negócios artesanais com foco em alimentação orgânica, sustentável e de baixo impacto ambiental encontram na Whole Foods um porto seguro para escoar sua produção. Não são raras as lojas que funcionam como pequenas galerias para jovens artistas exporem suas obras, em pintura ou escultura.

Com esse foco, e a partir da Declaração de Interdependência, ficou claro para os funcionários que eles operavam em um sistema diferente, onde todos devem e podem ganhar. Por exemplo, há um programa de bem-estar para os funcionários com o objetivo de torná-los mais felizes, saudáveis e, consequentemente, com mais energia. Isso traz reflexos como menores gastos com a saúde dos colaboradores. Eles também recebem melhor remuneração. Isso aumenta o resultado das empresas.

Para o cliente, existem vantagens que são de fato percebidas como uma preocupação com alguém com quem está se relacionando. Por exemplo, você certamente procura cuidar da saúde daquele a quem ama. Portanto, o que a empresa faz para os funcionários, também procura fazer para os clientes. A Whole Foods criou um clube do bem-estar que oferece descontos para os clientes que optam por ter hábitos saudáveis: nutrição melhor e estilo de vida melhor.

John Mackey, coCEO e fundador da Whole Foods, é também um dos principais artífices do movimento "Conscious Capitalism", ou Capitalismo Consciente. Em seu livro de mesmo nome[7], Mackey declara, sem meias-palavras: "As corporações são, provavelmente, as instituições mais influentes do mundo hoje e, mesmo assim, muitas pessoas não acreditam que elas podem ser confiáveis. Ao contrário, as empresas estão sendo amplamente percebidas como gananciosas, egoístas, exploradoras, indiferentes — e interessadas apenas em maximizar os lucros.[8]

Essa visão do mundo dos negócios foi estendida ao eixo do negócio da Whole Foods. Nas palavras de Mackey: "No centro do [nosso] negócio, você vai encontrar nossos valores fundamentais e a nossa Missão Empresarial. Todo o resto, desde o propósito do negócio reflete-se em nossos valores fundamentais. Em torno do nosso propósito central colaboram os vários stakeholders: clientes, membros da equipe, fornecedores, investidores, com a comunidade e o meio ambiente. Todos estão ligados de forma interdependente".[9]

---

[7] MACKAY, John. Conscious Capitalism — Creating a New Paradigm for Business. Disponível em: <http://www.flowidealism.org/2007/Downloads/Conscious-Capitalism_JM.pdf>.

[8] Idem, p. 1.

[9] Idem, p. 7.

Essa postura produz uma percepção da marca que potencializa atos beneficentes que em outras empresas pareceriam apenas puro marketing, como criar uma fundação para estimular hábitos saudáveis para as crianças de escolas públicas norte-americanas doando saladas e levando programas educacionais sobre nutrição para pais e crianças nesses locais.

O PESO DA SUSTENTABILIDADE

A estratégia da Whole Foods mostra que a questão da sustentabilidade (e do propósito) também deve fazer parte de um posicionamento estratégico que atinja esse nível superior. Mas cuidado: conheça o seu cliente profundamente. Não se engane, por exemplo, acreditando em pesquisas que mostram o quanto seu cliente está preocupado com o meio ambiente e outros temas correlacionados. Será que é o seu cliente mesmo que prioriza isso? Será que esse tema tem a ver com sua operação e *core business*? Há legitimidade em sua marca para assumir tal bandeira? Em cada um desses estudos, reflita com ceticismo. Ou, como dizem na expressão em inglês, com um grão de sal.

A verdade é que o jogo da sustentabilidade hoje é uma mentira com dois lados, que está, aos poucos, tentando se tornar verdade. Muitas empresas simulam que investem seriamente e muitos consumidores fingem que se importam. Do lado corporativo, até se inventou uma expressão que denuncia o problema: *greenwash*. A brincadeira veio da expressão *whitewash*, uma espécie de tinta branca barata aplicada na fachada de casas. Foi o jeito de os ambientalistas dizerem que as empresas turbinam a propaganda para mascarar ações pífias, enquanto o saldo real para o meio ambiente e para a sociedade é trágico. Usando uma metáfora financeira, tudo que é feito em prol da sustentabilidade vale centavos, enquanto o mundo vai à falência. Em tempos de "crise hídrica" no Sudeste brasileiro[10], a questão ambiental, particularmente do uso racional da água, ganhou um peso significativo entre os consumidores, mas no momento em que este livro é escrito não podemos afirmar se estamos diante de uma tendência que irá se cristalizar ou se é apenas uma reação natural diante de um problema agudo.

Do lado do cliente, hoje, apenas uma minoria de fato se importa com as questões sociais e ambientais, a ponto de traduzir essa preocupação em novos modelos e diretrizes de consumo. Na hora de comprar o produto ou serviço, a maioria ainda privilegia qualidade com preço baixo. Em especial quando se fala das faixas de renda

---

[10] Desde o final de 2013, a região Sudeste, particularmente a Grande São Paulo, sofre com uma seca persistente que afetou duramente as represas que fornecem a água tratada para os cidadãos. Em fevereiro de 2016 a situação melhorou sensivelmente com a regularização do sistema e chuvas provocadas pelo fenômeno El Niño, mas ainda inspira cuidados.

mais baixa — e o consumerismo vigente em países em desenvolvimento, especialmente os BRICS —, um problema crucial em regiões onde as classes C, D e E estão ascendendo na pirâmide do consumo. Há aqui um paralelo entre os consumidores em geral e os gestores de marketing: ambos agem como se não houvesse amanhã. No Brasil e na Rússia, países que hoje enfrentam crises econômicas por motivos diversos, os níveis de consumo das famílias vêm se reduzindo, com impactos fortes nos resultados das empresas. O cenário atual é francamente favorável às empresas que possuem e seguem seus planos estratégicos com disciplina e segurança. Empresas (a maioria) que olham o curto prazo estão perplexas, por um lado porque não há caixa do governo para socorrê-las (a crise do Brasil é, em larga medida, fiscal) e por outro porque não têm contingências para cenários de recessão.

Obviamente, temos de considerar que uma empresa raramente consegue obter o tipo de relacionamento que Google, Costco, Whole Foods e até Coca-Cola mantêm com seus clientes — vale lembrar do famoso *case* Classic Coke X New Coke — se derraparem fortemente na questão sustentável. O cliente pode querer preço baixo, mas quando o formador de opinião olha por trás da cortina e descobre como esse preço baixo é alcançado, a sujeira se espalha pelo mercado (a exemplo de Nike nos Estados Unidos, ou Zara, Collins e M Officer no Brasil, recentemente). E toda a desconfiança natural contra o meio corporativo embutida no humor do consumidor vem à tona. Aqui vale assistir a outro documentário interessante que trata sobre este tema: o canadense *The Corporation: The Pathological Pursuit of Profit and Power*, da dupla Mark Achbar e Jennifer Abbott.

Uma exceção talvez seja a Apple, que foi severamente criticada pelo Greenpeace durante anos e conseguiu manter os crentes em sua "religião". Mesmo assim, a empresa da maçã resolveu não correr mais riscos e reagiu, investindo em políticas criadas especificamente para proteger o flanco da sustentabilidade na imagem de marca "superior" que construiu ao longo dos anos. Ainda assim, sofreu respingos quando uma das fábricas terceirizadas, a Foxconn[11], registrou diversos casos de suicídio, em tese motivados pela enorme pressão exercida sobre os funcionários.

Além disso, em alguns segmentos e faixas sociais a sustentabilidade realmente pode influenciar o negócio. Sem dizer que é moral e eticamente correto tomar uma atitude com relação ao tema. E é notícia velha que há diversas formas de conjugar capitalismo e sustentabilidade em um mesmo modelo. Pode contar 25 anos, data em que John Elkington publicou o famoso livro *Capitalismo verde*.

---

[11] Para mais detalhes sobre os suicídios na Foxconn, ver: <http://g1.globo.com/tecnologia/noticia/2013/05/foxconn-tem-novos-casos-de-suicidio-em-fabrica-na-china.html> e <http://blogs.estadao.com.br/link/foxconn-registra-outro-suicidio-na-china/>.

Para ilustrar o que dizemos, vejamos a Natura. É um daqueles exemplos raros em que se mostrou viável criar um projeto de desenvolvimento sustentável em larga escala, acertando mais do que errando. Em especial se você considerar que o público feminino da Natura é um dos que mais tendem a dar atenção ao tema sustentabilidade.

A empresa investiu em cosméticos fabricados a partir de matérias-primas naturais. A produção também foi desenhada de modo a não explorar o ambiente mais do que o essencial e garantir a renovação constante. Os próprios moradores da região são envolvidos e se beneficiam economicamente, assim não têm necessidade de explorar nem prejudicar o local onde moram. A chegada da empresa se torna, assim, um presente para a região, ao invés de ser um fardo. Foi bom para a empresa, seria bom para o futuro do consumidor e funcionou para a construção de uma imagem que poderia levar a um cenário similar ao que discutimos antes nos casos do Google e Whole Foods. Poderia? Sim, pois nos últimos anos a Natura também sofreu com uma certa complacência e indefinição de rumos, talvez influenciada pelos ganhos fáceis em um dos mercados de cosméticos de crescimento mais acelerado do mundo. A farra, contudo, acabou em 2014. No caso da Natura, até antes. Há quatro anos, desde 2011, a empresa vem registrando resultados decepcionantes. As críticas são implacáveis: "a Natura é gerida como se tivesse 70 e não 7 mil funcionários"; "A falta de processos rigorosos nos setores que dão suporte à operação, antes vista como um charme [...] reduziu a eficiência e a produtividade da companhia"; "quer radicalizar a sua aposta na sustentabilidade [...] quer [...] números robustos [...] quer se manter fiel às relações humanas que sempre foram a base de sua filosofia e gestão".[12] Pior ainda, a Natura, amarrada ao seu modelo de venda baseado nas consultoras e na venda direta, ignorou o multicanal e hoje tem diante de si um consumidor cada vez mais interessado em conveniência e, por isso, devidamente conectado. O desafio, lógico, é de manter-se fiel aos propósitos e, ao mesmo tempo, reinventar-se para acompanhar a evolução do consumidor. Mesmo assim, há lições importantes na evolução da Natura: se o consumidor pode se interessar pelo que a empresa faz no seu entorno, o que ela cria internamente é no mínimo igualmente importante. No âmago da empresa está o elemento crucial da inovação. É cartilha básica — e igualmente pouco seguida — buscar diferenciar o produto e serviço que vende.

---

[12] Não vai ser fácil. *Época Negócios*, ed. 96, p. 77-83, fev. 2015.

INOVAÇÃO ALAVANCANDO O VALOR SUSTENTÁVEL

Entretanto, é evidente que não basta aumentar o orçamento em questões ligadas à sustentabilidade. Eficiência é fundamental. Por exemplo, a Nokia investiu US$ 7,7 bilhões em pesquisa e desenvolvimento em 2010 (e três anos depois vendeu a divisão de celulares para a Microsoft, que, por sua vez, já avisou que vai aposentar a marca Nokia, para usar "Windows Phone", um caso clássico em que dois erros não perfazem um acerto). A Apple gastou bem menos, cerca de US$ 1,7 bilhão. Este não é um retrato momentâneo, mas coerente com o comportamento histórico no balanço das duas empresas. Enquanto a Nokia registrou vendas de US$ 55 bilhões e prejuízos crescentes até ser vendida em 2013, a Apple já atingiu US$ 75,87 bilhões de faturamento só no quarto trimestre de 2015 (e isso com lucro líquido de US$ 18,36 bilhões![13]). Apesar dessa pujança, seus resultados recentes foram qualificados como "decepcionantes. E ainda assim seu valor em bolsa hoje supera com folga o total acumulado de todas as empresas listadas na Bovespa.[14] Portanto, não se trata de valores financeiros absolutos, mas de estratégia eficiente, com forte presença do chamado marketing estratégico, animal tão raro, mas tão valioso.

Para não deixar o leitor na dúvida, vamos explicar como isso funcionou. A Apple otimizou a pesquisa conseguindo aproveitar o desenvolvimento em diferentes linhas de produto, do computador Mac, passando pelo iPod, o iPhone, o iPAD, entre outros, como o Apple Watch, que já chegou ao mercado, mas com resultados modestos, dentro de uma visão estratégica, focada no entretenimento, na usabilidade e na conveniência (além do design!). E cada tecnologia complementa e se comunica com a outra. Um gasto com o sistema operacional do iPhone também é usado no iPod. Já a Nokia precisava gastar com três sistemas operacionais diferentes ao mesmo tempo, que obtêm retorno de um único segmento, o dos telefones móveis, até render-se às evidências e entregar-se de corpo à alma do sistema operacional Windows Phone (que por enquanto não decolou). Ou seja, enquanto a estratégia vencedora da Apple está em construir seu ecossistema ampliando possibilidades com poucas matrizes técnicas proprietárias, a Nokia fez o contrário: procurou integrar diferentes matrizes técnicas não proprietárias, para explorar um único segmento, e não um ecossistema.

---

[13] Apple tem lucro recorde, mas vendas de iPhone decepcionam. Disponível em: <http://oglobo.globo.com/economia/tecnologia/apple-tem-lucro-recorde-mas-vendas-de-iphones-decepcionam-18547979>.

[14] O valor de mercado da Apple caiu mais de 18% nos últimos seis meses. Ainda assim, seu valor é muito superior ao de todas as empresas negociadas na Bovespa brasileira. Para o valor de mercado atual da Apple (fevereiro de 2016), ver: <http://www.forbes.com/companies/apple/>. Para ver o valor total das empresas brasileiras listadas na Bovespa, consultar: <http://www.telesintese.com.br/google-vale-sozinho-mais-que-toda-bolsa-de-valores-brasileira/>. Até o Google sozinho já vale mais que a Bovespa (e que a Apple no momento em que esse livro está sendo escrito) — US$ 528 bilhões contra US$ 463 bilhões.

A Apple desenvolveu a estratégia 1 -> N, enquanto a Nokia procurou o N -> 1. Nós vimos e comprovamos quem prevaleceu.

Bem explicada a questão da eficiência, vale agora abordar um caso nacional em que a inovação traz redução de custo, mas não só para empresa. Traz para o cliente, que também ganha em facilidade. É a administradora de vale-refeição Companhia Brasileira de Soluções e Serviços (CBSS), conhecida pelo nome de seus cartões para alimentação e combustível Alelo (ex-Visa Vale), além da linha de vale-transporte. Criada em 2003, a empresa já nasceu eletrônica, enquanto a concorrência usava vales de papel. A logística era um desafio complexo para quem atuava no mercado e um custo que acabava sendo cobrado do cliente (sem falar na consequente espera pelos cartões). Por exemplo, uma empresa com 10 mil funcionários recebia mensalmente 10 mil talões de vale-refeição.

O executivo Newton Neiva, que deixou recentemente a Alelo (substituído por Eduardo Gouveia), estava lá no começo. O testemunho dele é preciso. Segue: "Entendemos que o produto estaria melhor naquela tecnologia digital do que com o papel que gerava muitas ineficiências, riscos elevados. São essas sacadas que fazem com que você dê o que eu chamo de pulo do gato e que fazem uma empresa alcançar essa liderança. No nosso negócio, os concorrentes demoraram muito".[15]

Hoje o cliente da Alelo pode usar qualquer dispositivo em qualquer plataforma para verificar onde está o estabelecimento mais próximo que aceita seus vales. O sistema é 100% online. Enquanto isso, a concorrência utiliza papel até hoje. Neiva orgulhava-se de dizer que nunca recebeu um pedido de cliente que quisesse voltar a usar o papel.

A GOVERNANÇA É A GUARDIÃ DO VALOR

Ao mesmo tempo em que a empresa presta atenção no que funciona para o cliente, também precisa olhar o que funciona internamente. Entre os itens que merecem mais cuidado das empresas está a governança, em especial a governança do cliente, tão rara e tão importante, ainda mais se conectada à governança corporativa.

Como sustentabilidade e inovação, o tema recebeu forte atenção de gestores, gurus e consultores na última década. Mas uma coisa é discurso; prática é bem outra.

Governança corporativa, de um modo geral, começa por organizar o relacionamento entre si das áreas da empresa e entre terceiros. Com isso, o executivo vai alcançar uma gestão transparente e eficiente. Em última instância, a empresa cria mais valor.

---

[15] Entrevista realizada pelos autores em 2012.

Grosso modo, pode ser definida como o conjunto de princípios, políticas e processos que definem e regulam a forma como uma empresa deve ser gerida. Seu escopo abrange desde a valorização das diretrizes de transparência até a concepção do modelo de gestão, adoção de melhores práticas, atribuição de responsabilidades, desenho dos modelos de relacionamento com os diversos públicos, seleção de métricas e indicadores, eleição de critérios e parâmetros para tomada de decisões mediante circunstâncias, entre outros itens igualmente importantes.

Sua abrangência e aplicação levam em consideração as particularidades existentes na empresa e em seus setores/mercados de atuação; porém, têm na figura de seus stakeholders o principal atributo balizador para a concepção e implementação de seu modelo estratégico e rotina gerencial.

A questão da governança ganhou um espaço excepcional na imprensa brasileira (e internacional) por conta dos problemas registrados na Petrobras, a maior empresa brasileira (o famoso "petrolão"). Se a empresa tivesse padrões mais rígidos e mais sofisticados de governança, dificilmente veríamos seus níveis de confiança e reputação serem erodidos tão velozmente a ponto de seu valor de mercado ser reduzido em 85% do pico de alta registrado em 2008 até hoje. Em números: de R\$ 513 bilhões para R\$ 73,7 bilhões.[16]

Em um mundo cada vez mais interconectado, os ativos citados — governança corporativa, inovação e sustentabilidade, entre outros — passam a ter papel-chave na construção da reputação da empresa e de suas marcas, uma vez que os conflitos de interesse, as insatisfações individuais e coletivas, as redes de informação instantânea e seu poder de comparação, o potencial exponencial dos problemas nas relações da empresa com seus públicos, principalmente na equação comunicação-compreensão com os clientes, e o intenso processo de geração de buzz por e para todos os stakeholders são variáveis impossíveis de extirpar do dia a dia gerencial das organizações.

Assim, problemas reais ou potenciais percebidos pelos clientes por eles impactados, sejam na imagem institucional da empresa, na qualidade de um produto ou serviço, nos resultados financeiros, em comunicações ou posições corporativas ou ainda em atitudes e decisões entendidas como não sustentáveis, dentre outros fatores, passam a ter instantaneidade, eco, amplitude e relevância cada vez mais acentuadas, principalmente no que se refere à forma como a empresa trata as questões críticas e específicas para cada natureza de stakeholder impactado e seus interesses e influências. A equação de sucesso para uma empresa ganhou maior complexidade. É

---

[16] Sobre governança na Petrobras, ver: Claudio Weber Abramo. Governança na Petrobras. Disponível em: <http://www1.folha.uol.com.br/opiniao/2014/12/1565324-claudio-weber-abramo-governanca-na-petrobras.shtml>. A queda no valor da Petrobras pode ser consultada em: Petrobras encolheu 85% em valor de mercado desde pico de 2008. Disponível em: <http://g1.globo.com/economia/noticia/2016/01/petrobras-encolheu-85-em-valor-de-mercado-desde-pico-de-2008.html>.

preciso gerenciar ativos que se relacionam, que impactam uns aos outros. Governança, clientes, inovação, capacidade competitiva estão a todo momento sendo desafiados pelas transformações de mercado — regulações, novas tecnologias, tendências demográficas e comportamentais — e demandam respostas rápidas. Até que ponto executivos e empresas estão preparados para enfrentar uma dinâmica tão veloz de mudanças competitivas?

Neste contexto, podemos destacar o marketing como uma prática-disciplina com ampla inserção, interdependência e responsabilidade no que se refere à governança corporativa.

O marketing (área), assim como vendas, atendimento ao cliente, o digital, a comunicação corporativa e áreas afins, como relações com investidores, como principais guardiões da imagem corporativa da empresa e de suas marcas, assumem corresponsabilidade de governança com a gestão da companhia, à medida em que atuam tanto na geração de demandas, expectativas e percepções, como também no relacionamento com clientes e demais públicos e no esclarecimento de fatos e posturas corporativas em face aos diversos acontecimentos internos e externos.

Por sua vez, a governança do cliente — na metáfora do relacionamento — é colocar a empresa na terapia de casal — em que o consumidor é o cônjuge — e depois seguir monitorando de perto para ter certeza de que tudo corre perfeitamente. No caso da General Motors, por exemplo, a separação entre as áreas de vendas e pós-vendas fez a montadora criar, em 2010, um departamento específico para cuidar do cliente. Na prática, eles fazem uma ponte entre as duas áreas e cuidam de quem pensa em comprar e de quem já comprou. Afinal, se o cliente comprava feliz e, meses depois, passava a falar mal, a relação não poderia ir longe. É como namorar feliz e sofrer no casamento.

A meta da GM era aumentar o percentual de clientes totalmente satisfeitos de um lado, e do outro reduzir ao máximo os totalmente insatisfeitos. A palavra "totalmente" aqui é fundamental. Por exemplo, o cliente satisfeito é uma conquista, mas essa condição pode não ser suficiente quando o cliente for trocar de carro. Se a dúvida passar pela mente dele, a possibilidade de experimentar outra marca pode se tornar mais sólida. E surge a "traição". Daí a meta de buscar a "satisfação total".

Nessa categoria, a GM registrava 75% dos clientes totalmente satisfeitos na área de vendas. Para Jaime Ardila, presidente da GM para a América do Sul, era pouco. Após a criação da nova área, o índice em vendas subiu para 88%.[17] De acordo com

---

[17] Dados de 2012. Infelizmente, em 2014, a GM enfrentou um rumoroso processo de recall que afetou sua reputação no mundo inteiro, a partir dos EUA. No Brasil, o recall também impactou a imagem da empresa: http://oglobo.globo.com/economia/defesa-do-consumidor/gm-do-brasil-convoca-recall-de-23836-mil-carros-de-dez-modelos-por-risco-de-incendio-12540103.

Ardila, é o mais alto já registrado na história da GM. "Ainda não é o que queríamos", diz ele. A aposta é que o índice vai subir mais. A convicção vem da certeza de que agora eles ajustaram o relacionamento e este vai seguir monitorado com a "terapia" da governança do cliente.

Há também o reverso: os totalmente insatisfeitos, uma categoria que era dolorosamente significativa na outra ponta: o departamento de pós-vendas. Em uma montadora, a venda de um bom carro não é suficiente para o cliente. O produto o acompanha todo dia, na garagem, no trabalho, às vezes durante horas no trânsito. O produto é utilizado exaustivamente, e se ele tiver um defeito, o problema é grande. O cliente quer solução imediata. Na prática, é como se a montadora tivesse passado a fase da sedução, namorado bem, mas deixado o relacionamento degringolar durante o casamento. Portanto, nesse momento tudo se resume à necessidade crucial da excelência no serviço.

Tudo depende do setor

Com o caso da GM fica claro mais uma vez que a relação varia entre os setores. Portanto, a distribuição do investimento em marketing também varia largamente.

Por exemplo, no varejo o investimento em marketing tende a ser maior mesmo. Em contraste, alguns segmentos acabam investindo um pouco mais em inovação, em setores como tecnologia, eletrônicos, convergência. Em finanças pode haver uma preocupação maior com governança (embora esta falhe miseravelmente, como vimos nos últimos anos). Por fim, áreas que dependem de insumos naturais podem ser forçadas a dar mais atenção à sustentabilidade.

Independentemente do setor, o fato é que toda empresa quer um cliente com quem casar. Ser o conquistador barato do mercado só leva a um possível final de história: ficar sozinho. E isso ninguém quer.

Nesta metáfora, o que todos querem é ser felizes para sempre, porque de fato existe um amanhã, e você certamente quer que sua empresa esteja nele. Essa "felicidade" sua e do cliente como meta e ativo da empresa é o que passamos a explorar no próximo capítulo.

Você não vai querer deixar de ler isso! Como será o novo marketing?

De acordo com o estudo de tendências da DOM Strategy Partners entitulado "O novo marketing", o marketing como o conhecemos irá mudar radicalmente, tanto em propósito e convocatória como em estrutura e operações. Os 4 Ps de Kotler tornaram-se, de fato, anacrônicos, insuficientes para oferecer respostas satisfatórias para a gestão de empresas nesses anos de mudança acelerada. Como vimos no Capítulo 4, os 4"Ps" — Produto, Praça, Preço e Promoção — evoluíram para Solução, Acesso, Valor e Educação — conforme tendência descrita pelo Copenhagen Institute for Futures Studies — CIFS.[18]

Assim como ocorreu com TI no início da década, que rachou em duas — o CIO com a parte de informação, processos e sistemas, e o CTO com infraestrutura, hardware, redes etc. —, o marketing de hoje também tenderá a se dividir em dois, com dois diretores ou VPs, com verbas e responsabilidade igualmente importantes. Caem o glamour e os gastos astronômicos sem réguas de valor gerado tão presentes na pouco confiável relação que existe hoje entre marketing e propaganda de massa (principalmente TV) e emergem como *bottom line* da ação eficaz do marketing variável, mais afeito aos interesses do consumidor e do acionista, tais como responsabilidade, transparência, gestão e alinhamento estratégico. Como defende Jaime Garfinkel, presidente do Conselho de Administração da Porto Seguro: "prefiro anunciar menos o que faço e surpreender o cliente".[19]

De um lado, o diretor de marketing de reputação, a quem caberá o relacionamento com stakeholders, com acionistas, as ações de PR, a propaganda institucional, as ações de marketing cultural, esportivo e socioambiental, o marketing da causa etc. Seu principal objetivo será construir marcas, melhorar a imagem, gerar reputação positiva.

De outro, o diretor de marketing de relacionamento ligado ao *customer life cycle*, da interação, acesso, compartilhamento, venda/aquisição ao pós-venda, o marketing de estímulo e suporte ao comercial, que engloba do esforço de vendas ao marketing direto, de relacionamento e serviços, às ações promocionais, de merchandising, da experiência ao pós-venda, suporte, garantias, SAC etc.

Atenção aqui leitor. Com a defasagem de eficácia do modelo tradicional dos 4 Ps, fazer marketing hoje deveria significar, basicamente, dialogar de maneira transparente, contínua e valiosa com cada cliente. Esse raciocínio, aparentemente simples,

---

[18] CIFS – Customers or fans? Megatrends that are redefining the relationship between consumers and brands. Apresentação no CONAREC – Congresso Nacional das Relações Empresa-Cliente 2014.

[19] Entrevista realizada pelos autores em 2012.

traz em seu enunciado um conjunto sem parâmetros de desafios às empresas e seus "departamentos" de marketing. Vamos detalhar:

- Dialogar quer dizer falar. E escutar... e as empresas, além de falar muito — e muito alto —, não sabem escutar. O exercício da conversação significa, em princípio, ter conteúdo, uma história legítima, valores que gerem identificação em clientes potenciais, e estes por sua vez podem tornar-se, então, advogados das empresas.
- Dialogar de maneira transparente, ou seja, com verdade, com sinceridade, com correção, assumindo falhas, aceitando críticas.
- Contínua que quer dizer contínua mesmo... e isso também é difícil para corporações que possuem infinitos canais pouco eficientes, sobrepostos e não sequenciados (empresas em que CRM e Big Data, por exemplo, não passam de uma abstração).
- Valiosa, ou seja, trazendo ofertas (mensagens, causas, bandeiras, informação, conhecimento, produtos, serviços, conceitos, tendências, ideias, pessoas, marcas etc.) relevantes sob o ponto de vista do outro — do cliente —, suficientemente interessantes, materiais e relevantes para o conjunto de necessidades, expectativas e percepções desse cliente.
- Com cada cliente — personalizado, individualizado etc.

E tudo isso sem esquecer que ainda é necessário considerar preço, prazo, promoção, propaganda, o "ppppppppp", como condições básicas de competição. E também sem esquecer o chamado fator 2.0, que muda absolutamente tudo: esses clientes conversam entre si, nas chamadas redes e comunidades sociais (online ou não!). A sua empresa vai deixar de "vender", vai oferecer "acesso", não vai "promocionar", vai gerar conteúdo e "educar".

Gerenciar essa nova forma de fazer marketing não é tarefa fácil, assim como não é missão das mais tranquilas interagir com qualidade e valor com os diversos stakeholders corporativos, principalmente os atuais, futuros e ex-clientes, que podem ser simultaneamente também funcionários, ex-funcionários, acionistas, fornecedores, críticos vorazes ligados a ONGs, entre outros.

Definitivamente as empresas não estão preparadas para isso, seja por conta de *mindset* e valores estratégicos corporativos, seja por conta de chassis de processos, sistemas e arquitetura organizacional. Entretanto, gerenciar essa conta corrente diária da reputação e transformá-la em resultados superiores (vender produtos envolvidos em um sistema de serviços agregados, melhores que os concorrentes para clientes tornados mais fiéis, gerando mais valor ao acionista e *market-share* para empresa) é tarefa do Novo MKT — O MKT de Contexto, que, em nossa visão, será pautado por seis pilares estratégicos, somados aos tradicionais conceitos "Ps" historicamente associados ao marketing. Esses seis pilares são:

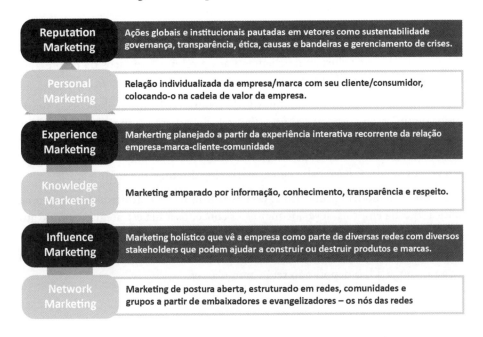

FIGURA 8.1: Seis pilares do novo marketing. Fonte: DOM Strategy Partners.

Ao assumir essa postura centrada no consumidor, as empresas certamente passarão por redefinições de estratégia e convocatórias em seu marketing. Na mesa está a equação do novo marketing, o MKT rachado, MKT/2 é:

MKT de contexto = MKT de reputação + MKT de relacionamento

Essa equação imporá novas estruturas organizacionais e funcionais, além de novas atribuições, habilidades, abordagens e métricas específicas. Talvez haja espaço para que empresas consigam criar um modelo mais adequado ao seu estágio de maturação, cultura corporativa e identidade mercadológica, mas aqui procuramos oferecer uma ferramenta para permitir uma visão mais eficiente do marketing, mais de acordo com um cliente em evolução, com flexibilidade, versatilidade, maleabilidade e velocidade de resposta.

O desenho de estruturas de marketing baseadas no estudo e criação de contextos, presume que todas as iniciativas, ferramentas e projetos de marketing sejam organizados estrategicamente, com orçamentos e gestão em um nível superior ligado diretamente ao centro decisório da empresa, responsáveis por coordenar as duas vertentes distintas e complementares do novo MKT: o MKT de reputação, centrado no *branding*, organizado em torno da relação dos diversos stakeholders com os atributos e valores das marcas corporativas e de produtos da empresa e o MKT de relacionamento, centrado no suporte a vendas, ligado, em toda a extensão do *customer life cycle*, aos diversos clusters de clientes e aos produtos e serviços da empresa, que consomem ou podem vir a consumir.

Assim, com o futuro diretor ou VP de reputação ficam atribuições e práticas como comunicação corporativa, *branding*, relacionamento com stakeholders, patrocínios, eventos, marketing cultural, social, esportivo, marketing de causas etc. Já com o futuro diretor ou VP de relacionamento ficam propaganda, promoção, pré--venda, pós-venda, CRM, call center, marketing direto, e-marketing etc.

Como todo modelo propositivo, essa estrutura não é definitiva, nem tampouco estática. E cada empresa deve adequar esses conceitos à sua estratégia, setor de atuação, dinâmica de mercados, nível de concorrência e perfil de clientes.

Em nossa visão, uma nova era começa para o marketing. E como aconteceu há dez anos com a TI, o depois não será como o antes.

"Vejo o acionista que pensa em retorno imediato versus o que pensa em lucratividade com essência. E o acionista que busca o retorno imediato não tem futuro aqui dentro."

Caito Maia
fundador da Chilli Beans, em entrevista realizada pelos autores em 2012

Capítulo 9

A Decisão Mais Óbvia

O cliente como principal ativo de valor

Sim, o nosso executivo estava certo de que associar a busca pelos resultados esperados passava por uma estratégia forte baseada na propaganda. Ele pensa que isso sempre funcionou. E discute consigo mesmo: "Mas que diabos! Há tanta falação em torno do cliente. Que o cliente é o principal ativo de uma empresa. Como assim ativo? Ele não está aqui, não vive no nosso dia a dia, não sabe o que fazemos para que ele possa comprar nosso produto, confiar na gente! De repente esse ausente vem aqui e se acha o dono de tudo?! E o nosso trabalho, como fica? Será que vale a pena considerar o cliente como ativo? Isso é relevante para a diretoria? Mas como eu vou defender essa ideia?".

O conflito do nosso executivo às vésperas da apresentação do famoso plano estratégico (aquele mesmo que abordamos nos capítulos anteriores) tem razão de ser: a satisfação do cliente é uma bússola guardada, fechada e a qual os gestores se recusam a usar. Muito se fala na era do cliente, pouco se posiciona o cliente como a razão e o norte de todas as empresas.

Caso duvide da afirmação, preste atenção no que diz uma pesquisa da Accenture com 800 diretores e gerentes seniores em dez países: 55% dos entrevistados consideram que os métodos usados em suas empresas para segmentar e proporcionar experiências são "ideais" ou "muito bons". Ou seja, eles têm convicção de que estão indo na direção correta.

Quando se ouve os consumidores, apenas 21% acham o mesmo. Mais grave ainda, 2/3 deles trocou de fornecedores ou provedores de serviços no ano anterior.[1] Com uma taxa de fuga dessa dimensão, é hora de os executivos pararem de vagar sem destino e identificarem seus pontos cardeais. E quando os millennials entram na equação, os dados são ainda mais alarmantes: uma pesquisa realizada pela CA Technologies detectou que a lealdade dos consumidores no uso de um app no smartphone ou tablet é de inacreditáveis (e impacientes) três segundos! Com um agravante: essa é a média de tolerância dos brasileiros. Mundialmente esse tempo atinge seis segundos.[2]

---

[1] Dados estimados em 2012 pela DOM Strategy Partners a partir de diversas fontes de dados primárias e secundárias.

[2] Lealdade do consumidor pode ser inferior a três segundos. Disponível em: <http://consumidormoderno.uol.com.br/index.php/comportamento/relacionamento/item/30165-lealdade-do-consumidor-pode-ser-inferior-a-tres-segundos>.

210 FEITAS PARA O CLIENTE

Em resumo, qualquer vento leva os consumidores. Mais um exemplo, em uma situação concreta: em qualquer reunião para definir investimentos, é raro se falar do nível de satisfação dos clientes como balisador para orientar prioridades. Sim, outros números relacionados ao cliente estão lá, como vendas ou evasão, mas raramente algo que indique o quanto eles estão felizes ou o quanto confiam na empresa e a indicariam a outros clientes. E, detalhe: não faltam réguas para medir a satisfação do cliente. Só a revista *Consumidor Moderno* publica anualmente cinco rankings setoriais e gerais com atributos diferentes associados direta ou indiretamente à satisfação: Marcas mais Amadas, Prêmio Consumidor Moderno de Excelência em Serviços ao Cliente, Marcas mais Conscientes, Marcas mais Democráticas e Empresas que mais Respeitam o Consumidor.[3]

Mas por que as empresas deveriam se preocupar com esses indicadores mais intangíveis ligados aos clientes? Afinal, o cliente não está no balanço das empresas. Seus indicadores não são monitorados e comparados por aqueles que precificam ou por aqueles que compram as ações da companhia. As empresas são barcos usando cartas de navegação nas quais o nível de satisfação nunca é citado. A razão principal é que, como outros ativos importantes, este é intangível, de difícil identificação e apropriação e, portanto, praticamente descartável, apesar de idealmente desejável.

Nos últimos dez anos, esforços estão sendo feitos para incluir no balanço das empresas algo mais do que simplesmente mobília, máquinas, prédios, caixa e estoques. Até agora, o mais famoso dos intangíveis é a marca, talvez porque diversos institutos procurem precificá-la, talvez porque tenham muito dinheiro e atenção sobre si, talvez porque sejam um amálgama dos demais intangíveis, como inovação, relacionamento e sustentabilidade, talvez por um pouco de tudo isso. Talvez, talvez... e caímos no efeito Tostines.[4] Não importa. Há muitos outros intangíveis que tornam cada empresa única e, eventualmente, conferem a ela muito mais valor. É possível citar nessa lista de desprezados nos balanços ativos como relacionamento, processos inovadores, tecnologia, inovação, modelos de negócio, governança corporativa, sistemas de gestão, conhecimento, enfim... mais de 150, conforme Metodologia IAM (Intangible Assets Management) da DOM Strategy Partners.[5]

É bem provável que o leitor já esteja familiarizado com o conceito de intangível, ao qual imprensa e especialistas passaram a devotar atenção na última década. Caso queira se aprofundar no tema, é válido consultar a obra *Ativos intangíveis: o real valor*

---

[3] Esses rankings são publicados anualmente nas edições de abril, maio, setembro e dezembro da revista *Consumidor Moderno*.

[4] Alusão a uma famosa campanha da marca Tostines, adquirida há anos pela Nestlé, com o slogan "Vende mais porque é fresquinho ou é fresquinho porque vende mais?". O slogan e a campanha foram criados pelo lendário publicitário Enio Mainardi na década de 1970.

[5] Para saber mais sobre a metodologia IAM, acesse: <http://www.domsp.com.br/work-view/intangible-assets-management-iam/>.

das empresas[6], também de nossa autoria. Nesse livro definimos os ativos intangíveis como um oásis seguro de geração de valor e diferenciação para as empresas que competem nos áridos desertos da competição agressiva. Vale a pena ler!

De qualquer forma, fazemos aqui um sumário do assunto.

ERA DO INTANGÍVEL: O NOVO MUNDO DA NAVEGAÇÃO CORPORATIVA

A Era do Intangível nasce da crença de que o valor fundamental da diferenciação de empresas, profissionais e países deriva de ativos intangíveis, como posicionamento, inovação, relacionamento, sustentabilidade, governança, marcas, conhecimento, talentos, cultura, métodos, tecnologia etc.

Hoje isso é bastante evidente. Uma empresa não vale mais o terreno e o prédio em que está construída; vale o conhecimento e relacionamento profissional de todos os envolvidos na operação e a marca construída ao longo dos anos, para dar apenas dois exemplos mais óbvios. Atualmente, os ativos intangíveis são definitivamente a principal fonte de valor diferencial e sustentável das empresas. É a partir deles que se garantem a perenidade do empreendimento e a competitividade no médio e longo prazos. É por isso que é hora de as empresas trocarem suas cartas de navegação e os instrumentos que utilizam para se orientar.

Pode parecer algo simples, mas há uma razão para as empresas ainda não terem efetuado essa troca de instrumentos. O X neste mapa é que esses intangíveis são de difícil mensuração. Como se precifica um relacionamento? Um processo? Uma fórmula? Qual o valor exato de ativos como esses? Quanto efetivamente eles podem gerar em retorno financeiro, competitividade, reputação e controle de riscos nos próximos anos?

Por todas essas dificuldades e pela falta de métricas — ou pela pouca aceitação, porque métricas existem —, as empresas ainda os entendem como custo ou despesa. Na prática, e apesar de todo o discurso, ignoram o papel estratégico do intangível e o valor da estruturação de um racional no cotidiano para sua gestão.

Ignorar significa dinheiro mal investido. Isso porque muito dinheiro é gasto; em diversos setores, os intangíveis representam até 60% dos orçamentos corporativos (basta somar os orçamentos anuais de marketing, RH e TI dos maiores bancos, seguradoras ou varejistas, por exemplo). O acionista quer e merece saber o resultado que todo esse investimento gera para as empresas e o valor que proporciona hoje e endereça para amanhã. Sim, porque valor e resultado são grandezas diferentes, lembra? Valor tem a ver com econômico, de longo prazo, mais imaterial; resultado tem a ver com financeiro, de curto prazo, mais palpável.

---

[6] DOMENEGHETTI, Daniel; MEIR, Roberto. *Ativos intangíveis*: o real valor das empresas. Editora Campus, 2008.

Navegando com conhecimento e segurança: A "prova dos 9" dos intangíveis

Identificar, categorizar, mensurar e gerenciar os ativos intangíveis é tarefa fundamental para a sobrevivência e competitividade de qualquer empresa. Somente compreendendo esses novos instrumentos é possível enxergar com clareza onde a empresa está e para onde está caminhando, porque essa decisão e essa escolha sofrem forte impacto e dependência do setor de atuação da empresa, de seus mercados, estratégia competitiva e conjuntura atual. A seguir listamos as características principais dos ativos intangíveis, com algumas observações relacionadas ao intangível em questão: o cliente e sua satisfação.

1. **Eles geram e protegem valor:** mais do que um importante vetor de geração de valor no curto, médio e longo prazo, os ativos intangíveis contribuem na proteção de valor da empresa. Ou seja, se você gerencia bem esses ativos, a empresa está mais confiável e segura. Não fosse dessa forma, todo o investimento em segurança da informação e sustentabilidade seria injustificado. A relação com o tema cliente neste item é evidente; cliente satisfeito é provavelmente a melhor proteção de valor possível. O insatisfeito deteriora a marca e reverte de forma assustadoramente eficiente o trabalho executado pelo marketing. E as altas e recorrentes taxas de *churn* que diversas empresas experimentam em setores de serviços críticos são prova material disso. O exemplo negativo mais forte no Brasil são as operadoras de telefonia celular, com uma taxa de evasão alta e um custo para obter um novo cliente sempre comparativamente muito alto. Um exemplo positivo é o Banco Itaú, que pode se dar ao luxo de reduzir os gastos com marketing — ao menos temporariamente — porque já consolidou a capacidade de proteger e valor graças aos diversos ativos de geração de valor orquestrados de forma impecável. O Itaú-Unibanco conseguiu manter uma performance impecável mesmo em um cenário adverso de redução forçada de juros em 2012.[7]

2. **Eles têm a capacidade de potencializar tangíveis:** ou seja, os investimentos em intangíveis no presente também garantem o melhor uso dos ativos tradicionais no curto, médio e longo prazo. Como exemplo específico no nosso tema central, o cliente satisfeito dissemina e amplia a marca da empresa, potencializando o efeito do marketing e aumentando as vendas, nitidamente estas parte da conta tangível de resultados da empresa.

Essa é uma preocupação que precisa estar em cada ponto de contato com o cliente. Meyer Nigri, presidente da Tecnisa, concentra a atenção desde o

---

[7] Sob pressão, bancos reduzem juros. Disponível em: <http://g1.globo.com/economia/seu-dinheiro/noticia/2012/09/sob-pressao-bancos-reduzem-juros-veja-taxas-medias-cobradas.html>.

A Decisão Mais Óbvia

primeiro contato com a empresa, em que o cliente recebe um e-mail agradecendo pelo interesse, até o momento em que ele compra o imóvel, quando recebe o contrato com duas taças de champagne. Mas Nigri reconhece: "Quando acontece um probleminha a gente resolve; o problema é quando tem um problema grande. O cliente tem toda a razão de estar reclamando".[8] Essa noção do direito do cliente e da disposição de fazer o que for necessário para compensar o problema está no cerne da nova relação entre empresas e consumidores no Brasil e no mundo.

No atendimento, o cliente satisfeito é mais fácil e mais barato de lidar. Uma loja da rede Zaffari, do Rio Grande do Sul (rede Bourbon Zaffari), gera mais valor por metro quadrado do que concorrentes próximos por conta da percepção gerada diante do consumidor. O Zaffari atingiu o impressionante índice de 72 pontos no Consumer Commitment Index, estudo realizado pela Officina Sophia Retail e publicado com exclusividade na revista *Consumidor Moderno*.[9]

3. **Eles têm a capacidade de modificar os tangíveis:** a partir dos investimentos em ativos intangíveis, os ativos tangíveis relacionados adquirem novas características e comportamentos. Quer dizer, uma transformação acontece nos índices mais tradicionais. Pense no tripé RFV (recência, frequência e valor, do inglês *recency, frequency and value*) dos clientes. Basicamente, eles querem dizer: a última vez que o cliente comprou (caráter recente); a quantidade de vezes que ele comprou (frequência); e o valor gasto dentro de um determinado período. Esses três itens do tripé RFV são alterados — para melhor — quando a empresa organiza e estrutura o relacionamento com seus consumidores em ativo de relacionamento.

No mesmo exemplo da loja do Zaffari, a frequência do cliente muda de ocasional em busca de um produto específico para constante, pois ele passa a enxergar o local como extensão de sua casa em função da identificação com os valores da empresa. Assim, a geração de valor por metro quadrado aumenta ainda mais. E o intangível irrompe com força total, até mesmo na propaganda. Imagine a cena: ao completar 18 anos, um jovem deixa o lar e vai para outro estado em busca de realizar o sonho de ser cozinheiro. A mãe se despede com lágrimas nos olhos. Porém, no fim do ano, o garoto retorna para casa e é recebido pela matriarca da família, surpresa e feliz com a chegada. Estamos falando de um comercial de Natal da rede varejista. A maioria dos gaúchos aguarda ansiosamente, com a proximidade do fim de ano, o comercial de Boas-Festas da empresa. Essa publicidade possui forte apelo emocional para as pessoas da região, que se identificam com a mensagem

---

[8] Entrevista realizada pelos autores em 2012.

[9] A Fórmula do Cliente — Consumer Commitment Index. *Consumidor Moderno*, ed. 195, p. 87.

214 FEITAS PARA O CLIENTE

transmitida. A ligação entre consumidores e a rede é tão forte e autêntica que o comercial prescinde de ofertas elementares e típicas da época para trabalhar a conexão emocional. Por esse prisma, e olhando o mote da rede Pão de Açúcar "O que faz você feliz?", é de se perguntar: quem realmente faz o cliente feliz?

4. **Eles só têm valor se percebidos pelo stakeholder externo:** como valor é uma variável atribuída por alguém a algo ou alguém, os intangíveis, que são fruto da percepção, só têm valor se outro relevante para ele o atribui este valor. Exemplo: uma empresa só é inovadora se o cliente pagar mais pela inovação; uma marca só é diferenciada se uma legião de clientes atribui significado e recorrência de consumo a seus produtos; uma empresa só é sustentável se as ONGs ligados à sua atividade assim atestam... e assim por diante. Uma montadora de veículos que não comunica suas iniciativas e resultados em inovação falha em fornecer aos mercados o necessário para a precificação do valor intangível que potencialmente se traduziria em menor custo de aquisição e marketing, mais vendas e revendas e maior potencial de indicação de clientes satisfeitos. Sem isso não se sabe qual o potencial do produto ou serviço na geração de resultados futuros. Da mesma forma, a informação precisa chegar ao cliente, para que ele possa identificar com clareza as novas e antigas virtudes dos produtos e serviços.

5. **São interdependentes:** fazendo valer o antigo ditado um por todos, todos por um, as características de um ativo intangível influenciam os demais. e vice-versa, tanto em relação aos aspectos positivos quanto aos negativos; ou seja, tanto para ajudar como para atrapalhar.

Por exemplo, uma marca inovadora resulta da relação entre os ativos marca e inovação; o relacionamento sustentável resulta da relação entre a sustentabilidade e o relacionamento com stakeholders e o ambiente em torno da empresa.

Todos eles têm impacto direto na satisfação do cliente, que pode se deixar influenciar pelo fato de a empresa oferecer um produto surpreendentemente inovador ou rejeitar o comportamento da empresa em relação ao meio ambiente. As fabricantes de eletrônicos coreanas LG e Samsung são bons exemplos de empresa que obtiveram relativo sucesso com um bom design, mas ainda precisam evoluir em outros quesitos para se livrarem da disputa de preço que reduz as margens do setor e dos problemas verdadeiros ou míticos de percepção ligados às suas origens e histórico. A própria Samsung, a partir da divulgação de resultados decepcionantes nos últimos trimestres, está diante de um dilema.[10] Não consegue criar uma aura

---

[10] Xiaomi surpreende e já é a terceira maior fabricante de smartphones. Samsung decepciona. Disponível em: <http://88mph.com.br/2014/11/03/xiaomi-surpreende-terceira-maior-fabricante-smartphones/>.

A Decisão Mais Óbvia 215

aspiracional para a marca (como Apple) e perdeu a vocação de marca de "entrada", aspiracional para as classes médias por concorrentes disruptivos como a Xiaomi e a Motorola (depois de revigorada pelo Google, foi vendida e recentemente descontinuada, como marca, pela também chinesa Lenovo). Ou seja, a Samsung foi empurrada para a mais indesejável das posições: o meio, onde a carnificina é generalizada e a noção de valor esvai-se pela competição excessiva.

6. **Definem a competitividade no longo prazo:** os investimentos em ativos intangíveis realizados hoje permitem definir as bases da competição futura de um determinado setor amanhã. Principalmente quando definem o tom dos novos contornos ou promovem a ruptura dos padrões existentes. Parece futurologia, mas a razão é simples e concreta: é de fato possível prever os resultados derivados e influenciar a percepção dos stakeholders (acionistas, concorrentes, funcionários e, claro, clientes e potenciais clientes). A partir de um relacionamento construído com a comunidade de clientes, é possível prever com mais precisão a reação aos lançamentos da empresa, que correm um risco menor de misturarem à massa dos produtos do mercado. Mais do que isso, com algum método e inteligência, é eficaz trazer esses consumidores para a cadeia produtiva da empresa, tornando-os parceiros na co-construção de novos produtos, serviços e soluções para eles mesmos. Citando o óbvio apenas com o objetivo de ser mais claro, a Apple, ao lançar um produto, tem risco reduzido de vê-lo ser confundido com outros similares do mercado. Com a atenção do cliente garantida, é mais certo que ele vai perceber os detalhes em design e usabilidade que vão distinguirão o produto do restante, elementos que se somam a outros intangíveis de que a Apple dispõe, como sua marca, os testemunhais técnicos e o endosso mágico (enquanto viveu e, provavelmente, reconfigurado no pós-morte) de seu líder Steve Jobs.

7. **A marca agrega:** a marca é o ativo intangível que agrega os demais intangíveis como seu atributo, em proporções específicas e diferentes para cada público. Portanto, ela se beneficia de atrair a si a percepção oriunda dos demais intangíveis, uma vez que são interdependentes. Com impacto direto e óbvio no cliente. É quase desnecessário exemplificar, mas esse ponto do capítulo é didático para compreender o que vem a seguir. Todos os intangíveis citados antes fortalecem ou enfraquecem a marca. A queda de um avião de uma companhia tem impacto imediato nas vendas de passagens, seja qual for o destino. O recall de um veículo da Toyota — como vimos anteriormente — diminui as vendas de todos os veículos da empresa. A notícia de que a Nike usa trabalho escravo na Ásia e posterior mudança na política causa

216 FEITAS PARA O CLIENTE

perda e lenta recuperação nos resultados. O processo eficiente e a força de distribuição que leva as bebidas da AB-Inbev a cada restaurante criam na mente do consumidor a certeza de que aquele produto estará disponível, reforçando o hábito de compra periódico.

A marca, em especial o nome da empresa e a imagem que a representa e simboliza, traz à mente do cliente todas essas informações. Muitas vezes não literalmente, mas um instinto, um *recall*, uma sensação, uma expectativa reprimida, uma experiência pregressa ou lúdica, uma emoção que influencia na decisão de compra.

8. **Precisam ser tangibilizados:** em função de sua natureza mais imaterial, ser capaz de localizar, dar contorno e definição e, principalmente, atribuir critérios de qualificação, modelo de gestão e métricas de mensuração razoáveis e aceitas pelo ecossistema em que a empresa opera, faz dos intangíveis ativos efetivamente apropriáveis e materializáveis pela empresa, gerando riqueza nova e beneficiando a todos os stakeholders por eles impactados ou responsáveis.

9. **A mensuração de seu valor é MVP:** conforme a metodologia do estudo MVP — Mais Valor Produzido, da DOM Strategy Partners e da *Consumidor Moderno*[11], os intangíveis se organizam em geradores e protetores de valor, tanto tangíveis como intangíveis. O MVP é a medida mais confiável acerca da saudabilidade mercadológica-financeira e operacional de qualquer empresa, pois tem como prerrogativa a busca da equação ótima entre curto e longo prazo (principal desafio dos grandes executivos e tomadores de decisão).

10. Assim, o valor total desses intangíveis, sob o ponto de vista de sua gestão e mensuração via indicadores adequados e legitimados na Matriz MVP, se estrutura em quatro quadrantes de demonstração, da seguinte forma:

---

[11] O Toque de Midas — Os segredos das empresas que mais geram valor no Brasil. *Consumidor Moderno*, ed. 196, out. 2014. Disponível para download gratuito, mediante cadastro, em: <http://consumidormoderno. com.br/edicoes/>.

REPUTAÇÃO	**CREDIBILIDADE**	**IMAGEM**

CREDIBILIDADE

1. Causas e bandeiras
2. Sustentabilidade
3. Governança corporativa
4. Transparência
5. Confiança
6. Evolução no tempo
7. Posicionamentos públicos
8. Relacionamento com stakeholders
9. Liderança negócios
10. Liderança atuação
11. Segurança corporativa
12. Relacionamento com clientes

IMAGEM

1. Fortalecimento institucional
2. Modernidade digital
3. Criatividade aplicada
4. Reconhecimento de atributos de marcas
5. Cultura genuína de marca
6. Representatividade de marca
7. Share of mind – relevância de marcas e símbolos
8. Share of heart – estima e conexão emocional dos clientes
9. Share of attention – presença e efeito de mídia
10. Share of influence – redes, comunidades, trend setting
11. Influência de massa
12. EVE (Employer Value Branding)
13. Internacionalização da marca
14. Nacionalização da marca
15. Transformação setorial
16. Contribuição nacional

SISTEMA DE GESTÃO

1. Solidez
2. Eficiência e performance
3. Qualidade em serviços
4. Qualidade produtiva
5. Modelo de gestão
6. Tecnologia da informação
7. Digital/MCC
8. Multicanais
9. Conhecimento
10. Talentos
11. Emprego
12. Diversidade
13. Formação
14. Cultura corporativa
15. Cultura de cliente

MOTOR COMPETITIVO

1. Visão de mercado
2. Estratégia (realização/entrega)
3. Crescimento
4. Aceleração
5. Tamanho
6. Modelo de negócios
7. Consistência
8. Força setorial
9. Integração com cadeias
10. Inovação: diferenciação e produto
11. Inovação: modelo e gestão
12. Modelo de expansão
13. Internacionalização corporativa
14. Nacionalização/presença
15. Poder comercial
16. Diversificação
17. Share of Market
18. Share of Wallet – preferência dos clientes (RFV)
19. Penetração

INTERNO — **EXTERNO**

(RESULTADOS)

FIGURA 9.1: Direcionadores de proteção (quadrantes superiores — credibilidade e imagem) e geração de valor (sistema de gestão e motor competitivo) segundo a metodologia do MVP — Mais Valor Produzido

a. Quando os ativos geram valor tangível e intangível, fala-se do poder de alavancagem competitiva da empresa; ou seja, Competitividade.

b. Os intangíveis que protegem valor tangível e intangível estão associados à antecipação e mitigação de Riscos.

c. Quando analisamos o potencial de geração e proteção de valor tangível dos ativos intangíveis, estamos falando de sua materialização direta ou indireta em Resultados.

d. Por fim, quando olhamos para os ativos intangíveis sob a ótica de sua mensuração de valor intangível, tanto na geração como na proteção, falamos da sua contribuição para a Reputação corporativa.

218   FEITAS PARA O CLIENTE

e. Existem empresas mais "vocacionadas" a incrementarem a reputação, focadas no desenvolvimento da marca, apoiadas fortemente nos direcionadores dos quadrantes superiores. Natura, Unilever e Alpargatas. Há empresas
mais "vocacionadas" para o desenvolvimento competitivo, apoiadas nos
direcionadores dos quadrantes inferiores, como Claro, Vivo e Ambev. A gestão mais eficaz é aquela que consegue "temperar" os direcionadores de
proteção e geração de valor de modo equilibrado, tendo em vista a entrega
de valor para os mais diversos stakeholders: consumidores, acionistas, cadeia de valor, colaboradores, comunidades.

PROVA: VALOR DO CLIENTE E VALOR DA EMPRESA SEMPRE LADO A LADO

Como foi mostrado, dentre os intangíveis menos comentados e mais desprezados, talvez o mais importante seja justamente a satisfação do cliente. Como seus pri-
mos mais charmosos, ele não está literalmente no balanço, mas o impacto dele se faz
presente em cada linha, em especial naquela que mais importa ao pé do relatório. O
cliente é, efetivamente, o maior responsável por injetar recursos na empresa, uma vez
que os acionistas não pretendem continuar injetando recursos *ad eternum*. Por essa
razão, a satisfação se constitui na bússola que tem o poder de orientar a estratégia da
empresa. E esta bússola está sendo ignorada.

Aqui não se trata de dedução ou afirmação óbvia; hoje esse fato é sustentado com
números. O mercado, implacável na hora de avaliar o quanto a empresa pode lucrar
e, portanto, a precificar como ativo, vem, principalmente depois da crise de 2008,
procurando separar o joio do trigo, prestando mais atenção nos fundamentos reais
e sólidos da empresa, como a satisfação dos clientes, em detrimentos dos artifícios
financeiros de valuation, tão decantados nos últimos 20 anos. Ou, pelo menos, uma
parte do mercado, formada por novos e mais conscientes investidores, analistas mais
responsáveis, acionistas mais comprometidos... portanto, aquela parte do mercado
que sairá na frente e obterá os melhores ganhos.

Vamos aos exemplos concretos. No pós-crise de 2008, analisamos as 200 maiores
empresas listadas na bolsa norte-americana (S&P500) e suas estratégias para lidar
com a crise e tentar sair mais fortes desse cenário. Algumas quebraram, outras min-
guaram. Parte delas — a maioria — escolheu cortar custos agressivamente (exemplo:
30% em todas as áreas e projetos). Esse subgrupo entregou resultados mais expressivos no primeiro ano, animando o mercado e os investidores. O efeito era óbvio. Um
segundo subgrupo optou por uma estratégia diferente: promover cortes cirúrgicos,
preservando aquilo que considerava mais estratégico para o médio prazo (visão 18
meses). Esse subgrupo demorou mais a responder com resultados, mas 24 meses depois seu valor de mercado era 34% superior ao subgrupo das empresas que focaram
no corte de custos para geração imediata de caixa. Interessante, não?

Na hora de uma empresa abrir o capital, o cliente feliz, além de poder ser também o novo acionista da empresa, está entre as virtudes procuradas na debutante. É o fator que indica que aquela empresa está no curso correto. A relação é comprovada por um estudo da Communications Consulting Worldwide, consultoria multidisciplinar onde atua Jonathan Low, autor do livro *Vantagem Invisível*. Low provou que durante um processo de IPO (Initial Public Offering, ou abertura do capital), uma empresa não pode se furtar a apresentar três fatores decisivos de sucesso: satisfação do consumidor, credibilidade e cultura corporativa. Podem ser intangíveis, mas se tornam bem concretos ao garantir o retorno do IPO. A pesquisa de Low garante: índice de satisfação alto se traduz em sucesso no IPO.

O peso da satisfação não para no IPO. Em 1994, um grupo de empresas e a Universidade de Michigan (EUA) criaram um indicador econômico para medir a satisfação do cliente, o American Customer Satisfaction Index (ACSI). Para construir o índice, cerca de 80 mil pessoas são entrevistadas anualmente. O que é realmente interessante é que depois de alguns anos os dados acumulados fornecem uma visão consistente da importância dos indicadores ao ser comparado com o que ocorre no mundo "real" dos lucros. Olha a bússola da satisfação provando a eficiência mais uma vez.

Dois exemplos simples mostram o poder do índice. Primeiro, novamente, o óbvio: a Apple. Qualquer executivo hoje observa com atenção os passos da empresa simbolizada pela maçã para tentar seguir o mesmo norte. Bem, qualquer que seja a carta de navegação da Apple, o fato é que a empresa e seus clientes parecem caminhar e cantar em uníssono. Sistematicamente, a satisfação do cliente e o preço da ação da empresa subiram e desceram juntos desde que o ACSI foi criado. Hoje, além do puro poder de marketing, o índice confirma o *buzz* e o *hype* da empresa de Steve Jobs, que é a líder em satisfação do cliente. Enquanto essa bússola não mostrar algo diferente, qualquer ameaça de queda de prestígio e preço da ação é algo distante para os acionistas da maçã. Sim, Jobs já foi pego tratando mal alguns clientes, mas o dano felizmente não colou na imagem da companhia, o que prova que empresas amadas contam com maior paciência e compreensão dos clientes e acionistas perante seus erros e atitudes contestáveis. Novamente, a Apple é uma empresa orientada a design, e isso inclui o design de serviços. Tudo é desenhado de forma a minimizar ruídos, atritos e maximizar o alcance dos serviços de tal forma que os contatos com a empresa são mínimos. Mais serviço = menos atendimento.

Menos óbvia é a recuperação da Microsoft. Até 2009, a empresa amargava índices baixos de satisfação, parecia navegar cegamente em meio a sua tempestade particular, deixando clientes frustrados com o Windows Vista. A chegada do Windows 7 reverteu o quadro. O Windows 8 trouxe alguma polêmica, mas representou uma afirmação de que a empresa conseguia oferecer um design mais responsivo, inteligente e amigável (ainda que muitos clientes nos desktops optassem pelo formato mais conservador adotado até a versão 7). E parece ter se consolidado com o Windows 10 a sensível mudança nos planos de acesso às licenças de uso. Da empresa monolítica, que vendia caixinhas com CDs para instalar software, hoje vemos uma empresa ágil, inteligente e versátil que permite acesso ao software de muitas maneiras diferentes, usando a nuvem — assinatura mensal, anual, definitiva, profissional, doméstica.

A mudança no perfil da Microsoft ocorreu por força da nova dinâmica competitiva e das mudanças nas expectativas dos clientes. Ora, vendas em alta poderiam dizer isso? Não com tanta eficácia. Conhecer o humor do cliente em transformação precede o resultado das vendas com precisão. Hoje em dia a Microsoft procura reorientar a sua atuação e o seu core para se tornar cada vez mais uma empresa dedicada a pensar e a otimizar a produtividade das pessoas, das cidades e das empresas, conforme visão de seu novo CEO, Satya Nadella.[12]

O maior mérito pelo índice ACSI é do professor Claes Fornell, provavelmente o principal especialista do mundo quando se trata de medir o quanto os clientes estão felizes. Fornell mostra que empresas avaliadas pelo ACSI com altos níveis são também as mesmas que tiveram os melhores desempenhos na bolsa. Sim, atualmente Fornell pode ser chamado de mestre dos mares.[13]

Fica claro que mais empresas poderiam ter desempenho melhor se um número maior de investidores e gestores prestassem atenção no que os clientes estão achando de seus produtos e serviços. Em uma conta simples, quanto soma o valor de mercado de todas as empresas avaliadas pelo ASCI? Fornell informa que 1 ponto na satisfação do cliente equivale a US$ 1 bilhão em valor de mercado. O professor alerta: se há casos em que os índices diferem, são apenas exceções a uma regra mais do que comprovada.

Mas o valor momentâneo de uma ação pode iludir, como todos sabem. Que tal uma pequena variação? O próprio Fornell encontrou outras formas de provar o impacto da satisfação. Uma delas é usar o índice conhecido como valor de mercado adicionado ou MVA (*market value added*), criado pela Stern Stewart & Co.[14] Colocando de outra forma, é o valor de mercado adicionado pela gestão da empresa. Ou, ainda, todo o valor criado pela empresa acima do capital investido. Em um exemplo

---

[12] Satya Nadella's microsoft wants to make productivity sexy, inspiring, and futuristic. Disponível em: <http://www.fastcompany.com/3038281/satya-nadellas-microsoft-wants-to-make-productivity-sexy-inspiring-and-futuristic>.

[13] Veja mais sobre o ACSI em: <http://www.theacsi.org/>.

[14] MVA — Market Value Added e EVA — Economic Value Aded. Disponível em: <https://www.youtube.com/watch?v=ZCaeMTSTWYs>.

prático, uma montadora de veículos decide investir R$ 10 milhões em um determinado ano. Esse dinheiro pode ser gasto à toa, sem resultado nenhum no valor da montadora. Ou pode produzir uma fábrica nova, com capacidade de produzir um número recorde de veículos. Ou mesmo um lançamento com design sensacional, que atrai a atenção dos consumidores e muda a maneira como a montadora é percebida no mercado. Pronto, o MVA foi positivo.

Pelo exemplo, fica evidente que todo capital é igual; o que muda é a maneira como ele vai ser utilizado, certo? Portanto, o MVA também pode ser chamado de capital intangível. Se o MVA é positivo, a empresa gerou valor; se não, ela destruiu valor, uma vez que, de forma estéril, podemos definir o capital intangível como a diferença entre o valor de mercado da empresa (ou seu *valuation* intrínseco) e seu patrimônio líquido.

Ok, nosso professor Fornell descobriu que metade das 82 empresas presentes no ACSI, em 1998, somavam o melhor desempenho perante o consumidor. Essas mesmas empresas também tinham os MVAs mais altos — uma média de 34 bilhões de dólares. O contrário também era verdade; aquelas com os piores índices de satisfação eram as que registravam MVAs mais baixos.

Outra opção, também para evitar qualquer ceticismo. Vamos nos ater agora ao capital investido, antes que alguém diga que usar apenas um instrumento de navegação é arriscado, pois ele pode estar viciado. O mesmo professor Fornell usou o valor econômico agregado — o EVA (*Economic Value Added*), também desenvolvido pela Stern Stewart & Co. Segundo o índice, só existe lucro após todo capital empregado ser remunerado. A empresa investiu bem e teve retorno. Não apenas isso, esse retorno deve ser maior do que o custo de oportunidade daquele momento. Portanto, o ganho deve ser maior do que o que seria obtido caso o mesmo dinheiro fosse investido com segurança em fundos conservadores no mercado de capitais.

Esta é a ideia do índice EVA, e parece ser bastante sólida, não? Bem, nosso professor comparou a eficiência do capital, medido pelo EVA, e a satisfação do consumidor, pelo ACSI, ano a ano. Nenhuma surpresa aqui também: as mesmas empresas ocupavam as melhores posições em ambos os índices.

Para fins de confirmação, a DOM Strategy Partners e a Stern Stewart & Co. desenvolveram e publicaram, em conjunto, em 2005, um white paper de título *O EVA e os ativos intangíveis* que comprova que quanto mais bem gerenciados são os intangíveis de uma empresa — gestão e satisfação dos clientes, inclusos —, maior o EVA que ela gera.

Nesse momento, o leitor se pergunta o que estão fazendo os responsáveis pelos balanços ignorando tantos indícios claros. Não é à toa que Fornell diz que a profissão de contador, talvez a segunda mais antiga do mundo, está com a sobrevivência em risco.

Afinal, eles estão cometendo um erro crasso de avaliação. Para a contabilidade, investir em satisfação do consumidor é despesa. E não é, evidente que não é. Com todos esses números, o equívoco é evidente: garantir a satisfação é investimento. Vale lembrar, por outro lado, que novas legislações contábeis, como o IFRS (e o IAS38, especificamente) estão trazendo os intangíveis também ao mundo prático dos contadores.

Avalie aqui a conduta de Marcio Utsch, presidente de Alpargatas, durante uma crise potencial da empresa. Em certa ocasião, um lote de Havaianas saiu com defeito. Eram mais de um milhão e duzentos mil pares. Nada absurdo para uma empresa que produz seis milhões por dia. Para Utsch, significava a ameaça de "um milhão e meio de pessoas falando mal da gente. É muito ruim." Por isso, visitaram todas as lojas, franqueadas ou não, para fazer testes nos produtos. "Se a tira quebrasse, trocávamos ali mesmo."

A conclusão de tudo isso aponta para dois caminhos opostos. Em um deles o gestor perde a credibilidade, o que acarreta consequências drásticas. No outro, ele está atento, como no caso de Utsch na Alpargatas, para onde a agulha da bússola diz ser o norte, mais cedo ou mais tarde... mais cedo do que tarde. Com ela em mãos, terá condições de gerir o ativo intangível mais importante de todos, o principal patrimônio gerador de receita para a empresa e, também, de valor ao acionista. Não duvide: nesse caminho, os desdobramentos positivos surgem em escalas geométricas e sua exploração racional se fortalece quando ancorada em mapas capazes de comprovar a viabilidade da decisão de navegar por esses mares mais desconhecidos do intangível.

GENTE ALINHADA CONDUZINDO A JORNADA

Provado que a satisfação é fundamental, você olha para a empresa e começa a pensar onde estão os pontos focais. Não estamos falando ainda de como executar, ou de qual a gestão; este tópico chegará, mas em outro capítulo. Por ora, entenda o que realmente interessa quando se trata de satisfação.

Quando falamos de marca, você pensa em investimento de marketing, estratégias de comunicação, posicionamento do produto. Mas aqui deixe isso de lado e pense em pessoas. Gente.

Naturalmente, funcionários e a vasta comunidade de clientes atuam na criação do valor da empresa, da marca e para os clientes. No sentido inverso, a marca serve como o canal pelo qual todo o ecossistema — em volta e dentro da empresa — se comunica e compartilha valor. Por isso, uma das principais preocupações dos líderes é garantir que a equipe compreenda com clareza os valores, a visão, a missão, a proposta de valor e o posicionamento da empresa, porque a forma de estes compreenderem o papel do cliente, a importância do processo de relacionamento para a empresa, deriva disso. Como diz Artur Grynbaum, do Grupo Boticário: "Procuramos entender suas expectativas e, principalmente, incentivar o diálogo para que as decisões levem em conta a compreensão do outro".[15] Perceba, ele fala em expectativas e diálogo. Somente com isso é possível se aproximar daquele que leva a sua mensagem. "Procuramos imprimir clareza em tudo que comunicamos aos franqueados e funcionários, para a máxima compreensão."

Mas vamos mais fundo, no mundo real, para compreender o mecanismo por trás desse processo. Ali, cada conversa, contato, conexão e interação contribui para criar — ou destruir — a satisfação e a imagem da empresa perante o cliente. Dê uma atenção especial às declarações dos CEOs que posicionamos com destaque ao longo deste capítulo. A maioria deles fala da relação com o funcionário, colaborador, equipe, ou como a empresa prefira chamar. Enéas Pestana, ex-CEO do Grupo Pão de Açúcar, fala da "nossa gente" e de como cuidar e desenvolver esse ativo é habilitador para todos os demais — seu ciclo de alta performance, inclusive a perseguida excelência no atendimento e relacionamento com clientes e consumidores. Essa escolha não foi aleatória, ela atende à necessidade extrema de entender que se a prioridade relacional é o cliente, os funcionários — CEO e VPs, diretores inclusos — são a alma de sua empresa, o motor propulsor que levará a empresa a cumprir, com excelência, sua missão de otimizar e compartilhar valor entre clientes e acionistas, primordialmente, e demais públicos, secundariamente. E o que dizer da Netshoes, ascendente estrela de nosso e-commerce? Com a palavra, Marcio Kumruian, CEO e fundador da empresa: "[...] nos orgulhamos e contamos essas histórias [...] como foi o caso do João Pedro, cliente e fã mirim de apenas 10 anos do time de futebol alemão Borussia Dortmund. Ele nos enviou uma carta com uma sugestão de desenho do uniforme. Decidimos enviar um kit especial do time, fizemos uma fotomontagem com o desenho dele e os jogadores".[16]

Impressionante? Isso se deve a um alinhamento intenso das diversas áreas da empresa com foco real no cliente. Marcio Kumruian destaca: "Dentro da equipe de atendimento, que é própria, temos consultores esportivos que podem ajudar na escolha de produtos para esportes e até na prática da modalidade em si. Na loja virtual, passamos a oferecer a troca na web, ou seja, você pode fazer rapidamente a solicitação da primeira troca gratuita e enviamos alguém para retirar o produto em sua casa, se desejar, garantindo comodidade e agilidade. É nossa busca por facilitar a vida das pessoas. Nossa missão é inspirar e transformar a vida das pessoas com mais esporte e lazer".[17]

---

[15] Sobre governança na Petrobras, ver: Claudio Weber Abramo. Governança na Petrobras. Disponível em: <http://www1.folha.uol.com.br/opiniao/2014/12/1565324-claudio-weber-abramo-governanca-na-petrobras.shtml>.

[16] Entrevista realizada pelos autores em julho de 2014.

[17] Entrevista realizada pelos autores em julho de 2014.

Para compreender de fato essa premissa aparentemente simples, lembre que são pessoas conversando e trocando informações. Pode ser o vendedor, o gerente, o atendente, todos falando com o cliente e os próprios clientes falando entre si e realizando o comércio do conhecimento. Porque neste momento não estamos falando da venda específica do produto, mas de concepções e ideias que vão e vêm do mercado. Ninguém conversa com a marca.

Pessoas falam com pessoas. Gente, que só alinhada, engajada e imersa nos valores da empresa e no papel que esta atribui ao cliente, é capaz de conduzir a companhia com sucesso nesse novo mundo que se configura a cada dia.

A SUSTENTAÇÃO QUE PERMITE NAVEGAR

Bem estabelecido o "fator gente", passamos ao que é secundário, mas tão fundamental. Efetivamente, como e por onde o cliente conversa com a empresa? Por telefone, na loja, talvez por e-mail, nas redes sociais, pelo celular, app, via revendedores. A questão do canal é citada por boa parte das empresas quando se discute como elas fazem a gestão do cliente como ativo. Há dois fatores fundamentais aí. O primeiro é: quanto mais canais, mais vendas, mais informação e mais praticidade. Igualmente mais calor, mais riscos, mais custos, maiores desafios. Cada novo canal potencializa toda a estrutura já existente para o bem ou para o mal. Horizontalizar as dinâmicas e esforços é premente. O segundo fator é garantir que essa estratégia, mais do que necessária, funcione de acordo com os objetivos e finalidades traçados, com a máxima eficácia possível. Para isso, os canais precisam ser coerentes, práticos e eficientes. Integrados, desenhados de forma complementar e sequenciada, uniformes, mas sem perder suas particularidades e possibilidades, principalmente para as questões ligadas à equação específica BVR (*branding*, vendas e relacionamento) de cada um.

Isso porque cada canal tem, necessariamente, como finalidade essencial uma das três possibilidades BVR de forma mais marcante, mesmo que, em alguma proporção, também entregue os outros dois vetores ao cliente em seu processo interativo. Assim, lojas físicas, mesmo tendo seus componentes "R" e "B", são mais "V" (de vendas); SACs e Facebook são mais "R" (de relacionamento); e revistas e websites são mais "B" (de *branding*).

Infelizmente, o processo de "automação" de marketing, relacionamento e gestão de marcas, que integra tecnologias, consolida as interações com os clientes, analisa as informações, gera conhecimento e inteligência, não é prática recorrente na maior parte das empresas. Não existe um conhecimento sistemático que permita expandir a visão do cliente para toda a empresa em tempo real. É fácil afirmar que os canais precisam estar coerentemente alinhados, para assegurar ao cliente uma experiência uniforme e satisfatória em diferentes momentos e situações. Mas é muito difícil executar. Difícil porque a visão dos canais de interação e relacionamento é fragmentada, dispersa, dissonante. A multicanalidade é uma orquestração, e o diretor, o VP de clientes ou mesmo o CEO é o maestro que obriga, empuxa a empresa a adotar uma postura uniforme, consistente e de alto nível.

José Luiz Rossi, presidente da Serasa Experian, é um bom exemplo: ele compartilhou a visão que reorientou a dinâmica de atendimento e gestão de clientes, apoiada nos pilares vendas e relacionamento, em uma empresa que ganha cada vez mais importância nesse momento de evolução constante do consumidor — o que demanda mais e melhores sistemas de informação por parte das empresas: "Nos últimos três anos ressegmentamos [*sic*] a carteira de clientes. Antes tínhamos uma grande quantidade de clientes de tamanhos e segmentos diferentes sobre a gestão de um mesmo gerente. A primeira revisão foi a criação do Segmento Top Corporate, com uma quantidade reduzida de clientes, em média cinco, e dentro do mesmo segmento de atuação. Neste ano criamos mais um segmento, o de Middle Corporate, seguindo o mesmo princípio, foco do gerente em clientes homogêneos. Também criamos times de especialistas que apoiam os vendedores em ofertas mais complexas, gerando para os clientes o maior retorno do seu investimento junto a Serasa".[18]

Isso é importante, porque a clareza da finalidade essencial de cada canal e de cada equipe responsável pelo relacionamento define as métricas pelas quais sua eficácia será medida, em função das expectativas e objetivos associados à decisão de sua implementação. No final do dia, estamos falando sobre como definir as finalidades e objetivos de cada canal. Em geral, o Twitter, por exemplo, tem uma finalidade central mais "B", uma vez que com 140 caracteres de limite, mais se comunica e posiciona ("B") do que se relaciona ("R") ou transaciona ("V"), e, justamente por isso, o ROI (*return on investment*), métrica associada à geração de dinheiro novo — e, portanto, mais adequada para mensurar os canais de finalidade "V", não parece ser a melhor forma de tangibilizar a performance de um canal mais "B", como o Twitter. Outras métricas ligadas ao mundo do *branding*, das marcas, da comunicação, devidamente tangibilizadas em valores monetários (sim, existe conta para isso!), evidenciam melhor a colaboração desse tipo de canal para o resultado e o valor gerados pela malha multicanal da empresa. E assim para todos os demais. Por isso, a coerência é ainda o calcanhar de Aquiles das estratégias multicanal nas empresas atualmente.

Este tema, multicanal, é tão importante que fazemos este curto tópico para reforçar sua importância (apesar de termos abordado esse tema fortemente no Capítulo 5, "A evolução das espécies"). Por ora, vamos manter em mente o seguinte: canais podem ser naus diferentes, mas precisam pertencer à mesma frota. De nada adianta cada uma parecer pertencer a um grupo diferente, com valores, objetivos, regras e condutas diferentes. Uma delas vai se perder e errar seu destino ou, pior ainda, ser abalroada no meio do trajeto. Certamente desapontará a tripulação, os clientes e consumidores que a escolheram como canal mais adequado para sua travessia rumo ao porto seguro da satisfação e da confiança. Guarde essa ideia e seguimos em frente.

---

[18] Entrevista realizada pelos autores em julho de 2014.

O ATIVO CAI NA REDE E DEIXA TUDO MAIS DIFERENTE

O cliente como ativo essencial é uma verdade imutável. Ela foi devidamente declarada há poucos anos, mas sempre foi assim. Entretanto, há um elemento novo nessa química que altera os fatos. É a economia das redes.

Encare da seguinte forma: você não tem mais em mãos uma simples bússola (ou no bolso, se ainda não arriscou usar). O que você possui agora — na economia das redes — é um equipamento rico em possibilidades (Big Data! Inteligência analítica!). Ele pode lhe dar mil informações, não apenas o norte. Se souber monitorar, mil luzes se acenderão, cada qual com uma informação valiosa. Mas cuidado: na economia das redes, tudo fica mais veloz e mais "descontrolado". Até mesmo a bússola pode endoidecer, e a agulha, se pôr a girar sem parar. Como antes, não basta ter o instrumento indicando o norte. Você precisa saber para onde quer ir. E como navegar, é claro.

Embora a economia das redes seja um universo já largamente discutido, ela ainda não foi compreendida por completo. É um fator novo, de múltiplos aspectos e consequências. A economia das redes muda a forma como as empresas compreendem e lidam com cada ator econômico, especialmente os clientes e consumidores — e vice-versa.

O fato é que no período pré-redes o cliente se satisfazia mais facilmente, porque seu acesso à informação e profundidade relacional eram muito mais limitados em tempo, agilidade, amplitude e disponibilidades. Hoje, paradoxalmente, a satisfação é um objetivo muito mais fácil de ser instigado (pelo leque infinitamente maior de dados, meios, mensagens ideias, ofertas, programas, mimos...), mas muito mais difícil de ser alcançado. Fundamental, hoje o cliente tem mais termos de comparação e de vazão às suas percepções. A economia das redes e em rede facilita o acesso do cliente às opiniões de pares, amigos, parentes, conhecidos ou pertences às redes laterais — amigos dos amigos. E como o cliente compara, seu nível de satisfação eleva-se a cada dia. Eventualmente, a experiência satisfatória de ontem não representa mais a mesma coisa hoje. E se a satisfação é mais difícil de ser alcançada, que dirá ser preservada?

Como sabemos, a Economia das Redes constitui a era do interligado, do interconectado, das trocas incessantes. A todo momento trocamos informações, recursos, impressões, sensações, experiências, ideias e opiniões. Influenciamos e somos influenciados por nossos semelhantes. Dessa forma, o fator relacionamento assume cada vez mais importância na economia e no equilíbrio das forças mercadológicas, uma vez que temos muito mais informação, acesso e, portanto, capacidade de formar opinião e ler realidades.

Estamos assistindo à aurora do C2C, *consumer-to-consumer*, e empresas que habilitam, capacitam esse relacionamento triunfam em velocidade acelerada, criando disrupções em série. O Uber, o AirBnb, o Tinder, Bag, Borrow or Steal, enjoei.com são exemplos inequívocos do valor que negócios construídos sobre conexões entre con-

A Decisão Mais Óbvia

sumidores geram no Brasil e no exterior. O que surpreende é que os executivos, via de regra, mantêm uma postura voltada para dentro — viés de dentro — e preocupam-se apenas ou prioritariamente com empresas estabelecidas. A história mostra que esse viés costuma ser mortal. Quem pode impactar e provocar rupturas no seu negócio é justamente uma empresa novata, focada na captura de valor em pontos normalmente desconsiderados pela gestão. A Economist Intelligence Unit, da revista *The Economist*, publicou em julho de 2015 um paper denominado "Economia hiperconectada — Organizações hiperconectadas" (*Hyperconnected Economy — Hyperconnected Organizations*), no qual essa miopia é discutida intensamente, com fatos e dados preocupantes. Uma pesquisa com executivos de 550 companhias globais mostra que esses profissionais preocupam-se mais com "ofertas digitais de concorrentes" 66% — do que com startups desenhadas a partir de tecnologias digitais — 58%. Ainda que as forças disruptivas compreendam hoje fenômenos — a internet, a mobilidade e a internet das coisas — que estão no radar dos executivos, novos negócios que permitem a conexão entre consumidores não são considerados o grande desafio.[19]

O conjunto internet, mobilidade e internet das coisas é agora o fermento que se combina para impulsionar esse processo de natureza eminentemente humana, da troca, da interação, da conexão. É do homem querer comerciar, aprender, imitar, influenciar. E é exponencial esse processo biossociológico do homem na Era Digital das microrredes que formam a Grande Rede.

A velocidade e a capacidade de trocar informações não são os únicos fatores transformadores. A cada momento brotam comunidades, microssociedades, grupos e tribos auto-organizadas por interesses, gostos, hábitos, regiões, comportamento, pontos de vista. É o homem procurando seu similar, seu igual em qualquer canto do mundo. Religiões, valores, crenças, culturas, doutrinas e preferências são aglutinadores poderosos. O mundo se redefine a todo instante e se reorganiza em novos grupos, transnacionais, transregionais, metaétnicos. Isso pode significar que agora você tem em mãos não apenas uma bússola simples com uma única agulha indicando o norte. Há múltiplas direções.

Onde vamos parar é uma pergunta que hoje oferece apenas uma resposta inexata — aliás, é bem possível que não haja resposta para essa pergunta, porque não seja mais possível parar. O homem é o único animal capaz de planejar e alterar seu destino. O todo social é fruto da construção do um, somado à construção do outro e do outro e do outro... tudo isso elevado à enésima potência, com diversos vetores, a todo instante. Justamente por isso as redes (não só locais, mas virtuais), frutos dessas interações infinitas, são o novo tecido que dá o tom em nossa sociedade, rediscutindo valores, reinterpretando fatos, reavaliando propostas, recriando mercados.

---

[19] Hyperconnected Economy: phase 2 — Hyperconnected Organizations – how businesses are adapting to the hyperconnected age. *Economist Intelligence Unit*, jul. 2015.

Satisfação 2.0

A Grande Rede é o novo mercado, e ele está em equilíbrio dinâmico. A cada novo patamar surgem variáveis novas, novos comportamentos e assim velhos paradigmas ficam para trás. Por exemplo, simplesmente segmentar os clientes do modo tradicional está muito aquém do que é possível fazer nessa nova era. Uma consumidora de produtos para bebês pode pertencer a qualquer classe social, e uma ação de comunicação tradicional não surtirá o efeito que ações utilizando mídias sociais podem alcançar. Ser mãe é parte de um grupo temático e não um segmento. Na economia das redes, esse grupo de consumidores lê publicações especializadas gratuitas na internet, subscreve páginas do Facebook, retuíta e comenta em fóruns. O micromarketing cresce com as novas possibilidades.

Esse novo mercado não é estático, não é perene, não tem dono; somente atores. O equilíbrio das forças é derivado do poder de cada ator e do poder dos grupos (permanentes ou temporários) formados por esses atores — que representam interesses diversos, *modus vivendi* e *modus operandi* diversos. Por isso é tão dinâmico e tão mais potencialmente democrático.

O dinamismo em constante aceleração cria um novo significado para a satisfação. Mais do que antes, não é possível atingi-la de modo permanente. Nesse contexto do consumidor 2.0, as empresas devem concentrar seus investimentos e esforços em favor da inovação tanto incremental como de ruptura. A primeira é fruto da atividade paciente e exaustiva de tentar melhorar aquilo que já existe. É disso que se trata quando, para queimar etapas e posicionar-se adequadamente num determinado mercado, uma empresa descarta a possibilidade de "reinventar a roda" e cria variações de produtos existentes. É o que fez a Procter & Gamble ao modificar o Pert Plus, transformando um produto 2 em 1 em 3 em 1, acrescentando o anticaspa ao xampu e condicionador. E recriando e multiplicando a linha Head & Shoulders, com tantas e tão variadas segmentações que chega a ser complexo escolher qual a combinação de xampu e condicionador mais adequado ao seu cabelo. Não são inovações radicais, mas elas seguem a lógica original do produto e da marca, muito além de ser indicado para cabelos "secos, normais e oleosos". Agora eles podem ser indicados para quem precisa de força, de revitalização, de combate às pontas duplas, de manutenção da cor, de manutenção da cor e combate à caspa, de aumento do brilho, e por aí vai. O resultado não é apenas um aumento imediato nas vendas, mas novas frentes de relacionamento e de obtenção de informação com os clientes. O diálogo passa a ser em termos de uma "curadoria" do assunto cabelos. E isso em um país onde o cabelo é uma obsessão feminina.[20]

---

[20] A pátria de chapinha — brasileira gasta uma nota em xampu. Disponível em: ‹http://exame.abril.com.br/revista-exame/edicoes/1051/noticias/a-patria-de-chapinha›.

A Decisão Mais Óbvia

Já a inovação de ruptura envolve riscos maiores e, frequentemente, também um certo glamour. Clemente Nóbrega, um dos autores que melhor aborda o tema no Brasil, ao falar de inovação cita gênios como Isaac Newton, que conseguiu explicar matematicamente a gravidade e o movimento da Terra em torno do Sol, ou Henry Ford, idealizador da linha de montagem. Ou ainda Samuel Klein, das Casas Bahia, acreditando que mais vale um cliente de baixa renda que paga em dia do que um inadimplente endinheirado.

No caso da ruptura, as oportunidades se manifestam de duas formas distintas, conforme Clayton Christensen. A primeira é a inovação de baixo mercado onde uma empresa menor adota um modelo de negócio econômico para servir clientes menos sofisticados que são mal atendidos pela líder de mercado. Com produtos e serviços mais simples e baratos, a pequena empresa começa a ampliar seus negócios, chegando a concorrer com a líder, mas com menores custos. Pense na música online. Já havia um mercado tradicional do produto música, na forma de CDs. Aqui, o que mudou foi o consumo e a distribuição no mundo pós-internet. Definitivamente, tais diferenças constituem uma ruptura com o modelo anterior.[21]

A outra forma de inovação de ruptura se dá quando uma empresa começa a investir em produtos de baixo custo e fáceis de usar em um mercado que até então não consumia — a inovação de novo mercado.[22] Isso abre um mercado completamente novo para a empresa, como ocorreu com o walkman da Sony ou o mp3 da Apple.

Christensen, principal teórico global da inovação, cita o exemplo da telefonia móvel. Antes do celular, as pessoas simplesmente não se comunicavam nas ruas. Era preciso esperar chegar em casa, no trabalho ou, em último caso, lançar mão de um telefone público. O telefone estava associado a um endereço — CEP —, e não a uma pessoa — RG. O celular criou um serviço e uma necessidade nova. Nesse caso, o grande dilema é como se manter na liderança e manter o processo de inovação, uma vez que outras empresas menores repetirão o feito.

Independente da forma, a inovação não pode ser obra do acaso. Só será possível com investimentos perenes apoiados e por uma estratégia focada em tornar o ato de inovar uma vantagem competitiva. Não pode estar restrita a um lançamento isolado, mas sim a um processo ininterrupto. Inovação não é invenção, porque tem que dar resultado, gerar dinheiro novo, como diz Clemente Nóbrega.

Isolada foi a inovação do consórcio Iridium, capitaneado pela Motorola — uma das empresas "feitas para durar" de Jim Collins —, ao criar um telefone móvel que

---

[21] CHRISTENSEN, Clayton. *O dilema da inovação*: quando as novas tecnologias levam empresas ao fracasso. Makron Books, 2011.

[22] Idem.

podia ser (mal) utilizado em qualquer lugar do mundo, mesmo nos locais mais remotos, só que a custos tão estratosféricos quanto o espaço em que seus satélites operavam. Foi um sucesso conceitual durante certo período, mas um fracasso comercial e de escala (condição vital para a viabilização de produtos e serviços em telefonia), hoje restrito a um grupo de usuários bastante específico, com possibilidades de crescimento comparativamente pequenas.

Entretanto, quando o processo de inovar é estruturado para acontecer de forma ininterrupta, ele pode ser considerado um ativo intangível por si. Quando ele é uma estratégia, adotada e fundamentada pela empresa, se transforma em uma competência, um atributo capaz de gerar valor, visibilidade e interesse, materialidade, relevância, consumo e conexão "emocional" com seus públicos.

O maior número de exemplos de empresas que alcançaram tal feito está no setor de empresas de tecnologia da informação, internet, telecomunicações, eletroeletrônicos e bens de consumo duráveis. Não são a maioria, mas é lá que o leitor vai encontrar as mais significativas.

A Cisco possui quase 7 mil patentes reconhecidas e tem um número ainda maior esperando aprovação dos órgãos competentes. Em um dos anos da última crise econômica, produziu quase mil novas patentes, mostrando que a aposta em inovação continua independente dos ventos do mercado. Para se manter neste exemplo, a inovação da Cisco levou a empresa a uma posição privilegiada no mercado. Muitos clientes fazem suas compras sem chegar a consultar os concorrentes, mesmo quando há equipamentos similares. De certa forma, o investimento constante em inovação é uma maneira de garantir a satisfação do cliente. Mesmo se o produto falhar, o cliente está convicto de que está com a melhor empresa e que, se estivesse com outra, provavelmente a situação seria ainda pior. Portanto, ele continua feliz, ainda que de forma relativizada (nada mais humano!).

Com isso, concluímos como a economia das redes e a inovação são vetores de transformação das circunstâncias e estruturas atuais que norteiam o processo de desenvolvimento da satisfação do cliente. De agora em diante o leitor começará a compreender quais são as metodologias e como as empresas atualmente lidam com o ativo mais importante que possuem. É o momento de aprender como operar essa bússola.

"Você cuida bem do cliente atendendo com um sorriso e com prazer em servir. Não falo de competência técnica. Atenda bem esse cara. Ele vai voltar e vamos cuidar bem de você. Assim a gente forma um ciclo virtuoso."

Enéas Pestana
ex-presidente do Grupo Pão de Açúcar e atual presidente da Enéas Pestana e Associados, em entrevista realizada pelos autores em 2012

Capítulo 10

Medindo Estrelas

squeça os gráficos de mercado, eles são impessoais. Em uma noite estrelada, olhe para cima. Seu cliente é uma estrela. E há milhões de estrelas ao seu alcance. Algumas estão mais próximas, outras distantes; algumas brilham e captam seu interesse, outras piscam com pouca intensidade, mas estão lá e não podem ser ignoradas. O seu mercado é, no mínimo, uma daquelas constelações.

A metáfora estelar é adequada porque ela indica que há diferentes clientes e formas de se olhar para eles. Você pode alcançar todas, mas nenhuma será 100% sua, assim como os "seus" clientes: com o objetivo de ter sua lealdade, sua fidelidade, na verdade você deve se contentar com sua preferência, o que já é muito. Também é necessário usar ciência e método para singrar esse céu. É dessa forma que vamos abordar a questão da gestão do cliente e de seu valor como ativo.

Quanto ao método, é bom lembrar o que Robert Kaplan e David Norton disseram ao criar o *balanced scorecard*[1]: "Só pode ser gerenciado o que pode ser medido". Mas a realidade é bem diferente.

No Brasil, a maioria das grandes empresas ainda não sabe o valor de cada cliente que possui, ou mesmo de seus clientes. Quando perguntamos aos CEOs sobre a gestão do valor do cliente[2], muitos reconhecem saber, no máximo, a rentabilidade de cada produto ou a penetração de mercado. Já os que lideram as empresas mais avançadas respondem com relatórios periódicos para *stakeholders* e dados específicos sobre qual cliente compra mais e melhor. Mas quase nenhum sabe o valor de seu cliente, um processo que deveria começar na definição precisa de quanto aquele cliente gera de resultado no dia de hoje (financeiro, primordialmente originado do consumo, da atividade transacional, comercial) e quanto tem a capacidade futura

---

[1] Balance Scorecard Basics — www.balancescorecard.org — "O balanced scorecard é um sistema de planejamento e gestão estratégica que é amplamente utilizado no mundo dos negócios e da indústria, governo e organizações sem fins lucrativos em todo o mundo para alinhar as atividades de negócios com a visão e estratégia, melhorar a comunicação interna e externa e monitorar o desempenho da organização no rumo dos objetivos estratégicos."

[2] Veja a tabulação da pesquisa "Empresas feitas para o cliente 2014", realizada em abril de 2014, no anexo, ao final do livro. O forte da tabulação é entender a perspectiva da visão qualitativa sobre clientes demonstrada pelos CEOs.

de gerar resultados (mantém-se a dinâmica financeira anterior) e valor (econômico, originado da capacidade de cada cliente angariar mais clientes, reduzir os custos de entrada em novos mercados, reduzir o *time to market* de lançamento de novos produtos, validar inovações, colaborar no desenvolvimento de soluções, fortalecer os atributos da marca, reduzir riscos associados ao *churn* em momentos de crise, defender a imagem da empresa nas redes sociais ou, ainda, ignorar negatividades associadas à empresa e seus produtos, entre outros fatores).

Considerando que existem diversas formas de avaliar os atributos que compõem a satisfação do cliente — além de todos os estudos promovidos pela revista *Consumidor Moderno*, por exemplo (como vimos no capítulo anterior), há também o já famoso NPC — *Net Promoter Score*, que conjuga satisfação e recomendação. O fato é que a empresa encontra dificuldades para compreender o valor do cliente tendo em vista variáveis e atributos ligados ao aspecto transacional. E, pior ainda, a deficiência maior: em tempos de conectividade, mobilidade, convergência, não há indicadores capazes de apontar o valor relacional do cliente. Ou seja, as empresas não conseguem entender exatamente em que nível está a sua relação com os clientes, leais, ocasionais, infiéis, apóstolos ou indiferentes. Podem rotular o cliente, verificar em que "caixinha" eles se enquadram, mas não conseguem traduzir isso em métricas confiáveis.

Ou seja, a maioria dos gestores sabe que determinadas estrelas brilham muito, mas não conseguem ainda determinar se e quando essas mesmas estrelas vão parar de brilhar, ou se podem e vão brilhar ainda mais. E estamos falando dos melhores gestores brasileiros, do quadrante superior.

Mas quais são as premissas que mais colaboram para que as organizações em geral consigam buscar ou se habilitar a conquistar a satisfação do cliente? O que deve ser uma boa régua de ações táticas e estratégicas que balize como tornar esse cliente em evolução, imprevisível, imediatista e impaciente um fã da empresa? Vamos enumerar alguns axiomas ou regras elementares que podem jogar alguma luz sobre essas questões.

AXIOMA 1: SEM FUNCIONÁRIOS QUE GOSTEM DE GENTE NÃO EXISTIRÃO CLIENTES SATISFEITOS

Antes de nos determos nessa ciência, chamamos a atenção para um passo anterior. Para sair em busca de estrelas, é de hábito cultivar bons astrônomos. Em outras palavras, não há cuidado com o cliente se a empresa não tiver de bons funcionários, sejam de inteligência, sejam de marketing, sejam de vendas, sejam de atendimento, sejam gestores. Os astrônomos se armam de ciência; os funcionários se armam de conhecimento e treinamento.

Nossa história de como essa "ciência" foi desenvolvida dentro das empresas inclui uma empresa sueca do ramo de seguros chamada Skandia e um ex-jornalista americano — hoje consultor renomado — que atende pelo nome de Thomas Stewart.

Vamos dar atenção a um artigo publicado pelo mesmo Thomas Stewart em 1995. Nele, o então jornalista mostrava como a fabricante americana de equipamentos hidráulicos Taco prosperava com o investimento nas pessoas. Ou, em um termo pouco conhecido até então e popularizado por Stewart, o "capital intelectual".[3] Perdoem aqui as aspas; pode ser uma expressão comum para o leitor atual, mas definitivamente não era quando Stewart começou a fazer seus artigos.

Basicamente, o que ele relatou no artigo pioneiro foi que a Taco oferecia uma variedade incrível de cursos e mais cursos para seus 450 funcionários em uma fábrica na costa leste americana. A lista de oferta educacional apontada no artigo de Stewart era tão longa que chega a provocar tédio (por isso não vale reproduzi-la inteira aqui). São mais de 70 cursos. E tem de tudo. Uma parte dos cursos vale créditos para graduação. Outros, evidentemente, são relacionados ao trabalho como ISO 9.000, qualidade total, manufatura etc. Outros não tinham relação direta com a atividade da Taco, como curso de idiomas, de segurança, de como perder peso, de parar de fumar, finanças pessoais. Tinham aqueles comuns do ensino tradicional, como aritmética, computação, até arte e jardinagem. Havia mais, muito mais, mas já deu para entender o espírito. E o principal: os funcionários não pagavam nada. A Taco pagava. Foram milhões de dólares para construir o centro educacional e ainda um custo anual de US$ 700 por funcionário. E eles podiam fazer pelo menos um curso durante o expediente e ainda ganhar uma vez e meia o tempo equivalente se um curso relacionado ao trabalho o fizesse ficar até mais tarde. A proposta aqui é clara: o funcionário não tem desculpa para não estudar.

Neste ponto o leitor está ansioso para ver se uma aposta tão exagerada em educação se pagou, se realmente valeu a pena e o que ela tem especificamente a ver com o tema do capítulo, ou seja, a gestão de valor do cliente. Claro que uma parte do discurso é aquele mais óbvio, o funcionário se sente valorizado, é mais difícil deixar a empresa, o trabalho se torna mais eficiente. Segundo John Hazen White declarou para Thomas Stewart, "o retorno veio na forma da atitude. As pessoas sentem que fazem parte do jogo, e não chutadas por aí". Mas essas coisas ainda não justificam tanto foco em educação, certo?

No início da década de 1990, as empresas americanas passaram seus maus bocados. O segmento de manufatura da Taco não foi diferente; talvez mesmo um pouco pior. No entanto, a pequena fábrica conseguiu um desempenho incomum no mercado.

---

[3] STEWART, Thomas A. *Intellectual Capital*: The New Wealth of Organizations. Doubleday Religious Publishing Group, 2010.

O National Center on the Educational Quality of the Workforce (EQW) afirma que um aumento de 10% no nível de educação da força de trabalho corresponde a um crescimento de 8,6% na produtividade. Por que esse número é tão interessante? Porque não é possível obter um resultado similar de outra forma. Um aumento de 10% no valor do capital em equipamentos aumenta 3,4% a produtividade. Bem, a Taco fez ambos e conseguiu um aumento de 20%. Ora, não só provou os dados da EQW, como ainda indicou que o investimento combinado em educação e equipamento potencializa os ganhos.

Na prática, como isso foi feito? Pressionada pela crise, a Taco conseguiu com que os funcionários reorganizassem as entregas, os processos, eliminassem os gargalos. Mesmo internamente, em que um funcionário realizava uma tarefa, surgiram células e grupos de pessoas realizando várias tarefas, juntas, funcionando como um relógio. Tudo isso não foi feito graças a uma consultoria, mas fazendo com que aqueles funcionários motivados e intelectualmente ativos refletissem e estudassem formas de aperfeiçoar a empresa. Funcionou por uma única razão: eles estavam motivados e preparados.

A educação custou à Taco menos de 1% do valor das vendas. E a perda de funcionários também foi de 1%. Essa história contada por Thomas Stewart serve apenas para ilustrar que o valor de uma empresa — e isso vale quando se trata de lidar com os clientes — é gerado, também, pelo conhecimento e interesse de seus funcionários. Se a empresa realmente valoriza o cliente, ela investe no funcionário que vai cuidar daquele cliente. De nada adianta apontar o melhor telescópio para o céu; sem bons astrônomos não é possível encontrar as estrelas desejadas.

Vale a pena dar espaço à história da Taco porque ela é um clássico nesse assunto. Mas é evidente que os melhores gestores brasileiros também têm boas histórias para compartilhar quando o tema é o relacionamento com o funcionário. Por exemplo, uma das preocupações fundamentais do ex-presidente do Grupo Pão de Açúcar Enéas Pestana era aumentar a autonomia dos gerentes de loja. Ele visitava as lojas e descobria conflitos entre a política geral da empresa e as necessidades locais que o gerente conhece tão bem. Em uma delas, viu uma cesta de frutas e perguntou se ela não estava atrapalhando o fluxo da loja. O gerente respondeu que sim. Pestana perguntou: "E por que você não coloca em outro lugar?". O gerente: "A matriz é que define o layout da loja". O executivo sabe que corre um risco. "Mas vale a pena."[4]

E se o erro ocorre? Na Sky, o presidente Luiz Eduardo Baptista entende que todo mundo pode ter um dia ou momento ruim, seja você vendedor, seja você cliente. "Entender essa dinâmica é o que eu considero mais importante, e hoje você pode se portar ou fazer melhor do que fez ontem."[5]

---

[4] Entrevista realizada pelos autores em 2012.

[5] Entrevista realizada pelos autores em 2012.

Para não dizer que é fácil falar, difícil fazer, a cultura interna da Sky é de que dificilmente se fala de erros ou de pontos fracos, mas falam muito do que poderia ter sido feito melhor, o que deu certo hoje, compartilhar as experiências. O termo culpado é ostensivamente evitado. Dizem que "alguma coisa deu errado, foi um equívoco, um erro", tudo menos a atribuição de culpa. Não se engane, entre os animais mais evoluídos por conta de sua capacidade linguística (nós, humanos), linguagem é fundamental para produzir o melhor desempenho.

AXIOMA 2: AUMENTE O VALOR INTERNO A PARTIR DA EXCELÊNCIA NA GESTÃO DAS PESSOAS E O VALOR PARA OS CLIENTES AUMENTARÁ

Continuando com Thomas Stewart, vamos retroceder a 1991, quando o então jornalista publicou um artigo na revista *Fortune* sobre o tema capital intelectual. Mais tarde ele detalhou o modelo no livro *Capital intelectual: a nova vantagem competitiva das empresas*. Ali definiu o conceito como um conjunto de ativos formados por três capitais específicos: organizacional, de relacionamentos e humano. É como se Stewart fosse o primeiro a dizer a todos o que era necessário: ciência e lógica para apontar um telescópio para o céu e desenhar um mapa do firmamento. Ele preparava a empresa internamente para capacitá-la a cuidar das estrelas.

Na época, foi um achado. Hoje é possível refinar aquele conceito. Segundo proposta metodológica exposta em artigo produzido pela DOM Strategy Partners, publicado na HBR em 2004, Stewart deveria denominar esse guarda-chuva de ativos ligados às questões intangíveis de ativos intangíveis, e não apenas capital intelectual, que para a DOM é um subgrupo do todo. Assim, a proposta da DOM organiza os ativos intangíveis em quatro grupos de capital: os originais capital organizacional e capital de relacionamentos, o capital intelectual e um quarto grupo, denominado capital institucional.

Quanto ao capital humano de Stewart, a análise o qualificou como premissa para os demais existirem, e por isso foi excluído do modelo. Isso porque não é possível se apropriar de pessoas, porque não são precificáveis, mas, sim, do seu trabalho. O capital humano não está na mesma dimensão dos demais simplesmente porque é o agente habilitador que permite a geração de valor nos demais; a diferença que faz a diferença.

Em outras palavras, o elemento humano permite aos demais a possibilidade de gerar valor. Sem ele não é possível formar relacionamentos nem desenvolver a organização. Por exemplo, se a montadora Ford não se preocupar em formar gerentes operacionais de alto nível nas fábricas, não conseguirá executar e aperfeiçoar os processos, nem formar relacionamentos na equipe ou com parceiros e fornecedores. Da mesma forma, se a operadora Claro não desenvolver o elemento humano no atendimento ao cliente, de nada adiantarão bons processos, pois os funcionários não serão capazes de compreender como eles funcionam. Ou serão incapazes de obter empatia e motivação ao lidar com o cliente.

Por isso os líderes chegam a extremos para conseguir envolver a equipe e gerar empatia. Antonio Rubens Silva Silvino, ex-presidente da Liquigás Distribuidora[6], convocou até o Cirque de Soleil como meio para se aproximar de seu objetivo, usando um trecho do espetáculo *Alegria* para explicar a importância da solidariedade e generosidade. Silvino explica a preocupação: "Se eu valorizo o trabalho deles, eles encantam o cliente". Nada novo. Simples assim.

Na TAM, conforme atesta a presidente, Claudia Sender, o treinamento é considerado um ponto forte na abordagem do cliente: "Investimos em treinamento contínuo dos funcionários para que os clientes sejam atendidos com qualidade e excelência. Temos planos anuais de pesquisa para aprofundarmos nosso entendimento dos clientes e como evoluem as suas necessidades e aspirações".[7]

Ok, o capital humano é condição *sine qua non* para os outros capitais intangíveis. Vamos observar como isso funciona na prática a partir de um exemplo histórico. No mesmo ano que Stewart publicou o artigo, em 1991, a mesma empresa sueca Skandia nomeou um diretor para cuidar do capital intelectual. E foi esse diretor e sua equipe que fizeram história.

Ao aprofundar um pouco mais no que era a Skandia, é possível compreender o impacto da inovação à época. Não se tratava de nenhuma *start-up*, mas, sim, de uma tradicional empresa de quase 150 anos de existência. Por isso mesmo, é notável que essa equipe tenha inovado radicalmente ao criar o primeiro modelo orientado para medir o capital intelectual, que ficou conhecido como Navegador Skandia.

Basicamente, cinco áreas foram eleitas como foco e geração de capital intelectual. Vejam as primeiras quatro: a) financeiro, b) processos, c) humano e d) renovação e desenvolvimento. O último na lista? Não precisa grande esforço para adivinhar: nossa estrela maior, o foco no cliente. Exatamente, o conceito de capital intelectual já apontava desde o início a preocupação em almejar a lealdade e manter o compromisso com o cliente.

Aqui fazemos uma pausa para lembrar o que dissemos antes sobre o capital humano ser condição essencial aos outros capitais que constituem os ativos intangíveis. A teoria reforça a ideia aparentemente óbvia de que sem o elemento humano — ou profissionais competentes e motivados — não é viável tratar adequadamente o cliente.

Indo mais a fundo no modelo desenvolvido na Skandia, vale destacar que dos 20 itens listados na época como constituintes do valor monetário do capital intelectual, quatro já citavam especificamente o cliente. Eram eles: (a) investimento no suporte aos clientes, (b) investimento no serviço aos clientes, (c) investimento no treinamento de clientes e (d) despesas com clientes não diretamente relacionadas ao produto.

---

[6] Antonio Rubens deixou a presidência da Liquigás para assumir a gerência executiva de marketing e comunicação da Petrobras. Em seu lugar assumiu Thomaz Lucchini Coutinho.

[7] Entrevista realizada pelos autores em julho de 2014.

Há ainda mais em sintonia com o que temos dito até agora. Nove itens constituíam o índice de coeficiência do capital intelectual. Nesse caso, apenas um cita o cliente, mas ele é especialmente valioso para nossa tese. Esse item é a satisfação do cliente, o ativo fundamental, detalhado no capítulo anterior, o qual deveria ser o item mais importante quando vasculhamos nosso vasto mapa estelar.

AXIOMA 3: O CLIENTE PROVAVELMENTE TERÁ DIFICULDADES EM DIZER O QUE O DEIXA SATISFEITO OU QUAIS SÃO SUAS NECESSIDADES REAIS. MESMO ASSIM, INVESTIGUE E AJA

Um dos argumentos sobre a dificuldade de zelar pela satisfação é quando se trata de um número tão grande de clientes que a tarefa parece ser impossível. O Bradesco, com uma família de clientes que inclui 62 milhões de pessoas, é um exemplo significativo. Somente correntistas, são mais de 26 milhões de contas ativas. A questão fundamental é como um banco desse porte lida com uma estrutura monumental e uma gama tão enorme de interesses e necessidades.

A resposta veio de Lázaro Brandão, presidente do banco entre 1981 e 1990 e desde então presidente do conselho de administração. Ele mostrou que a aposta da Skandia no funcionário era o caminho correto. O conhecimento tácito sobre o cliente estava no banco. Era o gerente.

O Bradesco tem hoje mais de 4,6 mil agências e, portanto, mais de 4,6 mil gerentes. Esses funcionários possuem canais adequados para solicitar mudanças nos serviços de acordo com o que o cliente pede e o próprio gerente percebe como necessário. Entretanto, Brandão percebeu que a burocracia necessária a uma gigantesca instituição financeira certamente retardaria a resposta ao cliente e nunca seria veloz o suficiente para garantir a satisfação. O pedido acabava emaranhado nos processos, e semanas se tornavam meses.

Brandão criou um canal direto entre o gerente, a diretoria e a presidência. Todos os anos, os mais de 4 mil gerentes têm a oportunidade de dizer o que está errado. Divididos em regiões, hoje são sete ao longo do ano. É a estratégia que no Capítulo 5 chamamos de "visitar o vestiário". Para os executivos, é a hora de se colocar atrás da vidraça.

Para os gerentes, a ordem é: joguem pedra. E eles jogam. O gerente se levanta, faz a reclamação e aponta o erro. Esse comportamento é estimulado a tal ponto que os diretores caminham para a sala com medo do que podem ouvir. Não importa, diz a filosofia criada por Lázaro Brandão. Se não houver honestidade, o negócio do banco está ameaçado.

240   FEITAS PARA O CLIENTE

As demandas ouvidas dos gerentes resultam em uma lista de 150 itens em média. Algumas são inviáveis, outras não combinam com a estratégia ou cultura do banco. Ainda assim, cerca de 100 sugestões são implementadas. Elas são estudadas, processos são transformados e sistemas são adaptados.

Outro exemplo muito bom é o da Fiat. O presidente Cledorvino Belini lembra que, para a montadora, o cliente é a base de tudo. Mas compreender o que essa entidade abstrata chamada cliente quer é a tarefa para a qual ninguém tem a receita. "Nós temos de interpretar seus anseios, seus desejos. Nem sempre a gente consegue traduzir, ou o cliente nem sempre consegue se expressar."[8]

Ele lembra que nenhum cliente específico pediu boa parte dos diferenciais bem-sucedidos que a empresa lançou recentemente, tais como o bloqueio de diferencial, o *bluetooth* de fábrica, a linha Adventure e até o porta-trecos. "Na realidade, temos de nos antecipar aos seus desejos." Para conseguir isso, a Fiat usa até antropologia dentro das pesquisas para poder chegar às conclusões.

Após esses exemplos práticos da teoria colocada em prática, chegamos ao próximo item de nossa exploração. Até agora, ficou evidente a importância do conhecimento dentro da empresa na educação, na medição do valor interno relacionado ao cliente, e ainda reforçamos que nosso foco central, a satisfação do cliente, está sempre presente nessa reflexão. Com isso em mente, passamos ao próximo passo: a busca do cliente. E o mesmo rigor deve ser usado nessa tarefa.

AXIOMA 4: CRIE MECANISMOS EFICIENTES DE CONHECIMENTO E GESTÃO DO CLIENTE

Com esse objetivo em mente, a maioria das grandes empresas atualmente construiu alguma espécie de sistema, tipo CRM, para gerenciar o relacionamento com o cliente. A meta é acessar e organizar a informação. José Luiz Rossi, CEO da Serasa, confirma a tese: "Todas as carteiras de clientes são acompanhadas usando as melhores ferramentas de CRM disponíveis no mercado. A equipe de vendas é treinada a usar essas ferramentas como acompanhamento das oportunidades, bem como para compartilhar com o resto da empresa. Temos metodologia de planejamento por cliente, de acordo com a sua complexidade".[9] Muito software foi comprado e instalado, criando uma infraestrutura que exige constante manutenção. Na paleta dos executivos vão termos como o ciclo de vida do cliente, o conhecimento acumulado sobre o comportamento e como lidar com ele. E cruzam essas informações com da-

---

[8] Entrevista realizada pelos autores em 2012.

[9] Entrevista realizada pelos autores em julho de 2014.

dos financeiros, processos internos e externos, alguma metodologia para apreender o que ocorre no mercado e as metas e expectativas de crescimento.

Os executivos esperam enfrentar tudo isso de posse de uma ideia clara da estratégia e objetivo da empresa, também chamado no jargão corporativo de missão a ser cumprida com o cliente. Essa missão deve — ou deveria — ser traduzida em métricas que reflitam as famosas necessidades dos clientes. Um bom CRM deve permitir compreender e assegurar com correção a qualidade, tempo de serviço e preço adequado para o cliente, entre outros. Nelson Armbrust, presidente da Atento, maior contact center do país, aborda a questão pelo lado de quem estrutura e gerencia o serviço ao cliente da empresa: "Não basta simplesmente as companhias oferecem diversos canais de relacionamento — pluricanalidade — se elas não fazem a sua integração com o CRM e ferramentas de inteligência para obter e cruzar informações de toda sua jornada de relacionamento".[10] Mais do que isso, uma estratégia apropriada ainda precisa produzir uma visão da perspectiva do cliente, como de fato ele vê a empresa.

Como informado no primeiro capítulo, essa visão exata e precisa é herdada da indústria, na qual os engenheiros criaram o hábito de tudo controlar e prever.

Ainda de acordo com a receita prescrita pelos teóricos como Kaplan e Norton, é preciso comunicar a estratégia, criando objetivos específicos e individuais. Em tese, se todos entenderem qual seu papel, a empresa funcionará de maneira precisa. E tudo dará certo.

Será? Kaplan e Norton enfatizam a necessidade de uma estratégia clara, bem divulgada, com objetivos estratégicos alinhados com as metas de longo prazo e orçamentos anuais. Para os inventores do *balance scorecard,* esse é o caminho certeiro para identificar e alinhar as iniciativas estratégicas e conduzir as revisões periódicas. Uma fórmula que garante captar o que pode dar errado e aperfeiçoar o que foi estabelecido. Um relógio. O problema é que quase sempre o mecanismo quebra e a gestão demora a perceber que algo ocorreu. Se é que percebe.

Os principais responsáveis pela quebra do mecanismo são: erro na avaliação do valor do cliente, o cuidado adequado para aquele cliente e a medição constante da satisfação do mesmo.

---

[10] Entrevista realizada pelos autores em julho de 2014.

Axioma 5: estabeleça claramente o que é valor do cliente e como mensurá-lo

Mensurar o valor do cliente é um desafio extraordinário para a maior parte das empresas, mesmo aquelas que reconhecidamente têm foco no cliente. Diante da questão, Marcio Kumruian, da Netshoes respondeu para os autores: "Como disse anteriormente, o cliente é o nosso protagonista e, ao lado de nossos colaboradores, são os maiores ativos da companhia.

Cada um dos mais de 20 milhões de visitantes que recebemos em nossa loja ao mês merece atenção e uma estratégia diferenciada [...]".[11] Fabio Luchetti coloca o valor do cliente em outra perspectiva: "O cliente é o ativo mais importante da Porto Seguro. E o nosso primeiro cliente é o corretor de seguros, porque é ele quem avalia e ajuda a desenvolver nossos produtos, além de ter o interesse em comercializá-los para os seus clientes — que também se tornam nossos".[12] Raciocínio similar é empregado pelo CEO da Mercedes-Benz Brasil, Philipp Schiemer: "A Mercedes-Benz percebe o seu cliente sempre como um ativo, tanto dentro da companhia como nos concessionários, representantes comerciais da empresa no mercado".[13]

Pois bem, vamos então dar o caminho certo para a definição do valor do cliente. Comecemos pelo exame do cliente em si. Para isso, a empresa deve estabelecer o que é Valor (assim, com letra maiúscula, para que possamos dar a devida atenção ao conceito).

Don Peppers argumenta que se cada cliente é único, então a lógica manda que determinados clientes devem necessariamente ser mais valiosos do que outros. Daí a utilidade de se medir o valor de cada cliente. Em nossa constelação, esse é o momento de definir qual cliente brilha mais e qual brilha menos; qual está mais próximo e custa menos para conquistar e qual está distante e não vale o esforço. Somente com a medição precisa desses itens é possível oferecer o serviço de qualidade sem frustrar expectativas e, em última instância, alcançar a satisfação do nosso alvo.

Para fazer isso é preciso considerar o valor do ciclo de vida de cada cliente da empresa. Esse ciclo inclui um número considerável de componentes, inclusive aqueles estritamente financeiros. Por exemplo, a expectativa dos lucros futuros com aquele mercado, descontados aí fatores como o custo líquido da transação. E esse cálculo necessariamente deve considerar o momento do retorno futuro, estimando qual o custo por meio de uma taxa retroativa até o valor atual corrente.

---

[11] Entrevista realizada pelos autores em julho de 2014.

[12] Entrevista realizada pelos autores em julho de 2014.

[13] Entrevista realizada pelos autores em julho de 2014.

Essa é uma consideração genérica. Agora, evidentemente, cada segmento avaliará o cliente de formas diferentes. O Boticário, por exemplo, uma indústria com características e relacionamento com o cliente como varejo, registra a frequência com que o cliente volta na loja e efetua uma compra. Outro item fundamental é o valor que aquele cliente costuma gastar periodicamente, o conhecido ticket médio. Ou há quanto tempo ele é cliente. Nas palavras de Artur Grynbaum: "O valor vem da relação de confiança estabelecida com os clientes, em todos os níveis, desde o início. Uma relação estabelecida pelo encantamento e pela confiança, antecipação dos seus desejos e necessidades com a oferta de produtos de alta qualidade e, acima de tudo, de formas variadas de expressar o quanto a empresa valoriza esse cliente".[14] Em geral, ferramentas como cartões de fidelidade ajudam as empresas — O Boticário entre elas — a obter e atualizar essas informações, uma estratégia iniciada no Brasil em 1993 pela TAM, que hoje tem 11 milhões de associados. É a partir de iniciativas como essas que muitas estratégias de valoração do cliente começam a se estruturar. Como no caso da Ipiranga, em que o cálculo inclui a soma de todas as transações realizadas ao longo da vida do cliente e ainda hábitos de consumo e preferências. Com isso, os gestores conseguiram organizar uma análise de valor financeiro para cada um dos consumidores cadastrados no programa.

Entretanto, quando se fala do valor do cliente, não podemos mais nos restringir somente a indicadores de valor tangível (resultados financeiros). Em especial quando consideramos o contexto atual, quando ocorre uma crise sistêmica no setor financeiro global. Foi exatamente a miopia em relação aos aspectos intangíveis que ocasionou boa parte do atual problema. Esses ativos — ou a crescente falta de valoração deles — comprometeram as operações de concessão de crédito dos principais bancos americanos. Ao invés disso, o que predominou foi a ganância excessiva por resultados de curto prazo. E, ainda, uma ausência de controles institucionais e políticas governamentais que poderiam ter regulado o setor e impedido que a situação chegasse nesse ponto.

Portanto, além dos fatores financeiros, é necessário ir além e ponderar elementos como a influência que o cliente pode ter em outros clientes, bem como sugestões e *inputs* para o design de novos produtos e serviços. E é aí que o valor do cliente se aproxima do imponderável, que pode e deve ser medido e colocado na balança.

Vamos imaginar um cenário em que há uma necessidade evidente de se reunir os dois aspectos, para se obter uma avaliação mais ampla e duradoura. Por exemplo, uma empresa de crédito necessita combinar indicadores transacionais e de satisfação. Os transacionais incluem itens como valor médio da fatura, quantidade média de transações, quantidade de produtos em carteira, quantidade de serviços utilizados,

---

[14] Entrevista realizada pelos autores em 2012.

grau de adimplência, grau de parcelamento, entre outros. E os indicadores de satisfação incluem evasão de clientes (*churn*), retenção e nível de reclamações em suas estruturas de atendimento e órgãos setoriais e de proteção do consumidor.

As empresas buscam combinar esses dois grupos para demonstrar o quanto se está perto de atingir os dois objetivos que garantem a geração e proteção do valor para a empresa: de um lado o aumento do consumo e da utilização de produtos; do outro, a redução das reclamações e do desejo de encerrar o relacionamento com a empresa.

Porém diversas variáveis intangíveis relevantes ficam de fora, e, assim, são gestados riscos latentes e são perdidas oportunidades significativas. A empresa de cartões de crédito poderia querer compreender:

1. Quem são os clientes, quais seus perfis, segmentos e *clusters*? Como se comportam e qual seu histórico na relação com a empresa, sua marca, produtos e serviços?

2. Quais os atributos-chave (rapidez, simplicidade, personalização, proatividade, transparência etc.) que influenciam a satisfação, fidelidade e lealdade de seus clientes (e indiretamente nos resultados tangíveis)?

3. Esses atributos são os mesmos para cada um dos perfis de clientes e para cada momento do ciclo de vida (*customer life cycle*) na empresa?

4. Como esses atributos influenciam os clientes e geram maior valor transacional? Como se dá essa dinâmica e suas interdependências?

5. Quais atributos estão deixando de ser entregues? Por quê?

6. Quais os principais produtos, serviços, canais, iniciativas, ações, projetos, programas, áreas, sistemas, veículos ou mídias que influenciam e definem a satisfação dos clientes? Eles estão entregando estes atributos?

7. Afinal, os clientes percebem essa entrega?

8. Há muitas outras variáveis que podem ser consideradas na relação de valor. Entretanto, além de analisar o valor de cada cliente, utilizando a metodologia MVP, é possível determinar o valor do ativo cliente no valor da empresa (valor de mercado para companhias abertas ou *valuation* para as fechadas). Para tal, diversas perguntas precisam ser respondidas, entre as quais:

9. Quais os ativos tangíveis e intangíveis ligados ao cliente? Quais tangíveis são potencializados e quais intangíveis são interdependentes e como?

10. Qual o papel do cliente na performance das empresas que atuam no setor e nos mercados em questão?

11. Como os clientes atribuem valor à empresa, sua marca, seus produtos e serviços? Como a diferenciam, percebem e valorizam? O cliente percebe e valoriza a proposta de valor da empresa?

12. Como o cliente está sendo tratado na estratégia corporativa da empresa? Como está alocado em termos de BVR? Qual o foco e quais as prioridades de ação no curto e longo prazo? Que objetivos, metas e métricas estão associadas a elas?

13. Qual o impacto dos clientes no valor presente e futuro da empresa? Qual a correlação desse impacto com os resultados e indicadores gerenciais tradicionais da empresa?

14. Quais indicadores estão correlacionados à geração e proteção de valor pelo cliente e a partir do cliente?

A partir da aplicação da metodologia MVP, em suas etapas de identificação, categorização, qualificação, quantificação e gestão de ativos intangíveis, foi desenvolvido o *Customer ScoreCard* (CSC), especificamente para categorizar e apropriar o valor do cliente e sua relação com o valor da organização. Em paralelo, o estudo "Empresas Notáveis"[15], desenvolvido pelo Centro de Inteligência Padrão, também permite às empresas visualizarem seu comportamento em diversos atributos relacionados à gestão de clientes, devidamente parametrizados em um índice anual. O interessante nesse estudo é justamente permitir que as empresas consigam perceber a importância de equilibrarem uma performance em diversos atributos. Na dinâmica do relacionamento com clientes, não basta ser muito bom no serviço e descuidar da inovação. Ou respeitar o cliente, mas ter reputação questionável.

AXIOMA 6: ESCOLHA UMA FERRAMENTA DE MENSURAÇÃO E MONITORAMENTO DO VALOR DO CLIENTE E A UTILIZE REGULARMENTE, COMPARANDO SUA EVOLUÇÃO PERIÓDICA

O ativo intangível foco do *Customer ScoreCard* (CSC) é o relacionamento aplicado a um dos principais stakeholders da empresa — seus clientes e consumidores — a partir dos objetivos estratégicos definidos pela empresa (considerar especificamente objetivos em *Branding*, Valor e Relacionamento — BVR).

Uma vez selecionado, é hora de especificar os objetivos estratégicos para o ativo relacionamento com clientes e consumidores. Para isso, o gestor precisa traduzir esse objetivo em atributos que servirão para direcionar a estratégia em cada veículo de entrega associado a ele (por exemplo, produtos, serviços, canais, iniciativas, ações,

---

[15] Traços da perfeição. *Consumidor Moderno*, ed. 210, p. 28, fev. 2016.

projetos, programas, áreas, sistemas, veículos ou mídias). Obviamente que se consideram, em cada etapa do *Customer Life Cycle* (CLC), os tipos de clientes existentes (segmentos, clusters, *targets* etc.) e também a alocação desses atributos e sua relação com cada perfil de cliente.

Por exemplo, no canal internet podem ser definidos atributos como promoções constantes, que atraem o cliente para a loja. No canal físico, o mesmo atributo pode ser traduzido em alocação de produtos em promoção em locais estratégicos. Em estratégias diferentes, outros atributos como experiência e qualidade de atendimento superior também podem ser traduzidos para cada canal. Ou mesmos as metas de captação, conversão, retenção e fidelização. O mesmo atributo deve ser considerado tanto nos canais de relacionamento como nos de venda. E também em cada iniciativa, projeto e ação da empresa.

O passo seguinte é definir indicadores de valor relacionados a esses atributos, ou seja, quanto eles valem e pesam dentro da estratégia geral. Assim, o desempenho ou fracasso deles vai somar ou subtrair pontos para que o gestor tenha noção de como se desenvolve a empresa em termos de valor intangível. O mesmo procedimento vale para indicadores de desempenho. O gestor define metas para cada um dos indicadores e monitora como os veículos de entrega estão se saindo, tanto no campo dos indicadores tangíveis como nos habilitadores intangíveis. Então se estabelece a correlação dos indicadores de performance, de nível tático, como os indicadores de valor, de nível estratégico, ponderando-os em função dos objetivos e prioridades estratégicas, alocação orçamentária e padrão geral do setor e mercados de atuação.

Especificidades conjunturais da empresa naquele momento, como o alto risco de perda de clientes em função de fusões e aquisições, como viveram Santander com Real e Itaú com Unibanco recentemente (e é provável que ocorra com Bradesco e HSBC no futuro próximo), também influenciam no desenho da estratégia e modelo de mensuração de valor do relacionamento com clientes.

Essas informações devem ser organizadas em dois dos chamados *cockpits* que serão interdependentes: o *cockpit* de valor, que determina o valor do ativo cliente no valor da empresa, para fins de estratégia e *valuation* e o *cockpit* de performance, que avalia o valor dos clientes em si, para fins de gestão e operação. Essas duas ferramentas, isoladamente e integradas, permitirão à empresa, por perfil de cliente e por etapa do CLC:

a. Identificação de Investimentos de Relacionamento Pulverizados ou Fora de Foco;

b. Identificação de Sobreposição de Ações e Investimentos no Relacionamento com os Clientes;

c. Checagem da Consistência e Adequação do Planejamento Estratégico à Realidade;

d. Avaliação do desempenho corporativo no relacionamento com os clientes;

e. Análise da eficiência de alocação de capital e produção de riqueza a partir do relacionamento com clientes.

A metodologia é absolutamente passível de ser fragmentada (dividida em módulos) e aberta, possibilitando incluir qualquer variável de análise e segmentação de clientes que seja do interesse da empresa.

Uma vez determinado o valor de cada cliente, a empresa pode utilizar o conhecimento adquirido para orientar a estratégia (em tese, os clientes mais valiosos recebem maior atenção, esforços e investimentos devido ao potencial deles de gerar retorno), inclusive selecionando em termos de eficácia, por perfil de cliente, os programas, produtos, ações, canais, atributos de marca e outras variáveis ligadas ao cliente. Entretanto, a melhor estratégia de fato é tentar entender as necessidades de todos os clientes e fazer o possível para atender a cada uma delas (dentro do orçamento que foi definido para cada categoria de cliente).

AXIOMA 7: NÃO DESPREZE AS MÉTRICAS COMPLEMENTARES NA GESTÃO DO VALOR DOS CLIENTES

O ativo intangível foco do *Customer ScoreCard* (CSC) é o relacionamento aplicado a um dos principais stakeholders da empresa — seus clientes e consumidores — a partir dos objetivos estratégicos definidos pela empresa (considerar especificamente objetivos em BVR).

Uma vez selecionado, é hora de especificar os objetivos estratégicos para o ativo relacionamento com clientes e consumidores. Para isso, o gestor precisa traduzir esse objetivo em atributos que servirão para direcionar a estratégia em cada veículo de entrega associado a ele (por exemplo, produtos, serviços, canais, iniciativas, ações, projetos, programas, áreas, sistemas, veículos ou mídias). Obviamente que se consideram os tipos de clientes existentes (segmentos, *clusters*, *targets* etc.) e também a alocação desses atributos e sua relação com cada perfil de cliente, em cada etapa do *Customer Life Cycle* (CLC).

Por exemplo, no canal internet podem ser definidos atributos como promoções constantes, que atraem o cliente para a loja. No canal físico, o mesmo atributo pode ser traduzido em alocação de produtos em promoção em locais estratégicos. Em estratégias diferentes, outros atributos, como experiência e qualidade de atendimento superior, também podem ser traduzidos para cada canal. Ou mesmos as metas de captação, conversão, retenção e fidelização. O mesmo atributo deve ser considerado tanto nos canais de relacionamento como nos de venda. E também em cada iniciativa, projeto e ação da empresa.

O passo seguinte é definir indicadores de valor relacionados para esses atributos, ou seja, quanto eles valem e pesam dentro da estratégia geral. Assim, o desempenho ou fracasso deles vai somar ou subtrair pontos para que o gestor tenha noção de como se desenvolve a estratégia definida.

Há métricas extremamente específicas, quase impossíveis de serem utilizadas em mais de um segmento. Por exemplo, no segmento de telefonia celular é possível obter, via central de call center, informações bastante precisas com relação ao atendimento, desde hora e duração de um atendimento até o comportamento dele no uso do produto. Essas empresas têm em mãos um vasto banco de dados com um termômetro preciso do que ocorre com o cliente. Com o auxílio de apps, podem, inclusive, ter um instrumento de análise poderoso, na medida em que o registro de atividades do cliente é mais preciso, instantâneo e qualificado. Espanta que as teles, justamente quem habilita o uso intenso de apps, não tenham se convencido das possibilidades de interação e de captura e geração de valor dos clientes baseadas em soluções digitais.

Aliás, as diversas operadoras de telefonia e TV a cabo estão entre as que melhor conseguem definir o valor financeiro do cliente, assim como os grandes bancos brasileiros, que atualmente já conseguem medir suas estrelas (lembre-se de que falamos um pouco sobre isso no Capítulo 4 ao mostrar como o Itaú-Unibanco já avançou no desenho da visão de 360° do cliente).

A Sky, por exemplo, calcula o valor de cada um dos clientes e os divide em sete categorias diferentes de comportamento. O processo é dinâmico e reavaliado mensalmente. Inclusive, o atendente interage com cada cliente sem saber, em função desse modelo a partir de indicações que aparecem na tela e servem para conduzir a conversa.

A quantidade de informações é uma das grandes vantagens dessas operadoras. A Claro, por exemplo, usa como indicadores, além dos itens citados, outros, como o percentual de contatos recebidos do cliente e, nesses contatos, a adesão da ação realizada durante o atendimento. Outro item fundamental é a rechamada, que significa que o cliente está ligando uma segunda vez para resolver um problema que não conseguiu na primeira tentativa.

A operadora ainda leva em consideração quesitos fundamentais, especialmente quando quer dar atenção à satisfação do cliente. Por exemplo, a quantidade de casos em que o problema requer um retorno de um atendente de segundo nível, mais avançado e crítico. Ou quando o cliente aceita fazer a pesquisa de satisfação na URA (Unidade de Resposta Audível, a voz computadorizada que fala com o cliente durante o atendimento). Ele responde à pesquisa, e as respostas são armazenadas para futura análise.

As operadoras, não só a Claro, ainda utilizam indicadores obtidos externamente, como reclamações que chegam pela Anatel ou órgãos de defesa do consumidor (que servem de fonte de informação para qualquer setor), incluindo o da nova plataforma, que é consumidor.gov.br, lançada em julho de 2014 por iniciativa da Secretaria Nacional do Consumidor — Senacon. O consumidor.gov funciona como uma extensão e antessala online dos Procons municipais e estaduais e universaliza o atendimento ao consumidor. Mais do que isso, a plataforma fornece dados analíticos que iluminam dados e perfis de um tipo de cliente não tão mapeado pelas operadoras, que encontrou ali um instrumento de atendimento mais qualificado e veloz para as suas demandas.

Em teoria, todo esse esforço busca definir os atalhos para aumentar a satisfação do cliente. Mas isso não pode ser feito sem perder de vista o valor de cada um. Mais uma vez, o objetivo é dar a atenção exata de acordo com esse valor, de forma que cada consumidor receba o atendimento adequado, que a informação esteja visível para ele na mídia específica que ele frequenta e consulta, que ele compreenda o valor dos produtos e serviços oferecidos.

É esse cliente que provavelmente será responsável pela maioria dos lucros. E será um grupo reduzido. Em geral, aqui vale o princípio de Pareto; portanto 20% dos clientes geram 80% dos lucros.

Vale lembrar que a divisão varia de acordo com o setor da empresa ou a estratégia de mercado que ela adota. Uma companhia aérea de baixo custo certamente terá uma distribuição maior de clientes de valor superior do que uma convencional. O raciocínio vale para qualquer segmento focado em determinado faixa de renda, seja luxo ou menor poder aquisitivo. Mas mesmo elas terão um grupo de maior valor e outro que gera um retorno menor. Para todas, é fundamental medir o valor do cliente. Algumas estrelas brilham menos, outras mais. A empresa não vai ignorar as menos brilhantes, mas certamente deve evitar perder de vista as que brilham mais.

Medido e definido o valor de cada cliente, tudo parece muito claro e preciso. A questão é que na economia das redes, tópico explorado em capítulos anteriores, a ciência de medir o valor do cliente também fica mais complexa. É como se no céu estrelado repentinamente se notasse não apenas a Via Láctea. A tecnologia permite vislumbrar 100 novas galáxias.

Na prática, isso acontece porque na rede o valor de um cliente afeta o outro, como destacamos anteriormente. Mas se a dificuldade de estimar aquilo que parecia quase imponderável era fundamental, agora o impacto nos negócios é ainda mais acelerado e premente. Um formador de opinião consome menos, mas dispõe de enorme habilidade e relacionamento potencializado pelo poder das mídias sociais. Seja pelo Facebook, Instagram, WhatsApp, Twitter, Google +, não importa. Ele tem o poder de influenciar outros clientes e potenciais clientes... ou de resgatar a atenção e o interesse de ex-clientes. Estes, por sua vez, seja pela quantidade ou pelo próprio potencial individual de compra, superam de longe a importância inicial conferida para aquele cliente "menos importante", mas altamente influente.

Então, qual o valor real de cada cliente agora? Como se tornou comum afirmar, o mundo se tornou mais complicado. Muito mais. Com uma agravante: os algoritmos das redes sociais, Facebook à frente, normalmente trabalham para organizar a informação que o usuário verá em sua timeline com base em afinidades. Isso quer dizer que você poderá se informar apenas com o que supostamente tenha propensão a ver, não o que realmente queira ver. Da mesma forma, as interações dos clientes e amigos de uma rede no Facebook, por exemplo, serão aquelas com as quais supostamente uma pessoa tenha afinidade. A reclamação (ou o elogio) de um amigo só chegará até a sua "timeline" (linha do tempo onde são publicados os conteúdos) se o algoritmo da rede social acreditar que essa informação é relevante para você. Sendo assim, uma empresa, além de mapear seus consumidores nos ambientes digitais, precisa ter mecanismos para controle e monitoramento de manifestações que podem ser eleitas como relevantes por algoritmos (o que pode transcender a real importância de um fato) e que se disseminem de modo viral pelas redes sociais.[16]

Nesse momento, é necessário rever tudo que foi dito e feito até hoje no quesito medir e gerenciar o valor do cliente. Não se trata apenas dos formadores de opinião. A economia de rede pode mexer com a contabilidade imediata do faturamento. Por exemplo, em 2008 a operadora celular Vivo fez uma proposta que uma lógica comum indicaria ser um mau negócio. Em uma licitação pública para serviços de voz móvel, ofereceu ao governo paulista um preço tão baixo que o resultado era prejuízo. Na economia das redes, entretanto, mais é sempre muito mais. O cliente direto, no caso, o governo paulista, podia dar prejuízo para a Vivo, só que esses mesmos clientes não fazem ligações somente; eles também recebem. E quando uma linha da Claro ou da Oi efetua uma ligação, a operadora que recebe também recebe uma pequena parte da receita (no jargão do setor, a chamada receita entrante).

Mas isso é apenas parte da história. O que é realmente importante é que o contrato para o governo paulista era tão grande que perder era o pior cenário possível. Em um mercado em que escala é o fator essencial, deixar de ganhar dezenas de milhares de acessos enquanto que o concorrente soma esse mesmo número na rede é simplesmente suicídio corporativo. Portanto, mesmo com o prejuízo aparente, em tese a empresa ganhou por conta dessas outras variáveis e impactos tangíveis e intangíveis, tanto de geração de valor (aumento de tráfego e receitas indiretas) como de proteção

---

[16] Conheça Greg Marra, o jovem que decide o que você lê no Facebook. Disponível em: <http://blogs.estadao. com.br/link/criador-de-algoritmo-do-facebook-e-o-editor-mais-influente-do-mundo/>.

de valor (proteger esse importante contrato de cair nas mãos de concorrentes e utilizá-lo como mote para a expansão da rede que opera baseada em escala).

Há outros exemplos igualmente relevantes. Um grande banco pode se dar ao luxo de investir em clientes quando estes ainda estão na faculdade e não têm investimentos. É a expectativa de que, quando progredirem na carreira, eles serão fiéis ao banco que deu o primeiro crédito.

Como afirma o professor de administração de Harvard, Sunil Gupta, o marketing influencia menos à medida que o "efeito rede" se torna mais forte. Isso não significa que o método se torna sem valor. Na verdade, ele é ainda mais necessário, sob risco de o gestor se ver perdido em um mercado com estrelas que brilham cada vez mais e ele enxerga cada vez menos.

"Entender a dinâmica do erro é o que eu considero mais importante. Nada de ficar buscando culpado. Hoje você pode se portar ou fazer melhor do que ontem."

Luiz Eduardo Baptista
presidente da Sky, em entrevista realizada pelos autores em 2012

Capítulo 11

A Lei Natural do Cliente

O nosso executivo está atônito: a variável "cliente" é tão complexa que muda completamente o escopo da sua apresentação. Na verdade, pode mudar o escopo de atuação da companhia toda. A empresa não foi "desenhada" para cuidar do cliente, ela é orientada a produto. Sim, existem consumidores, existem aqueles leais. Mas, de maneira geral, o que as pesquisas detectam e apontam é uma certa indiferença. Talvez uma decepção. O executivo não consegue identificar com o quê. A questão são as formas como a empresa atende ao cliente. Será que a empresa deve incorporar melhores práticas? Será que há algo que ela não pratique? Será que é possível aprender com outras empresas? Com a concorrência? Essas questões martelam a cabeça do executivo. O mundo parece virar de cabeça para baixo.

A apreensão do nosso executivo é normal. Afinal, além das melhores práticas de atendimento, de serviço e que visam a satisfação do cliente, é possível afirmar que há uma lei capaz de definir uma forma de satisfazer o cliente? Montesquieu dizia que as leis derivam da natureza das coisas. Assim, todos os seres teriam suas leis. Bem como o cliente.

Quando um CEO busca compreender como se relacionar com seus clientes, é atrás de leis naturais que ele está. Uma forma lógica, eficiente e ética de tratar e lidar com o cliente. São as celebradas melhores práticas. Ou, parafraseando Montesquieu, as práticas que derivam da natureza do relacionamento entre empresa e cliente.

Porque este capítulo não é sobre tendências e inovações — vimos isso nos anteriores — e nem tampouco sobre conceitos ricos e interessantes, capazes de gerar insights poderosos a você, leitor. Também não. Este capítulo é o mais simples do livro. O mais direto. É o capítulo das obviedades, do chamado senso comum, da verdade do relacionamento empresa-cliente no Brasil, das práticas cotidianas, mais ou menos sofisticadas, que as principais empresas do país vêm aplicando. Leia este capítulo como se fosse ler o resumo de um cenário de "como estamos hoje", com uma ponta de "para onde estamos indo no futuro imediato".

Ou, como diz o notável executivo Romeo Busarello, da Tecnisa: "Quando eu me olho, eu me assusto. Quando me comparo, me acalmo".

Iremos para um futuro ainda mais longínquo e inesperado do que aquele visto nos capítulos anteriores. Delicie-se, portanto, e imite o que achar adequado. Certamente você não inovará, na acepção fria da palavra, mas certamente queimará etapas, aprendendo com os erros dos outros.

Para chegar a essas práticas, é preciso antes entender o que pensam e desejam os CEOs que lideram as grandes empresas brasileiras. Os CEOs que entrevistamos presencialmente e/ou remotamente para compor o conteúdo real de Brasil para este livro e que foram citados nos capítulos anteriores. Decidimos então colocar uma questão fundamental, à qual quase todos eles responderam: o principal desafio é crescer. Tudo por duas boas razões: o mercado brasileiro é enorme, e o crescimento da renda é provável (mesmo no cenário recessivo, que se iniciou no fim de 2014 e deve continuar até 2017, os bons CEOS vislumbram a possibilidade de crescer e ampliar a fatia de mercado atual da empresa).

Nesse sentido, vale o ensinamento de Antonio Rubens Silva Silvino, ex-presidente da Liquigás Distribuidora: "Mais do que ir atrás do cliente é procurar e identificar os não clientes".[1]

O segundo ponto destacado pelos CEOs é um desafio análogo, que é ampliar a estrutura existente para atender ao cliente. A seguir, em terceiro, vem manter a cultura da empresa e a satisfação simultaneamente a esse crescimento. É a partir desse desejo comum em busca de expansão que devemos enxergar e detalhar as chamadas melhores práticas e os desafios das empresas brasileiras no médio e longo prazo.

Entre os CEOs, quem não citou de cara o crescimento é porque está preocupado em consolidar o que já conseguiu. Tem aquele que quer aumentar a penetração nas classes C, D e E e diversificar no modelo B2B (como Marcelo Epstejn, do UOL), e tivemos aquele que visava aumentar a infraestrutura para atender melhor (Wagner Pinheiro de Oliveira, ex-presidente dos Correios).

Os menos obcecados com crescimento falam em aperfeiçoar o que já conseguiram (como Enéas Pestana, ex-CEO do Pão de Açúcar e hoje consultor diretamente envolvido na gestão de um punhado de importantes redes varejistas), cientes de que a concorrência avança ferozmente. Roberto Setúbal, do Itaú, quer ser mais flexível; Michel Levy, ex-CEO da Microsoft Brasil[2], está preocupado em manter a satisfação do cliente em decorrência justamente do crescimento acelerado dos últimos anos.

---

[1] Entrevista realizada pelos autores em 2012.

[2] Michel Levy concedeu entrevista aos autores em 2012. Em 2013, Mariano de Beer assumiu a presidência da Microsoft Brasil. Michel Levy hoje é membro de conselhos de administração e atua como mentor e investidor em empresas de tecnologia e educação.

A Lei Natural do Cliente

Por fim, existe a preocupação fundamental de possuir uma cultura forte o suficiente para se disseminar em um território tão grande que exige uma equipe igualmente gigantesca. Como Omar Hauache, ex-CEO do Fleury, que se preocupava com a sensação de pertencimento do colaborador com a empresa e a dificuldade de perpetuar a cultura da empresa nesse cenário de crescimento acelerado.

José Efromovich, CEO da Avianca, procura destacar a sintonia da empresa com os clientes num contexto digital: "Em nossas redes sociais e blog Avianca, reformulamos a abordagem, pois entendemos que o nosso cliente quer saber mais do que tarifas. Atualmente trabalhamos os nossos pilares de conforto, espaço, entretenimento, atendimento e demais serviços".[3]

Miguel Cícero Terra, recém-saído da Brasilprev, também demonstrou a preocupação imensa com o consumidor imediatista, anabolizado pela força da inclusão digital: "O cliente está conectado e demanda agilidade no relacionamento com a companhia e o uso crescente de smartphones e tablets confirma essa tendência. Somente em 2013, a Brasilprev apresentou um crescimento de 162% no número de transações realizadas via mobile. Desde o ano de lançamento dos serviços para aparelhos móveis, em 2011, o volume arrecadado por meio de contribuições extras registrou um aumento, em 2013, de mais de 600%!".[4]

Todos esses aspectos englobam a constante preocupação de crescer dos executivos. Após ter isso bem claro, as melhores práticas com relação ao cliente devem ser compreendidas a partir de como esse mercado gigante opera. É preciso organizar, segmentar e definir quem é esse cliente. A estratégia mais básica tomada pelo mercado é dividir entre pessoas jurídicas e físicas. Como citado no Capítulo 4, nos casos da Liquigás e da Ale Combustíveis. Há ainda divisões tão óbvias, como renda ou inadimplência. Nesse ponto, destacam-se três quesitos.

1. O tabu de reconhecer que há uma prioridade entre os clientes. De acordo com a palavra de significativa parcela dos CEOs, não há prioridade entre um cliente e outro. Na resposta de um deles, "Dividimos apenas para estabelecer estratégias". Na melhor das hipóteses, a recusa em admitir uma prioridade é um eufemismo. Poucos são tão sinceros quanto Efromovich, da Avianca: "Os que viajam mais têm maior valor".[5]

2. Ao estabelecer uma estratégia, os executivos definem recursos correntes, investimentos futuros e, obviamente, tempo gasto entre os executivos. Eu, CEO, posso até dar importância para um cliente ocasional, mas é evidente

---

[3] Entrevista realizada pelos autores em julho de 2014.

[4] Entrevista realizada pelos autores em julho de 2014. Miguel Cícero foi substituído por Paulo Valle em dezembro de 2015.

[5] Entrevista realizada pelos autores em julho de 2014.

que terei de priorizar meu tempo e dinheiro ao tratar aquele que me é fiel e compra mais. Não se trata de maltratar o cliente, é apenas o uso da razão. Mas é lógico também que a empresa precisa construir canais para que o cliente possa melhorar o seu escore. Discriminar o cliente por deficiência de informação é um pecado letal. O cliente razoável de hoje por ser o VIP do concorrente amanhã. Detectar o potencial do cliente é tão fundamental quanto dedicar-se aos clientes que exercem seu potencial. De onde as melhores práticas realmente derivam das reais relações com o cliente, como na paráfrase do filósofo iluminista francês, então é fundamental se ater à realidade. Se a ética das melhores práticas é rejeitar o uso da razão e da lógica, o discurso se torna vazio e hipócrita, feito apenas para figurar na parede das empresas. Portanto, priorizar não é palavrão.

A definição de quem é o cliente pode não ser uma escolha óbvia, como bem sabem os CEOs. Alelo e Sky consideram importante incluir seus funcionários como parte da clientela; a General Motors certamente inclui as concessionárias; e a SulAmérica, a Porto Seguro e a Bradesco Seguros incluem os corretores. E o cliente que efetivamente compra o produto pode não ser nem mesmo o mais importante, mesmo que a experiência prévia do McDonald's em priorizar o corretor de imóveis acima do cliente tenha se mostrado equivocado (como foi visto no Capítulo 4). Afinal, para a Cielo, por exemplo, o consumidor final é mesmo o lojista. Então guarde a recomendação final: pare e pense muito bem antes de responder quem é o seu cliente.

3. Mesmo aquelas empresas que dividem e priorizam seus clientes ainda podem tornar essa divisão mais sofisticada, começando pelo mais óbvio: qualificar o cliente pelo canal que ele utiliza, ocasional ou não, ou mesmo pelas características pessoais. E, partindo daí, a estratégia pode ser beneficiada se for alcançado um nível de detalhe maior, incluindo perfil (racional ou emocional), atitude em relação à marca e outros fatores comportamentais.

À definição de prioridades segue-se a definição das regras de como lidar com o cliente. A governança do cliente foi explorada nos capítulos anteriores. A primeira questão com relação ao modelo de governança é como as empresas estruturam seus departamentos para atender ao cliente. Como mostramos, empresas como os Correios cuidam de adotar uma vice-presidência exclusiva para o tema (no caso dos Correios, a vice-presidência de rede e relacionamento com os clientes). Ou ainda subordinam o atendimento ao consumidor diretamente abaixo do presidente, como no caso da companhia aérea American Airlines, liderada no Brasil por Dilson Verçosa Júnior. Outras, como a distribuidora Ipiranga, estendem as atribuições do cliente por toda a estrutura organizacional, com ênfase em duas diretorias: a comercial e a de varejo e marketing, que por sua vez têm debaixo de si um grande número de gerências.

A Lei Natural do Cliente

Em qualquer caso, essas empresas buscam impor códigos para obter qualidade de atendimento e procedimento ético (no caso dos Correios, usaram os fundamentos de excelência da Fundação Nacional da Qualidade).

Com essa estrutura de decisão vêm os SACs e diversos outros pontos de atendimento ao cliente. Na Tecnisa, por exemplo, há 42 pontos de contato. Independentemente da estrutura escolhida, o X da questão aqui é fazer esses pontos receberem e entregarem a informação de forma eficiente e, se necessário, levar ao decisor para que o problema seja resolvido. E nem sempre é possível, como no setor aéreo, que enfrenta centenas de ambientes diferentes (cada aeroporto tem um cenário diverso) e muitas vezes não consegue resolver a contento, como quando um cliente extravia sua bagagem.

A dificuldade das empresas aéreas é um dos milhares de exemplos que provam que é impossível aceitar a ideia de que o cliente tem sempre razão. A empresa deve fazer o máximo para atender ao consumidor, como defende Claudia Sender, CEO da TAM: "Este tem sido um dos nossos grandes objetivos: dar ao cliente independência para que ele possa ser atendido quando quiser, através do canal que quiser".[6] Mas há casos em que a solução é não apenas economicamente inviável, mas virtualmente impossível de ser executada ou mesmo ilegítima e descabida.

Para evitar esse tipo de problema, algumas empresas cuidam de construir os processos ouvindo e pensando sob o ponto de vista do cliente (enquanto que a maioria ainda desenhe com viés engenheiro, priorizando apenas qual o modo ótimo e eficiente de fazer). É o caso positivo da Sky e seguinte afirmação de seu CEO: "Não existe nenhum produto ou serviço que vamos lançar que não coloquemos em questionamento do ponto de vista do cliente, como ele deveria ser. Nós construímos produtos, soluções, serviços, processos do cliente para dentro de casa. De fora para dentro".[7]

Por exemplo, quando a Sky lançou, em setembro de 2010, um produto para a classe C, os executivos chegaram a discutir a criação de uma nova marca. O objetivo era defender o posicionamento vigente e evitar a canibalização. Havia certa convicção dentro da empresa de que essa seria a melhor saída. Ouviram o cliente e descobriram que 60% dos *prospects* achavam que se a marca fosse trocada ela não seria mais Sky. Se não é Sky, o cliente não estava disposto a comprar. O cliente, mesmo aquele potencial, aspirava comprar Sky e não queria um produto sem uma marca reconhecível. Para aumentar a conveniência e aprimorar o relacionamento e as opções dos clientes, a Sky também lançou a modalidade de venda pré-paga com recarga a cada 15 dias. É dessa forma que nossa lei natural do cliente conjuga o real e o ideal.

---

[6] Entrevista realizada pelos autores em julho de 2014.

[7] Entrevista realizada pelos autores em 2012.

Após o produto pronto ou serviço entregue, é hora de verificar e monitorar sempre. É o PDCA do relacionamento com o cliente. Afinal, na maioria das vezes, a solução está ao alcance dos executivos (mesmo que tenha de ser do presidente). Para garantir que os problemas estejam sendo resolvidos, a melhor prática do mercado implica uma monitoração constante dos processos relacionados ao cliente (o que a maioria das empresas ainda está longe de fazer), integrando processos de interação e colaboração com o cliente, com melhores práticas advindas das técnicas e controles da qualidade total.

É grande o número de empresas, mesmo no Brasil, que tem essa prática. Em especial entre as do setor de tecnologia. Por exemplo, a Microsoft faz pesquisa de satisfação anual (principal instrumento), e clientes podem a qualquer momento entrar em contato com o gerente de conta ou com o 0800 e fazer solicitações ou pedir suporte. A diretoria da UOL usa ferramentas de monitoração online e informações do CRM, e a diretoria usa essas informações em discussões semanais. Outras empresas orientam a governança do cliente por meio de índices e metodologias externas, como o Net Promoter Score, do qual a Serasa detém a nota mais alta, 68. A Atento, ciente de que é prestadora de serviços, utiliza-se das mais variadas técnicas e metodologias indicadoras de satisfação, como lembra Nelson Armbrust, CEO: "Temos um modelo de gestão adotado globalmente pela companhia que tem como objetivo padronizar processos, perfis de contratação, treinamentos, indicadores, planejamento e qualidade. É formatado e estruturado em métodos, técnicas e normas reconhecidas mundialmente como o COPC e Six Sigma. Além disso, utilizamos o NPS (*Net Promoter Score*) para entender o grau de lealdade dos clientes a marca".[8]

Mas talvez o grande e maior desafio seja de fato utilizar toda essa informação obtida. Uma das tarefas mais complexas — e menos executadas — do mercado atualmente é obter a chamada visão de 360° do cliente. A segmentação de produtos cresce em proporção à identificação dos diversos perfis do cliente. E cresce o número de canais de relacionamento (uma necessidade, pois, como foi dito, adotar a estratégia multicanal é imprescindível. Manter a curva de crescimento se tornou extremamente difícil apenas com os métodos tradicionais). Ronaldo Iabrudi, atual CEO do Grupo Pão de Açúcar, endossa: "O comportamento do consumidor é cada vez mais multicanal. Temos que facilitar o seu dia a dia. Já é cada vez mais normal o cliente realizar uma compra via internet e retirar na loja física, por exemplo".[9]

A resposta para crescer dessa forma e ainda assim manter um relacionamento de qualidade com o cliente é justamente a — pouco obtida e executada — visão de 360°. A Cielo garante que já consegue ter a visão do todo a partir de acompanhamentos semanais, visualizando impactos, números, percepções, qualidade de atendimento, operação, logística, tudo é processado, analisado e está disponível online.

---

[8] Entrevista realizada pelos autores em julho de 2014.

[9] Entrevista realizada pelos autores em julho de 2014.

A Lei Natural do Cliente

Empresas que operam grandes contratos, como a Alelo, já atingem um nível de sofisticação no que se refere à visão de 360°. A empresa enxerga cada cliente desde a montagem da proposta e negociação até o pós-venda e operacional. Cada contrato é pesado e apurado do ponto de vista econômico, cada receita e custo operacional. E ela ainda oferece a informação analítica para dar suporte aos clientes corporativos, de tal modo que o uso dos benefícios contratados junto à Alelo para os usuários (funcionários das empresas-clientes) possa ser mais interativo e inteligente. Eduardo Gouveia, CEO da empresa, revela: "Por ser regulada pelo Programa de Alimentação do Trabalhador (PAT), a Alelo é obrigada a entregar um cartão físico para cada cliente — mas no futuro ele terá a opção de utilizar seus créditos pelo celular. Em 2014, lançamos um aplicativo Omni-Channel, que faz consulta de saldo do vale-refeição, vale-combustível, apresenta o gasto diário sugerido, tudo para o usuário ter um controle maior. Monitoramos as redes sociais para garantir a ativação da marca e dos produtos e responder rapidamente a qualquer crise".[10] Há diversas empresas bilionárias com carteira reduzida (mil clientes, por exemplo) que não têm essa visão e rodam células não lucrativas — ou até gerando prejuízo — dentro da corporação.

Agora amplie essa escala para milhões de clientes. Existe um setor que já avançou mais: o financeiro. Durante anos, os bancos mantiveram sistemas independentes para cada produto vendido, tornando comuns as ligações de oferta de produtos para clientes que estavam operando no vermelho em outro. Afinal, após anos de investimentos, integração e aprendizado sobre como gerenciar tudo de forma centralizada, os bancos começam a superar essa barreira.

Afinal, como explica Setúbal, do Itaú Unibanco, "ao abrir uma conta corrente o cliente do banco já se propõe a uma multirrelação". Provavelmente terá poupança, talvez investimento, vai pagar luz, telefone, vai ter cheque especial.

Hoje os executivos do Itaú Unibanco conseguem visualizar de forma 360° não apenas o correntista, mas também quem financia o automóvel em um lugar e adquire um cartão do Itaú no Walmart. Cada crédito é somado para se ter uma visão completa das necessidades — e capacidades — do cliente.

Também uma raridade é a empresa que já consiga gerenciar o cliente como um ativo. Muitas das líderes nacionais não conseguem nem classificar o cliente dessa forma. É cultural, aparentemente, mas também estrutural. Em geral, conseguem se eleger áreas especiais, estabelecer uma comunicação, medir resultados; mas pesar o quanto vale, esse, sim, é um nível ainda muito pouco alcançado. O primeiro passo para definir o valor desse ativo é saber se ele está realmente ativo (comprando). Como a Ale, que considera cliente aquele que compra semanalmente. Se isso deixa de acontecer, o sistema emite um alerta.

---

[10] Entrevista publicada na revista *Consumidor Moderno*, edição 199, fevereiro de 2015.

Se o CEO entendeu o cliente, então já tem condições de visualizar os canais necessários para chegar até ele, e vice-versa. Essa cronologia durante a definição da estratégia é importante porque a maioria das empresas cria canais antes de organizar os mercados e prioridades. E isso é um risco grande, considerando que um erro aí se torna demasiado caro para corrigir posteriormente.

Um dado que apoia essa preocupação é que boa parte dos CEOs entrevistados indica como virtude da empresa a capacidade de atender e se relacionar com o cliente. Em segundo lugar, indicou a plataforma e infraestrutura que suporta esse relacionamento.

Mesmo assim, elas também indicaram que estão preocupadas com itens como medo de errar, consolidação de cultura, adequar estrutura ao crescimento, eficiência (script, prontidão, atendimento, disponibilidade), falta de um sistema integrado para identificar cliente, falta de sensação de pertencimento por parte do colaborador, falta de flexibilidade nos processos e entrega ineficiente do parceiro ou intermediário.

É claro que as empresas entrevistadas para este livro são em sua maioria parte da elite no que se refere ao relacionamento com o cliente. Entretanto, diante desses contrastes, é válido questionar: que qualidade de atendimento pode ser garantida se as empresas estão cientes que falham ou precisam aperfeiçoar estes itens?

Uma das principais razões para esse paradoxo é a dimensão continental e a população do Brasil. Poucas características definem tão bem nosso país como o tamanho do território e a oportunidade do mercado de 204 milhões de habitantes. E poucas empresas atendem a todo esse mercado. Às outras resta a chance de crescer e o desafio de atender.

Uma rara exceção são os Correios, que o fazem colocando 57 mil carteiros nas ruas todos os dias. A rede de agências cobre todo o país e interage diariamente com milhões de clientes. Sem contar que o site é o segundo endereço virtual de correio mais visitado do mundo.

Entretanto, na maioria dos casos, as empresas lutam para estarem presentes. Uma marca de varejo como a Hering o faz oferecendo o produto por meio da rede de franquias, nas lojas próprias, em varejos multimarcas e na web. A preocupação do CEO Fábio Hering é estar em todos os canais e ter a segurança de sempre ser uma opção de compra para o consumidor.

Outra opção do varejo é oferecer uma abrangência maior de produtos e aproveitar cada parada do consumidor, como no caso da Ipiranga, que oferece na rede de postos serviços e facilidades. Se vai ao site da rede, pode comprar créditos de combustível para abastecer no posto de acordo com a conveniência, trocar os pontos do programa de fidelidade "Km de Vantagens" por produtos e serviços, participar do leilão virtual do programa, fazer compras no Ipirangashop.com, Shopvinhos.com, aproveitar os benefícios da parceria com o Peixe Urbano, solicitar os Cartões Ipiranga, entre outros.

A LEI NATURAL DO CLIENTE

Nessa mesma linha, fica fácil entender por que os bancos não consideram, pelo menos no médio prazo, diminuir o número de agências. Como Setúbal lembra, "A agência vai continuar existindo". O cliente ainda vai precisar dela durante muito tempo para, por exemplo, abrir a conta. A agência é fundamental nessa captura, até porque o cliente tem de ir até lá para se identificar, uma série de processos que ainda não são viáveis via internet ou correio, ao menos de maneira satisfatória para evitar a fraude. Portanto, ela continua, mesmo que gradualmente perca o espaço relativo que tem no relacionamento com o cliente.

No movimento oposto ao de ampliar a oferta para captura e contato, também é necessário concentrar e organizar a informação relativa ao cliente. Após se deparar com um alto volume de acessos e enfrentar a expectativa do consumidor de ter velocidade nas respostas, Michel Levy, ex-CEO da Microsoft, percebeu a necessidade de reorganizar os processos de atendimento. Primeiro para identificar o que pode e deve ser respondido imediatamente e o que pode ser encaminhado a outros canais. Um modelo de prioridade foi desenvolvido, criando regras para identificar oportunidades, priorizar e responder a cada demanda assim que é recebida.

A American Airlines precisou centralizar o atendimento ao cliente para ter uma visão única. Antes, os departamentos não se comunicavam e tentavam resolver da maneira mais rápida possível para o cliente. Então davam, por exemplo, US$ 200 de crédito *travel voucher*. Outra área em Dallas mandava mais US$ 200 de crédito. No aeroporto do Galeão, outro funcionário concedia US$ 300 de crédito, e assim por diante. Em algumas situações, o cliente saía com US$ 900, US$ 1.000 de crédito. No final da década passada, foi montada uma área única de atendimento ligada diretamente ao CEO, e o problema foi corrigido.

Com uma estratégia unificada e de posse do conhecimento de como fazer tal triagem, a etapa seguinte busca tirar vantagem de possíveis sinergias. Nas plataformas digitais, a Ale Combustíveis chegou a combinar mídias esportivas diferentes, como patrocínios em 2012 (do Botafogo, Flamengo, São Paulo, Vasco, do próprio Estádio do Engenhão, agora rebatizado como Nilton Santos) e o Rally dos Sertões. Sergio Cavalieri, CEO, relata que a estratégia potencializou o investimento, dando visibilidade à marca e trazendo milhões de acessos à homepage e aos hotsites.

De novo, somos 204 milhões, e o gigante precisa ser despertado todos os dias. E a internet é cada vez mais a ferramenta ideal para se comunicar com o gigante: um recurso de alta eficiência e custos relativos bem mais baixos. As melhores práticas derivam do relacionamento com o cliente, mas este se transforma constantemente; e as práticas seguem de perto. Em O Boticário, se o cliente usar um canal que para a empresa sai mais barato — internet, por exemplo —, ele acumula bônus para trocar por produtos ou reverter em benefícios. A Porto Seguro foi ainda mais além, desenvolvendo até mesmo apps que aprimoram a experiência e a fluidez do serviço ao cliente:

"Acompanhamos sempre as mudanças que os avanços na tecnologia e nas comunicações geram também no modo de atender ao cliente. Além dos perfis nas redes sociais, temos o Portal do Cliente (www.portoseguro.com.br/cliente); o aplicativo Porto Seguro, pelo qual é possível solicitar serviços de atendimento 24 horas, como guincho; o aplicativo Vá de Táxi; o Porto Vias [...]" elenca o CEO, Fabio Luchetti".[11]

O caminho é oferecer cada vez mais interação, uma seara na qual as empresas que vendem produtos não sólidos saíram na frente. Miguel Cícero Terra, ex-CEO da Brasilprev Seguros e Previdência, tinha a opinião de que a empresa precisa oferecer informação e relacionamento em todos os canais possíveis, mas que a base é a internet: "Isso porque [a Brasilprev] entende que precisa estar pronta para informar e atender aos clientes da forma como eles desejam e consideram convenientes, seja pelo site, por aplicativos de celulares, SMS ou outros canais".[12]

Quem tem uma rede na mão está ainda mais perto de chegar lá. Na operadora Sky, 74% dos contatos dos clientes não são mais feitos por telefone. Acontecem pelo site, pelo chat, pelas redes sociais e URA. Se a empresa está mudando, a equipe também precisa mudar e parte das melhores práticas está em compreender a vocação de cada funcionário. A empresa já os divide entre orelha (voz) e não orelha (canais virtuais). O orelha tem o perfil tradicional, suficiente para fazer o atendimento via telefone. O não orelha recebe a missão de fazer mais de um atendimento simultâneo, mas não só porque ele tem essa capacidade, e porque isso é interessante do ponto de vista do custo. Ele trabalha assim porque essa geração realmente precisa e necessita ser multitarefa. Caso contrário, fica entediada e acaba dispersando durante o atendimento. Como entende a companhia, o funcionário trabalha com quatro dimensões.

As vantagens relatadas justificam o porquê de tantas empresas se interessarem pelas redes sociais (além do modismo, claro). Sim, os CEOs falam bastante em inovar e dialogar com as gerações mais jovens. Mas o ponto central é que as redes sociais permitem uma forma direta, personalizada e barata de se comunicar com um grande mercado. Jaime Ardila, da General Motors, confirma que até agora Twitter, Facebook e YouTube são as ferramentas escolhidas para falar da marca e produtos.

Comunidades se formam, o acesso móvel se expande, e tudo isso traz oportunidades e também ameaças para a empresa. É claro que boa parte dos consumidores de maior renda ainda pertence a uma geração que está alheia ao que acontece nas redes sociais.

Mas é impossível ignorar como o consumidor vai se comportar a partir das evidências de como age a geração Y. Os millennials multitarefa, que representam um desafio e tanto para as empresas, não falam ao telefone, não veem propaganda e não

---

[11] Entrevista realizada pelos autores em julho de 2012.

[12] Entrevista realizada pelos autores em julho de 2014.

A Lei Natural do Cliente   263

olham e-mail. Dependendo de seu perfil, ficam inalcançáveis nas redes sociais. Pode parecer incrível, mas é bastante provável imaginar uma realidade na qual os sistemas e apps dos consumidores decidam se, quando e como eles terão contato com a sua empresa. Sistemas de inteligência artificial farão "a triagem" prévia, liberando o cliente de decisões sobre relacionamento com marcas e empresas.

Por tudo isso, não soa absurdo conclamar os CEOs a marcar presença nos principais canais 2.0 para se comunicar e atender ao cliente. É quando começa o exercício de mapear. E tentar compreender. A Alelo mapeia as citações que surgem nessas mídias. Procuram saber que comentário, que conotação a citação da empresa está assumindo e toma providências, se cabíveis. Mas ainda não interage com esses canais. É o próximo passo, o que diversas empresas já vêm praticando com maturidade.

Algumas empresas abrem blogs. Os Correios mantêm três blogs para interação com o mercado e com a sociedade: Blog dos Correios, Blog da Filatelia e Blog do Comércio Eletrônico. Outras marcas preferem manter páginas em redes sociais. A Ale Combustíveis começou no final da década passada e está no Twitter, YouTube, Flickr e, em especial, no Facebook, onde mais de 394 mil fãs curtem a empresa.

Umas poucas marcas fazem ambos, o que pode ser considerado a melhor prática daqui por diante. Como a Natura, que criou o blog Consultoria (www.blogconsultoria. natura.net) e usa o Twitter para divulgar produtos e ações de venda ou sustentabilidade para as consultoras. Mas é fato que a empresa atrasou em demasia a sua inserção plena no universo digital, comprometendo os seus resultados, como vimos anteriormente.

As empresas procuram acionar a área de relações públicas para criar estratégias e tentar influenciar os formadores de opinião. A Ford quer identificar quem são os consumidores advogados da marca (o Ford Connect é um exemplo). Portanto, temos aí "comunicar e atrair".

Mas é uma terceira parte desse trabalho que agita mais o mercado, dentro e fora da internet: atender ao cliente. Diversas empresas, de bancos a fabricantes de software, como a Microsoft, já perceberam que uma parcela dos consumidores elegeu a mídia social como o canal preferencial para interagir com a empresa e resolver problemas. "Meu pai visitava os clientes pessoalmente, e eu, por telefone", lembra o presidente do conselho de administração da Porto Seguro, Jayme Garfinkel. "O meu filho o faz via rede social".[13]

Relatamos como a Sky resolveu quase que sem querer um problema de um cliente que reclamou em uma rede social. E que a empresa descobriu que velocidade e informalidade eram os fatores decisivos nesse novo ambiente. Ou como o Fleury descobriu que a rede social é uma oportunidade de surpreender o cliente, mesmo quando a lei diz que a empresa está certa em uma situação em que o cliente entenda de forma diferente.

---

[13] Entrevista realizada pelos autores em 2012.

Desde então, cada vez mais empresas puseram o pé no Facebook, Twitter e outras redes e apps — Instagram e WhatsApp à frente, respondendo ali com uma rapidez muito diferente de outros canais (como quando o cliente reclama na loja ou por telefone). Reclamação na rede virou crise, e a cartilha reza que é preciso resolver. Como no caso do Bradesco, em que o mandamento é de que o cliente deve ser respondido em cinco minutos. Um perfil de clientes inclusive já tem o privilégio de contar com "gerentes digitais", que estão disponíveis por WhatsApp.

O que torna mais complexo o entendimento das redes sociais é de que ali o território é do cliente. Não é possível saber com precisão quem ele é. Inclusive, ele eventualmente pode se comportar de uma forma no Facebook, de outra no LinkedIn e ainda outra no Twitter. Cabe ao atendimento ainda mais tato do que o usual.

Os avatares confundem. Mas o importante é constatar que estratégia em redes sociais adequada é por perfil de público-cliente, e não por ambiente ou rede, porque sabemos que esses ambientes nascem e morrem todos os dias. O que será que aconteceu com todo o dinheiro que diversas marcas brasileiras colocaram em sua estratégia para o Second Life?[14] A estratégia deveria ser conversar com o público no Second Life, portanto para o público, e não para o ambiente. Ou quem iria prever há alguns anos que o Orkut seria descontinuado?[15] Ou ainda o que será do Facebook em três anos, principalmente agora que para os mais jovens ele não tem apelo. Crianças e adolescentes apreciam e interagem muito mais entre si usando a instantaneidade do Snapchat.[16]

O grande movimento que se aproxima será o de realizar transações nas redes sociais. Empresas de grandes produtos, mas de pequena escala, já fazem isso há um bom tempo. Desde a pioneira Tecnisa, que foi *early-adopter* em ferramentas hoje consideradas como pré-históricas no mundo tecnológico, como o fax e mesmo o computador e um simples site. E no final da década de 1990 inovaram ao lançar um prédio pela internet. Depois foram os primeiros a vender apartamento pelo Twitter. Mas o desafio será vender automaticamente e para milhões de clientes nesses ambientes que não foram criados para isso.

---

[14] Criado pela Linden Labs em 2003, o Second Life foi uma espécie de "metaverso" onde os "habitantes", avatares virtuais podiam criar e vender itens. O auge no Brasil foi entre 2006 e 2007, e daí em diante foi sendo abandonado. A ironia é que o Second Life foi substituído pelo Orkut, que possibilitava uma experiência de socialização mais simples e rápida.

[15] O Orkut viveu seu auge no Brasil entre 2007 e 2011, quando foi aniquilado pelo Facebook. Foi descontinuado em 2014.

[16] Jovens preferem Snapchat a Facebook. Disponível em: <http://www.meioemensagem.com.br/home/midia/noticias/2014/08/13/Snapchat-e-melhor-do-que-Facebook-diz-estudo.html>.

Um dos primeiros setores é o de companhias aéreas. Não é surpresa, afinal, é um dos setores com maior uso da internet para venda direta. Exatamente por isso, a American Airlines já registra clientes fazendo reservas via Facebook. Por sua vez, a American Express integra o programa de recompensas ao Facebook. A novidade já registrou recorde de resgate de pontos na história da empresa. O Habib's, que já divulga produtos e promoções, planeja vender nas redes sociais em um futuro próximo. Magazine Luiza já tem lojas virtuais espalhadas nas redes sociais de clientes que vendem para suas redes de relacionamento.

E futuro é, sim, algo com que os CEOs se preocupam quando tentam estabelecer as melhores práticas. E há espaço para algo que está ainda mais distante do que lidar com mídias sociais ou a geração do futuro, mas que é importante. É o conceito de sustentável, não apenas no que se refere ao meio ambiente, mas a algo mais amplo, que engloba também os aspectos socioeconômicos e culturais. Quando perguntamos especificamente "O que tira o seu sono?", nenhum deles se lembrou dessa questão. Mas está lá, inclusive citado espontaneamente por alguns dos executivos quando se tratam de desafios.

Aí colocamos em primeiro lugar as empresas que pensam em sustentabilidade porque o seu negócio está ligado diretamente ao assunto. Como a CPFL, que se preocupa com o uso descontrolado de recursos naturais exauríveis. O tema, aliado à governança, incluiu a empresa por sete anos consecutivos no Índice de Sustentabilidade Empresarial (ISE) da BM&FBovespa.

Além dessas empresas, diversos outros setores falam no assunto e até fora da esfera do meio ambiente, falando de sustentabilidade com os aspectos sociais. Pensando dessa maneira, Roberto Setúbal, do Itaú-Unibanco, considera que o ponto forte do banco é justamente o conceito sustentável. Para ele, sustentabilidade é ter uma política dentro do banco que seja sustentável ao longo do tempo. É o dilema bastante discutido anteriormente entre o acionista que busca retorno no curto prazo, no trimestre, e aquele que busca a perenidade do lucro e da empresa. Sustentabilidade, portanto, como lente corporativa para a tomada de decisão no dia a dia, tem tudo a ver com clientes. E vice-versa, pois o ponto essencial de cruzamento é a visão de longevidade da companhia e o que se pode chamar de *long term sustainable value*. Sim, o cliente é também o principal responsável por esse que será o principal parâmetro gerencial para as empresas nos próximos anos.

Uma forma interessante de abordar a questão é a dada por Meyer Nigri, presidente da Tecnisa: "O que é justo? Na hora de decidir se vamos gastar ou não, se vai favorecer ali ou aqui, geralmente os interesses são alinhados. Mas se em algum momento tem alguma decisão a fazer, é o que é justo que prevalece". Nigri está em posição de arbitrar porque ele mesmo, como Setúbal, também é acionista. Não ganha salário, não tem opções de ações, nem carro, motorista, nem mesmo celular da empresa. Só ganha quando a empresa tem lucro. Assim, quando ele decide em prol do cliente, os acionistas sabem que é também pensando na empresa. E no retorno deles mesmos no longo prazo.

Dentro desse contexto, ser sustentável significa ser bom para o cliente e bom para a empresa também, o que obviamente significa ser bom para o acionista. Se não for ou bom para o cliente ou bom para a empresa, o relacionamento acaba terminando em algum momento. Se não for para a empresa, ela vai à falência ou é comprada. Se não for bom para o cliente, é ele quem muda de preferência, em geral em situação de litígio, desilusão ou nervosismo. Portanto, para CEOs como Setúbal e diversos outros sábios líderes de visão, não há dilema. É justamente esse pragmatismo que fundamenta "a lei natural do cliente". E que permite que as empresas reconheçam que devem ser, de fato e por razão de existir, feitas para o cliente.

Ou, indo um pouco além, "a lei natural do cliente" é o resultado de um processo evolutivo, no qual o cliente deixou de ser destino, fim e objetivo das empresas para ser a parte mais característica de seu DNA. Neste novo mundo que surpreende e desconforta dia após dia, as empresas mais aptas são aquelas que entendem que o cliente condiciona sua atividade, sua marca, seu produto, seu serviço, seu resultado. O cliente é, enfim, o fluido vital que dá a cada empresa, grande ou pequena, nova ou tradicional, o seu direito à existência. O que dá às empresas o direito de crescer e se multiplicar é a consciência de que o cliente está em seu DNA.

"A geração Y tem um apego menor à marca. Acho que ela é mais suscetível a ser influenciada por uma marca nova. Acho que as relações são mais frágeis, a percepção da marca, com certeza, é mais frágil."

Thomaz Cabral de Menezes
presidente da SulAmérica, em entrevista realizada pelos autores em 2012

Capítulo 12

Sim, Foram Feitos um para o Outro

Você, leitor, que percorreu todos os capítulos deste livro, pôde perceber os paradoxos que envolvem a delicada relação das empresas com sua razão de ser e de deixar de ser: o cliente.

Todo esse processo e o que envolve a gestão de clientes pelas empresas convergem sempre para um ponto crucial: afinal, ser orientado ao cliente dá lucro?

Essa é, contudo, a pergunta errada. Aliás, é justamente por causa desse equívoco que o entendimento da relevância do cliente tornou-se refém de preconceitos e mistificações. Não temos a intenção de relativizar o lucro, mas é necessário entender a dimensão essencial, vital e poderosa que o lucro ganhou em nossos tempos imediatos. Nenhuma empresa tem o direito de sobreviver sem lucro. O saudoso comandante Rolim sempre dizia que o primeiro mandamento da TAM era o lucro. Gerar excedente é vital para qualquer organismo manter-se vivo. O excedente é necessário para suportar os tempos duros e para ajudar o organismo a se reinventar diante do ambiente hostil (competitivo). O lucro é também um prêmio pelo risco do empreendedor. Mas o lucro provém da interação das empresas com as comunidades e o ambiente, e não apenas com os consumidores. Ignorar essa premissa é, isso sim, relativizar. Empresas não são organismos autóctones, capazes de gerar a seiva que assegure o próprio sustento. Matérias-primas, gente, cadeias de valor, conhecimento, tecnologias, espaço e impactos gerados pela atividade fazem parte de um ecossistema que permite à empresa, sendo hábil, competente e íntegra, gerar o seu lucro.

Logo, nesse *trade off*, a empresa precisa entender que o seu lucro também deve estar baseado em um propósito, sua visão, sua missão e o que ela entrega como valor (produto/serviço + dimensões/impressões sensoriais e valorativas) aos consumidores e à sociedade.

Por esse prisma é fácil perceber que clientes e lucros andam lado a lado. Sempre andaram. A empresa nasceu orientada para servir e ofertar a clientes e atendê-los. Daí procurou entender, atender, valorizar, gerenciar, manter, segmentar, diversificar, fidelizar, reter e aumentar o valor entregue aos seus clientes. O cliente, por sua vez, ganhou cada vez mais poder, e cada vez mais instrumentos para exercer seu poder de julgar se esse tal valor é valioso mesmo ou não. Hoje o cliente reconhece, valoriza e defende as empresas que estão mudando a forma de fazer negócios. Empresas como Warby Parker, Whole Foods, Patagonia, Tom Shoes, Apple, Itaú-Unibanco, Everlane, T2, Under Armour, Starbucks, Tecnisa, Basf, Unilever, O Boticário, Google e muitas outras existem para fazer diferença na vida das pessoas e para serem agentes da mudança.

Uma sociedade realmente democrática dá espaço e tem orgulho de empresas capazes de fazer o bem e gerarem valor para seus acionistas enquanto inovam e oferecem valor para os consumidores, com impacto social, cultural e econômico positivo.

Por isso, entendemos que clientes e resultados, clientes e valor, são irmãos siameses, desde que tratados com a mesma importância. O argumento fácil de que não existem empresas sem clientes (como não existem clientes sem empresas!) não cabe aqui. Essa é a premissa. Mas o difícil é entender a empresa como instrumento, como meio, como tecnologia, e não como fim em si próprio. O conceito é elegante, e pegamos a inspiração de Clemente Nóbrega: "empresas são tecnologias". Tecnologias particulares, nas quais se juntam pessoas, com interesses mais alinhados e menos alinhados, para atingir objetivos que não são estipulados pelas pessoas como um todo, mas pelos acionistas ou empreendedores, que são verificados e materializados quando o cliente decide transacionar, aderir à causa, aceitar a proposta de valor, se relacionar com a empresa. Em outras palavras: permite a ele existir como agente econômico saudável. Assim, a questão é cultural, mas também econômica.

Construir uma empresa *feita para o cliente* significa "engenheirar", desenhar uma cultura na qual as pessoas, os processos e os valores sejam orientados a um objetivo: conseguir os resultados tendo como foco atender, servir, encantar, satisfazer, entregar valor superior ao cliente. E, mais do que isso, empreender um esforço contínuo, incessante, intenso e brutal, no sentido de manter-se *relevante* para o cliente ao longo do tempo, mais que os concorrentes, antecipando o que nem mesmo o cliente sabe que pode vir a querer ou precisar. Duro, mas é o atalho mais seguro para a sobrevivência e evolução da espécie corporativa.

O cemitério corporativo está repleto de empresas que procuraram entender e atender aos clientes e com excelência. Nassim Taleb fala disso em seus livros *O cisne negro* e *Iludidos pelo acaso*. Mas por que fracassaram? E, se fracassaram, isso não contradiz a premissa deste livro? A eficiência do argumento não está em simplesmente desenhar e gerir uma empresa orientada ou feita para o cliente. Está em permanecer relevante para o cliente por toda a vida da empresa, a partir do que o cliente entende por relevante. E ir além, ser relevante para a sociedade e para o mundo. "Deixar uma marquinha no Universo", como almejava Steve Jobs, não é apenas um devaneio hippie. É uma ambição justa para cada empresa e para cada executivo. E é também uma forma de se conectar com o seu cliente. Esse mesmo cliente que aprendeu o quanto é bom estar conectado, obter informações em tempo real, viver cada segundo como seu fosse o último. Esse mesmo cliente que quer ver na empresa uma aliada na busca de fazer do consumo um meio para o exercício do próprio potencial.

É para esse cliente impaciente, veloz, intenso e dinâmico que as empresas de hoje precisam trabalhar. Razão (e emoção) pela qual as empresas hoje precisam viver de modo mais acelerado. É o jargão comum: "Nunca o mundo mudou tão rapidamente". Por que em nenhum outro momento histórico o cliente teve tantos instrumentos para acelerar a própria evolução. O negócio agora (de qualquer negócio) é correr atrás. Se o cliente desgarrar na dianteira, a empresa é tragada e pode seguir em um de dois caminhos: ir para o cemitério corporativo ou então vagar como um zumbi, como uma entidade a viver de modo vegetativo.

Porque é ele, o cliente, em última instância, quem atribui valor ao que fazem as empresas (produtos, serviços, soluções, inovações) e ao que são as empresas (credos, visão, posturas, atitudes, simbologias). E, como vimos, valor é algo de fora para dentro, do stakeholder para a empresa, precificado pelo outro e, portanto, fruto de percepção. Ora, leitor, como se gera percepção positiva, que constrói valor e habilita resultados incríveis, sem comunicação ou *branding*, sem relacionamento ou colaboração, sem justiça e transparência nas transações de bons produtos e serviços? É tudo relacional, porque são organizações humanas interagindo com seres humanos. A nova jornada do cliente não se consuma na dimensão transacional, mas, sim, na relacional. A evolução de meios de pagamento, de como o cliente pode adquirir produtos ou serviços, já fez "desaparecer" o ato de pagar. É possível programar pagamentos por meio de apps, definindo um perfil de consumo. Em contato com a empresa — via app, cartaz na rua, na loja ou na loja digital — o cliente pode autorizar o pagamento e ainda escolher como quer receber (ou retirar) o produto: na loja, em casa, no restaurante.

Esse é o desafio eterno da tecnologia chamada empresa: ser relevante, de fora para dentro, à luz dos olhos teus, cliente, em cada etapa da jornada delineada em cada ponto de contato, a cada momento. E ser relevante condiciona a empresa a buscar a qualidade e a melhoria contínua diariamente, porque precisa se fortalecer a si e a sua marca, e a inovação constante. Porque precisa sobreviver e evoluir! Sem a busca pela inovação, o caminho é o ocaso, a perda do encanto, do valor, do apreço e, por fim, a morte, seja por encomenda (via incorporação), seja por natural (a empresa "perde" seu direito de existir por falência múltipla dos órgãos).

Na busca pela inovação, por princípio, a empresa precisa estar na "pele do cliente". Porque inovar é se diferenciar da concorrência, mas com *fit* no mundo real de necessidades e expectativas do cliente. Porque inovação sem *fit* é experiência, e empresas precisam gerar lucros reais.

Se hoje você assiste à Apple ser a maior empresa do mundo por valor de mercado –em competição acirrada com o Google, à base de mais de US$ 550 bilhões, — entre entusiasmo e inveja, deve se perguntar: como uma empresa que não investe "um centavo" em pesquisa de mercado, em *focus group*, que é fechada e controla a informação com mão de ferro, consegue ser tão bem quista e admirada pelos consumidores e mesmo pelos não consumidores (respeito e aspiração se confundem aqui)? Porque a Apple é orientada ao cliente, culturalmente. Em seu DNA há a valorização do design funcional, do design de serviços, do design *thinking*. Cada lançamento da Apple representa o triunfo do conceito de produto como avatar de serviços. O iPod veio junto com o iTunes. O iPhone veio junto com o ecossistema de aplicativos. O iPad veio junto com os apps e a Apple TV. A Apple Store veio com uma arquitetura aberta, repleta de vendedores, Wi-Fi aberto, banheiros impecáveis e produtos disponíveis para uso à vontade. O Apple Watch chegou junto com o Apple Pay e com o conceito de *health care*. E o Apple Pay já mostra resultados espantosos em aumento do valor médio e da frequência de compra. Cada produto, cada mensagem, cada desenho, cada função foi e é pensado meticulosamente, religiosamente, para criar no cliente a sensação de "algo além". É natural e está em tudo que eles pensam em desenvolver, planejam fazer, ousam lançar. O produto é amigável, bonito, delgado, sutil. É feito... para o cliente! Sem mais, sem menos. Porque todo o esforço da Apple não visa a pensar no cliente no "pós-venda", mas desde o "pré-venda" e, fundamentalmente, durante o uso. Perceba: criar a experiência e pensar no cliente andando sempre lado a lado, em todas as etapas. A Apple presta um grande serviço — é possível ver tantas pessoas de vermelho em suas lojas quanto clientes! — e, por isso, não se dedica a atender bem. Quem é feita para o cliente não "atende". Está a serviço.

Obviamente recriar ou copiar essa experiência da Apple é impossível. Está no DNA dela e não pode ser transplantado para outra organização. Porém, pensar em cada oferta, em cada função, em cada produto, em cada serviço, no sentido de se criar valor para o cliente, a partir do cliente e para dentro da empresa, mobilizando cada área, departamento e função, cada colaborador para que entendam por que fazem o que fazem poderá minimizar o risco da empresa e, por decorrência, impulsioná-la rumo a novos mercados e oportunidades, na trilha de uma empresa melhor e mais útil. Afinal, se você deixasse de existir como empresa, se sua marca sumisse nesta madrugada, amanhã, como acordaria o mundo? E seus clientes? Que efeito prático teria? Nenhum? Uma correria para encontrar um novo fornecedor igual a você (a simples troca de quem me supre o *job to be done*), ou haveria comoção, angústia, surpresa, saudade, tristeza, memórias positivas, senso insubstituível de perda? O que aconteceria? Seja sincero com você mesmo.

O nosso propósito aqui não é o de exortar empresas e leitores para que sigam fanáticos os conceitos e as estratégias *customer oriented* e que isso as levaria para o nirvana da perenidade e dos resultados espetaculares. Para algumas, que têm obrigação mercadológica ou oportunidade diferencial, certamente. Mas não para todas, porque depende do setor, do produto, do tipo de cliente... falamos disso por todo o livro. Tampouco foi reeditar o famoso mantra dos anos 1990 — o cliente-rei (esse folgado especialista em quebrar empresas), ou mesmo criticar Jim Collins por criticar.

Também não foi, com certeza, conduzir uma série de entrevistas e mostrar como empresas excelentes fazem coisas ótimas, medianas e ruins, ou como empresas medianas fazem coisas ótimas pontualmente. Nada disso garante sobrevivência de longo prazo — *long term sustainable value*. Não acreditamos em receitas mágicas, médias setoriais ou rankings comparativos em períodos de tempo escolhidos a dedo como réguas definitivas. Eles são só o que são: fotografias. Veja, questione, aprenda, apreenda e jogue fora o que não for relevante. São só meios para organizar o raciocínio. Idem para as tendências. Certamente a grande maioria das que acreditamos e detalhamos no livro se tornará *mainstream*. Acreditamos nisso, mas, para nossa infelicidade, nem todas virarão. Novamente leia, exercite a cenarização crítica e fique com o que aprouver.

Ao contrário, nosso objetivo foi simplesmente comprovar a tese de que, mesmo não sendo rei em muitos casos, o cliente é o *principal ativo das empresas*. Ao mesmo tempo — e, de certa forma paradoxal —, quisemos propor a você a ideia de que o papel da empresa não é maximizar o valor para o cliente, ou para o acionista, mas *otimizar e balancear a equação de valor* entre ambos, ao longo do tempo. E isso, apesar de contraditório, é lógico, porque ao alinhar o interesse da empresa (e, claro, dos funcionários e da alta gestão) com o interesse do cliente, a empresa aumenta seu potencial imediato de geração de resultados e seu potencial futuro de maior geração e proteção de valor. Incrível como a matemática aqui é estranha e a cadeia de precedências, em aparente inequação, se resolve com a lógica teimosa dos fatos. Interessante como as coisas não precisam ser complexas para serem espetaculares. Mas a matemática não é só aquela dos números cartesianos. É aquela das equações complexas, das funções, das matrizes e dos determinantes, das probabilidades e das estatísticas que nos ajudam a moldar e compreender o mundo e, inclusive, desvendar enigmas.

A bem da verdade, procuramos mostrar que as condições de crescimento e resiliência das empresas aumentam quando elas não perdem o foco do cliente. E que se elas tiverem o foco no cliente, provavelmente os clientes terão maior foco nelas — veja bem, a palavra maior aqui relativiza o compromisso do cliente, mas é assim mesmo, porque, lembre-se, lealdade e fidelidade são objetivos aspiracionais... mas o objetivo real mesmo é a preferência do cliente, e esta presume aceitar e conviver com alguma traição.

Esse compromisso, essa profissão de fé de foco no cliente, obriga a empresa a ser inteligente, diferente da concorrência, mas consistente consigo mesma. Como salvaguarda, consegue também criar reputação, conciliando imagem e credibilidade. Alimenta a capacidade de recomendação e de admiração dos clientes e consumidores, proporciona experiências positivas e ganha respeitabilidade para discutir o marco legal do seu setor e o futuro por vir.

Esse roteiro não é o retrato de uma jornada sem percalços e sem frustrações. Uma empresa não se constrói apenas com sucessos. Mas com derrotas, críticas, queixas e clientes insatisfeitos. Esse é o roteiro de empresas mais preparadas para crescer e para durar. Na nossa avaliação, o *missing point* em toda interessante, mas incompleta, análise de Jim Collins em seus dois *best sellers*: seu erro de foco. Neste mundo sem referências, no qual mudança é padrão, colocar a busca pela satisfação, pela conquista e reconquista permanente dos clientes é estar em sintonia com a busca pelos resultados que garantem o direito da empresa continuar existindo pelo máximo de tempo que seu ecossistema permitir.

O inefável executivo está rendido. Definitivamente ele sabe que a sua empresa precisa mudar. Sua apresentação para o board não será uma fileira de números e projeções de vendas, mas sim um retrato sincero de onde, como e por que a empresa falha com seus clientes. A empresa foi lenta em acompanhar a evolução do consumidor, negligenciou a velocidade do cliente impulsionada pelo smartphone, pelo 3G, pelo 4G, pelo Wi-Fi, que começa a ganhar onipresença em muitas regiões do país. Apps, novos modelos de negócio, recomendações, redes, contatos por redes sociais, um mar de informações estava jorrando nos bancos de dados da empresa sem qualquer análise. Dados que poderiam fornecer indicadores muito mais precisos de um cenário de mudanças. A empresa ainda era querida, mas havia frustração no ar. "Como ela se deixou ficar para trás?" Essa pergunta martelava a cabeça do nosso executivo. "Como a empresa não enxergou essa mudança? Será que a empresa não percebe que eu, cliente, não sou mais assim?" Nosso executivo recorreu à história corporativa e relembrou o caso da DuPont, nos idos de 1920. Na época, um subcomitê gerencial ousou dizer ao *board* da companhia que conseguira multiplicar às dúzias o faturamento entre 1914 e 1917. Suas ações, que valiam US$ 8,00 em 1914, eram cotadas a US$ 82,00 apenas um ano depois. Pois bem, o que poderia estar errado com essa potência química seis anos depois? Mais: o que poderia estar tão errado a ponto de um bando de executivos juvenis recomendar uma mudança organizacional profunda? Em 1920, como agora, em 2016, mudanças disruptivas e a opção necessária por novos mercados obrigou a DuPont a se reinventar. Crescendo no esteio da Primeira Grande Guerra, a DuPont não tinha mais esse fato para impulsionar seus negócios. Ela vendia pólvora. E pólvora era artigo de primeira necessidade em uma época dominada por uma sangrenta guerra de trincheiras. Mas com o armistício de 1919, a DuPont viu-se diante da necessidade de abordar um novo mercado. O nosso executivo viu que a opção foi direcionar os esforços para o mercado de tintas. E, exatamente como acontece hoje no mercado de e-commerce, quanto mais tinta a DuPont vendia, mais dinheiro perdia. Por isso, os executivos ousaram dizer que o problema era organizacional. Uma empresa orientada à venda de pólvora para exércitos, com um grande cliente — o governo —, tinha de reaprender a lidar com o outro cliente — o consumidor. Não sem alguma resistência, por meios informais, mas a mudança prevaleceu. A DuPont percebeu que se não fosse orientada ao cliente, pereceria no rastro da própria pólvora.[1]

Nosso executivo não se rendeu à negação e tudo faria para que a empresa não negasse a maior das evidências. A verdadeira empresa feita para competir, para inovar, para vencer e para durar é a empresa feita para o cliente.

A DuPont existe (e continua grande, forte, saudável e inovadora) desde 1802. E surpreendeu o mundo nos últimos dias de 2015 ao anunciar uma fusão com a Dow Química[2]: reinventar é preciso. Sempre. Mesmo uma gigante B2B sabe que seu cliente muda sem aviso prévio.

A história de nosso executivo, contada ao longo deste livro, tinha um fim previsível. Mas será tão previsível assim a ponto de se reproduzir na sua empresa?

Fazemos esta pergunta como uma provocação. Se conseguirmos que, ao final deste livro, você, leitor, deixe de enxergar o cliente como custo e deixe de se perguntar se investir nele traz retorno, já teremos conseguido um grande feito. Mas se você se convencer de que a pergunta certa é: "Como fazer clientes e resultados andarem juntos pelo bem do negócio e de todos os stakeholders envolvidos?", você estará a meio caminho de fazer uma empresa de sucesso, que certamente terá maiores chances de vencer, durar e perdurar.

A outra metade do caminho é por sua conta.

---

[1] TEDLOW, Richard. *Miopia corporativa*: como a negação de fatos evidentes impede a tomada das melhores decisões e o que fazer a respeito. HSM Editora, 2013, cap. 9.

[2] Dow Chemical e DuPont anunciam fusão e criam grupo de US$ 130 bi. Disponível em: <http://g1.globo.com/economia/negocios/noticia/2015/12/dow-chemical-e-dupont-anunciam-fusao-e-criam-grupo-de-us-130-bi.html>.

Anexo

Pesquisa "Empresas feitas para o cliente 2014" — DOM Strategy Partners e Consumidor Moderno

1. **Quem é o cliente para a empresa e quais as prioridades entre eles (diversos segmentos, tipos e naturezas)?**

   - Para 82% dos entrevistados, o consumidor, usuário ou cliente final é o cliente mais importante.

   - Das empresas dependentes de intermediários, como seguradoras e empresas com força de vendas porta a porta, 87% apontaram igualdade de pesos entre o cliente direto (intermediários, revendedores, distribuidores, corretores...) e o consumidor/usuário final.

   - O acionista é o principal cliente para 9% das empresas. Já para 13% delas, está em pé de igualdade com os clientes finais

   - Para 3% empresas, o funcionário é o principal cliente.

2. **A empresa mensura o valor econômico do cliente (objetivos estratégicos, prioridade, réguas, indicadores, métricas etc.)?**

   - 72% das empresas entrevistadas dizem ter objetivos claros para o cliente em termos de planejamento estratégico.

   - 58% utilizam o *balanced scorecard* como instrumento de gestão estratégica, associando indicadores a essas metas.

   - Somente 6% das empresas atualmente mensura o valor econômico do cliente em relação ao valor da empresa (valor de mercado para companhias abertas ou *valuation* para fechadas). Nitidamente ainda não há cultura e prontidão para que se gerenciem os clientes como ativo de valor

   - Entretanto, 33% dos entrevistados informam dispor ou estar em processo de desenvolvimento de modelos de quantificação do valor financeiro do cliente (sua capacidade potencial de consumir, comprar produtos, transacionar, gerar caixa para a empresa). Esse percentual cresce para 63% quando isolamos bancos, seguradoras e operadoras de telefonia e TV a cabo.

3. **QUAIS OS CRITÉRIOS ADOTADOS PARA DEFINIR AS PRIORIDADES ENTRE CLIENTES E ACIONISTAS?**

- 82% delas não formalizaram os critérios para justificativa de priorização dos clientes ou dos acionistas.
- 68% admitem ser esse um ponto falho, gerenciado na inércia da relação pré-acordada com os acionistas.
- 41% atestam ser um processo quase que inerte — parte da cultura da empresa — de saber a hora e o tema para priorizar o cliente ou o acionista.

4. **HÁ COBRANÇAS FORMAIS POR PARTE DOS ACIONISTAS EM TERMOS DE MENSURAÇÃO DA GERAÇÃO E GESTÃO DO VALOR DO CLIENTE?**

- Para 77% dos entrevistados, os acionistas cobram resultados financeiros e o cliente aparece como parte dessa equação.
- 14% afirmaram ser o cliente o tema central de tratamento com os acionistas quando se discutem resultados.
- 57% dos entrevistados afirmam que o acionista igualmente prioriza a longevidade juntamente com os resultados, mas a cobrança prática se concentra mais no atingimento das metas pactuadas; portanto, entrega de resultados.
- 51% dos entrevistados enxerga a aproximação de um cenário em que esse tipo de cobrança será mais comum e regular.
- Somente 38% dos entrevistados acredita que, no curto prazo, os indicadores ligados aos clientes (exceto receitas) devem compor seu conjunto de metas contratadas para cada período. Quando sugestionados a detalhar qual seria o principal indicador agregado, 43% indicaram NPS e satisfação dos clientes e 18% retenção ou churn.

5. **HÁ TRATAMENTO E GESTÃO DO CLIENTE COMO ATIVO? A EMPRESA DISPÕE DE POLÍTICAS, MECANISMOS, PRINCÍPIOS E PRÁTICAS PARA TAL?**

- Apenas 24% dos CEOs entrevistados afirmam estar desenvolvendo mecanismos ligados à gestão do cliente como ativo de valor.
- Para 57%, é fundamental que esse processo se desdobre rapidamente.
- 79% enxergam benefícios em integrar esses mecanismos aos parâmetros da governança corporativa.
- 83% atestam que comunicar essas políticas, princípios e práticas, tanto internamente como para fora da empresa, pode ser interessante.

Pesquisa "Empresas feitas para o cliente 2014"

6. Há "dono ou donos" do cliente na empresa? É claro o modelo de governança do cliente na empresa (diretrizes, políticas, instrumentos e alçadas)? Como estão a estrutura de áreas, papéis e responsabilidades?

- Para 41% dos entrevistados, o cliente não tem dono, porque o dono são todos os colaboradores.

- 18% disseram ser ele mesmo, o CEO, o dono do cliente em suas empresas. Uma empresa citou ser o acionista.

- 34% afirmam ser o marketing a área dona do cliente no geral. Quando a quebra foi para atração, comunicação e afins (portanto, para não clientes, targets, ex-clientes etc.), 89% das empresas associaram essa convocatória à área de marketing.

- São poucas empresas que possuem uma área específica chamada clientes: apenas 14%.

- 67% dos entrevistados afirmam que a área de operações concentra a gestão dos clientes nas funções de atendimento (principalmente SAC).

- Das empresas em que estão organizadas separadamente, 38% avaliam integrar vendas e marketing, enquanto das que já estão, 36% avaliam separá-las. Para 98%, a colaboração entre ambas é fundamental.

- 32% das empresas avalia alocar ou transferir a gestão de clientes à área ou estrutura de serviços compartilhados (*shared services*).

7. Quais são os pontos fortes e fracos no processo de abordagem, atendimento e relacionamento com clientes (ações de comunicação, vendas e relacionamento [CVR], CRM, customer intelligence, ciclo de vida do cliente, entre outros)? Como avalia as inovações implementadas e em curso? Quais os diferenciais reais percebidos?

- 76% das empresas apontam a questão de infraestrutura para o relacionamento como ponto de maior atenção. Incluem-se aqui CRM, BI, SAC, Big Data e Cloud, dentre outros sistemas, tecnologias e processos.

- Para 89%, o maior desafio será integrar e unificar os multicanais em curto espaço de tempo.

- 68% dos entrevistados apontam dispor de uma solução de CRM adequada, mas somente para 22% esta é o que dela se esperava.

- 93% dos CEOs apontam o compromisso de manter e/ou aumentar a verba de investimento para essas questões de relacionamento com clientes nos próximos três anos.

- A questão da inovação ainda é um tabu importante. Muitos CEOs citaram questões normais de mercado, como a atuação em redes sociais, Big Data ou integração de forças de vendas de campo via smartphone, como inovações importantes. Podem ser inovações para essas empresas, mas não são inovações no conceito integral da palavra. Somente 21% afirmam ter verbas e investimentos reservados para este fim.

280   FEITAS PARA O CLIENTE

8. QUAIS AS FORMAS ADOTADAS PARA DISCRIMINAR, CONTABILIZAR E/OU REPORTAR O VALOR ASSOCIADO/GERADO PELOS PROCESSOS, PRÁTICAS E PROGRAMAS DE RELACIONAMENTO DA EMPRESA COM OS CLIENTES, E PARA QUAIS STAKEHOLDERS?

- Para a grande maioria dos entrevistados — 86% — esse fluxo está integrado à gestão operacional das áreas que trabalham com os diversos processos, programas, produtos, serviços, canais e conteúdos para os clientes.

- Então não há visão integrada da representatividade do elemento cliente para essas questões, mas uma quebra específica dos elementos associados a uma ou outra área.

- Também para a maioria, 68%, os indicadores em geral são indicadores de custos, tempo, produtividade e performance.

9. QUAIS AS ESTRATÉGIAS, PROJETOS, INICIATIVAS FOCADAS NO CLIENTE E IMPLEMENTADAS NOS ÚLTIMOS TRÊS ANOS E AS PLANEJADAS PARA OS PRÓXIMOS TRÊS ANOS?

Este item é objeto de sigilo, por razões óbvias. Entretanto, as priorizações de investimentos se comportam, na média, da seguinte forma:

- 89% em multicanalidade e cross-canalidade.

- 71% em mundo digital e móbile.

- 67% em melhoria dos processos e fluxos de serviço e atendimento (qualidade).

- 69% programas de fidelidade.

- 57% em inteligência do cliente.

- 52% em a CRM.

- 49% treinamento e capacitação dos colaboradores ligados diretamente aos clientes.

- 30% em programas e ações de satisfação dos clientes.

- 24% em mensuração de valor e governança do cliente.

10. DENTRO DA CADEIA DE STAKEHOLDERS, COMO SE DÁ A CADÊNCIA DE PRIORIDADES POR ORDEM DE IMPORTÂNCIA ENTRE CLIENTES, COLABORADORES E ACIONISTAS (ORÇAMENTOS, PRÁTICAS, PROJETOS, PROGRAMAS...)?

- Para as empresas entrevistadas, os clientes concentram 52% das prioridades, enquanto os funcionários garantem 37% e os acionistas representam 11%.

PESQUISA "EMPRESAS FEITAS PARA O CLIENTE 2014"

11. **EXISTEM PRERROGATIVAS, PRIVILÉGIOS E/OU RECONHECIMENTO DAS ÁREAS QUE LIDAM COM CLIENTES, TAIS COMO CLIENTES, VENDAS, MARKETING E OPERAÇÕES, ENTRE OUTRAS?**

   - 61% dos CEOs afirmam não haver privilégios para as áreas que tratam diretamente com os-clientes.
   - Para 29% dos entrevistados, o marketing goza de flexibilidade maior.
   - 78% afirmam ter implementado programas internos de recompensa para essas áreas, frente às metas definidas por período.

12. **QUAL É O ALCANCE E A AUTONOMIA DA GESTÃO DE CLIENTES NO DIA A DIA COM A PRESIDÊNCIA E COM OS CLIENTES, EM TERMOS DE INVESTIMENTOS, PROGRAMAS, PROCESSOS DE TREINAMENTO E CAPACITAÇÃO DE FUNCIONÁRIOS E TERCEIROS, REPRESENTANTES, DISTRIBUIDORES, INTERMEDIÁRIOS E DEMAIS CANAIS?**

   - 46% dos CEOs entende que o nível de autonomia na ponta é ideal. 52% entendem que não.
   - 76% afirmam intencionar investir em modelos capazes de aumentar a autonomia na ponta, trazendo agilidade, porém sem concessões a quebra de regras e questões de segurança.

13. **QUAL É A ALÇADA DA GESTÃO DE CLIENTES NOS INVESTIMENTOS E ABORDAGENS DE MARKETING, RELACIONAMENTO E VENDAS?**

   - 81% dos entrevistados aprovam as alçadas centrais de volume de investimento anual.
   - 67% revisam e validam os principais projetos e focos dos investimentos no período.
   - 27% alegam dar alçada total para as áreas de gestão de clientes.
   - 32% programam reduzir a alçada das áreas de marketing.
   - 59% consideram fundamental se desenvolver e/ou fortalecer os códigos de conduta e compliance interna para que a liberação de alçadas seja efetiva.

14. **QUAL A VISÃO DA EMPRESA SOBRE PLATAFORMAS DIGITAIS, MÓVEIS E COLABORATIVAS DE RELACIONAMENTO E O SEU IMPACTO FUTURO NOS NEGÓCIOS?**

   - 86% entendem que o relacionamento com os clientes se concentrará cada vez mais na web e em canais digitais.
   - 63% dizem pretender aumentar a priorização das redes sociais como canal de atendimento e comunicação.

282 FEITAS PARA O CLIENTE

- 67% consideram lento, mas altamente desejável, o processo de integração dos celulares (mobilidade) na malha de canais de atendimento e transação com clientes.

- Para 19%, a TV digital será uma ruptura no modelo vigente de comunicação e vendas.

- 87% gostariam de aumentar sua capacidade transacional nos ambientes digitais, mas não enxergam essa realidade em escala tão cedo.

15. QUAL A ANÁLISE SOBRE A MALHA MULTICANAL, SUAS PRIORIDADES E MODELO DE GESTÃO?

- Os canais digitais respondem por 57% das prioridades.

- Os canais mobile, por 23%, enquanto a TV digital responde por 3%.

- As vendas diretas estão na prioridade de 33% das empresas (para boa parte delas, não faz sentido pelo tipo de negócio). *Vending machines*, para 21% (pela mesma razão).

- As lojas físicas ainda capitaneiam o processo, respondendo por 84% das intenções de crescimento e escala.

- A integração com eficiência e segurança é o ponto crítico para 99% dos entrevistados.

- Tecnologias de experimentação de produtos, realidade virtual e 3D, sensorialismo e outras mais específicas são itens relevantes para 54% das empresas.

16. QUAIS OS TRÊS MAIORES ERROS E ACERTOS NOS ÚLTIMOS DEZ ANOS. E OS TRÊS MAIORES DESAFIOS DA EMPRESA PARA OS PRÓXIMOS CINCO ANOS (O QUE TE TIRA O SONO)?

Três maiores erros:

- Reduzir relativamente o foco no cliente.

- Investir demais, em volume de recursos e tempo dedicado, em plataformas tecnológicas que não se provaram.

- Tomar decisões críticas (entrada em mercados, lançamento de produtos, dimensionamento de atendimento etc.) sem informações qualificadas sobre o cliente e sua dinâmica de impactos.

Três principais desafios:

- Implementar e integrar a malha multicanal com eficácia e eficiência.

- Integrar as bases de dados dos clientes — visão 360°. do cliente/visão única do cliente.

- Mensurar o valor gerado pelos diferentes nichos, segmentos, perfis, rede sociais, entre outros.

Glossário

5S — É um conceito surgido originalmente no Japão (5S corresponde às cinco palavras com iniciais que formam o programa — Seiri, Seiton, Seiso, Seiketsu e Shitsuke). Resumidamente, trata-se de uma consciência de utilização, organização, limpeza, saúde e disciplina.

Para acomodar o conceito em português, costuma-se utilizar a palavra "senso" à frente de cada prática. Por exemplo: senso de organização, senso de limpeza etc.

Ambiente regulatório/regulação — Conjunto de regras, leis e dispositivos que norteiam determinadas atividades comerciais. Normalmente, o ambiente regulatório é coordenado por uma agência reguladora. No Brasil, há diversas agências voltadas para regular o funcionamento do mercado — ANATEL (telefonia), ANTT (transportes), ANAC (transporte aéreo), entre outras.

Beacons — Pequenos aparelhos indoor, ou seja, são apropriados para uso em espaços fechados, que podem se conectar com smartphones por meio de tecnologia bluetooth. O smartphone recebe uma notificação dentro de uma loja, por exemplo, e então, a partir de um cadastro prévio, o pagamento pode ser feito diretamente a um toque de celular, sem necessidade se passar no caixa.

BI (Business Intelligence) — É uma metodologia de aplicação de técnicas analíticas para gerar informações qualificadas sobre um negócio, mas de maneira automatizada, permitindo interpretação e respostas humanas. O BI é um software que "analisa" diversas interações e dados e fornece informações cruzadas e/ou analisadas para apoiar a decisão de executivos.

BSC (Balance Scorecard) — Sistema de métricas e indicadores de gestão e desempenho bastante popular no ambiente corporativo. Foi criado pelos professores de Harvad David Nortor e Robert Kaplan.

BTL ou Below the Line — Os recursos, peças e ações de comunicação que estão "abaixo" das tradicionais ferramentas de comunicação publicitária: anúncios, cartazes, comerciais, spots de rádio. Ações de degustação, peças agregadas às embalagens, displays, totens e toda sorte de iniciativas que foge da propaganda e da promoção convencionais.

CEO (Chief Executive Officer) — O líder máximo e responsável pela gestão de uma empresa.

Churn — O *churn* indica a quantidade de clientes que deixam de se relacionar com a empresa em períodos determinados. Indica justamente a capacidade da empresa de reter os seus clientes. Quanto maior e mais frequente a perda de clientes, maior o esforço para a preservação de caixa, na medida em que o investimento para buscar novos clientes é maior do que manter os atuais.

Clusters — Originalmente, *cluster* definia-se como um conjunto de computadores que trabalham de modo interligado. Hoje *cluster* pode significar um agrupamento de clientes com afinidades e comportamentos semelhantes. Ver segmentação.

Convergência multimídia — Um dos conceitos mais comentados no mundo corporativo, a "convergência" significa a integração de diferentes mídias — televisão, telefone, celular, TV a cabo, notebooks em um mesmo ambiente. "Multimídia" é justamente a profusão de mídia, dispositivos nos quais consumimos conteúdo que se integram nesse processo de convergência.

Mas a convergência realizou-se de fato não em um ambiente, mas em dispositivo que trafega em qualquer ambiente: o smartphone.

Crowdsourcing/crowdfunding — Modelos de financiamento coletivo para criação de produtos, serviços e novos negócios. Normalmente gerenciados a partir de plataformas online, essas modalidades de financiamento partem de princípios de comunidades que se atorregulam na captação de recursos para financiar empreendimentos inovadores ou disruptivos.

CRM (*Customer Relationship Management*) — Software de gestão do relacionamento com clientes. Ele permite o registro dos contatos da empresas com seus clientes — no telefone, no e-mail, nas redes sociais, no programa de fidelidade e até mesmo em pontos de venda. Esse conjunto de dados pode ser analisado para orientar a empresa no sentido de compreender o comportamento do cliente e criar novas ofertas.

Customer Life Cycle, ou Ciclo de Vida do Cliente — Tempo de relacionamento entre um cliente e uma empresa.

Design Thinking — Processo de construção e remodelação de produtos e serviços que obedece a cinco passos — descoberta ou coleta de informações, interpretação, ideação, experimentação/prototipação e evolução/*go to market* — com o objetivo de fazer as empresas centrarem seu pensamento e atividade nas pessoas, nos consumidores.

Device (dispositivo) — Termo normalmente usado para designar dispositivos eletrônicos que possam conectar-se com a internet: celulares, PCs, tablets etc.

GLOSSÁRIO

Disrupção/disruptivo — Do inglês *"disruptive"*. Diz-se do produto, serviço ou modelo de negócio que altera as bases de competição. Um produto novo, sem similar no mercado e que se torna um sucesso é disruptivo — ou uma disrupção. Um modelo de negócio, por exemplo, um plano de saúde eficiente e de baixo custo é disruptivo.

First call resolution — Literalmente, resolução na primeira chamada. Ou seja, o atendimento ao cliente responde com uma solução para a demanda apresentada logo na primeira chamada.

Governança corporativa — Mecanismos de controle e avaliação peródica das condutas, estratégias, procedimentos, normas e comportamentos de uma empresa. Ela pode ser atribuição de um conselho de administração, onde executivos de "fora" reúnem-se para avaliar e aconselhar a diretoria executiva. Ou pode também ser responsabilidade de um comitê interno que procura, da mesma forma, entender e avaliar o bom andamento da empresa dentro de princípios, resultados, valores e adequação irrestrita à missão e visão.

GQT — Gerenciamento da Qualidade Total — Processo que assegura a qualidade dos produtos fabricados ou dos serviços oferecidos por uma empresa. Consiste na criação de indicadores e monitores de verificação aplicados a cada etapa do processo produtivo.

Just in Time — Processo de produção consagrado pela montadora japonesa Toyota, no qual as partes componentes do automóvel estão disponíveis de acordo com a velocidade de produção, que, por sua vez, é ajustada pela demanda.

Liability — Relaciona-se à gestão de passivos e, por extensão, aos riscos inerentes às estratégias e políticas corporativas.

Mash-up — São arranjos de elementos, conteúdos, informações distintas que, combinados, dão origem a uma experiência/serviço mais completa, interativa, contínua e fluida.

Merchandising — A disciplina de escolher e dar visibilidade e atratividade às mercadorias oferecidas aos clientes numa loja.

Mindset — Literalmente, mente configurada. Significa a forma pela qual nossa mente processa informação e cristaliza uma visão de mundo e do que levar em conta no processo de tomada de decisão.

Multicanal/multicanalidade — Termo que representa a oferta de canais, pontos de venda ou pontos de contato de uma empresa em seu relacionamento com o cliente. Uma rede varejista que ofereça lojas físicas, quiosques, venda por telefone e pela internet (e-commerce) é multicanal. O atendimento desdobrado em telefone, e-mail, site, blog, chat e redes sociais é multicanal. O consumidor que utiliza celular, tablet e notebook também é multicanal.

Neuromarketing — Um campo novo do marketing que estuda a essência do comportamento do consumidor. Um amálgama de marketing e ciência, utilizado para entender como as pessoas consomem, os processos de escolha, como reagem diante de peças publicitárias, embalagens, produtos, no nível subconsciente e atitudinal.

NPS — *Net Promoter Score* — Indicador de satisfação do cliente, largamente difundido nos EUA, criado por Frederick F. Reichheld, que se caracteriza por dimensionar o quanto um cliente está propenso a recomendar a empresa para outro cliente.

One size fits all (ou em tradução livre, "Tamanho único para todos") — Expressão normalmente usada pelo mercado de moda para designar peças de roupa que podem ser vestidas por pessoas de diferentes portes. Foi replicada para outros mercados, justamente para identificar produtos e soluções que cumprem a mesma função, sem necessidade de customização.

One-to-one — Estratégia de personalização da oferta de produtos e serviços baseada no conhecimento intenso de hábitos e comportamentos dos consumidores pelas empresas. Dessa forma é possível direcionar ofertas tão precisas que ao consumidor resta a percepção de que o produto, o serviço, a marca foi desenhada especialmente para ele.

Prospect — Possível contato, conta ou cliente com o qual uma empresa já está interagindo, seja propondo ofertas, seja tentando viabilizar um negócio ou transação.

Quarto — Do inglês *quarter*, trimestre em português. Período normalmente estipulado de três meses ao fim do qual empresas de capital aberto divulgam seus resultados.

Sampling — Oferta para conhecimento, uso ou degustação de um produto. Normalmente gratuito, pode ser uma pequena amostra (um perfume, por exemplo), uma porção pequena (no caso de um alimento), um capítulo (no caso de um livro). O *sampling* faz com que o consumidor tome contato e conheça um produto e então interesse-se pela compra.

Spoilers — São pistas, ideias ou comentários, informações e conteúdos que antecipam ou criam expectativas sobre um grande produto que será lançado mais à frente. Bastante utilizado em produtos culturais e de conteúdo, o *spoiler* é hoje um recurso cada vez mais utilizado em tempos de TV sob demanda.

Stakeholders — Partes interessadas. Todos os públicos com os quais uma empresa precisa se relacionar, incluindo consumidores, acionistas, colaboradores, governo, influenciadores, comunidades etc.

GLOSSÁRIO

Stickness — Em tradução livre, "aderência", ou a capacidade das empresas de conquistar e manter a atenção dos clientes para seus produtos, serviços, ofertas ou pontos de venda. Uma empresa atrativa é aderente aos clientes.

Storytelling — Significa a narrativa da história de uma empresa. Ou seja, a sua capacidade de transformar sua origem, seus produtos, serviços, marcas, valores e sua evolução em uma história inspiradora, verdadeira, comovente, envolvente e mobilizadora para os consumidores, a sociedade e comunidades. O *storytelling* abrange todas as formas de comunicação e pontos de contato entre a empresa e os stakeholders, e cada peça de comunicação é pensada para transmitir essa verdade e essa história. Apesar de eventualmente romanceada, a história de uma empresa deve ser real, legítima e autêntica, caso contrário cairá no descrédito perante os consumidores.

Tap and pay — Literalmente "Toque e pague". Sistema de pagamento gerenciado a partir de um smartphone no qual basta ao consumidor validar a compra por um toque na tela, em uma interface normalmente embutida em um app. O consumidor pode "autorizar" a compra e o débito em uma conta corrente, de crédito ou até mesmo de uma carteira digital sem sequer estar na loja, fisicamente ou virtualmente. O *tap and pay* leva a conveniência mobile às últimas consequências.

Telemarketing — Muito antes do e-commerce, a forma pela qual empresas procuravam vender para o consumidor era usando o telefone. A ascensão do telemarketing foi erroneamente confundida com o atendimento receptivo, voltado para a resolução de problemas e a tomada de sugestões dos clientes.

TMA (ou Tempo Médio de Atendimento) — Diz respeito ao tempo que um agente de uma central de relacionamento utiliza para atender — satisfazendo ou não — aos clientes. É um indicador muito utilizado para avaliar a qualidade dos atendimentos feitos por telefone e, por isso, largamente difundido nos SACs ou Serviços de Atendimento ao Consumidor.

Wallet share — Literalmente, "Participação no bolso" do cliente, ou simplesmente aumentar o valor de contribuição, de transação média do cliente com a empresa. Em bom português: fazer o cliente gastar "mais".

ÍNDICE

A

abordagem multicanal, 26
Abrahms, J.J., 58
accountability, 28
acionista, 117,
administração científica, 30
Airbnb, 8
aldeia de McLuhan, 26
aldeia globalizada, 26
Al Ries e Jack Trout, 27
ambientes, 264
American Way of Life, 24
anarcoeconomia, 51
angústia generalizada, 54
antropomarketing, 55
Apple, 9
   iPad, 58
   iPhone, 57
apps, 89, 263
Apps, 274
Ásia, 31
   Japão, 30
atendimento, 104
A terceira onda, 35
ativo
   corporativo, 29
   tangíveis e intangíveis, 244
autoajuda, 1

B

Baby boomers, 24
baixa renda, 42
below the line, 29, 37
bens e serviços, 59
best-sellers, 1
Big Data, 58, 112, 226

Blackberry, 9
Blog, 80
board da empresa, 20
Bolsa Família, 41
boom do marketing, 23
branded content, 125, 136
branding, 61, 271
Branding, 180, 181, 245
Brasil, 1, 9, 29

C

Canadá, 84
Canon, 32
capitalismo do cliente, 84
Carolina do Norte, 12
cases de empresas, 2
cauda longa, 50
causas, 96, 111, 133, 165, 204, 206
cemitério empresarial, 5
China, 9, 29
ciclo de vida, 61
classe média, 95, 108, 153
Claudia Sender, 2
Cliente Moderno, 23
clusters, 40
Código de Defesa do Consumidor, 31
Comportamento, 90
comunicação, 89
conceito de
   full communication, 29
   marketing de massa, 40
   "mass customization", 38
concorrência, 140
conectividade, 133, 234

conhecimento, 104
consumidor
   2.0, 228
   em evolução, 55
Consumidores, 139
   Modernos, 36, 66
   se torna digital, 43
Consumo
   circunstancial, 53
   de experiências, 53
conteúdo, 98
Contexto, 204
convergência, 202, 234
CRM, 112, 133
cultura corporativa, 205, 219
customer centricity, 73
customização, 154
custos, 104

D

Dados, 94, 124, 209
defesa do consumidor, 249
dificuldades logísticas, 1
Digital, 227
dinâmica de relação
   clientes, 83
   empresas, 83
Disney, 59
disrupção, 154
Distribuição on time, 59
ditadura da inovação, 40
dólar, 39
DOM Strategy Partners, 3
dualidade políti-
co-econômica, 24
DVD, 12

290   FEITAS PARA O CLIENTE

E

E-Commerce, 122

economia
  compartilhada, 107, 120
  da atenção, 48

E-Consulting, 64

e-consumidor, 48

Eduardo Bandeira de Mello, 16

Efeito Viral, 76

Eficiência, 157, 198

elemento mágico, 10

empresas
  feitas para o cliente, 5
  fornecedoras, 38

engajamento, 111

entrevistas, 273

erro" de Collins, 5

Erros de análise, 14

escola de negócios, 12

especialistas em marketing, 15

ESPN, 57
  Brasil, 57

Estados Unidos, 30

estratégia de
  médio prazo, 40
  longo prazo, 40
  captação, 83

EUA, 9

execução empresarial, 84

expectativas, 179
  real time, 59

experiência, 173

F

fábula milenar, 1

fábulas em slides, 20

Facebook, 58

feitas para durar, 229

feitas para o cliente, 233, 266

fidelidade, 100, 273

financeira Fannie Mae, 11

Física moderna, 17

Flamengo, 15

foco, 152
  nos acionistas, 17
  nos clientes, 17

Ford, Henry, 28

formato
  de vídeo, 12
  on demand, 13
    Netflix, 13

fronteiras ideológicas, 31

Funky business, 40

G

General Electric, 9

Geração X, 25

Geração Y, 143

Gerenciamento da Qualidade Total, 30

Gestão, 107
  da marca, 1
  da Suíça, 19
  Integrada, 2

Gestores, 15

Gillette, 13

globalização, 30

Google, 9, 20

Governança, 199

Governo
  Collor, 31
  Fernando Henrique Cardoso, 36
  Lula, 41

Grupo Pão de Açúcar, 2

Guerra Fria, 24

gurus, 115, 199

H

Habib's, 85

hábitos de consumo da geração Y, 72

Harvard, 30

Business School, 48

Homem-executivo, 18
  racional, 18

hot site, 57

I

imagem de marca, 196

Influência, 119

iniciativas comerciais, 80

Inovação, 198, 229

insights, 5

Instituto Análise, 42

Instituto Internacional de Desenvolviment, 19

intenção de Collins, 17

interação, 141

Internet, 127, 129, 133

Investimento, 246

iPad, 58

iPhone, 57

J

Jack Welch, 11

Japão, 30

Jerome McCarthy, 26

Jerry Porras, 10

Jim Collins, 3, 4

Johnson & Johnson, 8

jornada do cliente, 93, 113, 151, 271

Just In Time (JIT), 30

K

Kahneman, Daniel, 19

L

laissez-faire, 9

legados tecnológicos, 39

legitimidade, 118, 195

Lei do SAC, 65

ÍNDICE

Leste Europeu, 31
liberar recursos, 17
liderança, 96
língua do marketing, 33
livraria Saraiva, 63
lógica
  de Taylor, 73
  moderna do marketing, 32
loja virtual, 49
Lucro, 145, 265

M

mandato Lula, 41
Marcas, 98
  tradicionais, 31
Marketing, 150, 181
  de causas, 68
  de massa, 26, 28
  direto, 29
  para serviços, 33
market share, 14
Marriott, 8
Marvel, 59
Maximarketing, 37
McLuhan, Marshall, 26
Mercado, 107
  de baixa renda, 42
Mercedes-Benz, 2
  do Brasil, 2
metodologia BVR, 61
Michael Porter, 6
Microsoft, 1
millennials, 209, 262
mindset, 17
  corporativo, 84
mobile marketing, 56
Modelo T preto, 28
Monteiro Lobato, 24
Motorola, 9
Multicanal, 138, 140

N

Negócios, 197
Netflix, 13
neuromarketing, 54
Nokia, 9
normatização global da língua, 24
nova realidade de fluidez, 38
novas estratégias, 31

O

O Boticário, 49
O cliente tem sempre razão, 5
Olimpo corporativo, 1
ópera do sabão, 23
órgãos de defesa do consumidor, 6
  Código de Defesa do Consumidor, 31
Os 4Ps, 32
Os gestores do Marriott, 8

P

Pão de Açúcar, 41
  papel das
  empresas vencedoras, 19
  acionista, 16
  analista de mercado, 16
papel do marketing, 73
Paraguai, 29
Pelé, 16
pen drive, 1
Performance, 191
pergunta de 1 bilhão de dólares, 60
Pesquisa, 91, 128, 183
P&G, 14
Philipp Schiemer, 2
pilar do sistema, 51
plano de negócios, 1

impecável, 1
Plano Real, 36
plataforma tecnológica, 38
Poder, 119, 160, 197
Poder do Efeito Viral, 76
pontos de contato, 112, 184, 257
Porter, Michael, 27
pós-guerra, 24
possibilidades para o consumo, 56
potência de comunicação de massa, 25
preço, 90, 190
premissa real, 16
Primeira Revolução Industrial, 74
principais stakeholders, 70
Produto, 92, 203
profissionais de marketing, 38
Programa de Gestão Integrada, 2
propósitos, 96, 138, 197

R

Ram Charan, 6
realidades humanas, 16
rede hoteleira Marriott, 8
Redes sociais, 122
regra fundamental, 8
Rei cliente, 5
Reino Unido, 58
relação comercial, 83
relacionamento
  ameaçado, 65
  com clientes, 100
  "one-to-one", 38
Renée Mauborgne, 2
Reputação, 178, 217

Resultados, 123, 217
revista Wired, 17
Ries, Al, 27
Roger Martin, 2
ROI, 225
Ronaldinho Gaúcho, 15
Ronaldo Iabrudi, 2
Rosenzweig, Phil, 19

S
SAC, 111, 191, 257
sampling, 29
Santos, 16
satisfação do cliente, 14, 219
SBT, 13
século XIX, 30
segmentação, 258
senso de timing, 14
seriado Lost, 58
Serviço, 91, 199, 210
    de Atendimento ao Consumidor, 65
    financeiros, 60
slides inspiradores, 2
smartphones, 72
soap opera, 23
Social Commerce, 122, 123

sociedade interconectada, 34
stakeholder, 3, 82
    stakeholders, 70, 104
    principais stakeholders, 70
Sustentabilidade, 265

T
TAM, 2
táticas, 131, 234
taxas de inflação descontroladas, 36
técnicas
    do marketing, 29
    tradicionais do marketing, 28
Tecnologia, 89. 270
Telebras, 36
tempos dinâmicos, 17
timing, 26
Tim Sanders, 2
Toffler, Alvin, 35
triple bottom line, 67
Trout, Jack, 27
Twitter, 72

U
Uber, 51, 72
União Soviética, 31
Universidade de
    Stanford, 6

Toron
Wake

V
Valor, 97, 11
    da empresa,
Vantagem competitiva, 30
varejo, 60
variável "cliente", 51
veículos, 95,
vendabilidade, 28
vendedor de TI, 39
virtude, 8
visão única do cliente, 73

W
Wall Street Journal, 10
Walmart, 41
Walt Disney, 8
W. Chan Kim, 2

Y
Yahoo!, 2
YouTube, 58, 72

Z
Zico, 16